BEITRÄGE ZUR WESTFÄLISCHEN FAMILIENFORSCHUNG
Band 51

BEITRÄGE ZUR WESTFÄLISCHEN FAMILIENFORSCHUNG

HERAUSGEGEBEN
IM AUFTRAG DER
WESTFÄLISCHEN GESELLSCHAFT FÜR GENEALOGIE
UND FAMILIENFORSCHUNG
VON
WOLFGANG BOCKHORST

BAND 51
1993

ASCHENDORFF MÜNSTER

Westfälische Gesellschaft für Genealogie und Familienforschung

Schirmherr: Landschaftsverband Westfalen-Lippe

Verlag: Aschendorffsche Verlagsbuchhandlung GmbH & Co., Münster

Satz: Josef Kleyer, Münster-Roxel

Druck und Bindung: Regensberg, Münster

ISSN 0067-5261 – ISBN 3-402-05099-4

Inhalt

Mitarbeiter dieses Bandes

Bockhorst, Dr. Wolfgang, Arndtstr. 49, 48147 Münster; Brandhorst, Hans Eberhard, Tonhallenstr. 7, 32423 Minden; Franz, Dr. Helmut, Arndtstr. 49, 48147 Münster; Frese, Dr. Werner, Erphostr. 30, 48145 Münster; Haller, Dr. Bertram, Feldmark 13, 48308 Senden-Ottmarsbocholt; Heese, Thorsten, Wüstenstr. 14a, 49080 Osnabrück; Jolk, Michael, Morgnerstr. 6, 59457 Werl; Steinbicker, Clemens, Prinz-Eugen-Str. 16a, 48151 Münster; Teske, Dr. Gunnar, Lindenstr. 21, 48161 Münster-Roxel; Veldtrup, Dr. Dieter, Geiststr. 112, 48151 Münster; Wermert, Josef, Martinstr. 8, 57462 Olpe; Wilbertz, Dr. Gisela, Ernststr. 8, 32657 Lemgo.

Haus Stevening in Wüllen

- Bauernstätte - Lehen - Adelssitz - landwirtschaftliche Musterwirtschaft und Schule -

von Josef Wermert

Inhalt:

Seite:

1 Einleitung

In der Bauerschaft Ortwick im Kirchspiel Wüllen entstand um die Mitte des 16. Jahrhunderts ein neuer, allerdings recht bescheidener Adelssitz. Durch Wüstlegung der Bauernstätte Stevening wurde auf deren Hoffläche das Haus Stevening begründet, das nahezu 300 Jahre bestehen sollte. Stevening ist zugleich das urkundlich am frühesten nachweisbare Gehöft des Kirchspiels Wüllen, dessen Eigentümer seit der Ersterwähnung im Jahre 1188 gut zu belegen sind.

Haus Stevening war nicht der einzige Adelssitz im Kirchspiel Wüllen, wohl jedoch der einzige, der in der Neuzeit gegründet worden ist. Im Mittelalter hatte es einige weitere vom Adel bewohnte Güter gegeben. Neben dem Stammsitz des Dienstmannengeschlechtes von Wüllen, dem Vredener Villikationshof Wüllen oder Nünning[1] in der Bauerschaft Ortwick, seien hier nur die bereits zu Beginn des 14. Jahrhunderts aufgegebene Kemenate der Familie von Wüllen[2] in der Nähe der Pfarrkirche, das um 1400 als Adels-

---

1 Die seit 1220 nachweisbare, ursprünglich zur Abtei Vreden gehörende Dienstmannenfamilie von Wüllen (vgl. hierzu: Wermert: Die Ministerialenfamilie von Wüllen; Tschuschke: Die hochgräfliche Abtei Vreden. S.46-48), nannte sich nach dem Propstei-Vredener Villikationshof „*curtis Wullen*", der später - wohl nach Übergang der Bezeichnung auf das Kirchspiel - den Namen Nünning (d.h. zu den Nonnen gehörend) erhielt (vgl.: FSSA Anholt: Stift Vreden Lade 234, 13). Als Verwalter dieses Villikationshofes und später als Inhaber der abteilichen Hofämter des Schenken, Drosten, Marschalls und Kämmerers sowie auch der Steinfurter Vogtei über Wüllener Kirchengüter gelang der Familie der soziale Aufstieg aus ursprünglich unfreiem Stand in den niederen Adel. Das Geschlecht blühte später in mehreren Linien. Der letzte adelige Zweig starb in Westfalen in der zweiten Hälfte des 17. Jahrhunderts aus.

2 Die Familie von Wüllen besaß um 1300 ein steinernes, umgräftetes Haus nahe der Kirche zu Wüllen, das sie allerdings 1316 aufgab. Gerlach von Wüllen, Knappe und Burgmann in Nienborg, und seine Kinder Gerlach, Henrich, Gertrud und Stephania verkauften am 30. September des Jahres ihre Hausstätte „*to der Cemenaden*" neben dem Kirchhofe zu Wüllen für 26 Mark münsterischer Pfennige an das Stift Varlar bei Coesfeld. Von den jeweiligen Besitzern der Hausstätte war nach dieser Urkunde jährlich am Vorabend des Martinitages „*alba cratera lignea in tributum seu pensionem annuam*" in den Hof „*Schwederinck*" zu entrichten, bis Varlar etwa das Eigentum des Gutes von der Äbtissin zu Vreden erwerben würde (INA Kreis Coesfeld (Beiheft). S. 132: nach einer Abschrift im Varlarer Kopiar S. 71/72 im FSHA Coesfeld). Mit dem Abtei-Vredener Lehen Schwering in Wüllen war zu dieser Zeit ebenfalls Gerlach von Wüllen belehnt (vgl.: FSSA Anholt: Stift Vreden Lade 206, 2 Nr. 1; ebenda Lade 220, 6 Nr. 23). Die Abgabe des hölzernen Bechers muß hier als Wortzins gewertet werden, wodurch die ursprüngliche enge Verbindung der Familie von Wüllen und der Kemenate zur Abtei Vreden nochmals deutlich wird. Die Bezeichnung Kemenate ist hervorgegangen aus mittellateinisch „*domus caminata*" bzw. „*camera caminata*" und bezeichnet im Mittelalter ein Haus oder einen (überwölbten) Raum mit Kamin (vgl.: Schepers: Münsterländische Speichergeschichte. S. 21). Der Standort der Kemenate, in diesem Falle also einer kleinen, beheizbaren, steinernen Burganlage, ist sicherlich mit der heute noch erhaltenen Gräftenanlage an der Pastorat in Wüllen identisch (vgl. auch: Ausgrabungen und Funde 3 (1985). S. 300-301). Die Kemenate selbst war nach einem Bericht des Jahres 1618 bereits im Besitz der Wüllener Pastorat, jedoch in einem schlechten baulichen Zustand: „*eine solche verwustung an der Pastorien behausung und kemena wie auch anderen zugehorigen gebewen befunden*" (StAM: Domkapitel Mst. Akten 2240).

sitz belegte Gut Rothering[3] in Ortwick, der Stammsitz des Ahauser Dienstmannen-

[3] Rothering, Bauerschaft Ortwick Nr. 19 (1829), heute steht hier das Ahauser Krankenhaus.- 1320 war der Hof ein Eigengut der Grafen von Dale. Graf Otto von Tecklenburg und Dale verpfändete in diesem Jahr dem Ritter Werner von Graes, seiner Frau und seinen Erben Gottfried, Werner und Albert auf zehn Jahre „*curtem nostram dictam Rodhardinghof et domum dictam Boyng*" im Kirchspiel Wüllen. Bei Nichteinlösung hatten Werner und seine Rechtsnachfolger Anspruch auf Belehnung mit den Gütern (WUB VIII Nr. 1396). Tatsächlich war das Gut Rothering später Lehen und ging als solches - wie Stevening - 1331 durch Kauf an das Stift Utrecht über. 1382 wurde Mathias von Boningen belehnt (Muller: De Registers en Rekeningen. S. 722), der den Hof 1392 als Mitgift dem Hinrik von Hetterscheidt, dem Mann seiner Tochter Berte, übertrug. 1392 verkauften Mathias von Boningen mit seiner Frau Neze und seinen Kindern mit Hinrik von Hetterscheidt und dessen Frau Berte den Hof als Diepenheimisches Lehen an Hermann Knuf und dessen Frau Heylike. 1397 wurde Hermann Knuf belehnt (Hs. Egelborg: von Keppel Urk. 937, 161 und 12; Regesten: INA Kreis Ahaus. S.19-21), desgleichen 1422 Hermann Valke nach Übertragung durch Daem Knuf, 1459 Hermann Valke, des †Heydenreichs Sohn, nach dem Tode seines Vaterbruders Hermann Valke, 1490, 1498 und 1518 Bernd von Wüllen zu Epe, Hermanns Sohn, nach der 1484 erfolgten Übertragung durch Hermann Valke (RA Utrecht: Archief der Bisschoppen van Utrecht Reg. 274 fol. 105v; Doorninck, van: Tijdrekenkundig Register. Deel 4. S. 105 und S. 515; Deel 5. S. 81 und S. 398). Bernd von Wüllen wird noch 1539 als Inhaber genannt, 1553 sein Schwiegersohn Bernd von Hövel. 1679 war Henrich von Merveldt zu Ahaus, 1801 der Major Reinhartz Inhaber des Gutes (StAM: Fstm. Mst. LA 96 III Nr. 1 Bd. 14; ebenda. Fstm. Mst. LA 96 III Nr. ad 1 1/2; ebenda. Fstm. Mst. LA 96 III Nr. 16; ebenda. Fstm. Mst. Geheimer Rat Nr. 38). Auf dem Hof selbst saß 1358 „*Gerd de sculte Roterdinch*" (INA Kreis Borken (Beiheft). S. 157). Möglicherweise ist dieser noch identisch mit jenem „*Ghert Roterding*", der 1393 mit seiner Frau Alike als Pächter der Eheleute Hinrik von Hetterscheidt und Berte von Boningen auf dem Erbe „*Roterding*" über die Pachtverhältnisse urkundete und der nach dieser Urkunde weiterhin ein Vorkaufsrecht auf den Hof besaß. Wegen Siegelkarenz des Gerd wurde die Urkunde durch Hinrich Stenhus und Hinrich Rave besiegelt, als Zeugen fungierten: Alef von Wedderden und Hinrich von Besten (Hs. Egelborg: von Keppel Urk. 167; Regest: INA Kreis Ahaus. S. 19). 1423 saßen auf dem Hof Rothering „*Johan van den Recke geheten Rotard*" und seine Frau Alike und die Tochter Myge, die der Äbtissin zu Metelen eine Rente aus ihrem Erbe „*Vrenckinck*" im Kirchspiel Wessum und aus „*Roderdynck*" in der Herrschaft Ahaus im Kirchspiel Wüllen „*by den Ghyrrinchove*" verkauften (StAM: Mscr. II Nr. 19 S. 22; vgl.: CTW VII. S. 48). Johann war sicherlich adeliger Herkunft. Er siegelte mit einem 2 mal gespaltenen und 2 mal quergeteilten (zu neun Plätzen geschachten) Schild und dürfte daher wohl kaum mit der märkischen Familie von der Recke in Verbindung stehen, wie Rabe: Besitzgeschichte. S. 7 vermutet. Als seine Bürgen erscheinen: Johann Voet jr., Matheus von Graes, Willekin Marklof und Degener von Lethmate. Johann wird noch 1429 und 1437 genannt, 1435 auch als Kornote im Gericht zu Enschede („*Johan van der Recke gen. Rotert*"). Möglicherweise war er der zweite Mann der Alike, die 1426 als Witwe des oben genannten Gerd Rothering erwähnt wird (Hs. Egelborg: von Keppel Urk. 22, 23 und 179; Hs. Middachten Nr. 549). Steht er in Verbindung mit „*Johan van der Reke*", der in zwei Urkunden des Jahres 1377 als Schöffe bzw. als Zeuge im Gericht zu Billerbeck Erwähnung findet? (Bruns/ Löffler: Das Archiv. S. 147 und 188). Alike („*Aleke Roterdes*") wurde 1426 mit dem münsterischen Dienstmannenlehen Alerdinch in Legden belehnt, das 1364/79 der Ritter Machorius von Sutwich innegehabt hatte und das durch ihre Tochter Myge („*Mye*") an deren Mann Engelbert von Senden, Burgmann zu Ahaus, gelangte. 1448 wurde damit Engelbert von Senden belehnt - seine Frau Myge erhielt die Leibzucht daran -, 1499 Johann von Senden (StAM: Altertumsverein Mst. Mscr. 94; Fstm. Mst. Lehen 1112 fol. 20r, 89r; Mscr. II Nr. 164 Nr. 74).

geschlechtes Knuf auf dem gleichnamigen Gut[4] in Ortwick und der kurz nach 1500 aufgelassene Wohnsitz der Familie von Heek auf dem Erbe Sicking[5] in Quantwick ge-

---

4 Knuf, Bauerschaft Ortwick Nr. 10 (1829), heute wüst.- 1390 verkaufte der Edelherr Ludolph von Ahaus mit seiner Frau und seinen Kindern die „*Knuveshove*" im Kirchspiel Wüllen, Bauerschaft Ortwick, dem „*Berende den Schelen*" genannt „*Berend de Scroder*" mit dem Recht der Wiederlöse. 1395 veräußerte der letztere mit Zustimmung seiner Frau Ide und seiner Kinder all sein Recht an diesem ihm von der Herrschaft Ahaus verliehenen Gehöft an Hermann Knuf (Hs. Egelborg: von Keppel Urk. 162 und Urk. 9; Regesten: INA Kreis Ahaus. S. 19-20). Die Frau des „*Berende den Schelen*" genannt „*Berend de Scroder*", Ide, war nach der Genealogie „*Knuf/ Knuv(e)*" von Max von Spießen im StAM die Tochter von NN Knuf und der NN von Ghelenbeke sowie die Schwester des genannten Käufers Hermann Knuf (oo Heyleke Valke). Die Familie Knuf hat ursprünglich sicherlich auf diesem namensgebenden und in Abhängigkeit von den Ahauser Edelherren stehenden Gut gewohnt. Heyleke Knuf, Erbtochter von Daem Knuf und Enkelin des genannten Hermann, brachte die Knufschen Güter durch ihre Heirat 1435 mit Godert an die Nienborger Burgmannenfamilie von Heek (Hs. Egelborg: von Keppel Urk. 177). Die Eltern Daem Knuf und Ludgard von Hörstel wohnten zu dieser Zeit bereits in Ahaus, wo sie 1438 ihr Haus von Stadtdiensten freikauften (ebenda Urk. 180). Nach dem Register der Willkommschatzung von 1499 lebte auf dem Gut Knuf eine „*Hille Knuves*", nach dem Register von 1498 wird dagegen an ihrer Stelle der Knappe („*armiger*") „*Dyrick van Heeck*" mit acht weiteren Personen ab dem 12. Lebensjahr genannt (Hartig: Die Register. S. 337). Dietrich von Heek, Sohn des Godert und der Heyleke Knuf, war also damals auf dem Gut Knuf ansässig. Später bewohnte er allerdings das ebenfalls im Kirchspiel Wüllen gelegene Erbe Sicking (siehe unten Anm. 5). Das Erbe Knuf gehörte zu den Gütern, die 1532 durch Henrich Vornholt, Pastor zu Wüllen, der von ihm gestifteten Vikarie ven. Sacramenti geschenkt wurden (BAM: GV Wüllen A 10).

5 Sicking („*Sidinch/Zedinch/Zydinck/Sydinck*", Bauerschaft Quantwick Nr. 12 (1829), heute Hauling.- 1373 vermachte Johann von Ockenbroke, Kanoniker zu Magdeburg, mit Willen seines Brudersohns Dietrich von Ockenbroke im Falle seines Todes dem Johann Echarde und dessen Frau Gertrud zwei Erben, genannt „*to Sidinch*" und „*Boyginck*", im Kirchspiel Wüllen (Hs. Egelborg: von Keppel Urk. 969). Mit diesen münsterischen Dienstmannenlehen wurde 1379/81 Johann Eghard belehnt (StAM: Altertumsverein Mst. (Dep.) Mscr. 94 fol. 4v). 1386 gab Johann Schulte (er heißt sonst von Twickel !) seiner Frau Drude u.a. die genannten Güter als Leibzucht (Hs. Egelborg: von Keppel Urk. 960; Regesten: INA Kreis Ahaus. S. 18-19). 1433 wurde Daem Knuf nach dem Tode des Rotger von Twickel belehnt (hier als ehemaliges Ahauser Lehen bezeichnet !) und erneut 1467 (StAM: Fstm. Mst. Lehen 1112 fol. 41v; ebenda: Mscr. II, 163 Nr. 271). 1475, 1499 und 1510 wurde sein Enkel Dietrich von Heek belehnt und 1521 dessen Erbe Godert von Heyden (Hs. Egelborg: von Keppel Urk. 21; StAM: Mscr. II, 164 Nr. 54; ebenda: Fstm. Mst. Lehen 1114 fol. 19r und 76r). Nach den Registern der Willkommschatzungen von 1498/99 lebte damals auf dem Erbe „*Styne Sydinck*" bzw. „*de Sydingessche*" (Hartig: Die Register. S. 338). In einer Schatzungsliste von 1536 findet sich dagegen vermerkt: „*hefft Dirickh van Heich seliger selves bewont und gebrucket*". Als damaliger Eigentümer wird Wennemar von Heyden angegeben (StAM: Fstm. Mst. LA 96 III Nr. 1 Bd. 4/5). Als Adelssitz ist das Gut später sicherlich nicht mehr benutzt worden, da Wennemar von Heyden andere, wesenlich bedeutendere Güter besaß (vgl. hierzu das Lagerbuch seines Sohnes Menso von Heyden: Hs. Egelborg: von Heyden Akten 23). Unter Wennemars Witwe Agnes von Rhede wurden die von Heydenschen Güter „*Sidingh*" und „*Vrilingh*" in Wüllen 1578 als sogenannte wüste Erben für schatzfrei erkannt (Niesert: Beiträge. S. 555).

nannt. Hinzu kommen sicherlich noch einige Burgmannensitze und -güter der ehemaligen Herrschaft Ahaus.[6]

Die vorliegende Darstellung versucht, die Entstehung und Geschichte eines westmünsterländischen Adelssitzes am Beispiel des Hauses Stevening zu skizzieren. Die Lehnsherren und Lehnsmannen des Gutes werden dabei ebenso besprochen wie die Inhaber der ursprünglichen Bauernstätte, auf deren Grund und Boden in der Mitte des 16. Jahrhunderts ein Adeliger seine Wohnstatt nahm. Ähnliches gilt auch für die auf Stevening später ansässigen Adelsgeschlechter sowie für die in den ersten Jahrzehnten des 19. Jahrhunderts hier lebende bürgerliche Familie. Es zeigt sich, wie eng verbunden die Geschichte Stevenings mit der des westlichen Münsterlandes und insbesondere mit dem aus dieser Region erwachsenen oder hier ansässig gewordenen Adel gewesen ist. Stevening und seine Besitzer bzw. Bewohner haben allerdings nie eine herausragende Rolle gespielt. Vielleicht vermag die vorliegende Studie dennoch einen bescheidenen Beitrag zu einer noch zu schreibenden Geschichte des münsterländischen Adels und seiner Wohnsitze zu leisten.

Für hilfreiche Hinweise bin ich zu Dank verpflichtet:
Herrn August Bierhaus, Ahaus, Herrn Dieter Böhringer, Borken, Herrn Lodi Baron von Bönninghausen, Hohes Haus, Heek-Nienborg, Herrn Titus Baron von Bönninghausen, Asd/NL, Frau Anne Brauner-Bispinck, Münster, Herrn Gerd Dethlefs, Münster, Herrn Hubert Feldhaus, Ahaus-Wüllen, Herrn Bernd Feldmann, Münster, Herrn Manfred Hildebrandt, Herne, Herrn Pater Dr. Ludger Horstkötter, Prämonstratenser-Abtei Hamborn, Duisburg, Herrn J. G. F. M. G. Baron von Hövell tot Westerflier, Schloß Hasselholt, Ohé en Laak/NL, Herrn Prof. Dr. Anton Janßen, Horstmar, Herrn Franz Nacke, Gronau, Herrn Klaus-Dieter Rabe, Senden, Herrn Dr. Timothy Sodmann, Vreden, Herrn Ludwig Schulze Spüntrup, Ahaus, Herrn Clemens Steinbicker, Münster, Herrn Norbert Stöcker, Ahaus-Wüllen, Herrn Volker Tschuschke, Vreden, Herrn Dr. Dieter Veldtrup, Münster, Herrn Hans Jürgen Warnecke, Borghorst, Herrn J. H. Wigger, Zwolle/NL, Herrn Christian Wermert, Senden, und Herrn Wilhelm Wilming, Ahaus-Graes.

6 Gräbenumwehrt waren in Wüllen neben der Kemenate im Dorf und dem Hause Stevening die Schulzenhöfe Nünning, Gehring und Rothering in Ortwick sowie die Schulzenhöfe Schwering in Quantwick und Greving in Sabstätte, außerdem die Bauernstätten Sickmann in Quantwick und Winkelhaus in Sabstätte (vgl.: Schulze Spüntrup: Alte Gräften und Gräftenhöfe. S. 188-192).

2 Quellenlage und Forschungsstand

Die Geschichte Stevenings ist bislang nicht näher untersucht worden. Das lag wohl vor allem an der Unkenntnis über den Verbleib der Archivalien bzw. des Familienarchivs der Besitzer. Pfarrdechant J. Schwieters (1901) erwähnt das Haus Stevening in den „*Bau- und Kunstdenkmälern*“[7] des Kreises Ahaus nur mit wenigen Sätzen. Nicht viel mehr Informationen enthalten die Ausführungen von Bernhard Heidebrinck in seinem Beitrag über den Ort Wüllen (1938)[8] und die von Ludwig Schulze Spüntrup in der Abhandlung über „*Alte Gräften und Gräftenhöfe der Gemeinde Wüllen*“ (1958)[9], die zudem keinerlei Quellen anführen. Schulze Spüntrup liefert jedoch erstmals eine Umzeichnung des Hauses nach dem Urkataster aus der ersten Hälfte des 19. Jahrhunderts. Bernhard Krabbe[10] hat endlich 1978 auf die Lehnsabhängigkeit des Gutes von den Grafen von Dale-Diepenheim (1188) hingewiesen.

Die Erkenntnis, daß es sich bei Stevening um ein Lehengut gehandelt hat, brachte nunmehr durch die naheliegende Suche nach Quellen im Archiv des Lehnsherrn wesentliche neue Ergebnisse vor allem zur mittelalterlichen Geschichte des Gutes. Die zudem entdeckten spärliche Reste des Hausarchivs in den Archivbeständen Haus Gnadenthal[11] und Haus Herinkhave[12] sowie verschiedene Streufunde vor allem im Staatsarchiv in Münster und in den niederländischen Reichsarchiven in Arnheim, Utrecht und Zwolle erlauben es jetzt, ein sehr viel genaueres Bild der Geschichte des Erbes und Adelssitzes Stevening zu zeichnen.[13]

---

[7] BKW Kreis Ahaus. S. 98 (nach Mitteilungen des Genealogen Max von Spießen).

[8] Heidebrinck: Wüllen. S. 257.

[9] Schulze Spüntrup: Alte Gräften und Gräftenhöfe. S. 189.

[10] Krabbe: Graf Heinrich von Dale-Diepenheim. S. 140-141.

[11] Das Archiv befindet sich jetzt im Besitz von Baron von Hövell tot Westerflier auf Schloß Hasselholt, Ohé en Laak/NL.

[12] Vgl.: Wigger: Huisarchief Herinckhave.

[13] Das Pfarrarchiv Wüllen enthält nach Aussage des Pfarramtes, abgesehen von Kirchenbucheintragungen über die Bewohner Stevenings seit dem 17. Jahrhundert, keinerlei Informationen zur Geschichte des Hauses. Das ehemalige Kirchspiels- und Gemeindearchiv Wüllen ist weitgehend vernichtet, die für unsere Fragestellung unbedeutenden Reste befinden sich im SA Ahaus.

3 Die Lage des Gutes

Die Hofstätte Stevening lag bis zu ihrer Zersplitterung kurz vor der Mitte des vergangenen Jahrhunderts am Rande des großen Wüllener Esches in der Bauerschaft Ortwick bzw. Unterortwick. Die Stätte befand sich dort ungefähr im Schnittpunkt zwischen der Stadt Ahaus und dem Wiegbold Ottenstein sowie zwischen den Kirchspielen Wessum und Wüllen. Hier, umittelbar südlich der heutigen Ottensteiner Straße, die Ahaus mit Ottenstein verbindet, trägt eine Parzelle noch den Flurnamen „*Gräfte*“ als Reminiszenz an die einstigen Hausgräften des Gutes Stevening, die in der heutigen Wiese gar nicht mehr, an deren östlichem Rande an der Grenze zum benachbarten Rodelberg jedoch zum Teil noch sichtbar bzw. in jüngster Zeit wieder offengelegt worden sind.[14] Westlich der ehemaligen Hofstätte liegt heute der Bauernhof Winkelhaus, der aus einer ehemaligen Leibzucht des Gutes und Hauses Stevening hervorgegangen ist.

4 Der Name: Stevening

Der Name des Gutes leitet sich sicherlich von dem christlichen Rufnamen Steven (Stephan) ab, dem des ersten christlichen Märtyrers und dem zahlreicher gleichnamiger Päpste und Fürsten.[15] Das Suffix -ing hat patronymische Bedeutung und bezeichnet ganz allgemein die Zugehörigkeit[16]: ‚Sippe oder Nachkomme(n) eines Steven (Stephan)‘, womit der Bewirtschafter der Bauernstätte zum Zeitpunkt der Namensgebung gemeint gewesen sein dürfte. Die Form des Namens verweist auf eine mögliche Entstehungzeit im 11./12. Jahrhundert.[17]

---

[14] Vgl.: Beckers/Gausling/Wittebrock: Flurnamen der Stadt Ahaus, Karten 32. Für den Bereich des ehemaligen Hauses Stevening geben die Autoren die heutigen Flurnamen „*Kamp*“ bzw. „*Düings Kamp*“ (Düing = ehemaliger Besitzer der Leibzucht des Hauses Stevening, heute Winkelhaus) an, benachbart östlich von der genannten u.a. als „*Gräfte*“ bezeichneten Parzelle.

[15] Bach: Die deutschen Ortsnamen. § 492 S. 190; Hartig: Die münsterländischen Rufnamen. S.256-257; Linnartz: Unsere Familiennamen. S. 84.

[16] Gottschald: Deutsche Namenkunde. S. 34.

[17] Hömberg: Ortsnamenkunde. S. 30 f. Vgl. dagegen auch das Beispiel bei: Bach: Die deutschen Ortsnamen. § 492 S. 190: 991 Stepaninga, ca. 1185 Steveningin ‘bei den Leuten des (hl. ?) Stephan’ (=Kirchenpatron), jetzt Steffing (BA Landshut).

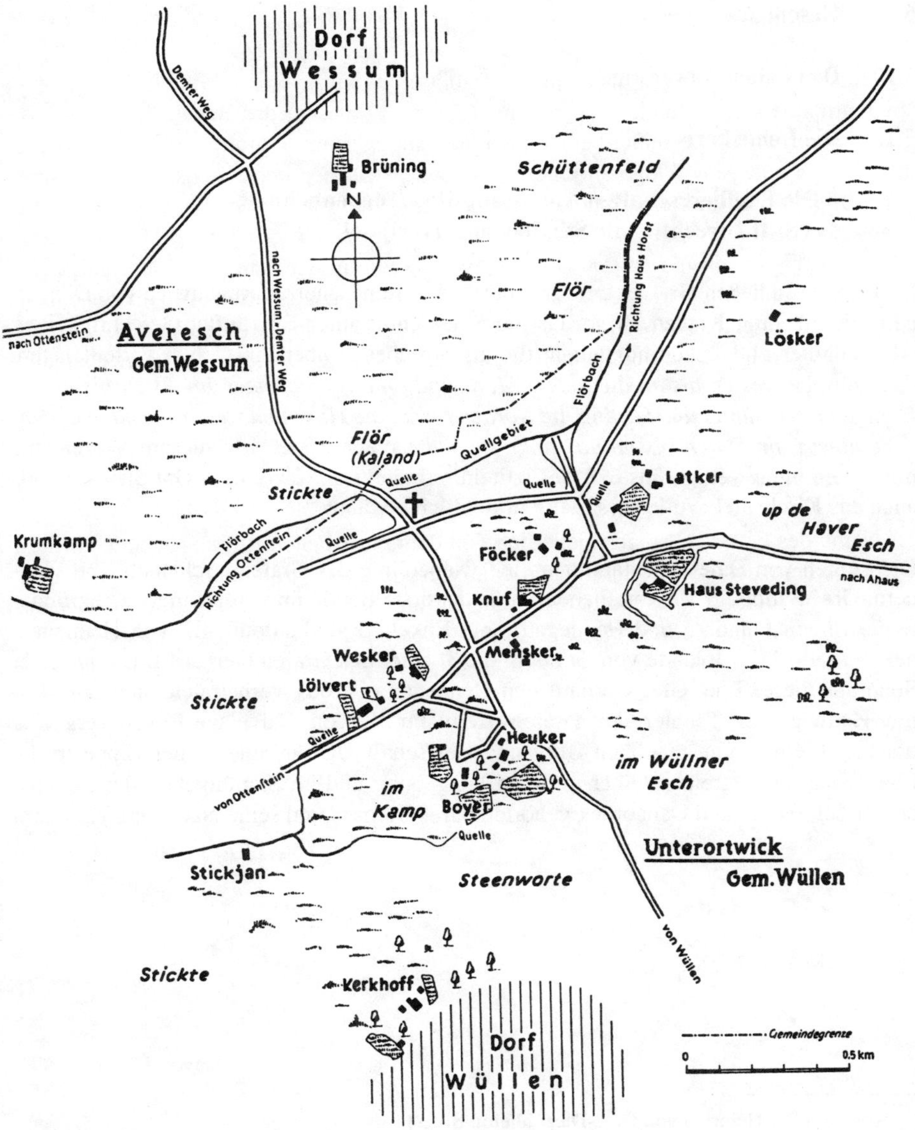

Abb. 1: Lageplan des Hauses Stevening und des Steinernen Kreuzes in Wüllen. Zeichnung von Ludwig Schulze Spüntrup nach dem Urkataster von 1827, die Wege nach den Teilungsakten der Wüllener Mark von 1840. (Aus: Brockpähler: Steinkreuze. S. 17)

5 Geschichte

5.1 Das Lehen Stevening

5.1.1 Die Lehnsherren

- Die Edelherrschaften Ahaus und Dale/Diepenheim - das Stift Utrecht - die Staaten von Overijssel -

Im Jahre 1188 ließen Graf Heinrich von Dale und seine Ehefrau Regenwice von Diepenheim durch ihren Kaplan Everardus ein Verzeichnis ihrer Einkünfte, Gerechtigkeiten, Allodialgüter und Lehen aufstellen, die als Streubesitz über ein Gebiet verteilt lagen, das sich „*im Westen bis an die untere Maas und an das Ijsselmeer, im Osten bis an die Hunte, an den Süntel und Osning, im Norden bis an die Hase und weiter bis nach Oldenburg hinein, im Süden bis an das linke Lippeufer*“ erstreckte.[18] In diesem Verzeichnis mit seinen nicht weniger als 628 Besitztiteln[19] finden sich sowohl das Gut Stevening als auch das Kirchspiel Wüllen erstmalig urkundlich erwähnt.[20]

Die Grafen von Dale[21] entstammten einer Nebenlinie des Grafengeschlechts von Flandern. Graf Baudouin VI. von Flandern und der erste Baudouin von Hennegau begründete die Linien Flandern und Hennegau. Sein Enkel, Graf Baudouin III. von Hennegau, heiratete um 1107 Jolande von Geldern, die Tochter des Grafen Gerhard I. Ein jüngerer Sohn aus dieser Ehe, Graf Gerhard von Hennegau (†1166), verheiratete sich um 1150 mit Hedwig, der Tochter des Grafen Hermann II. von Calvelage-Ravensberg. Sie brachte ihrem Mann angeblich Burg und Herrschaft Dale (Dahl) an der Lippe in die Ehe, wozu umfangreiche Güter in deren Umgebung und im Stammgebiet der Ravensberger bei Vechta und Osnabrück gehörten. Graf Gerhard und seine Nachkommen nann-

---

18 Krabbe: Graf Heinrich von Dale-Diepenheim. S. 138.

19 Engel: Über das Güterverzeichnis. S. 162. Hier auch eine nach Territorien vorgenommene Aufschlüsselung der verzeichneten Besitztitel; vgl. auch: Derselbe: Ravensberger Regesten. S. 242-246. Vgl. auch die Besitzkarte bei: Bente: Nog een goederenregister van de graaf van Dahl. S. 53.

20 Vgl. auch: Schneider: Die Ortschaften. S. 146.

21 Zu den Grafen von Dale vgl.: Schwennicke: Europäische Stammtafeln. Bd. 8. Tafel 45a und 99; Karel de Grote. In: Gens Nostra Jg. 23. S. 290, Jg. 45. S. 369, Jg. 46. S. 593-595; Historie van Haaksbergen. Deel I. S. 48-54; Philippi/Bannier: Das Güterverzeichnis. S. 381 und 423.- Teilweise konträr hierzu: Engel: Über das Güterverzeichnis. S. 162-166; Derselbe: Nochmals das Güterverzeichnis. S. 188; Derselbe: Ravensberger Regesten. S. 241; Ossenbühl: Die Grafen von Dale-Diepenheim. S. 898-899.

ten sich fortan nach der Burg Dale.[22] In deren Nähe stifteten Graf Otto von Calvelage-Ravensberg und seine Familie - unter Zustimmung seiner Schwester, der genannten Hedwig - 1166 das Frauenkloster Flaesheim.[23] Es diente der Grafenfamilie von Dale nachweislich auch als Grablege.[24]

Graf Heinrich von Dale (1166, 1217†), der Sohn jenes Gerhard und der Hedwig von Calvelage-Ravensberg (Dale), erlangte um 1180 durch seine Ehe mit Regenwice von Diepenheim (1188, 1217) einen weiteren bedeutenden Besitzkomplex, die Herrschaft Diepenheim in der Twente. Die gleichnamige, noch 1177 durch den münsterischen Bischof zusammen mit Ahaus zerstörte Burg, wurde von Heinrich wiederaufgebaut und Hauptwohnsitz der Familie. Heinrichs Frau Regenwice war die Erbtochter des Edelherrn Wolbert von Diepenheim und der Gisela von Goor. Nach der Familienchronik des Hauses Diepenheim hatte ihr Großvater, der Edelherr Bernhard von Diepenheim, die Herrschaft Diepenheim ererbt, die Herrschaft Ahaus jedoch vom Kaiser als Lehen erhalten.[25] Das könnte, die Richtigkeit dieser Nachricht vorausgesetzt, um 1130 gewesen sein. Die Chronik berichtet weiter, daß die Söhne dieses Edelherrn, Wolbert (Regenwices Vater) und Lephard, sich die Diepenheimer Güter geteilt hätten, wobei ersterer Diepenheim, letzterer Ahaus erhalten habe.[26]

Das Güterverzeichnis des Grafen Heinrich von Dale aus dem Jahre 1188 enthält somit nicht nur Dalesche bzw. Ravensberger, sondern auch Diepenheimer Heiratsgüter. Hinzu kommen sicherlich auch einzelne ursprünglich Ahauser Besitzungen. 1188 jedenfalls setzte man sich auch wegen strittiger oder bisher ungeteilter Güter und Rechte mit der Herrschaft Ahaus auseinander.

---

22 Zur Lage der Burg vgl.: Reynders: Castrum Dahl. S. 57-62.

23 Vgl.: Hengst: Westfälisches Klosterbuch. Teil 1. S. 310.

24 Engel: Über das Güterverzeichnis. S. 163.

25 Tücking: Geschichte. S. 5: „*(...) dieselvige Bernardus heft gehat twe Castelen, dat Casteel toe Diepenhem und dat Casteel toe Ahauss; dan dat Casteel toe Diepenhem is hem angeervet van synen vooroldern, averst dat Casteel van Ahauss met synen Toebehoer heeft de Keysser van Roemen hem vereert wegen syne ridderlicke Daden*“; vgl. auch: Ossenbühl: Die Grafen von Dale-Diepenheim. S. 898; Krabbe: Graf Heinrich von Dale-Diepenheim. S. 139.

26 Tücking: Geschichte. S. 7 ff. Die Stammfolge der ersten Diepenheimer und der aus ihnen hervorgegangenen Ahauser Linie ist in ihren Anfängen nicht gesichert. Vgl. hierzu auch: Historie van Haaksbergen. Deel I. S. 48-58.

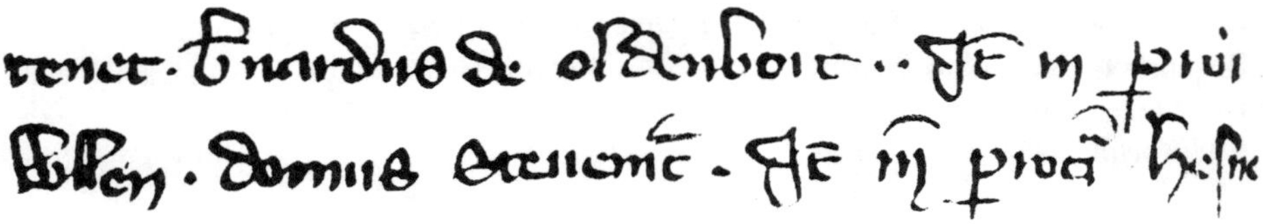

Abb. 2: Güterverzeichnis der Grafen von Dale-Diepenheim von 1188 mit dem Eintrag über das Lehen Stevening im Kirchspiel Wüllen.
Abschrift um 1305.
(RA Utrecht: Archief der Bisschoppen van Utrecht Reg. 2)

Das Verzeichnis, wohl eine der ältesten Zusammenstellungen des Gesamtbesitzes eines weltlichen Großen[27], ist nicht im Original, sondern nur als Abschrift der Zeit um 1305 überliefert.[28] Hier findet sich unter den Lehen des Grafen der folgende Eintrag:
„Item in parrochia Wllen domus Stevenine“[29]
(„Ebenso im Kirchspiel Wüllen die Bauernstätte[30] Stevening“).

Diese Bauernstätte *„Stevenine“* war 1188 also an einen Dienstmann des Grafen verlehnt, von dem wir allerdings den Namen nicht kennen. Es handelt sich bei diesem Gehöft - wie das auch für weitere genannte und um Ahaus gelegene Güter anzunehmen ist[31] - mit großer Wahrscheinlichkeit um ein ehemaliges Lehen der Edelherren von

---

27 Philippi/Bannier: Das Güterverzeichnis. S. 365.

28 RA Utrecht: Archief der Bisschoppen van Utrecht Reg. 2 fol. 132 ff. (im folgenden zitiert nach dem Druck bei Philippi/Bannier: Das Güterverzeichnis). Die in Utrecht vorliegende Abschrift ist in das sogenannte „*Diversorium*“ des Utrechter Bischofs Friedrich von Blankenheim (1393-1423) eingeheftet. Wie Philippi/Bannier S. 372 bemerken, enthält sie auch Überarbeitungen und Zusätze aus späterer Zeit, die „*schließlich bei der Abschriftnahme in den Text glatt aufgenommen und daher äußerlich nicht mehr erkennbar sind*“. Der Eintrag über Wüllen gehört wohl nicht dazu. Vgl. zur Datierung der Abschrift: Bente: Nog een goederenregister van de graaf van Dahl. S. 51-52.

29 Philippi/Bannier: Das Güterverzeichnis. S. 403 und Anm. 175-176.

30 „*domus*“=Bauernstätte/-gut/Erbe, nicht Haus, Festes Haus, Adelssitz im heutigen Sinne (vgl.: Philippi/Bannier: Das Güterverzeichnis. S. 377).

31 Krabbe: Graf Heinrich von Dale-Diepenheim. S. 140-142 hat die im Kreis Borken gelegenen Güter zusammengestellt. Es sind dies neben Stevening die Lehengüter: im Kirchspiel Bocholt die Bauernstätten („*domus*“) „*Smedinc*“ und „*Vockinc*“; im Kirchspiel Suderwick zwei Bauernstätten; im Kirchspiel Epe der Hof („*curtis*“) „*Suttenrode*“ und das dritte Vorschlagsrecht für die Kirche zu Epe, desgleichen die Hufe („*mansus*“) „*Blominchove*“; im Kirchspiel Wessum eine Bauernstätte in Ahle („*Aderlo*“; heute Heek); desgleichen bei Alstätte; im Kirchspiel Enschede

Ahaus. Diese Vermutung wird durch nachweisbaren Ahauser Besitz in direkter Nachbarschaft gestützt. Unmittelbar südöstlich der ehemaligen Hofstätte Stevening liegt eine Parzelle, die den Flurnamen „*Brinkmaote*" führt. Nach dem Urkataster von 1827 hieß sie „*Kurfürsten Mote*"[32], eine Bezeichnung, die sich zweifellos auf den Fürstbischof von Münster als Eigentümer bezieht, den Inhaber der Herrschaft Ahaus seit 1406. Die Parzelle trug 1531 wiederum den Namen „*Brinckinckmaeth*". Am 5. November des Jahres verpfändete nämlich Bischof Friedrich von Münster seinem Rentmeister zu Ahaus, Arndt Molners, neben anderen zum Hause Ahaus gehörenden Gütern eine Wiese, die „*Brinckinckmaeth*" genannt wurde und die bei dem Gehöft Stevening und mit einer Seite am Wüllner Esch lag („*eine Maeth, genanth de Brinckinckmaeth, by einen Hove Steverinck, und der einer syth an den Wulner essche belegen*").[33] Diese Wiese trägt übrigens ihren Namen nach einer Ahauser Burgmannenfamilie namens Brinking, die im 13. und 14. Jahrhundert urkundlich genannt wird und die, wie wir unten noch hören werden, im Jahre 1324 auch mit Stevening belehnt war. Die unmittelbare Nachbarschaft des Gutes Stevening zu der genannten Wiese und die Tatsache, daß letztere nachweislich Ahauser Gut gewesen ist, untermauert die oben aufgestellte These von der ehemaligen Zugehörigkeit auch des Lehens Stevening zur Herrschaft Ahaus im 12. Jahrhundert. In Abhängigkeit von der Edelherrschaft Ahaus stand ursprünglich auch das in nächster Nachbarschaft, westlich von Stevening an der anderen Straßenseite gegenüber dem heutigen Bauernhof Winkelhaus gelegene Gehöft Knuf[34]. Mit „*Knufskamp*" wird außerdem noch heute eine Parzelle südlich von Stevening bezeichnet.[35]

---

u.a. die Bauernstätte „*Marckincvort*" (heute Gronau); (von Krabbe übersehen !:) im Kirchspiel Borken der Hof „*Weseke*" und die Bauernstätten „*Velthus*", „*Wenemerinc*" und „*Halninchus*" in Wirthe (vgl.: Philippi/Bannier: Das Güterverzeichnis. S. 410 Nr. 302-307). Das von Krabbe weiterhin angeführte Nortwick läßt sich nicht ohne weiteres lokalisieren, zumal es gleichnamige Bauerschaften nicht nur in Wüllen (=Ortwick), sondern auch in den heutigen Niederlanden gibt. Die Einträge über Nortwick finden sich unter den abgabenpflichtigen Gütern: „*Item Elyas in Nortwic I molt siliginis, XII denarios.*"; später: „*In Nortwic VIII scepel tritici, VIII scepel siliginis, II molt ordei.*" (ebenda. S. 393 Nr. 60a und S. 396 Nr. 87). Diese Aufstellung ist sicherlich nicht vollständig, da das Verzeichnis viele Güter ohne Lagebezeichnung nennt. Wie der Schreiber in der Einleitung selbst vermerkt hat, war ihm die Lage der Besitztitel nicht immer bekannt, und er wollte sie nach entsprechenden Recherchen nachtragen, was jedoch unterblieben ist. Als weitere Wüllener Güter möchte ich daher die folgenden abgabenpflichtigen Bauernstätten Rothering („*Rotdardinc/Rothardinc*") und Boing („*Boginc*") ansprechen, deren Lage ebenfalls nicht genannt ist: „*Item domus Rotdardinc II molder siliginis.*" und später: „*Item domus Boginc II molder tritici, II molder avene.*" (ebenda. S. 397 und 398 Nr. 97 und Nr. 99). Vgl. auch ebenda. S. 391 Nr. 47: „*Item domus Rothardinc XXVII scepel ordei, 1 molt siliginis, II scepel fabe, II denarios et minutam decimam*". Obwohl Philippi/Bannier andere Deutungen vorschlagen, dürften sie doch wohl mit jenen Gütern identisch sein, die 1320 als Dalesche Eigengüter in Wüllen genannt werden (vgl. Anm. 3).

32 Beckers/Gausling/Wittebrock: Flurnamen der Stadt Ahaus. Karten 32.

33 StAM: Mscr. I Nr. 22 fol. 76v-77r (Abschrift 16. Jh.); eine weitere Abschrift des 16. Jhs.: FSSA Anholt: Amt Ahaus L 147/14.- Die „*Brinckinckmaeth*" wurde dem Arndt Mollers erneut 1538 verschrieben (StAM: Mscr. I Nr. 25 fol.69r-70v.

34 Vgl. Anm. 4.

35 Beckers/Gausling/Wittebrock: Flurnamen der Stadt Ahaus. Karten 32.

Der Vorfahre der Regenwice von Diepenheim, der Gemahlin des Grafen Heinrich von Dale, der oben genannte Edelherr Bernhard von Diepenheim und Ahaus, war nach der bereits angeführten Chronik des Hauses Diepenheim wegen seiner ritterlichen Taten vom Kaiser mit der Burg Ahaus belehnt worden. Sollte diese nicht mehr überprüfbare chronikale Nachricht der Wahrheit entsprechen, so gehörte möglicherweise die Herrschaft Ahaus samt dem hier behandelten Gut Stevening in Wüllen ursprünglich zum Königs- oder Reichsgut.[36]

Die Grafen von Dale starben 1325 mit Graf Wilhelm von Dale aus. Seine Tochter Kunegunde hatte 1316 in erster Ehe den Grafen Otto von Tecklenburg geheiratet, der sich nunmehr Graf von Tecklenburg-Dale nannte. Nach ihrer Scheidung[37] 1322/23 war Kunegunde in zweiter Ehe mit Wilhelm III. von Kuijk, Edelherrn zu Boxtel, verheiratet. Dieser belehnte am 9. Dezember 1324 als neuer Herr zu Dale „*In curia sua Dalen*" 40 Vasallen und Dienstmannen mit Gütern der Herrschaft Dale. Unter diesen vor allem um den Hof Dale (Dahl) an der Lippe und im Stift Münster gelegenen Gütern wird auch die Bauernstätte Stevening genannt. Belehnt wurden damals der Ritter Gerhard genannt Brinking und seine zwei Söhne mit den Dienstmannenlehen Stevening und „*ten Clene*" im Kirchspiel Wüllen:

„*Item Gerardum dictum Brinchinc militem et suos duos filios Iure ministeriali de domo Stevininc et de domo ten Clene Iure ministeriali In parochia Wollene*"[38]

(„Ebenso den Ritter Gerhard genannt Brinking und seine zwei Söhne nach Dienstmannenrecht [belehnt] wegen der Bauernstätte Stevening und wegen der Bauernstätte „*ten Clene*" nach Dienstmannenrecht im Kirchspiel Wüllen").

---

[36] Ähnliches vermutet Ilisch: Geschichte. S. 13 für den Wellinghof samt der auf ihm errichteten Kirche in Laer, deren Patronatsrecht nach dem Güterverzeichnis der Grafen von Dale alternativ den genannten Grafen und den Edelherren von Ahaus zustand. Ilisch verweist fernerhin auf die Nähe von ursprünglichem Königsgut in Schöppingen, Wettringen, Rheine und wohl auch in Havixbeck.- Vgl. auch: Hömberg: Probleme der Reichsgutforschung. S. 1 ff., S. 13; Derselbe: Westfälische Landesgeschichte. S. 35 ff. (Als Beilage hier eine Karte: Westfalen im 9.-10. Jahrhundert: Reichsgut, Burgen, Kirchen, Wege, laut der Hömberg auch um Ahaus königlichen Besitz aus Hof- bzw. Flurnamen erschlossen hat).- Prinz: Das hohe Mittelalter. S. 350 erschließt ursprüngliches Königsgut in Wüllen aus dem Vorkommen des Hofnamens „*Koninc*". Vgl. auch: Tschuschke: Die Abtei Vreden. S. 168.

[37] Vgl. hierzu: Prinz: Das Tecklenburger Dienstmannenrecht. S. 161-163.

[38] RA Utrecht: Archief der Bisschoppen van Utrecht Reg. 207 Nr. 33. Das Verzeichnis ist 1890 ediert worden: Doorninck, van: Dalensche Leengoederen. S. 89-92. Ein älteres, wesentlich umfangreicheres, aber wegen Moder nur fragmentarisch überliefertes Lehenverzeichnis der Grafen von Dale aus der Zeit nach 1296. April 14 - möglicherweise von ca. 1305 - enthält das Gut Stevening nicht bzw. nicht mehr ersichtlich (RA Utrecht: Archief der Bisschoppen van Utrecht Reg. 274; vgl. hierzu neuerdings: Bente: Nog een goederenregister van de graaf van Dahl. S. 49-50. Das Verzeichnis wird z.Zt. vom Autor und von L. H. M. Olde Meierink für den Druck vorbereitet.).- Bei dem Eintrag in der Urkunde von 1324 ist die Belehnung mit dem Dienstmannengut „*domus ten Clene*" von anderer, aber zeitgleicher Hand, wahrscheinlich als Korrektur nach Vergleich mit den doch wohl über diesen Vorgang ausgestellten Einzelurkunden ergänzt worden. Spätere Erwähnungen dieses Gutes habe ich bislang nicht finden können.

Wilhelm III. von Kuijk und seine Frau Kunigunde verkauften 1331 für 11000 Pfund schwarze Tournosen die Herrschaften Dale und Diepenheim, bzw. was zu dieser Zeit noch dazu gehörte, an Johann von Diest, Bischof zu Utrecht, den Onkel des Verkäufers.[39] Mit diesen Gütern erwarb der Utrechter Bischof selbstredend auch deren Dienstmannschaften, die durch ihre Lehen an die Herrschaft gebunden waren.

Nachdem das Fürstbistum Utrecht 1528 durch Kaiser Karl V. säkularisiert worden war, erfolgten die Belehnungen mit dem ehemaligen Stiftslehen Stevening durch die Staaten von Overijssel. Bis zum Jahre 1645 lassen sich Belehnungen nachweisen.[40]

5.1.2 Die Lehnsträger

Der Utrechter Bischof Johann von Diest ließ 1338 die Rechte der Burgmänner, Mannen und Dienstmannen der Herrschaften Dale und Diepenheim aufzeichnen. Die damals wohl erstmals kodifizierten und durch seinen Nachfolger Bischof Johann von Arkel 1343 bestätigten Rechte[41] enthalten einen Passus über die Waffendienstpflicht der Burgmänner, Mannen und Dienstmannen für den Bischof: „*sint sculdich Ons te dyenen weder dieghene, die ons veronrechten wilt*“. Diese Schutzpflicht galt natürlich auch im umgekehrten Falle. Hinsichtlich der Dienstmannen der Herrschaft Dale galt damals fernerhin das Recht, daß das jüngste Kind Lehnsnachfolger des Vaters in die Daleschen Lehen wurde.[42] Dieses hatte nach dem Tode des Vaters als Heergewäte dessen bestes Pferd oder 6 Schillinge münsterischer Währung zu entrichten. Später, im Jahre 1406, war Stevening allerdings nach zutphenschem Recht verlehnt und damit in einem nicht unkomplizierten Erbverfahren sowohl in männlicher als auch weiblicher Linie, ja sogar in den Seitenlinien, vererbbar, und zwar vereinfacht ausgedrückt gemäß dem Sprichwort: „*Dat naeste lyf, die man voort wyf, d'olste op der straten*“[43]. Wie lange dieses zutphensche Lehenrecht gegolten und später - nach der vollen Ausbildung der Territorialstaaten - insbesondere bei ausländischen Lehen wie Stevening noch gegriffen hat, ist völlig unklar.

---

[39] RA Utrecht: Archief der Bisschoppen van Utrecht Urk. 78.

[40] Ich danke Herrn Rijksarchivaris J. H. Wigger in Zwolle für die Mitteilung der Belehnungen mit Stevening aus den Jahren 1533 bis 1645 aus dem Archiv der Lehenkammer der Provinz Overijssel im RA Zwolle (im folgenden nicht angemerkt).

[41] RA Utrecht: Archief der Bisschoppen van Utrecht Reg. 3 I fol. 173; Druck: Snuif: Verzamelde Bijdragen. S. 261-262.

[42] „*Ten ierste soe hebn die dienstman van Dalem dat recht, dat dat jongeste kynt bin echt bliuet leenfolger van sijns vader erve ende guede, dat van Dalen roeret*“.

[43] Zitat nach: Jansen: Die Lehen. S. 6; hier auch eine kurze Darstellung des nicht unkomplizierten Erbverfahren (S. 5-9); vgl. auch: Winter, van: Ministerialiteit. S. 209.

- Brinking - von Rokinghusen - Berse -

Die ältesten Lehnsträger des Gutes Stevening, den Ritter Gerhard genannt Brinking und seine zwei Söhne, haben wir oben in der Belehnung des Jahres 1324 kennengelernt. Erst ca. 60 Jahre später erscheinen mit „*Arnd van Rochuysen*" und Claes Berse weitere Inhaber. Das älteste Lehenregister des Bistums Utrecht (1382, 1383-93)[44] enthält als Nachtrag von 1384 den folgenden Eintrag über Stevening:
„*Item Claes Berse houdt tguet te Stevening, gelegen in den kerspel van Wullen in der buerscap te Noertwick. Ende dat is een leen van der greefscap van Dalen. Ende dat droech op Arnd van Rochuysen.*"[45]

Wer waren nun die Lehnsinhaber des genannten Erbes und Gutes Stevening, der Ritter Gerhard genannt Brinking und seine zwei Söhne sowie „*Arnd van Rochuysen*" und Claes Berse?

Die Familie Brinking (*„(dictus) Brinchinc/Brynkinch*") gehörte im 13./14. Jahrhundert zur Burgmannschaft der Edelherrschaft Ahaus[46] und saß möglicherweise auf dem gleichnamigen Gut, das südlich der Burg Ahaus an der Aa (heute Aabach-Schule) gelegen war.[47] Gerhard wird zwischen 1286 und 1328 in Urkunden der Edelherrn von Ahaus urkundlich genannt, 1291 auch zusammen mit seinem Bruder Rudolf.[48] 1338 siegelte der Ahauser Burgmann Rudolf Brinking mit einem Hahn.[49] Mitglieder dieser Familie waren sicherlich die Brüder Henrich Brinking und Rolf, Kirchherr zu Darup, die 1361 zusammen Erwähnung finden. Ersterer verkaufte am 5. November des Jahres eine ebenfalls im Kirchspiel Wüllen in der Bauerschaft Ortwick gelegene Wiese oder Mathe als

---

44 RA Utrecht: Archief der Bisschoppen van Utrecht Reg. 270 (Druck: Muller: De Registers en Rekeningen. S. 662 ff.).

45 Muller: De Registers en Rekeningen. S. 785.

46 1279 wird Rudolf Brinking als Ahauser Burgmann genannt (Niesert: Codex Diplomaticus. 1. Abt. Nr. 21 S. 62), desgleichen ein Rudolf Brinking 1332 (FSSA Anholt: Stift Vreden Lade 234, 13 fol. 57v).

47 Nach dem Urkataster existierte hier 1827 noch ein Gut Brink. Südöstlich hiervon lag eine Flur namens „*Klopping*" (Beckers/Gausling/Wittebrock: Flurnamen der Stadt Ahaus, Karten 40). 1424 wurde Engelbert von der Becke vom münsterischen Bischof mit dem Gut „*geheiten Clopmans gud, belegen vor den Ahus by Brinckinck*", belehnt, das als Dienstmannenlehen von der ehemaligen Herrschaft Ahaus herrührte (StAM: Fstm. Mst. Lehen 1111 fol. 39v). Brincking selbst war im 15. Jahrhundert ein münsterisches Garbengut, herrührend von der ehemaligen Herrschaft Ahaus (vgl.: Ilisch: Die Tafelgüter. S. 55).

48 WUB III Nr. 1315, 1458; INA Kreis Coesfeld (Beiheft). S. 125; INA Kreis Burgsteinfurt. S. 219.- Ein gleichnamiges Mitglied der Familie war 1316 Propst zu Varlar (ebenda. S. 131).

49 HStAD: Kloster Werden Urk. 107 (vgl. Ilgen: Die westfälischen Siegel. S. 11 Tafel 175, 3).- Das bei Spießen, von: Wappenbuch. S. 21 (Tafel 50) angeführte Wappen (ein nach rechts laufenden Hund) gehört wohl einer anderen Familie an.

freies Eigen an den Propst und den Konvent zu Varlar zum Nutzen des Gutes „*Kerkhoff*" in Wüllen.[50] Die Familie starb zu dieser Zeit im Mannesstamme aus.

„*Arnd van Rochuysen*" gehörte wohl der ursprünglich Ravensberger Ministerialenfamilie von Rokinghusen (Röckinghausen bei Rheda-Wiedenbrück) an, die um 1300 auch auf dem adeligen Gut Tuschusen bei Billerbeck ansässig war.[51] Arnds Herkunft läßt sich bisher nicht eindeutig bestimmen. Er ist jedoch möglicherweise mit Arnd (1353) identisch, der nach der von Spießenschen Sammlung als Bruder eines Albrecht und als Sohn eines Albrecht von Rokinghusen geführt wird.[52] Der Vater wiederum dürfte mit jenem Albrecht/Albert identisch sein, der 1301 mit seiner Frau Wicburgis genannt wird und sich nach seinem Wohnsitz von Tuschusen nannte, dessen Siegelumschrift jedoch den Familiennamen „*de Rokinchusen*" aufweist.[53] Das Siegel des letzteren zeigt einen im Spitzenschnitt geteilten Schild.[54]

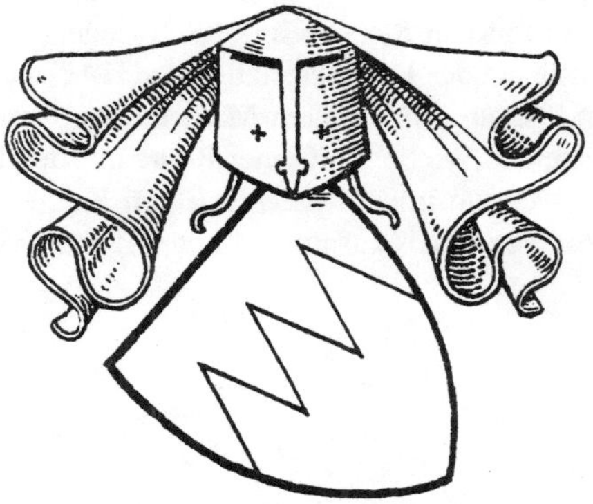

Abb. 3: von Rokinghusen
(von Spießen: Wappenbuch. S. 106;
Tafel 260: Rockinghusen)

[50] Der Rufname des Bruders und Zeugen, des Kirchherrn zu Darup, ist nicht mehr lesbar (FSHA Coesfeld: Bestand B Urk. 142; Regest: INA Kreis Coesfeld (Beiheft). S. 157). Der Name lautete 1361/63 Rolf, wie aus zwei Urkunden: Hs. Egelborg: von Keppel Urk. 958 und Urk. 3 hervorgeht (Regesten: INA Kreis Ahaus. S. 16-17).

[51] Vgl.: Ilisch: Zur Geschichte. S. 125; vgl. auch: Ilisch: Tuschusen. S. 20-21.

[52] StAM: Max von Spießen: Genealogische Sammlung. Hiernach war Albrecht von Rokinghusen, Arnds Vater, 1342 Burgmann zu Rheda.

[53] Vgl.: Ilgen: Tuschusen. S. 20-21; WUB VIII Urk. 20 (1301) und 760 (1312).

[54] Ilgen: Die Siegel. S. 54 Tafel 148, 15 (vgl. auch: Spießen, von: Wappenbuch. S. 106 Tafel 260). Ein Siegel des Arnd von Rokinghusen ist bislang nicht bekannt geworden.

Verwandtschaftliche Beziehungen der von Rokinghusen zu den Familien Brinking (Schwägerschaft ?) und Berse („*Bersse*“) sind denkbar. Auch ist 1384 nicht von einem Verkauf des Erbes Stevening an Claes Berse die Rede, sondern lediglich von einer Auf- oder Übertragung, die sicherlich auch aus einem Erbgang herrühren konnte. Claes Berse[55] selbst läßt sich um 1400 mehrfach als Zeuge und auch als Schöffe in Ahaus nachweisen, so daß man davon ausgehen kann, daß er hier ansässig gewesen ist. 1389 finden wir ihn als ersten Zeugen im Akzise- und Zollprivileg des Edelherrn Ludolf von Ahaus für die Stadt Ahaus, 1391 u.a. neben Matheus von Graes in der Urkunde über die Regelung städtischer Rechte für Ahaus und 1400 in der Stiftungsurkunde der St. Katharinenbruderschaft daselbst.[56] 1395 fungierte er als Schöffe.[57] Als Lehnsmann des Bischofs von Münster erhielt er 1364/79, 1379/81 und 1402 die Belehnung mit einem sogenannten „*twelflinge leen in Nyenborch*“, der „*Horst*“ im Kirchspiel Holtwick.[58] Mit diesem Gut war im Bedarfsfall die Verpflichtung zum Waffendienst für die münsterische Landesburg und Burgmannschaft Nienborg verbunden.[59]

Nach dem Lehenregister Bischof Friederichs von Utrecht wurde Claes Berse 1395 auf seine Bitte hin erneut mit dem Lehen, dem „*guet tho Steveninch*“, belehnt.[60] Laut Randnotiz im Lehenbuch waren später Matheus von Graes und seine Frau mit diesem Lehen begabt. Matheus dürfte mit großer Sicherheit der Schwiegersohn des Claes Berse gewesen und dadurch in den Besitz des Lehens gelangt sein. 1417 bewilligten die Kirchherrn zu Wüllen, Wessum und Ahaus sowohl dem Matheus von Graes, seiner Ehefrau Grete als auch dem Claes Berse den Wiederkauf einer Rente aus den Erben und Gütern „*Dornecotte*“ im Kirchspiel Wessum und „*Volmerinch*“ im Kirchspiel Holtwick.[61] Am 25. Januar 1421 trat Matheus von Graes zusammen mit Degener von Lethmate als Erbe des Claes Berse auf.[62]

---

55 Ein Siegel des Claes Berse ist bislang nicht bekannt. „*Hinrich Bersse gheheten ten Hakenvoerde*“, sicherlich ein Verwandter und wohnhaft auf dem Gut Hakenfort im Kirchspiel Osterwick, siegelte 1439 mit 3 Blättern 2.1. belegt mit einem schwebenden Kleeblatt (Hs. Darfeld: Asbeck Cl. I Loc. 7 Paket B, 24); ähnlich das Siegel des Ghyseken Berse von 1419 (StAM: Stift St. Martini Urk. 7).

56 Tücking: Geschichte. S.71, 74 und 77.- 1400 wird auch sein Bruder Gerd genannt („*Clawes unde Gherd Borsse brodere*“).

57 INA Kreis Ahaus. S. 2 (nach Urk. im PfA Ahaus, verloren).

58 StAM: Mscr. VII, 401a, Nr. 420; ebenda Altertumsverein Mst. (Dep.) Mscr. 94 fol. 1; ebenda Fstm. Mst. Lehen 1111 fol. 13r.

59 Vgl. hierzu: Hs. Diepenbrock Urk. 1a.

60 RA Utrecht: Archief der Bisschoppen van Utrecht Reg. 272,1 fol. 28r.

61 Hs. Darfeld: Darfeld Cl. III Loc. 8.

62 SA Köln: Antoniter Kopiar Hs. 1 fol. 26v.

- von Graes -

Die Familie von Graes („*van Graes*")[63], deren ursprünglicher Stammsitz in der Wessumer Bauerschaft gleichen Namens zu suchen ist, gehörte zur Dienstmannschaft der Edelherren von Ahaus. Diese Verbindung wird auch aus der Ähnlichkeit der Siegel und Wappen deutlich.[64] Matheus von Graes siegelte 1400 und 1423 mit einem schrägquadrierten Schild[65], die späteren von Graes[66] dagegen führten den Schild gleich den Ahauser Edelherrn quadriert.[67]

Abb. 4: von Graes
(von Spießen: Wappenbuch. S. 60;
Tafel 142: Graes)

---

63 Die Arbeit von Reckers: Das Uradelsgeschlecht „von Graes" ist zumindest für die Frühzeit des Geschlechtes weitgehend wertlos. Vgl. neuerdings auch: Wilming: Unsere Dörfer. S. 16-17.

64 Zur Problematik der Wappengleichheit von Herren und Ministerialen vgl.: Ilgen: Die Siegel. Sp. 22-24; Sp.: 24 Anm. 9: „*Ferner sei auf die Familien aufmerksam gemacht, bei denen (Taf. 155, 1 ff.) die gleiche Theilung wie auf dem Schild der Edlen von Ahaus (Taf. 23, 5 ff.) zu beobachten ist.*"

65 Hs. Vinsebeck: Hs. Beck Urk. 38; StAM: Mscr. II, 19 fol. 21v. 1342, 1348 und 1368 siegelte so auch Ortwin von Graes (FSSA Anholt: Stift Vreden Lade 219, 4 Nr. 32; von Landsberg-Velen: Gemen Urk. 19; Ilgen: Die Siegel. S. 28, Tafel 155, 1.

66 Das spätere Wappen derer von Graes: von Schwarz und Silber quadriert. Auf dem Helm schwarz-silberner Wulst, darüber ein von Schwarz und Silber quergeteilter Flug von gewechselten Farben. (Spießen, von: Wappenbuch. S. 60 Tafel 142).

67 Vgl.: Tumbült: Die Siegel. S. 15; Wappen der Edelherren von Ahaus: von Rot und Gold quadriert. Gekrönter Helm mit zwei quergeteilten Büffelhörnern von gewechselten Farben wie der Schild. (Spießen, von: Wappenbuch. S. 1 Tafel 1).

Matheus von Graes war wohl der Sohn des Ahauser Dienstmannes Ortwin - belehnt ebenfalls mit dem münsterischen Dienstmannenlehen Söbbing in Wessum 1379/81[68] - und seiner Frau Jutta. Ein Bruder von ihm, Goswin (†1442), war Domherr zu Münster und Osnabrück.[69] 1404 kaufte Matheus von „*Gerdt thom Broill alias Hunneke*“ einen Garten vor Ahaus, angrenzend „*ufr die stadt Ziegell graben*“.[70] 1426 wurde er mit den münsterischen Dienstmannenlehen „*Sobbinchoff*“ und „*Scheghehusen*“ im Kirchspiel Wessum belehnt.[71] 1427 erwarb er von dem Kirchherrn zu Leer, „*Johan van den Ahus*“, auch den Hof vor Ahaus, genannt der „*Ramesberger*“ oder „*Stenhus*“, und das Gut „*ton Meden*“ im Kirchspiel Wessum, Bauerschaft Graes[72], mit denen sein Sohn Ortwin 1443 als münsterisches Burglehen zu Ahaus belehnt wurde.[73] Ortwin wiederum erhielt 1444 von Degener von Lethmate etliche Kämpe, Gärten und einen Speicher respektive innerhalb und außenhalb Ahaus gelegen übertragen.[74] 1421 hatte Ortwin bereits die Belehnung mit dem Gut „*Horst*“ im Kirchspiel Holtwick empfangen, das später zum Adelssitz dieses Zweiges der Familie von Graes unter dem Namen Haus Horst oder Holtwick ausgebaut wurde.[75] Hier wurde um 1480 der bedeutende Humanist Ortwin von Graes (†1542) geboren.[76]

Die Familie von Graes hat das Lehen Stevening nur wenige Jahre innegehabt. Matheus, seine Frau Grete und ihr Sohn Ortwin verkauften es an Johann Giging und dessen Frau Grete. Am 5. Februar 1406 baten sie nämlich den Bischof von Utrecht, dieselben mit dem ihnen verkauften Gut Stevening („*Stevenyng*“), das sie bisher nach zutphenschem Recht als Lehen innegehabt hatten, wieder zu belehnen.[77] Die Belehnung erfolgte am 8. September 1406:
„*Item beleent Johan Giging dat guet toe Stevening gelegen Inden kispel van Wuluin Inder buerscap toe Noirtwyck, als Matheis van Graes daz uutgegain is.*“[78]

Das Lehenregister des Bischofs Otto von Münster (1393-1424) enthält einen eingehefteten Zettel von ca. 1424, auf dem drei Lehen verzeichnet sind.[79] An erster Stelle findet

---

[68] StAM: Altertumsverein Mst. (Dep.) Mscr. 94 fol. 1. Außerdem erhielt er einen Zehnten in der Bauerschaft Lünten im Kirchspiel Vreden.

[69] Rabe: Besitzgeschichte. S. 7-12; Kohl: Das Domstift. Bd. 2. S. 554.

[70] Hs. Darfeld: Darfeld Cl. III Loc. 8 (Regest).

[71] StAM: Fstm. Mst. Lehen 1112 fol. 20r.

[72] INA Kreis Coesfeld. S. 116.

[73] StAM: Fstm. Mst. Lehen 1112 fol. 68v.

[74] Hs. Darfeld: Darfeld Cl. III Loc. 8 (Regest). Der Speicher war dem Degener von Lethmate durch die Stadt Ahaus bewilligt worden (ebenda. Regest ohne Jahr).

[75] StAM: Fstm. Mst. Lehen 1111 fol. 32v; 1489 heißt es im Lehenregister: „*erve tor Horst*“, auf dem Frederick von Graes, Ortwins Sohn, „*nu uppen wonnet*“ (ebenda. Mscr. II, 163 Nr. 631).

[76] Vgl.: Reichling: Ortwin Gratius. S. 13 ff.

[77] RA Utrecht: Archief der Bischoppen van Utrecht Reg. 272, 2 fol. 60; Ausfertigung Papier mit Siegel des Matheus von Graes in grünem Wachs (vgl.: Muller: Regesten. S. 14 Nr. 1774).

[78] RA Utrecht: Archief der Bisschoppen van Utrecht Reg. 272, 1 fol. 59r.

[79] StAM: Fstm. Mst. Lehen 1111 fol. 41. Die weiteren Einträge lauten: „*Item IIII teenden gheleghen toe Legden, als aver des Voeghedes hus en aver Henvordinck ende aver Lomans hus ende Brugginck. Item Bennynck gheleghen in den kerspel van Haeckesberghe.*“

sich folgender Eintrag: *„Item Steveninck hof gheleghen in den kerspel van Wullen in der buerscop toe Noerwyck*". Was hat nun das damals nachweisbar Utrechter Lehen Stevening im münsterischen Lehenregister zu suchen? Der Sachverhalt dürfte folgendermaßen zu erklären sein. Wahrscheinlich war man sich damals, nachdem 1406 die Herrschaft Ahaus an das Stift Münster gefallen war, nicht sicher, ob auch Stevening zu deren jetzt münsterisch gewordenen Lehen gehörte.[80] Der ehemaligen Verbindung des Gutes zur Herrschaft Ahaus, die ich oben glaubhaft gemacht habe, war man sich scheinbar durchaus noch bewußt. Der Eintrag, der sich nur auf einem im Lehenregister einliegenden Zettel wohl als Gedächtnisstütze zur späteren Überprüfung findet, ist in keines der folgenden münsterischen Lehenbücher aufgenommen worden.

- Giging -

Die Familie Giging (*„G(i)ginch/Gijginck/Gyghinch/Ghyghynch/Gijginx*") tritt seit der Mitte des 14. Jahrhunderts im westlichen Münsterland und in den benachbarten Niederlanden gelegentlich in Erscheinung. Nach der Sammlung van Spaen war ein Johann *„Ghyginc*" 1349 zusammen mit Robert von Buerse Schöffe zu Ahaus.[81] Wohl zwischen diesem Johann Giging und dem Stift Vreden schlichtete 1353 der Edelherr Hermann von Ahaus in Streitsachen.[82]

Die Besitzungen der Familie konzentrierten sich im 15. Jahrhundert vor allem in den heutigen Niederlanden um Haaksbergen, wo die Familie allem Anschein nach um 1400 und auch später noch ansässig war.[83] Der Stammsitz des Geschlechts dagegen lag ur-

---

80 Die ehemaligen Ahauser, im Jahre 1406 an Münster übergegangenen Lehen finden sich in den Lehenbüchern und -registern des 15. Jahrhunderts vielfach ausdrücklich als solche genannt.

81 Hoge Raad van Adel: Sammlung van Spaen Nr. 182, 2 (Giging) bzw. 90 c (Buerse); hiernach: Schimmelpenninck van der Oye van Nijenbeek: Genealogische aanteekeningen. S. 47.

82 Genannt wird auch der Bruder Hermann Giging (INA Kreis Borken (Beiheft). S. 146. - Mit münsterischen Lehen in Alstätte (*„domum ton Oldenhus et domum dictam Perichus et Wenemarinch*", Vreden (*„bona Leppinc et Hadegarinch*") und Legden (*„Bruginc*") war 1364/79 ein Gerhard Giging belehnt (StAM: Altertumsverein Münster Mscr. 94). Ein Lubbert Giging erscheint 1365 als Siegler in einer Urkunde über die Rentverpflichtung der Hille, Frau des Bertold Blathales, und ihrer Kinder an den Junker Heinrich von Gemen (INA Kreis Borken. S.85). Hinrich Giging gelobte 1399 dem Hermann Knuf, Dieterich von dem Luttikenhus und Johann Hakfort Schadloshaltung für eine Bürgschaft gegenüber Gerd Berse (INA Kreis Ahaus. S. 21).

83 Eine Linie des Geschlechts Giging existierte in Haaksbergen noch bis ins beginnende 17. Jahrhundert (vgl. die Belehnungen 1469 ff.: Doorninck, van: Tijdrekenkundig Register. Deel 4. S. 217, 410; Hoge Raad van Adel: Sammlung van Spaen Nr. 182, 2 (Giging); RA Arnhem: Familie van Rhemen Hschr. 6C 131. Vgl. auch: Historie van Haaksbergen. Deel I. S.40, 41; Deel II. S. 27, 135, 140, 249.

sprünglich wohl auf dem gleichnamigen Lehen im Kirchspiel Vreden, Bauerschaft Hörsteloe, mit dem es nachweislich seit 1426 vom münsterischen Bischof belehnt war.[84] Das Lehengut Giging - seit dem ausgehenden 15. Jahrhundert wird diese Bezeichnung durch den Namen Schwering verdrängt - dürfte allerdings ehedem ein Ahauser Lehen (vor 1406) gewesen sein, zumal es in den älteren münsterischen Lehenbüchern und -registern nicht genannt ist. Sicherlich stand das Geschlecht ursprünglich in einem dienstmannschaftlichen Verhältnis zu den Ahauser Edelherren, deren quadrierten Schild es in seinem Siegel und Wappen führte.[85] Von der Herrschaft Ahaus trug es auch die

Abb. 5: Giging
(von Spießen: Wappenbuch. S. 58;
Tafel 139: Gygink)

[84] 1426, 1458, 1467 wurde Claes Giging mit „*Giging*“ belehnt. 1426 war damit auch Johann Hakfort belehnt worden (StAM: Fst. Mst. Lehen 1112 fol. 18r; ebenda 1113 fol. 12v; StAM: Mscr. II, 163 Nr.106). 1495 erscheint das Gut unter dem Namen „*Swederinck*“ (ebenda. Nr. 213). 1536 heißt es „*Gyginck anders Swerinck genompt*“ (ebenda. Mscr. II, 165 Nr. 488).

[85] Das erklärt auch das Ansässigsein der Gigings in Haaksbergen, wo die Ahauser Edelherrn damals umfangreiche Besitzungen und die Burg Blankenburg besaßen (vgl.: Historie van Haaksbergen. Deel I. S. 56-57)
1468 siegelten die Brüder Claes und Hermann Giging mit dem quadrierten Schild: Zeichnungen auf einer Urkundenabschrift des 18. Jahrhunderts (FSSA Anholt: Stift Vreden Lade 202, 14 Nr. 6). Wappen Giging: von Blau und Silber quadriert. Auf dem Helm blau-silberner Wulst, darüber blau-silber geteilter offener Flug in gewechselten Farben. (Spießen, von: Wappenbuch. S. 58 Tafel 139; Hoge Raad van Adel: Sammlung van Spaen Nr. 182, 2).

Dienstmannengüter „*Vesterinch ton Bussche und den Kortenhoff*“ im Kirchspiel Wessum, Bauerschaft Graes, zu Lehen. Johann Giging, 1381 als Kornote im Gericht zu Haaksbergen[86] urkundlich genannt, wurde 1414 durch den münsterischen Bischof als neuen Herrn zu Ahaus mit diesen ehemals Ahauser Lehen begabt.[87] Vom Stift Münster war er bereits 1393/1407 mit den Zehnten und Mannlehen in den Kirchspielen Uelsen, Ochtrup und Schöppingen belehnt worden, die zuvor sein Bruder Hinrich innegehabt hatte.[88] 1426 wurde sein Sohn Claes („*Clawes*“) Giging mit den ehemals Ahauser und den münsterischen Lehen belehnt.[89] 1439/41 belehnte ihn Bischof Rudolf von Utrecht auch mit dem Gute Stevening *(„Stevenyng“)*[90] und erneut am 14. Oktober 1458 Bischof David von Utrecht.[91] Am 5. Dezember 1453 erhielt er vom Kapitel St. Peter zu Utrecht ebenfalls die Belehnung mit dem Gut Hassink in Haaksbergen, Bauerschaft Eppenzolder.[92]

Claes Giging vermählte sich mit Elseke („*Elsebe*“) „*des Holen*“ aus einer niederländischen Adelsfamilie (Eheberedung 1423. November 11), der Witwe des Johann von Berntvelde.[93] Am 31. Juli 1460 setzte Claes seiner Frau die Leibzucht fest. Aus dieser vor dem Utrechter Richter zu Haaksbergen, Reynolt Hoerstinch, ausgestelltem Urkunde erfahren wir Näheres über weitere Besitzungen der Familie. Claes übertrug seiner Frau die zu Haaksbergen gelegenen Güter „*Bernynck*“, „*Menskinck*“, seinen Anteil an „*Eppinck*“, „*Ottinch*“ und „*Engesinck*“, den „*Veltkamp*“, die „*Hulsbraeck*“ und ein Stück Land auf dem „*Hulsraede*“ sowie den Speicher auf dem Kirchhof und das Haus und den Garten in dem Dorfe. Außerdem übergab er ihr die Güter „*Swederinck*“ und „*Vernholte*“ im Kirchspiel Weseke, die sie ihm nach Ausweis der Eheberedung mit in die Ehe gebracht hatte.[94] Durch seine Ehe mit Elseke wird Claes auch die Güter im Kirchspiel Ramsdorf erhalten haben, worunter sich anscheinend eine Burganlage befand, die er aber 1434 vom münsterischen Bischof zu Lehen nahm bzw. nehmen mußte. Das Lehenregister spricht allerdings nur von einem Tausch, wonach Claes das bisherige Lehen, den Zehnten zu Uelsen, als freies Eigen erhielt und dafür dem Bischof sein Allod übertrug, nämlich „*dat Gut geheiten die grote Koppele und den bergh [!] dair by beleigen in den kerspel van Ramesdorppe in der Burschapp van Holthusen, uytgescheiden die*

86 INA Kreis Coesfeld (Beiheft). S. 90 (Hs. Darfeld: Asbeck Cl. V Loc. 8 Nr. 1/A).

87 StAM: Fstm. Mst. Lehen 1111 fol. 22v.

88 StAM: Fstm. Mst. Lehen 1111 fol. 9v.

89 1426 wurde er ebenfalls mit „*Bruggink*“ im Kirchspiel Legden belehnt (StAM: Fstm. Mst. Lehen 1112 fol. 18r), womit 1364/79 ein Gerhard Giging belehnt worden war (StAM: Altertumsverein Münster Mscr. 94).

90 RA Utrecht: Archief der Bisschoppen van Utrecht Reg. 274 fol. 11r (ohne Datum).

91 Doorninck, van: Tijdrekenkundig Register. Deel 4. S. 92.

92 Muller: Regesten van het Kapittel van St. Pieter. S. 203; Historie van Haaksbergen. Deel I. S.43; Deel II. S. 246.

93 FSSA Anholt: Kloster Groß Burlo Kopiar I, fol. 45v-46r (26v-27r). Dedingleute u.a.: Johann Giging, Vater des Claes.- Vgl. auch: HAvC Dülmen: Weddern Urk. 1405: Verzichtleistung des Johann von Berntfeld und seiner Frau „*Elzeke des Holen*“ auf Anrechte der Frau an Gütern in Winterswijk, Südlohn und Gemen.

94 FSSA Anholt: Kloster Groß Burlo Kopiar I, fol. 46r-46v (27r-27v).

Cleyne Koppele“[95]. Der „Berg“ ist seitdem nicht mehr genannt, die Koppel jedoch wurde 1484 von der Familie von Berntvelde zurückerworben und galt späterhin als Pertinenz des Hauses Barnsfeld.[96]

Am 13. Mai 1460 verpfändete Bischof Johann von Münster mit Bewilligung des Domkapitels dem Claes Giging und seinen Erben gegen eine Geldsumme von 850 Goldgulden die Burg zu Vreden mit den dazugehörigen Kämpen und Gärten sowie mit der Fischerei um die Burg herum und im Ölbach (*„Odinckbecke*“), die Bierakzise in Vreden und verschiedene Einkünfte und Zehnten. Claes - *„eyn slicht undersate unses gestichtes van Munster*“ - hatte die Burg getreu zu verwalten und instand zu halten, durfte jedoch im Falle der Not auf Kosten des Stifts 50 Gulden daran verbauen. Von der Verpfändungssumme waren 200 Gulden verwandt worden, um die Burg Vreden aus der Pfandschaft des Hendrik Hakfort zu lösen, außerdem 200 Gulden als Abschlag zur Auslösung der Burgen Ahaus und Ottenstein von Gerhard von der Becke.[97]

Claes verstarb 1471. Am 23. Dezember des Jahres bestätigte nämlich sein Bruder und Erbe, der Knappe Hermann Giging, die testamentarische Bestimmung von Claes und seiner Frau Elseke, wonach dem Prior und dem Konvent zu Groß Burlo für Memorien die zwei Güter *„Swederinck*“ und *„Vernholte*“ im Kirchspiel Weseke überwiesen werden sollten.[98] Memorien hatten die Eheleute Claes und Elzeke auch im Stift Vreden gestiftet.[99]

---

95 StAM: Fstm. Mst. Lehen 1112 fol. 43r.- Nach einer Mitteilung von Herrn Manfred Hildebrandt, Herne, könnte es sich bei der Burgstätte um den heutigen Bauernhof Moddenborg in der Bauerschaft Holthausen handeln.
Die Gleichsetzung von *„bergh*“ mit einer Burganlage ergibt sich aus mehreren Parallelen. So besaß z.B. *„Bertold de Hert*“ 1426 *„den Berch in den kerspel van Borch*“, 1458 *„syne Wonynge geheten ton Berge*“ im Kirchspiel Borck. 1458 ist die Rede von einem Zehnten, der *„van den Berge ton Ahus*“ zu Lehen ging (ebenda. Mscr. II, 162 Nr. 306; Mscr. II, 162 Nr. 46 und 72). 1492 wurde Johann von Lembeck *„myt beyden bergen und slotte to Lembecke*“ belehnt (ebenda. Mscr. 163 Nr. 641). Wahrscheinlich ist unter „Berg“ eine Burganlage in Form einer Motte zu verstehen. Vgl. hierzu auch: Hinz: Motte und Donjon. S. 58: *„Dem Historiker werden, wenn er Urkunden und Chroniken daraufhin durchsehen würde, vermutlich noch viele weitere Belege für die Gleichung Berg = Motte (Adelsburg) auffallen.*“

96 StAM: Fstm. Mst. Lehen 1112 fol. 43r; von Landsberg-Velen: Barnsfeld Urk. 132.

97 StAM: Domkapitel Mst. Urk. IV D Nr. 152.- Über die Burg Vreden vgl. auch: Terhalle: Von der fürstbischöflichen Burg. S. 239-244.

98 FSSA Anholt: Kloster Groß Burlo Urk. Ms. 179; Siegel des Hermann Giging; als Zeuge wird ein Johann Giging, Knappe der Diözese Münster genannt, der 1472 dem Kloster Groß Burlo ein demselben benachbartes Haus mit Hof verkaufte (ebenda. Urk. 68). Elsekes Erbe wurde ihr Neffe Serges van Ekell, Serges Sohn, der dasselbe am 25. Mai 1471 an die Brüder Hinrik und Diderick van der Houwe und an Diderick Koipen aufließ (ebenda. Kopiar I fol. 48r (29r); ebenda. Urk. Ms. 184).

99 *„Item Memoria Clawes Gyginck und sijr husfrouwen Elyzabeth enen Rinsschen gulden den Jonferen unde den heren gelijck, twen Cappellans itlick II denare, den vromisse priester II denare, den scholemester II denare, der kosterschen II denare, den koster II denare*“ (BAM: Memorienbuch des Stifts Vreden. fol. 68).

Die verpfändete Burg zu Vreden wurde am 11. April des folgenden Jahres durch den Landesherrn wieder eingelöst. Hermann Giging erhielt dafür jedoch eine andere Pfandschaft im Wert von 500 Goldgulden übertragen, nämlich den groben und schmalen Zehnten aus den Erben *„Giginck u. Ibekinck“* im Kirchspiel Vreden, Bauerschaft Hörsteloe, sowie neun Malter Roggen und 2 1/2 Mark Rente aus dem Hof zu *„Kernebecke“* im selben Kirchspiel.[100] Als Erbe seines Bruders wurde Hermann durch Bischof David von Utrecht daselbst am 4. November 1472 auch mit Stevening belehnt[101] und am selben Tage vom Kapitel St. Peter in Utrecht auch mit dem Gut Hassink in Haaksbergen.[102]

Hermann wohnte 1480 als *„armiger ac opidanus in Ottensteyn“*. Am 28. Juli des Jahres bestätigte der münsterische Generalvikar eine von ihm daselbst gestiftete Blutsvikarie zu Ehren der Gottesmutter, der Heiligen Matthias, Maria Magdalena und Felicitas. Als erster Inhaber der Vikarie war sein unehelicher Sohn, der Kleriker der Diözese Münster Johannes Giging vorgesehen. Das Kollationsrecht erhielt der jeweilige Pfarrer zu Ottenstein, der die Vikarie einem Kleriker aus der nächsten Blutslinie des Stifters übertragen sollte. Das von ihm zum Seelenheil seiner Kinder, seiner Ehefrau Waltera von dem Wolde[103] und seines Bruders Claes und dessen Ehefrau Elseke gestiftete Benefizium wurde mit den folgenden Gütern ausgestattet: die Güter *„Ottynck“* und *„Enpynck“* mit allem Zubehör im Kirchspiel Haaksbergen, Bauerschaft Stepel, einschließlich der Eigenhörigen; dazu das Gut *„Godekinck“* daselbst in der Bauerschaft Buurse sowie der schmale Zehnte und ein Molt Roggen daraus; die Einkünfte in Höhe von 8 rheinischen Gulden aus dem Gute *„Ubbynck“* im Kirchspiel Winterswijk, die er von Hermann von Lintelo gt. Rechteren gekauft hatte; ein Haus mit der Stätte in der Vorstadt Ottenstein, das Hermann selbst bewohnte, mit einem Garten außerhalb der Pforte nach Vreden hin beim Sandwege, zwei Wiesen oder Weiden beim Hagen vor der Burg Ottenstein und zwei Kämpe vor der Burg beim Heiligenhäuschen.[104]

Hermann Giging verstarb 1481. Erben waren seine Neffen, die Gebrüder Johann und Hendrik Hakfort sowie Aleff Pyel (Schwager der Gebrüder Hakfort ?).[105] Johann Hak-

---

[100] Tenhagen: Gesammelte Abhandlungen. S. 231.- Die Pfandsumme ging von Hermann Giging auf Aleff Pyl über, der dieselbe 1492 dem Hilbrand Buschof verkaufte (Segbers: Ahaus. S. 228 und 231).

[101] Doorninck, van: Tijdrekenkundig Register. Deel 4. S. 247.

[102] Muller: Regesten van het Kapittel van St. Pieter. S. 231.

[103] Der Familienname der Frau ergibt sich aus einer Urkunde von 1466; Siegel von dem Wolde: Hahn (FSSA Anholt: Stift Vreden Lade 210, 8f Nr. 3).

[104] Kohl: Quellen. S. 32-33.

[105] Alle drei, *„Johan unde Hinrick van Hackvorde gebrodere unde Aleff Pyel“*, verkauften 1484 den Gebrüdern Hinrik und Gerd von Bernsvelde, Söhnen des †Willem, die Wiese, *„de Coppele“* genannt, im Kirchspiel Ramsdorf, Bauerschaft Holthausen, die sie nach dem Tode des Hermann Giging geerbt hatten (von Landsberg-Velen: Barnsfeld Urk. 132). Die Wiese war alter von Bernsvelder Besitz.- Aleff Pyel war der Sohn des Amtmanns des Stifts Vreden Jacob Pyel. 1462 besaß Jacob Pyel(l) mit seiner Ehefrau Roleff und den Kindern Johann, Aleff, Hermann und

fort wurde am 19. Juni 1481 mit dem Utrechter Lehen Stevening belehnt[106] und am 6. Oktober des Jahres auch mit den münsterischen Lehen der Familie Giging *„in syn und syns broders und susters behoff"*[107]. Wegen Stevening hat es möglicherweise Erbauseinandersetzungen gegeben, denn am 20. März 1484 wurde Kunne Horstinx anders genannt Bordewijx, die Schwester des verstorbenen Hermann Giging, mit dem Erbe belehnt. Nach zutphenschem Lehenrecht war sie gegenüber ihrem Neffen auch bevorrechtigt. Noch am selben Tag übertrug sie mit ihrem Vormund Hendrik Piekenbroek das Erbe auf Johann von Senden, der auch sogleich damit belehnt wurde.[108] Die Schwester Kunne (*„Kun Horstinck"* genannt *„Bordewysche"*) wurde 1484 auch mit dem Lehen des Utrechter Kapitels St. Peter, dem Gut Hassink in Haaksbergen, belehnt, welches sich später ebenfalls im Besitz des Johann von Senden nachweisen läßt.[109]

In welchem Verhältnis Johann von Senden zu den Familien Giging oder Horstinx gestanden hat, ist bislang ungeklärt.

- von Senden -

Johann von Senden (*„van Senden"*) war der Sohn - vielleicht auch der Enkel - jenes Engelbert von Senden[110], der als Burgmann auf der münsterischen Landesburg Rechede in Olfen[111] ansässig gewesen und schließlich im Jahre 1445 mit einem erblichen Burglehen zu Ahaus[112] belehnt worden war. Johann heiratete Hille von Langen, die Tochter des Lambert und der Hilbrecht Strick. In der Eheberedung vom 21. August 1482 wurden dem Schwiegersohn verschiedene Erben in Nordwalde, Eggerode, Vreden und Alstätte sowie ein Haus und Burglehen in Horstmar zugewiesen, Güter die ehemals Hermann Strick, der Großvaters der Braut, in Besitz gehabt hatte.[113] 1486 finden wir Johann als Drosten zu Ottenstein[114], 1487 und 1494 als Burgmann zu Steinfurt[115] und 1487/88/93

Heylewech ein Haus in Vreden bei der Mauer zwischen dem Haus *„de Maserige"* und der Stallung, die zum Schloß gehörte (Hs. Ruhr: Kopiar der Scholasterie Vreden fol. 50r). Stammsitz der Familie Pyel war ursprünglich wohl das münsterische Lehengut *„Pilshove"* bei Enschede (Snuif: Verzamelde Bijdragen. S. 80).

106 Doorninck, van: Tijdrekenkundig Register. Deel 4. S. 358.

107 StAM: Mscr. II. 163 Nr. 472.

108 Doorninck, van: Tijdrekenkundig Register. Deel 4. S. 384.

109 Muller: Regesten van het Kapittel van St. Pieter. S.248 und 254.

110 Vgl. zur Stammfolge die nicht völlig korrekte Stammtafel IIb in: Senden: Urkunden. und StAM: Max von Spießen: Genealogische Sammlung.

111 StAM: Fstm. Mst. Lehen 1112 fol. 33r.

112 StAM: Fstm. Mst. Lehen 1112 fol. 77v. Mit Engelberts Burglehen zu Rechede wurde 1447 Lubbert Morrien belehnt (ebenda).

113 Hs. Egelborg: Egelborg Urk. 107.- Die Belehnung mit den münsterischen Lehengütern erfolgte am 2. Dezember 1482 (StAM: Mscr. II, 163 Nr. 482).

114 Hs. Loburg: Horstmar Urk. 78.

115 FA Burgsteinfurt: D Urk. 2 und 54.

auch als Amtmann bzw. Drosten zu Rheine[116]. Bei Rheine besaß er zeitweise eine Wohnung, genannt die Devesborch, die er und seine Frau Hille 1490 von Arnt von Heyden erworben hatten.[117] 1497 verkauften Johann und seine Söhne Hermann und Engelbert das Haus Devesborch samt Mühle und zugehörigen Ländereien an Goderd von Beveren und dessen Frau Elzeke.[118]

1499 erhielt Johann von Senden die Belehnung mit dem Burglehen zu Ahaus, „*Hues und Garde*", sowie mit dem Burglehen zu Rheine.[119] Am 22. August 1504 wird Johann als verstorben bezeichnet.[120]

Abb. 6: von Senden
(von Spießen: Wappenbuch. S. 118;
Tafel 297: Senden II)

[116] Hs. Surenburg: Urk. 87; FA Burgsteinfurt: Lehen B 2.3, G 12d; Kohl: Quellen. S. 42; StAM: Mscr. II, 163 Nr. 667.
[117] Glasmeier: Archivfahrten. S. 76 [Archiv Haus Havixbeck].
[118] Johanns Frau Hille wird bereits als tot bezeichnet (FA Burgsteinfurt: Stift Wietmarschen Urk. 114).
[119] StAM: Mscr. II. 164 Nr. 74.
[120] Hs. Surenburg: Urk. 117. Letztmalig lebend genannt wird Johann von Senden am 30. Juli 1501 (PfA Eggerode: Urk. 9).

Die Familie von Senden war anscheinend bereits um 1500 auf dem wohl von ihr um diese Zeit gegründeten Hause Hengelborg in Stadtlohn ansässig.[121] Als Wappen führte sie einen Schild mit schräger Brücke, gehalten von einem Helm mit drei wie Besen geformten Wedeln.[122] 1485 siegelte so Johann von Senden.[123]

- (von) Hakfort -

1491 überließ Johann von Senden den *„Steveninkhof"* in Wüllen dem Hendrik Hakfort, der damit am 25. Juni 1491 belehnt wurde.[124] Hendrik war der Bruder des oben genannten und inzwischen wohl verstorbenen Johann. Nach seinem Tode erhielt sein Sohn Wenselaus (Wenzel) Hakfort die Belehnung am 16. Juni 1493[125] und erneut am 19. Juni 1498[126].

Hendrik Hakfort (*„(van) Hackvorde/Hacfoert/Hacfort/Hacvord")* entstammte einer Ahauser Dienstmannenfamilie, die im frühen 15. Jahrhundert zu Ahaus, dann auch zu Ottenstein ansässig war. Der Stammsitz der Familie war möglicherweise das ehemalige Ahauser und spätere Solms-Ottensteiner Gut Hakfort im Kirchspiel Alstätte.[127] 1398 siegelte ein Johann Hakfort mit einem schrägquadrierten Schild[128], den wir auch schon bei Matheus von Graes kennengelernt haben, der hier ebenso wie dort auf ein dienstmannschaftliches Verhältnis zu den Ahauser Edelherrn hinweist. In der Mitte des 15. Jahrhunderts bediente sich das Geschlecht jedoch eines neuen Siegel- und Wappenbildes, das zwei ins Andreaskreuz gelegte Schilfstauden zeigt.[129] Warum diese Änderung vorgenommen wurde, wissen wir nicht. Vielleicht steht sie im Zusammenhang mit dem Übergang der Herrschaft Ahaus an das Stift Münster im Jahre 1406.

---

[121] Zumindest besaß die Familie kurz nach 1500 bereits eine Grablege in der Kirche zu Stadtlohn. Hier stiftete der Prior zu Varlar, Everhard von Senden, ein Epitaph für den 1505 verstorbenen Engelbert von Senden (=Bruder oder Sohn von Johann von Senden) und für dessen 1520 verstorbener Ehefrau Anna von der Mark (=Tochter von Evert von der Mark und Fye Strick) (Hoge Raad van Adel: Sammlung van Spaen Nr. 108 Nr. 625 bzw. 74 c).

[122] Wappen von Senden: in Silber eine rote schräge Brücke. Auf dem Helm drei silberne Wedel (wie Besen geformt). (Spießen, von: Wappenbuch. S. 118 Tafel 297).

[123] Sowade: Urkundenregest. S. 27 Urk. 52.

[124] Doorninck, van: Tijdrekenkundig Register. Deel 4. S. 528.

[125] Doorninck, van: Tijdrekenkundig Register. Deel 4. S. 590.

[126] Doorninck, van: Tijdrekenkundig Register. Deel 5. S. 91.

[127] Bei der Teilung der Solms-Ottensteiner Güter durch die Brüder-Kinder, die Grafen Everwin zu Bentheim-Bentheim und Everwin zu Bentheim-Steinfurt, fiel der Hof *„Haeckfort"* im Kirchspiel Alstätte 1489 an das Haus Bentheim (Niesert: Codex Diplomaticus. Abt. 2. Nr. 19 S. 109).

[128] FSSA Anholt: Stift Vreden Lade 209, 8 c Nr. 77.

[129] 1484 siegelten so die Brüder Johann und Hendrik Hakfort (von Landsberg-Velen: Barnsfeld Urk. 132).- Wappen Hakfort: in Rot zwei goldene Schilfstauden mit fünf Blättern, ohne Wurzel ins Andreaskreuz gelegt. Dieselben wiederholen sich auf dem Helm. (Spießen, von: Wappenbuch. S. 63 Tafel 151 - nach der Sammlung van Spaen: Hoge Raad van Adel).

Abb. 7: (von) Hakfort
(von Spießen: Wappenbuch. S. 63;
Tafel 151: Hackfort II)

Der genannte Johann Hakfort des Jahres 1398 - er war verheiratet mit einer Frau namens Mette - war als Inhaber des Lehens Seesker („*Zeghezinc*") in Vreden ebenfalls Lehnsmann des dortigen Stifts.[130] 1391 erwarb Johann von dem Edelherrn Ludolf von Ahaus dessen Eigengüter „*Hazenkuhlen*" vor Ahaus und „*Kottynch*" und „*Clawezes Zunderen*" beim „*Riddebroke*".[131] 1400 finden wir ihn als Schöffen in Ahaus genannt.[132] 1407 verkauften ein Johann Hakfort - wohl sein Sohn - und seine Ehefrau Elseke in Gegenwart zweier Ottensteiner Burgmänner eine Rente aus ihrem Erbe „*to Schohuseshus*" im Kirchspiel Wüllen, Bauerschaft Ortwick.[133] Vom münsterischen Bischof erhielt dieser Johann Hakfort 1412 als erledigte Lehen verschiedene Zehnten über Güter im Kirch-

---

130 Vgl. den Eigenhörigentausch (Alike, Tochter des Hermann „*Zeghezinc*") von Johann Hakfort und Ehefrau Mette, 1398 (FSSA Anholt: Stift Vreden Lade 209, 8 c Nr. 77; INA Kreis Borken (Beiheft). S. 201). Mit dem Lehen Seesker („*Zeghecinc*/*Zeghezinc*") in Vreden, Bauerschaft Lünten, war im 14. Jahrhundert ein Hinrich Hakfort, dann ein Johannes Hakfort belehnt (FSSA Anholt: Stift Vreden Lade 206, 2 Nr. 1).

131 Unter den Zeugen erscheint auch Johann Giging (StAM: Domkapitel Mst. Urk. IV D Nr. 64); 1447 wurden die Güter „*Haßenkuhle*" und „*Clawessunderen*" durch den münsterischen Bischof an Gerhard von der Becke auf Lebenszeit ausgetan (StAM: Mscr. I, Nr. 16 fol. 6v).

132 Tenhagen: Geschichte. S. 75.

133 Als Zeugen fungierten die Ottensteiner Burgmänner Fredrich von dem Wolde und Johann von Buerse (StAM: Mscr. VII 1016 fol. 118: Kopiar des Stifts St. Martini).

spiel Vreden übertragen, die er seiner Ehefrau Elseke als Leibzucht überwies.[134] 1421 bestätigte Ludeke von Vorden dem Johann Hakfort, ihm einen Zehnten aus mehreren Erben verkauft zu haben, die ebenfalls im Kirchspiel Vreden lagen.[135] Auf dem münsterischen Lehentag des Jahres 1426 wurde Johann Hakfort mit den münsterischen Zehnten zu Vreden belehnt und ebenso mit den Dienstmannengütern „*Halecamp*“ und „*Blomendal*“ im Kirchspiel Wessum. Bei letzteren handelt es sich wahrscheinlich um alte Ahauser Lehen, da sie in den vorausliegenden münsterischen Lehenbüchern und -registern nicht aufgeführt sind. Weiterhin erhielt er das Gut „*Giging*“ in Vreden zu Lehen, mit dem bekanntlich am selben Tage auch Claes Giging belehnt worden war.[136] Johann Hakfort war mit der Schwester des Claes Giging verheiratet, die wohl mit der oben genannten Elseke identisch sein dürfte, woraus sich sein Recht am Lehen „*Giging*“ und auch die Beerbung der Familie Giging durch seine Söhne Johann und Hendrik erklären. 1468 finden wir einen Johann Hakfort - wohl seinen Sohn - u.a. neben Claes Giging und Hermann Giging als Mitaussteller einer Urkunde für die Kapelle St. Antonius Abbas in Vreden-Ammeloe genannt.[137]

Die Ottensteiner Chronik (vor 1629) berichtet, daß ein Johann Hakfort sein Haus in Ottenstein an einen Johann Banike verkauft habe.[138] Hiermit ist möglicherweise der genannte Sohn des Johann und der Elseke Giging gemeint, der Bruder des Hendrik.[139] Infrage käme natürlich auch der gleichnamige Ottensteiner Vikar, der wohl ein illegitimer Sohn jenes Johann oder seines Bruders Hendrik gewesen sein dürfte und 1499/1514 urkundlich genannt wird.[140]

Erbe des älteren Johann Hakfort wurde sein Bruder, der Knappe Hendrik.[141] Dieser war, wie wir oben gehört haben, zeitweise Pfandherr der Burg Vreden (bis 1460) und später münsterischer Amtmann in Cloppenburg (1469/77), dann in Bevergern (1486). Sein Wirkungsfeld hatte sich daher, vielleicht auch durch seine Ehe mit Leneke Mönnich aus einer Haselünner Burgmannenfamilie, aus dem Westmünsterland verlagert. Die Eltern der Frau waren Otto Mönnich und Stephanie von Knehem. Nach dem Tode des Schwiegervaters wurde Hendrik am 10. Dezember 1469 mit dessen umfangreichen Osnabrükker Lehen belehnt. In Haselünne besaß Hendrik 1480 Haus, Hofstätte und Burglehen, die er möglicherweise als Mitgift seiner Frau erhalten hatte. 1477 und 1491 verpfändete

---

[134] StAM: Fstm. Mst. Lehen 1111 fol. 22r.

[135] Hamalandmuseum Vreden: Urk. 1421. November 11.

[136] StAM: Fstm. Mst. Lehen 1112 fol. 18r.

[137] Tenhagen: Gesammelte Abhandlungen. S. 188.

[138] Druck: Kohl: Quellen. S. 155.

[139] Ist er mit jenem „*Johan Hakenfort*“ identisch, der am 24. Juni 1484 das Bürgerrecht in Münster erwarb? (Aders: Das verschollene älteste Bürgerbuch. S. 67 Nr. 463).

[140] FSSA Anholt: Stift Vreden Lade 210, 8g Nr. 54/55 und 211, 8h Nr. 28. Der Vikar Johann Hakford siegelte 1506 mit den zwei ins Andreaskreuz gelegten Schilfstauden, jedoch vermehrt um einen Stern, der hier als Minderungszeichen wohl die illegitime Abkunft anzeigt (FSSA Anholt: Stift Vreden Lade 211, 8 h Nr. 12).

[141] Vgl. über ihn: Holthusen: Die emsländische Adelsfamilie Mönnich. S. 14, 18-19, Urkundenteil S. 15-23 und Bruch, vom: Die Rittersitze. S. 60, 71, 74-75.

Bischof Heinrich von Münster ihm gegen ein Darlehen auch den landesherrlichen Hof in Haselünne.

Hendrik Hakfort muß um 1493 verstorben sein, wie die oben angeführte Belehnung seines Sohnes und Erben Wenselaus mit Stevening zeigt. 1495 erhielt dieser auch die Belehnung mit den münsterischen[142] und 1511 ebenfalls mit den Osnabrücker Lehen[143]. 1522 belehnten ihn die Grafen von Steinfurt auch mit den ursprünglich Mönnichschen Dienstmannenlehen, den Zehnten im Kirchspiel Herzlake in der Bauerschaft Felsen.[144] Wenselaus zog sich aus dem Westmünsterland vollends zurück. Überhaupt ist unter ihm ein wirtschaftlicher Rückgang der Familie zu verzeichnen. So ging das Utrechter Kapitellehen Hassink in Haaksbergen, welches 1491 von Johann von Senden ebenfalls an die Hakforts gekommen war, bereits um 1495 an Vincent Macharijsse Rallen über, der damit am 3. August des Jahres belehnt wurde.[145] 1512 verkaufte Wenselaus dem münsterischen Bischof Erich das Gut „*Boygynck*“ zu Wüllen in der Bauerschaft Ortwick.[146] Am Dienstag nach Neujahr 1520 veräußerte er zusammen mit seiner Frau Katharina und seinen Kindern Anna und Merie an den Pastor zu Wüllen, Henrich Vornholt, zum Nutzen des Gottesdienstes am Altar des heiligen Sakraments sein Erbe und Gut „*Loissinck*“ im Kirchspiel Wüllen, Bauerschaft Ortwick, bei Vorbehalt der Vogtei über das Gut sowie zweier jährlicher Dienste.[147] Die Wessumer Lehengüter, die „*Hove to Busche*“[148]

[142] Leneke, Witwe des Hendrik, wurde am 25. Januar 1495 mit verschiedenen Lehengütern beleibzüchtigt. Am 8. März des Jahres erhielt ihr Sohn Wenselaus die Belehnung mit diesen und anderen Gütern: „*Vesterdinck und den Kortenhoff*“, „*Blomendale und Hollecampe*“ im Kirchspiel Wessum, „*Brugginck*“ im Kirchspiel Legden, „*Giginck*“ im Kirchspiel Vreden, Bauerschaft Hörsteloe, den Zehnten über „*Wedekinck und Hassekinck groff und smal in der burschap to Lunten, den tenden over Hunekinck, Clawes Degenynckhems hus in der burschap Ammele, seesteyn scepel roggen uth den Nyenhuys unde acht sceppel roggen uth Leppinck, tsamen gelegen in den kerspel van Vreden, mytter Koppelen in den kerspel van Ramstorppe, eynen theynden in den kerspel van Ochtorpe, alle in manstad, myt der Bromeswyck, den Broickhuse, Segebortinck, den hove to Dorne, Benen erve to Stade unde Manen erve upn Velsten, semptlige belegen in den kerspel van Herslicke und gerichte van Lünne in denstmanstad.*“ (StAM: Mscr. II, 163 Nr. 686 und 688).

[143] Holthusen: Die emsländische Adelsfamilie Mönnich. Urkundenteil S. 20.

[144] StAM: Slg. Fot. 32 S. 132.

[145] Muller: Regesten van het Kapittel van St. Pieter. S. 248, 254 und 260.

[146] Segbers: Ahaus. S. 235.

[147] BAM: Nachlaß Tenhagen A 637, 1. Mit der Vogtei über die Vikarie ven. Sacramenti (gegründet 1532) finden wir 1544 und 1555 Everhard von der Mark und 1579 seinen Schwiegersohn Johann Moerbecke belehnt (StAM: Mscr. II, 165 Nr. 18, 352; ebenda: Fstm. Mst. LA 56,1).

[148] Auf dem Hof Busch in der Bauerschaft Graes (heute Böcker-Wensker) gründete eine Nebenlinie derer von Loen zu Südlohn in der 2. Hälfte des 17. Jahrhunderts das Haus Junglohn. 1703 ließ der Leutnant von Loen daselbst ein neues Haus erbauen (FSHA Coesfeld: Hofkammer Mst. A 799). Vgl. auch den „*Status animarum*“ von 1749 (BAM: GV Hschr. 152 fol. 564 ff.) und: StAM: Fstm. Mst. Kabinettsregistratur 1225, 1274, 1304; ebenda. Lehen 997 und 1151; vgl. auch: BKW Kreis Ahaus. S. 94.- Reckers: Das Uradelsgeschlecht „von Graes“. S. 8-11 führt das ehemals umgräftete Gehöft Böcker-Wensker in Graes (=Haus Junglohn) irrtümlicherweise als Stammsitz der Familie von Graes an. Vgl. hierzu neuerdings auch: Wilming: Unsere Dörfer. S. 204-205.

und die Erben „*to Blomendaill*“ und „*Korthoff*“ sowie „*dat Hallekamp*“ und einen Zehnten, erwarb der Amtmann zu Ahaus, Jürgen von Loen, der 1525 damit belehnt wurde.[149] 1536 verkaufte Wenselaus auch den zeitweiligen Sitz der Familie Giging, das münsterische Lehen „*Gyginck anders Swerinck genompt*“ im Kirchspiel Vreden, Bauerschaft Hörsteloe, an den Amtmann zu Cloppenburg und Ottenstein, Dirick Morrien.[150] Um diese Zeit dürften auch das Vredener Lehen Seesker[151] sowie zwei münsterische Zehnten im Kirchspiel Vreden[152] an Adolph von der Mark senior verkauft oder gefallen sein.

Am 22. Februar 1533 wurde Wenselaus Hakfort erneut mit Stevening belehnt. Kurze Zeit später war das Gut im Besitz des Everhard von der Mark, der damit nach einem undatierten Eintrag (1533 ?) im Register der Lehenkammer der Provinz Overijssel belehnt wurde. 1539 war Stevening dann nachweisbar in seinem Besitz.[153] Eine weitere Belehnung Everhards erfolgte schließlich am 23. Oktober 1560.

In der Kirche zu Ottenstein befand sich nach der Sammlung van Spaen noch im 18. Jahrhundert ein Grabstein, der, obwohl keine Inschrift überliefert ist, möglicherweise einem Kinde von Wenselaus Hakfort zugewiesen werden muß. Baron van Spaen hat Zeichnungen[154] der damals noch erkennbaren Ahnenwappen hinterlassen, die zumindest teilweise bestimmten Familien zugeordnet werden können:

---

[149] StAM: Fstm. Mst. Lehen 1115 fol. 62r.

[150] StAM: Mscr. II, 165 Nr. 488.

[151] 1495 war damit noch Wenselaus Hakfort belehnt worden (Hs. Egelborg: von Keppel Urk. 217), Adolph von der Mark und sein gleichnamiger Sohn wurden später damit belehnt (FSSA Anholt: Stift Vreden Lade 207, 2 Nr. 45).

[152] 1511 wurde Wenselaus Hakfort mit Zehnten über „*Weddekinck*“ und „*Hassekinck*“ sowie über „*Nyenhus*“ und „*Leppinck*“ belehnt (StAM: Fstm. Mst. Lehen 1114 fol. 103v), 1540 wurde damit Georg von der Mark nach dem Tode seines Vater Adolph von der Mark belehnt (StAM: Mscr. II, 165 Nr. 292).

[153] StAM: Fstm. Mst. LA 96 III Nr. 1 Bd. 14.

[154] Hoge Raad van Adel: Sammlung van Spaen Nr. 182, 7 (von Graes).

1. quadrierter Schild	(=Giging)	5. 5 mal gespalten, einmal quer geteilt	(=von Knehem)
2. ins Andreaskreuz gelegte Schilfstauden	(=Hakfort)	6. Schafscheere	(=Mönnich)
3. offener Flug	(=Buerse ?)	7. Helm	(=von Kückelsheim ?)
4. 3 Besen (?) 2.1.	(=?)	8. leerer Schild	(=?)

Die folgende väterliche Ahnenreihe dürfte gesichert sein:

Hakfort Johann — Giging Elseke — Mönnich Otto — von Knehem Stephanie

Hakfort Hendrik (Sohn von Hakfort Johann und Giging Elseke) — Mönnich Leneke (Tochter von Mönnich Otto und von Knehem Stephanie)

Hakfort Wenselaus oo Katharina

Die mütterlichen Ahnen vermag ich aufgrund der unvollständig überlieferten Wappen und ohne weitere Quellen nicht darzustellen. Die Frau des Wenselaus Hakfort, Katharina, war nach den oben genannten Wappen möglicherweise eine von Buerse, auch wenn Max von Spießen[155] sie ohne jeden Quellenhinweis zu einer von Twickel gemacht hat.

Wenselaus Hakforts Tochter und Erbin Marie heiratete Sinolt Uterstewehr aus Friesland, über den 1545 vermerkt wird, er habe die Güter seiner Frau in Haselünne durch Verkäufe zersplittert.[156] Dieser, wahrscheinlicher noch der Schwiegervater Wenselaus Hakfort, dürfte das Erbe Stevening in Wüllen an die Familie von der Mark veräußert oder übertragen haben.

---

[155] StAM: Max von Spießen: Genealogische Sammlung.- Katharina wird erstmalig 1499 und letztmalig 1520 als Frau des Wenselaus Hakfort genannt (FSSA Anholt: Stift Vreden Lade 210, 8g Nr. 53; BAM: Nachlaß Tenhagen A 637, 1).

[156] Bruch, vom: Die Rittersitze. S. 75.

5.1.3 Das Bauernerbe Stevening

Stevening war in der ersten Hälfte des 16. Jahrhunderts ein Erbpachtgut. Der Bauer war eigenhörig und gehörte folglich samt seiner Familie - wie der Grund und Boden - der Grundherrschaft. Dieser war eine jährliche Pacht zu entrichten, über deren Höhe wir jedoch keine Kenntnis haben. Hinzu kamen die üblichen personenbezogenen Abgaben. Dagegen besaß der Bauer ein erbliches Recht an dem Gute, was schon aus der Bezeichnung Erbe deutlich wird. Ob dieses Verhältnis bereits in den vorausgegangenen Jahrhunderten bestanden hatte, wissen wir nicht. Die allgemeinen Bezeichnungen Stevenings als Gut oder lateinisch *„domus"* = Bauernstätte bzw. Erbe machen dies wahrscheinlich. Als Adelssitz ist das Gut im Mittelalter jedenfalls nicht nachweisbar, auch wenn dieses gelegentlich gemutmaßt worden ist.[157]

Der Zehnte in Höhe von 1 Malter Gerste ging 1591 an das Kloster Varlar und wurde vom Schulzen Kerkhoff in Wüllen empfangen und an das Kloster geliefert.[158]

1460 wird ein Johann als ältester Sohn eines *„Gherd Steveninck"* urkundlich genannt. Er lebte auf dem Erbe *„Boynch"* im Kirchspiel Wüllen und wurde in diesem Jahr von Dietrich von Heek im Tausch vom Kloster Varlar erworben.[159] Gerd stammte sicherlich gebürtig vom nahe gelegenen Erbe Stevening. Auf der Hofstätte Stevening selbst saßen nach der Willkommschatzungsliste des Jahres 1498 *„Herman Steveninck"* mit 4, nach der von 1499 mit 3 weiteren Familienangehörigen (ab dem 12. Lebensjahr).[160] Ein Schatzungsregister von 1534 verzeichnet *„Stevenynch cum familia"*, veranschlagt zu 1 Gulden 9 Schilling Schatzung.[161] 1535 zahlte *„Stevenynck"* 1 Gulden Schatzung, den üblichen Betrag für ein normales Erbe.[162] Nach einer Viehschatzung von 1537, von der die Wohnungen des Adels und der Erbmänner ausgenommen waren, gab es auf dem Erbe *„Stevenynck"* 4 Pferde, 2 Ochsen, 3 Kühe, 2 Rinder und 3 Ferkel.[163] 1539 und 1553 wird der Richter Everhard von der Mark als Grundherr genannt.[164]

---

[157] Haus Stevening ist auch kaum der Stammsitz der münsterischen Erbmännerfamilie Stevening (Max von Spießen: Wappenbuch. S. 122 läßt die Herkunft des Erbmännergeschlechts offen). Höfe gleichen oder ähnlichen Namens gibt es im Münsterland häufiger.

[158] *„J. Stevenink in der Ordwicker baurschaft"* (CTW VI. S. 140).

[159] Bruns: Varlarer Frei- und Wechselbriefe. Nr. 77 S. 30.

[160] Hartig: Die Register. S. 337-338.- Nach diesem Register diente ein *„Engelbert Steveninck"* als Knecht in Ahaus (ebenda. S. 329).

[161] FSSA Anholt: Amt Ahaus Akten 4a (StAM: Slg. Fot. 575).

[162] StAM: Fstm. Mst. LA 96 III Nr. 1 Bd. 3. Die Wüllener [Schulten]-Höfe: *„Sverynck"*, *„Grevynck"*, *„Gerynck"*, *„Nunninck"* und *„Kerckhoff"* zahlten dagegen 1 1/2 Gulden Schatzung, die Bauernstätten *„tor Haen"*, *„Berninck"* und *„Rothert"* 1 1/4 Gulden.

[163] StAM: Fstm. Mst. LA 96 III Nr. 1 Bd. 6; vgl. auch: Kirchhoff: Die landständischen Schatzungen. S. 125.

[164] StAM: Fstm. Mst. LA 96 III Nr. 1 Bd. 14; ebenda Fstm. Mst. LA 96 III Nr. ad 1 1/2.

5.2 Der Adelssitz Haus Stevening

5.2.1 Die Familie von der Mark zu Stevening

Stevening war nach der gängigen Literatur im 16. Jahrhundert Eigentum der Grafen von der Mark.[165] Diese Aussage ist so nicht haltbar. Bei der seit der Mitte des 15. Jahrhunderts im westlichen Münsterland nachweisbaren Familie von der Mark („*van der Marcke/Marck*")[166] handelte es sich in Wirklichkeit um eine nicht ebenbürtige Nebenlinie des Grafenhauses. Sie führte wie die Grafenfamilie in ihrem Siegel und Wappen einen dreireihig geschachten Balken, jedoch vermehrt um einen Stern im Schildes-

Abb. 8: Nachzeichnung des Wappens des Gründers von Haus Stevening, Everhard von der Mark, †1581.

[165] Heidebrink: Wüllen. S. 257; Schulze Spüntrup: Alte Gräften und Gräftenhöfe. S. 189.

[166] Zur Familiengeschichte vgl. die unvollständigen und z.T. unzuverlässigen Genealogien bei: Fahne: Geschlechter und Sitze. S. 128; hiernach die für diese Linie des Geschlechts wertlose Arbeit: Jost: Geschichte der Familie von der Mar(c)k. S. 161; StAM: Max von Spießen: Genealogische Sammlung; für einige Mitteilungen über die niederländische Linie des Geschlechts sei Herrn Rijksarchivaris A. J. Mensema in Zwolle Dank gesagt.

haupt.[167] 1492, 1507 und 1522 siegelte so Adolph von der Mark zu Ottenstein[168], 1541, 1564 und 1569 auch sein Sohn Everhard[169]. Über diesen Familienzweig berichtet die Ottensteiner Chronik (vor 1629):

„Mark, da hat irstlich Burse gewohnet und getymmert, und er sich an die tochter bestadet, war sonsten der grundt des mollers hauß oder pferdebodt. Dieser Marck ist von Horstmar alhir irstlich zum richter gekommen, seine wohnungh auff dem marck gehabt, da Schabbinck wohnet."[170]

Die Aussagen der Chronik decken sich im wesentlichen mit den uns vorliegenden urkundlichen Nachrichten. Das erste Mitglied der Familie von der Mark zu Ottenstein hieß Adolph oder Aleph/Aleff und läßt sich hier seit 1476 als Richter nachweisen.[171] Das Richteramt zu Ahaus und zum Steinernen Kreuz erhielt er im Jahre 1490.[172] Seine Eltern waren Evert von der Mark und Fye Strick, eine der drei Erbtöchter eines Zweiges der Horstmarer Burgmannenfamilie Strick.[173] Adolph verheiratete sich mit Katharina von Buerse, der Witwe des Bernhard von Hövel und der Tochter von Bernhard von

[167] Der Stern im Siegel oder Wappen ist hier als Minderungszeichen zu werten und verweist auf die illegitime Abkunft der Träger (vgl. auch: Ilgen: Die Siegel. Sp. 32). Die spätere Linie von der Mark zu Ottenstein führte den Stern allerdings nicht mehr. Sie hat wohl ganz bewußt den Stern als Minderungszeichen fallengelassen und ihr Wappen damit dem alten Stamm wieder angeglichen. Von Spießen: Wappenbuch. S. 86 (Tafel 208) beschreibt ihr Wappen folgendermaßen: in Gold ein in drei Reihen rot und silber geschachter Balken, auf dem Helme eine Krone mit geschachtem Reif von rot/silber, darüber offener goldener Flug. Decken: rot/silber.

[168] Fahne: Geschlechter und Sitze. S. 128; FA Burgsteinfurt: Johanniterkommende Urk. 141; StAM: Familienarchive: von Münster (1507); vgl. auch: Ilgen: Die Siegel. Sp. 42 Tafel 198, 6.- Sein gleichnamiger Sohn Adolph siegelte ebenso 1545 (StAM: Fstm. Mst. LA Urk. 3233a: Urfehde desselben).

[169] StAM: Studienfonds Mst.: Jesuiten Coesfeld Urk. 18; ebenda: Domkapitel Mst. Akten 2247; ebenda: Hs. Füchtel Urk. 1569. Januar 18.

[170] Druck: Kohl: Quellen. S. 149 ff., hier S. 155.

[171] Vgl. über ihn auch: Veldtrup: Das Bürgerbuch. S. 69 Anm. 1; StAM: Max von Spießen: Genealogische Sammlung.

[172] Er ist seit dem 24. Juli 1490 als Richter zum Steinernen Kreuz nachweisbar; sein Vorgänger (und Verwandter ?) Ortwin Rave (oo I. Sophia von der Mark: vgl.: Krauthausen: Ahnenliste. S. 172) fungierte als solcher noch am 23. April des Jahres (Haus Egelborg: von Keppel Urk. 76 und 77).

[173] StAM: Fst. Mst. Lehen 1117 fol. 91v; ebenda. Mscr. II, 163 Nr. 422, 481; Hs. Loburg: Horstmar Urk. 68, 73, 75-77, 85-86.
Die Geschwister des Adolph von der Mark werden 1481 genannt. Die Mutter Fye Strick verkaufte in diesem Jahr Land zu Bislich auf dem rechten Rheinufer gegenüber Xanten an den Erbhofmeister Adolph von Wylich. Die Urkunde nennt als ihre Kinder: 1. Adolph, 2. Hermann, 3. Diedrich, 4. Johann (außer Landes), 5. Stineke, 6. Anna, 7. N. Nonne (Fahne: Geschlechter und Sitze. S. 128); ist die Nonne identisch mit der Wibbeke, die 1486 ebenfalls als Tochter von †Everd von der Mark und Fye Strick genannt wird? (Hs. Loburg: Horstmar Urk. 75).

Buerse zu Ottenstein und der Katharina von Hörstel.[174] Durch diese Ehe erlangte die Familie von der Mark später die Hörstelschen Güter im westlichen Münsterland.[175] Katharina wird 1492, 1494 und 1502 als Adolphs Frau genannt.[176] Später war Adolph mit einer Frau namens Adelheid Richters verbunden, die 1530 als Mutter seiner Kinder urkundete. In diesem Jahr verkauften nämlich Johann Punth, seine Frau Styne und ihre Kinder der „*Ersamen Alleydtt Richters unde eren kynderen, gebaren van den Erbaren Aleff van der Marck*", einen Garten vor Ottenstein zwischen „*Slacheckenn kempen yn den Holterdyk, daer men geyt van Ottensteyne na Wessem*".[177] Herkunft und sozialer Status bzw. Stand der Adelheid Richters sind bisher völlig unbekannt. Bemerkenswert ist allerdings, daß sie in Ahnentafeln[178] späterer Zeit ungenannt bzw. einfach übersprungen wird, was eigentlich dafür spricht, daß sie nicht ebenbürtig, möglicherweise also bürgerlicher Herkunft war. Ungesichert ist auch, ob ihre Verbindung mit Adolph von der Mark von Anfang an eine eheliche war. Die obige Formulierung in der Urkunde von 1530 spricht eher dagegen. 1558 und 1569 wird sie jedoch ausdrücklich als seine Witwe

---

[174] StAM: Max von Spießen: Genealogische Sammlung; vgl. auch: StAM: Stift St. Mauritz Urk. 144.

[175] Adolph von der Mark senior wurde 1522 zu Behuf einer seiner Söhne mit den münsterischen Lehen und ehemaligen Hörstelschen Gütern, dem Nienborger Twelflingegut „*Lodynck*" im Kirchspiel Wessum, Bauerchaft Graes, mit „*Vortkamp*" und „*up dem Tye*" im Kirchspiel und in der Bauerschaft Wessum, dazu mit einem Zehnten über zwölf Erben in Alstätte und Wüllen belehnt (StAM: Fstm. Mst. Lehen 1114 fol. 84v-85r). 1544 wurde sein Sohn Adolph von der Mark junior belehnt (StAM: Fstm. Mst. LA 156, 1). Noch 1519 war hiermit Bernhard von Hövel zu Behuf Engermanns von Hörstelo belehnt worden (StAM: Fstm. Mst. Lehen 1114 fol. 68v).

[176] FA Burgsteinfurt: Johanniterkommende Steinfurt Urk. 141; Bruns: Varlarer Frei- und Wechselbriefe. S. 162. Nr. 60; Kohl: Die Schwesternhäuser. S. 128: Adolph von der Mark und seine Frau Katharina stifteten dem Schwesternhaus Marienbrink zu Coesfeld 1502 1 Mark Rente.

[177] Hs. Egelborg: von Heiden Urk. 101/76.

[178] In der kath. Kirche zu Oldenzaal fanden sich früher folgende Grabinschriften mit Ahnenwappen: 1. Inschrift: „*Obiit 29 October 1658*": Wappen: von der Mark mit den Ahnenwappen: *Marck, Wttenham (=ten Ham), Strick, Sloet; Valck, Meckenborch, Mekema, Kater.*- 2. Inschrift: „*Obiit den 17 November 1675*" (=Everhard von der Mark, Kanoniker zu Oldenzaal): Wappen: von der Mark mit den Ahnenwappen: *Van der Marck, Buchorst, Strick, Ten Ham; Klooster, Sloet, Mulart, Ruytenborg.*-
In der kath. Kirche zu Ootmarsum hingen früher die Wappentafeln 1. der Fenne von der Mark und 2. ihres Mannes Evert Bentinck zu Breckelenkamp. 1. Inschrift: „*Obiit 1647*": Allianzwappen Bentinck/von der Mark mit den Ahnenwappen der Fenne: *Mark, Ten Ham, Strik, Sloet; Valk, Mekeborg, Mekema, Kater.* 2. Inschrift: „*Obiit 1659, 4 Augusti.*": Wappen Bentinck mit den Ahnenwappen: *Bentink, Lerink (Averenck), Hackvort, Diest; Moerbekke, Van der Mark, Wunder, Strik.* (Bloys van Treslong Prins: Genealogische en heraldische Gedenkwaardigheden. S. 180 u. 188).
Bei allen angeführten Ahnenwappen ist die Generation des Adolph von der Mark und der Adelheid Richters unterschlagen!

bezeichnet.[179] Sie war um Ottenstein und Haaksbergen[180] begütert, wie wir unten noch sehen werden, und wurde Mutter der Kinder, die die späteren Linien zu Stevening, Ottenstein und Ahaus begründeten.

Adolph von der Mark wird am 16. Dezember 1540 als verstorben bezeichnet.[181] Wohl aus 1. Ehe stammten die Söhne Rotger und Adolph, die 1524 zusammen mit dem Vater genannt werden.[182] Nach dem anscheinend frühen Tode des Rotger - 1526 wird er noch als Bürgermeister zu Ottenstein genannt[183] - dürfte sein Bruder Adolph junior (er war 1528 ebenfalls Bürgermeister daselbst) als alleiniger Erbe vorgesehen gewesen sein. Doch auch er starb früh und ohne legitime Kinder um das Jahr 1549.[184] Aus erster Ehe stammte sicherlich auch die Tochter Katharina, die 1523 als Nonne ins Schwesternhaus Marienbrink zu Coesfeld eintrat, 1562 als „*schermeistersche*" genannt wird und 1576 verstarb.[185]

Am 1. Februar des Jahres 1558 setzten sich die Geschwister von der Mark aus zweiter Ehe mit den Gebrüdern und Kindern von Hövel wegen der von der Markschen und Hörstelschen Güter und Häuser zu Ottenstein auseinander. Sophia, eine illegitime Tochter des verstorbenen Adolph von der Mark junior, erhielt nach Verzicht auf alle Anrechte an den Hörstelschen Gütern erblich eine „*wonnunge, hueß, hoff*" beim Hörstelschen Prinzipalhaus in Ottenstein, allerdings erst nach dem Tode der dort noch wohnenden Adelheid, der Witwe des Adolph von der Mark senior. Außerdem wurde ihr ein von Gerdt Rodinck angekaufter Kamp zugeschlagen. Dagegen erhielten die Gebrüder und Kinder von Hövel die „*Hörstelsche geweer ader wonnunge*" zu Ottenstein mit der Ver-

---

[179] Sie wird 1558. Februar 1 als Witwe und 1569 als verstorbene Witwe des Adolph von der Mark genannt (Hs. Egelborg: von Keppel Urk. 603; StAM: Hs. Füchtel Urk. 1569. Januar 18). Nach von Spießen: StAM: Genealogische Sammlung war Adelheid eine geborene Strick (Horstmar), was schon aufgrund der angebrachten Güter nicht glaubwürdig war. Die Einordnung der Strick in dieser Generationenfolge rührt sicher von den oben angeführten Grabsteinen bzw. Epitaphen mit den dortigen Ahnenwappen her, die alle eine Generation unterschlagen! (vgl. hierzu auch: Schutte: Strick. Sp. 215).

[180] Ein „*Johan die Richtere*" war bis 1439 Richter zu Haaksbergen (Doorninck, van: Tijdrekenkundig Register. Aanhangsel. S. 277).

[181] An diesem Tag wurde der Sohn Gerhard u.a. mit Zehnten über „*Heskinck*", „*Wekinck*", „*Leppinck*" und „*Nienhues*" im Kirchspiel Vreden belehnt, mit denen zuvor der †Vater Adolph von der Mark belehnt war (StAM: Mscr. II, 165 Nr. 292). Noch 1511 war hiermit Wenselaus Hakfort (!) belehnt worden (StAM: Fstm. Mst. Lehen 1114 fol. 103v). Lebend wird Adolph von der Mark senior letztmalig am 13. März 1538 genannt (Bruns: Varlarer Frei- und Wechselbriefe. S. 107. Urk. 285).

[182] StAM: Reichskammergericht H 1814/5909 fol. 110v-114v.

[183] Veldtrup: Das Bürgerbuch. S. 63.

[184] Als Adolph von der Mark zu Ottenstein wird er noch am 11. September 1546 genannt (FSSA Anholt: Stift Vreden Lade 211, 8 i Nr. 40). Am 23. September 1549 war er bereits verstorben. Vgl. den Vertrag der Gebrüder von Hövel mit Everhard und Georg von der Mark wegen der Erbschaft des †Adolph von der Mark (StAM: Mscr. I, 27 fol. 37v-38v).

[185] Kohl: Die Schwesternhäuser. S. 118.

pflichtung, den von der Mark 100 Joachimstaler auszuzahlen, sobald Sophia die Wohnung der Witwe Adelheid übernommen habe. Die von der Mark hingegen sollten das „*gewontlige Erffhueß, gewehert und alingen wonnunge*" ihres verstorbenen Vaters Adolph und gleichnamigen Bruders mit dem angekauften Erbgrund erhalten. Das Haus hatte ihr Vater mit Katharina von Buerse erheiratet. Der Vertrag ist unterschrieben von den Brüdern Everhard und Georg von der Mark und ihrem Schwager Johann Grothus sowie von Bernhard von Hövel.[186]

Am 18. Januar 1569 schlossen die Geschwister von der Mark schließlich unter sich einen Vergleich wegen der Nachlassenschaft ihres ohne Testament verstorbenen Bruders Adolph von der Mark junior, um die mit der verwandten Familie von Hövel ein fünfzehnjähriger und endlich 1565 beendeter Prozeß[187] geführt und gewonnen worden war. Damals kamen ebenfalls die Güter der verstorbenen Adelheid zur Teilung, „*unser geleiften moder*", der zweiten Frau ihres Vaters Adolph senior. Die über diese Verhandlung ausgestellte Urkunde vom 18. Januar des Jahres gibt einen interessanten Einblick in die doch ganz ansehnlichen Güter der von der Mark, die im wesentlichen durch günstige Heiraten erlangt, allerdings unter die Kinder und Enkel wieder zersplittert worden sind. Vertragspartner waren die Geschwister: Everhard von der Mark, der Älteste der Geschwister und Richter zum Steinernen Kreuz, binnen Ahaus und Ottenstein, Georg von der Mark zu Oldenzaal, Ermgard, Witwe Gerhards von der Mark und ihre Kinder Otto und Rotger von der Mark, sodann Gertrud von der Mark, Witwe des Johann Grothus zu Ibbenbüren und beider Sohn Everhard Grothus.
Es fielen zu:

A. <u>Everhard von der Mark</u>:

1. von den von der Markschen Gütern:
   - der Hof zu „*Wesselinck*", Kspl. Wessum, Bscht. Graes
   - "*Goeslinck*", Kspl. Wüllen, Bscht. Quantwick
   - "*Ikinck*", Kspl. und Bscht Wessum
   - die Zehnten über beide „*Orthuser*", Kspl. Alstätte
   - die Zehnten über die Erben „*Bruggert*" und „*datt Lutke Hage*", Kspl. Alstätte
2. von den Gütern der Mutter:
   - der Zehnte von dem Schulten zu Buurse, Kspl. Haaksbergen, jährlich 6 Müdde Roggen
   - der Zehnte von dem „*Renger*" zu Buurse, Kspl. Haaksbergen, jährlich 3 Müdde Roggen
   - der Zehnte von „*Hulshave*" zu Buurse, Kspl. Haaksbergen, jährlich 3 Müdde Roggen
   - alle 3 Slop-Zehnten im Kspl. Haaksbergen

[186] Hs. Egelborg: von Keppel Urk. 603.
[187] Vgl. hierzu: StAM: Reichskammergericht H 1814/5909; ebenda Fstm. Mst. LA 491, 69; ebenda Mscr. I Nr. 27 fol. 37v-38v, 69v-70r.

3. Verbindlichkeiten (von der Marksche Schulden):
   - bei Johannes Herdinck zu Münster 10 Taler jährlich
   - bei Spoltmann zu Ahaus 6 Goldgulden jährlich
   - bei Bolandt zu Münster 3 Mark jährlich
   - bei St. Martini zu Münster 2 Mark jährlich
   - bei Johannes Hottener 1 Taler zu Coesfeld jährlich

B. Georg von der Mark:

1. von den von der Markschen Gütern:
   - das von der Marksche Haus mit Hof und Gerechtigkeiten zu Ottenstein
   - das Erbe „*Swerinck*“, Kspl. Wüllen, Bscht. Baerle, samt „*den Eeckslade*“
   - „*Tzeessinck*“, Kspl. Vreden, Bscht. Lünten
   - die Zehnten über die Erben „*Sickinck*“ und „*Bennekinck*“, Kspl. Lohn, Bscht. Wentfeld
   - der Zehnte über das Erbe „*Baneke*“, Kspl. Vreden, Bscht. Hörsteloe
   - sämtliche Ländereien vor Ottenstein, die zu dem von der Markschen Erbhaus gehören: „*die Garde Im Barler dyke beneffen der Broickstegge, den Grawerskamp, die Lange Meent, die Korte Meenth, den Lambertzkamp, den Windemollenkamp, den Leenenkamp, die Slathmaet, die Holtmaet, die Broickmaeth, die Hagemaeth, dat Imehaveken, de Weide up Misinck und den Bifanck*“
2. von den Gütern der Mutter:
   - die Zehnten grob und schmal über „*Waterham*“, „*Tzaessinck*“ und „*Nyenhues*“, Kspl. Haaksbergen, Bscht. Buurse
3. Verbindlichkeiten (von der Marksche Schulden):
   - beim Erbmarschall 20 Taler jährlich
   - bei Herrn Everwin Droste zu Münster 1 Mark jährlich

C. Ermgard und ihre Söhne Otto und Rotger von der Mark:

1. von den von der Markschen Gütern:
   - das Erbe „*Voertkamp*“, Kspl. und Bscht. Wessum
   - “*Vernholt*“, Kspl. und Bscht. Alstätte
   - “*Bertoldinck*“, Kspl. Enschede, Bscht. Ussele
   - der Zehnte aus der „*Naehorst*“, Kspl. Alstätte
   - der Zehnte aus der „*Lutken Swiep*“, Kspl. Alstätte
   - der Zehnte von „*Segewordinck*“, Kspl. Wüllen
   - den „*Damesbergh*“, Kspl. Wessum, Bscht. Graes
2. von den Gütern der Mutter:
   - “*die halve Bengefoertz Maeth, die Broickmaeth, den Kamp Im Vredenschen dyke, den garden Im Barlerdyke und die helfte des Schomakers brefes*“
3. Verbindlichkeiten (von der Marksche Schulden):
   - bei Hogeherten zu Münster 10 Taler jährlich
   - beim Kloster Rosenthal zu Münster 5 Goldgulden jährlich
   - beim Alten Dom zu Münster 2 Taler und 1 Mark jährlich

Abb. 9: Teilungsvertrag der Geschwister von der Mark vom 18. Januar 1569. (StAM: Hs. Füchtel Urk. 1569. Januar 18)

- bei der Kirche zu Heek 1 Taler jährlich
- Ferner zahlen sie ihrer Schwägerin bzw. Modder (hier: Tante), der Jungfer Katharina von der Mark, 2 Taler jährlich auf Lebenszeit.

D. Gertrud von der Mark und ihr Sohn Everhard Grothus:

1. Von den von der Markschen Gütern:
   - das Erbe „*Ladinck*", Kspl. Wessum, Bscht. Graes
   - "*Tye*", Kspl. Wessum, Bscht. Graes
   - "*Bunynck*", Kspl. Ahaus, Bscht. Ammeln
   - das „*Bokinckrott*", Kspl. Wessum, Bscht. Graes
   - eine Schuldverschreibung über 100 Goldgulden zu Lasten des Jürgen van Loehn
   - eine Schuldverschreibung zu Lasten Hermanns van Delden über jährlich 1 Malter Gerste
2. von den Gütern der Mutter:
   - "*die Schomakers Meden, den Kamp an der Braeck, den garden tusschen Schlachecken Kempen und die ander helfte des vurangetagenen Schomakers brefes*"
3. Verbindlichkeiten (von der Marksche Schulden):
   - bei den Erben des verstorbenen Werner Cloet 10 Taler jährlich
   - bei Johannes Herdinck 5 Goldgulden jährlich
   - bei den Provisoren zu Borghorst 5 Goldgulden jährlich
   - Ferner zahlen sie jährlich ihrem Bruder und Vetter, dem Richter, aus dem Kampe an der Braeck 1 Malter Gerste
   - und ihrer Schwester bzw. Modder (hier: Tante), der Jungfer Katharina von der Mark, 2 Taler jährlich auf Lebenszeit.

Der Hof zu „*Grevinck*", ein münsterisches Lehen und zehntbares Gut im Kirchspiel Wüllen, Bauerschaft Sabstätte, bleibt ungeteilt. Die münsterischen Lehengüter hat Everhard von der Mark zu Behuf seiner Geschwister und Verwandten zu Lehen empfangen.[188]

Über die Brüder Georg und Gerhard von der Mark setzte sich das Geschlecht in Ottenstein und in Ahaus sowie in den Niederlanden noch bis in das ausgehende 17. Jahrhundert fort.[189] Ihr Bruder Everhard von der Mark dagegen wurde zum Begründer des Hauses Stevening.

[188] StAM: Hs. Füchtel Urk. 1569. Januar 18.- Zweitausfertigung: Hs. Gnadenthal: Urk. 85; Extrakt (18. Jh.): Hs. Egelborg: von Heyden Urk. 348.

[189] In den Beständen von Heyden und von Keppel des Hausarchivs Egelborg befindet sich verstreut das Familienarchiv der von der Mark zu Ottenstein. Siehe auch: StAM: Familienarchive: von der Mark (1630). Archivalien des Ahauser Zweiges: Hs. Ermelinghof Akten 129-131, 562.

Everhard von der Mark war nach eigener Aussage (1571) *„ehelichen und adelichen gebaren“(!)*, und sein verstorbener Vater war *„ein borchmann tom Ottensteine*[190] *gewesen nach meldunge des ritterboekes desses stiffts Munster.*“ In seiner Jugend war er von seinen Eltern zur Schule geschickt worden und hatte in Münster ungefähr 2 1/2 Jahre *„quarte classis*“ besucht.[191] Am 5. Februar 1532 ernannte ihn Bischof Friedrich von Münster nach dem Verzicht seines Vaters Adolph zum neuen Richter zu Ahaus, Ottenstein und zum Steinernen Kreuz.[192] Im selben Jahr erwarb Everhard in Ahaus das Bürgerrecht.[193]

Seit mindestens 1543 war Everhard von der Mark mit Erich (van) Billerbeck (*„(van) Bilrebecke/Billerbecke*“) verheiratet. Ihr Vater war Meister Johann (van) Billerbeck (1547†), eines von drei Bastardkindern des Hermann von Billerbeck zur Egelborg und der Stift-Vredener Eigenhörigen *„Truden Zewens anders geheyten Stynen*“.[194] Er ist sicher mit jenem *„Johann Kerstines genannt Billerbeck*“ identisch, der laut einer von dem Richter Adolph von der Mark ausgestellten Urkunde vom 14. November 1514 zusammen mit seiner Frau Gebbe eine Rente erwarb.[195] Die Eheleute werden noch am 26. April 1520 und am 3. Februar 1534 urkundlich erwähnt.[196] Vor 1514 hatte Johann das Bürgerrecht in Ahaus erworben, wo er als fürstlicher Koch auf der dortigen Landesburg tätig war.[197] Aus seiner Ehe mit der genannten Gebbe, deren Familiennamen wir nicht kennen, war eine Tochter entsprossen, die den männlichen Vornamen Erich erhalten hatte, weil sie der damalige Fürstbischof Erich (1508-1522) *„zu der Tauff gehaltenn*“

---

[190] Die Ottensteiner Chronik (vor 1629) beschreibt zutreffend die tatsächliche Qualität der sogenannten Burgmänner zu Ottenstein im 16. Jahrhundert:
„Waß itzo den van adell belanget, so sich alnoch castellani baptizieren, ist kundigh. Sie haben keine lehnnguter, werden auch nicht wie andere burgmannere und lehnmannere erkandt. Habent nudum nomen. Sie seindt mehrentheils vor weinigh iharen hir tho wohnnen ingekommen, wohnen in burgerhauser, so sie angekauft. (...) und haben sich alle mit den burgeren zu burgerlast ingelaßen, dan pilligh. Wer wolte fur ihnnen porten und festungh tymmern, wacht und deinst, auch burgerliche beschwer thuen und leisten, da sie burgerliche hauser besitzen und ihre guter bauwen?“ (Kohl: Quellen. S. 155.

[191] Philippi: Landrechte. S. 154-155.

[192] StAM: Mscr. I Nr. 22 fol. 81r. Die Kommission über die Gerichte wurde 1556 und 1559 bestätigt (ebenda. Mscr. I Nr. 30 fol. 81r und Mscr. I Nr. 31 fol. 43r-43v).

[193] Kohl: Das Bürgerbuch. S. 23 Nr. 146.

[194] Laut Urkunde vom 21. Juli 1482 wechselten Pröpstin und Konvent zu Vreden mit Hermann von Billerbeck eigenhörige Leute: sie gaben Katheryne, Johann und Thyes, Bastardkinder des genannten Hermann von Billerbeck und der Trude Zewens genannt Stynen (FSSA Anholt: Stift Vreden Lade 210, 8g Nr. 4; eine weitere Beurkundung des Wechsels datiert am 15. Juli 1482: Hs. Egelborg: Egelborg Urk. Nachträge).

[195] Hs. Egelborg: von Keppel Urk. 104.

[196] Hs. Egelborg: von Keppel Urk. 110; Hs. Middachten Nr. 860; Regest: Inventaris (...) Middachten. S. 109.

[197] Kohl: Das Bürgerbuch. S. 21 Nr. 84: *„Johan Bilrebecke kock*“. 1534 wird er in einer Ahauser Schatzungsliste genannt (FSSA Anholt: Amt Ahaus Akten 4a), am 21. Juni 1541 auch als Kornote im Gericht zum Steinernen Kreuz neben seinem Schwiegersohn als Richter (GvMA Lembeck: Urk. 1389).

hatte. Über sie heißt es in einer Prozeßakte von 1566 ff.[198] weiter, sie habe „*Irstlich funff Jair Im dem Junffrawenn Cloister zu Dulmen*[199] *gewonnett, dair sie auch (wie gesacht wirdt) ein geistliche begebene persoenn gewest, darnach aber ist sie bruitlich an Evert van der Mark, itzigenn Richter zum Ahuß, bestattet wordenn und mit dem Kinder gezilt*". In einer zweiten Ehe war der Vater Johann (van) Billerbeck später mit einer Fye Redekers verheiratet, mit der er mehrere Söhne hatte. Daneben hatte er in einer vorehelichen Beziehung mit der ledigen „*Christina Kniveß anders Sickincks genandt ... in unpflicht und in einem unehrlichenn beedt*" einen Sohn gezeugt, der den Namen Hans (=Johann) erhalten hatte.[200] Dieser brachte es in Riga in Livland zu Reichtum und Ansehen. Als Kaufgeselle in Livland schloß er bereits 1529 einen zunächst auf zwei Jahre befristeten Gesellschaftervertrag mit dem Kaufgesellen Gosse Lüdinghusen in Lübeck ab über den Handel mit Waren aus Livland nach Lübeck einerseits und von dort aus westwärts andererseits sowie umgekehrt.[201] Faktoreien besaß Hans später zu Antwerpen, Amsterdam und Lübeck.[202] Bei seinem Tode im November 1565[203] soll er ein Vermögen von über 30000 bis 40000 Talern hinterlassen haben. Da Hans seiner unehelichen Geburt wegen nicht geheiratet und auch ohne Nachkommen und ohne Testament verstorben war, traten seine noch lebenden Halbgeschwister, der ebenfalls in Riga wohnende Schneider Johann, Werner in Ahaus sowie Erich, die Ehefrau des Richters Everhard von der Mark, als Erben auf.[204] Anspruch erhob später auch Margaretha Kosters in Münster, eine Cousine des Verstorbenen. Sie war die Tochter der Gesa Knives („*Knuffs*") genannt Sickincks, der Schwester der Mutter des Verstorbenen, und des Johann Kosters. Am 7. Mai 1566 erhielt sie vom Rat der Stadt Münster einen Toeversichtsbrief ausgestellt und ließ darauf mit Hilfe des Domkellners Dietrich von der Rek-

---

[198] SA Münster: acta judicialia 482.

[199] Das Nonnenkloster Agnetenberg in Dülmen, dessen Schwestern bürgerlicher Herkunft waren und überwiegend aus Dülmen stammten (vgl.: Hengst: Westfälisches Klosterbuch. S. 279-282).

[200] SA Münster: acta judicialia 482.

[201] SA Lübeck: Reichskammergericht R 22 fol. 18v-20v; vgl.: Stein-Stegemann: Findbuch. S. 516.

[202] SA Münster: acta judicialia 482; ebenda: causa civilis 2034; Hans ist wohl mit jenem Kaufgesellen Billerbeck zu Riga identisch, der 1559 dem Herrmeister des deutschen Ordens in Livland, Gotthard Ketteler, 30000 Taler für den Kampf gegen die den Ordensstaat bedrängenden Russen vorstreckte (Seibertz: Gotthard Ketteler. S. 16).

[203] Sein Nachlaß wurde in Riga am 30. November 1565 inventarisiert. Das im SA Münster: causa civilis 2227 verwahrte Inventar ist mittlerweile verloren!

[204] Am 6. August 1566 berichtete Merten Provestinck aus Riga, ein Freund des verstorbenen Hans (van) Billerbeck, „*derselbige hait ein zeitlanck vier Jungen alhir bey sich gehapt, welcher sich alle vur seine halb brudere nennen laissenn, dero drey alse Cordt, Arndt und Wilhelm kurtz vur deme altenn Johan [Hans] Billerbeckenn alhier verstorben und die vierte van Innen, auch Johan geheissenn, seines handtwercks ein schneider, ist lebendich gebliebenn und lebet auch noch; nicht lange dar nach ist der alte Johan Billerbecke ohne einige ordnungh seines lesten willens oder testaments intestatus in Godt entschlaffenn, nach welcheres date der uberbleibende Junge Johan Billerbecken, der schnider, sich des saligenn altenn seiner gutter angenhommen und von hir aus nach Ahus geschickt und von seinem bruder Werner und von seinem schwager Evert von der Marcke volmacht einholenn laissen, wahr auff die genantenn alse Erbenn In des altenn Johan Billerbeckenn gelt, guit und Bucher eingeweiset*" (SA Münster: acta judicialia 482).

ke, dessen Haushälterin, Konkubine und Kindermutter[205] sie war, in Riga einen Prozeß gegen Johann (van) Billerbeck jr. und gegen den in dieser Erbangelegenheit nach dorthin gereisten Adolph von der Mark führen, den Sohn des Richters Everhard und der Erich (van) Billerbeck. Am 30. Januar 1570 wurde jedoch vor dem Offizial in Münster ein Vergleich dahingehend geschlossen, daß Margaretha Koster auf ihre Ansprüche gegen Auszahlung von 6000 Taler verzichtete.[206] Auf Bitten des Richters Everhard von der Mark schickten darauf Bürgermeister und Schöffen der Stadt Ahaus ein mit dem Stadtsiegel besiegeltes Schreiben an die damaligen Faktoren des Hans (van) Billerbeck, nämlich Thomas Kerckering zu Amsterdam und Dietrich Kerckering zu Antwerpen. Dieselben sollten den Nachlaß an Everhard und seine Söhne Adolph und Johann sowie an Johann (van) Billerbeck junior, Bürger zu Riga, als den nunmehrigen ausgewiesenen rechtmäßigen Erben überantworten oder schicken. In einer Urkunde vom 14. August des Jahres stellten Everhard, seine Frau Erich und ihr Sohn Johann der Stadt Ahaus für eventuelle aus dieser Angelegenheit erwachsende Forderungen ihr Haus am Kirchhof zu Ahaus zwischen „*der Swanen u. Joh. Buschaves*“ sowie die Güter Stevening („*Steveninck*“), Reymerinck („*Reimelinck*“) und ihren Anteil am Grewinghof („*Grevinckhaves*“) zum Unterpfand.[207]
Über das weitere Schicksal des (van) Billerbeckschen Handelsunternehmens ist bisher nichts bekannt geworden.

Everhard von der Mark erbte auch verschiedene Güter seines Schwiegervaters. So übertrug Bischof Franz ihm und seiner Frau Erich 1543 - wohl nach Verzichtleistung des damals noch lebenden Schwiegervaters - auf Lebenszeit die „*Crucekempe*“ vor der Burg Ahaus gegen eine jährliche Pacht von 3 Malter Gerste.[208] Am 5. Januar 1547 wurde Everhard auch mit dem Vredener Kapitellehen Reymerinck im Kirchspiel Wüllen, Bauerschaft Ortwick, belehnt, mit dem der inzwischen verstorbene Johann (van) Billerbeck 1527 begabt worden war.[209]

Ob jener Martin Billerbeck (der Sohn eines ungenannten Billerbeck aus Livland), der 1559 von Hans von Senden ein Haus an der Trave in Lübeck kaufte und hier 1563 Bürger wurde, aus der obigen gleichnamigen Familie stammte, ist bisher ungeklärt. Martin Billerbeck befehligte 1564 als lübeckischer Kapitän einige Schiffe gegen die Schweden. Er starb 1592 entweder am 21. November oder am 4. Dezember. Aus seiner 1552 mit Elisabeth von Hassen (†1593) geschlossenen Ehe gingen die vier Kinder Christoph, Hinrich, Andreas und Martin hervor, die z.T. ebenfalls Nachkommen hinterließen (freundliche Mitteilung von Herrn Dr. Ulrich Simon, SA Lübeck, vom 11. Juni 1993).

[205] Über die Verhältnisse und Kinder des Domkellners Dietrich von der Recke (†1569. August 2), der auch die Pfarrei in Heek innehatte, vgl.: Kohl: Das Domstift. Bd. 2. S. 350-351.

[206] Vgl. zum Prozeß: SA Münster: causa civilis 2034, 2227 und 368; acta judicialia 482.

[207] PfA Vreden: Nachlaß Tenhagen A 637,1; vgl. auch: Segbers: Ahaus. S. 247; Veldtrup: Das Bürgerbuch. S. 78 Anm. 83.

[208] StAM: Mscr. I Nr. 25 fol. 221v-222r, fol. 243v-244r.

[209] FSSA Anholt: Stift Vreden Lade 207, 2 Nr. 36.

Everhard und Erich hatten nachweislich zwei Söhne namens Adolph und Johann sowie zwei Töchter Anna und Gertrud.[210] Adolph, der älteste Sohn, scheint als Haupterbe vorgesehen gewesen zu sein. Ihm trat der Vater am 28. April 1573 - „*inn betrachtunge meins hogen olders und sunsth schwackheitt halven*" - die Gerichte zum Steinernen Kreuz, zu Ahaus und Ottenstein ab, „*In aller gestaltt Ich dieselvigen nach meines lieven zalig(en) Vaders bedienungh empfangen und van etzligen meinem Genedigen Fursten und Heren dießes loblichen Stiftz Munster etc. damit ghenediglichen versehenn und viell Jaren bedeinet hebbe, upp genedigliche Furstlige bewilligunge In meine foetstappen wedderumb to tredden*".[211] Adolph dürfte jedoch bereits 1576 verstorben sein, da am 8. Juni des Jahres Arnold von der Becke mit den inzwischen erledigten Gerichten betraut wurde. Everhard von der Mark der Alte sollte jedoch für die Zeit seines Lebens die Gerichte weiterhin verwalten und bedienen sowie die Einkünfte daraus genießen.[212] Am 17. Juni 1581 wurde Arnold von der Becke definitiv als Richter angestellt, nachdem Everhard „*dießer tagh mit thodt abgangen*" war.[213]

Der weitere Sohn Johann von der Mark muß kurze Zeit nach dem Tode seines Bruders Adolph (1576) ebenfalls verstorben sein. Zusammen mit seinen Eltern und seiner Schwester Gertrud wird er 1568 in einer Ahauser Schatzungsliste genannt.[214] Er heiratete vor dem 25. August 1573 Tundecke (=Gertrud) Moerbecke, die Tochter von Johann zu Haus Breckelenkamp und der Anna Reinhers.[215] Am 16. November 1576 ist er letztmalig lebend nachweisbar, und zwar als Bürgermeister zu Ahaus.[216] Sein Vater bezeichnete ihn dann am 10. Dezember 1578 als verstorben.[217] Seine Schwester Gertrud wird dagegen - wenn man der Genealogie des Max von Spießen in dieser Hinsicht Glauben schenken kann - noch 1581 genannt. Erbin der von der Markschen Güter zu Stevening

---

[210] Johann wird 1564, 1568, 1570 und 1576, Adolph 1566/70, 1573, †1576 und Gertrud 1568 und 1581 genannt (SA Münster: acta judicialia 482; Hs. Middachten Nr. 960 (Regest: Inventaris (...) Middachten. S. 164; Hs. Gnadenthal Urk. 82; Veldtrup: Das Bürgerbuch. S. 78 Anm. 83; StAM: Max von Spießen: Genealogische Sammlung). Die Brüder Johann und Adolph werden 1578. Dezember 10 als verstorben bezeichnet (StAM: Fstm. Mst. LA 491, 79).

[211] StAM: Fstm. Mst. Hofkammer II Nr. 42.

[212] StAM: Fstm. Mst. Hofkammer II Nr. 43; desgl.: ebenda Mscr. I Nr. 32 fol. 24v-25v.

[213] StAM: Mscr. I Nr. 33 fol. 30v-31r.- Letztmalig lebend genannt wird Everhard von der Mark - auch in der Funktion als Richter - am 26. Januar 1580 (Hs. Egelborg: von Keppel Urk. 483). Er war nach einem Schreiben seiner Frau Erich vom 21. Juni 1581 jüngst verstorben (FSSA Anholt: Hofkammer (Amt Ahaus) Akte 123).

[214] Veldtrup: Das Bürgerbuch. S. 78 Anm. 83.

[215] Am 25. August 1573 wurde Tundecke Moerbecke unter Huldigung ihres Mannes Johann von der Mark mit „*De Grommert*" mit zwei Waren in Boningendam (Kirchspiel Denekamp), einem Lehen des Hauses Almelo, belehnt, womit am 27. Oktober 1547 ihre Mutter Anna Reinhers, Witwe des Johann Moerbecke, belehnt worden war. Am 7. März 1580 wurde Tundecke als Witwe unter Huldigung ihres Bruders Johann Moerbecke belehnt. Nach ihrem Tode erhielt am 23. Februar 1626 der Kapitän Bernd Moerbecke, der Sohn ihres gleichnamigen Bruders, die Belehnung mit diesen Gütern (Mensema/de Raat: Leenrepertorium. Nr. 188).

[216] Hs. Middachten Nr. 960 (Regest: Inventaris (...) Middachten. S. 164.

[217] StAM: Fstm. Mst. LA 491, 79.

wurde schließlich die Schwester Anna, die vor dem 8. März 1572[218] den Adeligen Johann Moerbecke zu Breckelenkamp in der Twente geheiratet hatte, den Bruder ihrer Schwägerin Tundecke Moerbecke.

Das Richteramt, das die von der Mark in Ottenstein mindestens 100 und zu Ahaus und zum Steinernen Kreuz 86 Jahre lang ausgeübt hatten, ging der Familie damals verloren. Der Schwiegersohn Johann Moerbecke trat wohl deshalb nicht in die Nachfolge ein, weil aufgrund der Wahlkapitulation des münsterischen Bischofs Johann von Hoya von 1567 im Stift keine Ausländer mehr zu Amtsleuten, Rentmeistern oder Richtern ernannt werden durften.[219]

5.2.2 Vom Bauernerbe zum Adelssitz Haus Stevening 1564/65

Everhard von der Mark hat sich in den 60er Jahren des 16. Jahrhunderts auf seiner Bauernstätte Stevening einen standesgemäßen und wohl auch repräsentativen Adelssitz geschaffen, über dessen Entstehung wir allerdings nur aus sekundären Quellen unterrichtet sind.

Der Ausbau von Bauerngütern und insbesondere von sogenannten wüsten Erben zu standesgemäßen Wohnsitzen des Adels und städtischer Honoratioren läßt sich gerade im 16. Jahrhundert vielfach nachweisen. Diese Landgüter besaßen anders als die in der Blütezeit des Burgenbaus im ausgehenden 14. und im Verlaufe des 15. Jahrhunderts entstandenen Festen Häuser keine besondere strategische Bedeutung mehr, sieht man einmal von den Großanlagen einiger Mächtiger, wie z.B. den von Morrien zu Nordkirchen, ab. Ihre fortifikatorischen Anlagen beschränkten sich zumeist auf einfache Wassergräben, die gelegentlich noch durch Erdwälle und feste Torhäuser verstärkt waren. Den aufkommenden Feuerwaffen und Söldnerheeren hatten derartige schloßähnliche Anlagen ohnehin nicht mehr viel entgegenzusetzen. Daneben hatte es jedoch seit jeher auch eine Vielzahl kleinerer nur wenig oder auch gar nicht befestigter Adelshöfe gegeben.[220]

Auch innerhalb des Adels hatte sich vor allem im 15. Jahrhundert ein erheblicher Wandel vollzogen. Die Mehrzahl der Adeligen war, so Albert K. Hömberg, durch „*das Aufkommen der neuen Söldnerheere und durch das Zurücktreten der alten Lehnsaufgebote praktisch arbeitslos*“ geworden. Viele von ihnen und besonders die nur wenig Begüterten gerieten in schwere wirtschaftliche Not, gelang es ihnen nicht, sich zusätzliche Erwerbsquellen als Offiziere, Amtmänner, Richter, Räte etc. zu erschließen. Der Adel, so Hömberg weiter, „*hörte auf ein Kriegerstand zu sein und wurde statt dessen zu einem*

[218] SA Münster: causa civilis 2034.

[219] Theuerkauf: Der niedere Adel. S. 162.

[220] Vgl. hierzu die Untersuchung über die Sitze des niederen Adels in Darup, Nottuln und Billerbeck: Ilisch: Untergegangene Adelssitze. S. 55-80.

erblichen Stand großer Grundbesitzer. Es entstand das Rittergut. Solange der Adel den Kriegerstand bildete, hatte er sich mit der Landwirtschaft nicht abgegeben. Er lebte von den Grundrenten, welche seine Bauern gaben; auch die Adelshöfe, die im übrigen auch nicht groß waren, wurden von Bauern, von Schulten oder Meiern bewirtschaftet. Erst im 15. Jahrhundert, als diese alte adelige Lebensart allmählich in Fortfall kam, begann der Adel, sich stärker um die Bewirtschaftung seiner Güter zu kümmern. Sie setzten den Schulten oder Meier an die Luft oder nahmen ihm doch wenigstens einen Teil seiner Länder und begannen, ihr Gut selbst zu bebauen; sie strebten danach, dieses von ihnen selbst bewirtschaftete Land zu vergrößern, trieben neue Rodeäcker in die Marken vor, entsetzten die Bauern von benachbarten Höfen und zogen diese zu ihrem Gute und bildeten auf diese Weise allmählich Rittergüter, welche die gewöhnlichen Bauerngüter an Größe um ein Vielfaches übertrafen.“[221]

Die hier von Hömberg geschilderte Entwicklung läßt sich weitgehend auch auf den Adelssitz Haus Stevening übertragen, wenngleich dessen Ausbau nur sehr bescheiden ausgefallen und die Anerkennung als Rittersitz im Sinne eines landtagsfähigen Gutes nicht erreicht worden ist. Hömbergs Aussagen über die Entstehung eines Adelssitzes in dieser Zeit lassen sich folgendermaßen zusammenfassen:
- die Wüstlegung einer Bauernstätte und
- die Aufnahme der Eigenwirtschaft durch den Gutsherrn,
- die Vergrößerung bzw. Arrondierung des Gutes und
- die Ablösung von Verbindlichkeiten bzw. der Erwerb von Privilegien.

Am 10. April 1548 schlossen Everhard von der Mark und seine Ehefrau Erich mit ihrem Eigenhörigen Hinrich Stevening („*Steveninck*“) und dessen Sohn Hermann wegen des „*Steveninck Erves*“ einen Vertrag unter Vermittlung des Drosten zu Ahaus, Johann von Raesfeld, des Rentmeisters daselbst, Conrad Rupen, sowie der Pfarrer zu Ahaus und Wüllen, Wolter von der Becke und Albert Kemmener. Vereinbart wurde, daß Hermann auf dem genannten Erbe kein Holz mehr hauen noch Sand oder Land davon versetzen sollte bei Verlust des Erbpachtrechts. Sollte er außerdem in der Bezahlung der Pacht zwei Jahre im Rückstand sein und seine gewöhnlichen Dienste nicht mehr verrichten, so sollte das Erbe an Everhard von der Mark und seine Ehefrau oder an ihre Erben heimfallen.
Was im einzelnen vorgefallen war, wissen wir nicht. Der Bauer und Bewirtschafter des Erbes wird die ihm zur Last gelegten Verstöße begangen bzw. sich die ihm nicht zustehenden Freiheiten wohl wie geschildert herausgenommen haben. Hieran dürfte sich auch später nicht viel geändert haben. Denn 1564 betrieb Everhard von der Mark die ihm laut obigem Vertrag zustehende Entsetzung des Hermann Stevening samt dessen Ehefrau Elske und den Kindern von dem Erbe, da sie „*In versettunge viheler verscheidener Lenderien sich deitlich erwießen, Im schuldigen weckediensten baven twee Jaren averall nachleßich bleven und an betalinge Jerlicher pechte merckligen versetten*“. Durch den mit dieser Sache vom münsterischen Bischof Bernhard betrauten Gografen

[221] Hömberg: Westfälische Landesgeschichte. S. 194-195; vgl. auch: derselbe: Die Entstehung der Rittergüter. S. 250 ff.

zum Hamborne und Richter zu Borken, Frederich Raven, wurden die Beklagten Hermann Stevening und seine Ehefrau auf den 20. Juni des Jahres vor das Gericht *„to Wullen up de Horst"* geladen. Der Richter aber kam, wie es in der über diesen Akt ausgestellten Urkunde heißt, wegen seines *„guedtz fredlevenden gemoitz"* einen Tag zuvor in Wüllen an und handelte mit beiden Parteien unter Vermittlung von Freunden einen Vergleich aus. Aufgrund der äußerst nachlässigen Befolgung der Vereinbarung von 1548 hatte Hermann Stevening das Erbe verwirkt. Um jedoch seine Familie nicht völlig ins Verderben zu stürzen, erklärten sich Everhard von der Mark, seine Ehefrau und Kinder jedoch zu folgenden Zugeständnissen bereit. Gegen den gerichtlichen Verzicht auf das Erbe sollten Hermann Stevening, seine Ehefrau und ihre Kinder die persönliche Freiheit und außerdem *„drye gebundt Hußes"* - also ein kleines Fachwerkhaus - *„an der Knuveßstegge voer up den Remeldinckkamp"* erhalten, *und zwar „ohn Hermans thodoent gedecket, belemet und mit einer doren nha der Marcken uth"* versehen. Nach der Fertigstellung des neuen Hauses hatten Hermann Stevening und seine Familie das Erbhaus zu räumen und durften dem Everhard von der Mark fortan an dessen Zäunen, Weiden, Einsaaten, Gehölzen, Äckern, Heugründen keinen Schaden zufügen bei Verlust der ihnen erwiesenen Vergünstigungen. Außerdem sollten die Eheleute Stevening auf Lebenszeit den ganzen *„Reimeldings garden mit den ende des Reimeldings kampes van den garden"* erhalten und zusätzlich den *„middelsten Geistacker"* mit einer Größe von 4 Scheffel Einsaat, der in *„Reimeldinck"* (=Reymerinck) gehörte und zwischen Mensincks und Latings Ländereien lag. Beim Tode eines der Ehepartner standen dem Überlebenden die Ländereien nur mehr zur Hälfte zu, das Haus jedoch weiterhin ganz. Nach dem Absterben des Letztlebenden dagegen sollten alle Güter an Everhard von der Mark zurückfallen. Everhard erklärte sich fernerhin dazu bereit, gewisse Schuldverschreibungen der Eheleute Stevening zu übernehmen.[222]

Eine Schatzungsliste von 1568 verzeichnet zwischen den Gehöften Knuf und Latinck einen *„Hinrich Steverink"*, der mit dem oben genannten Vater identisch sein wird. Er und eine weiterhin genannte Elske - dessen Schwiegertochter (?) - werden als arm bezeichnet.[223] Sie jedenfalls scheinen keinen Gewinn aus der Absetzung vom Stammhofe gezogen zu haben.

Was auf den ersten Blick als Großzügigkeit gegenüber dem ungetreuen Erbpächter und Eigenhörigen aussieht - die Freilassung, ja sogar die Entschädigung bzw. Abfindung -

---

[222] Hs. Gnadenthal: Urk. 82: Als Zeugen dieses gerichtlich bestätigten Übereinkommens werden genannt: die Kornoten des Gerichts, Johann Vissinck und Johann Dobbenbergh, und der sich aus beiden Parteien zusammensetzende Umstand, die Pastoren zu Ahaus und Wüllen, Wolter von der Becke und Albert Kemener, Rotger von der Mark, Johann von der Mark, Johann Vulber, Bernt Schulte Nunnynck, Johann tor Haen, Hinrich Hemeker und Johann Evekinck.

[223] StAM: Fstm Mst. LA 96 III Nr. 2.- Ein *„Johan Steveninck"* in der Wüllener Bauerschaft Ortwick erwarb am 20. Januar 1607 nach Beweis seiner Freiheit zusammen mit seinen Kindern Hermann, Hinderick, Johenneken und Elske das Bürgerrecht in Ahaus (Kohl: Das Bürgerbuch. Nr. 498 S. 37). Ein *„Heinrich Steveninck"* im Kirchspiel Wüllen machte am 16. Januar 1630 sein Testament (Segbers: Ahaus. S. 253).

erweist sich beim näheren Hinsehen als durchaus geplante und wohlüberlegte Handlung. Everhard von der Mark kam das Fehlverhalten seines Erbpächters sicherlich entgegen. Dieses gab ihm die Möglichkeit, denselben auf legalem Wege vom Erbe zu setzen. Wir haben es hier sozusagen mit der Gründungsurkunde des Hauses Stevening zu tun. Ein Jahr später, am 25. August 1565, bewilligte Fürstbischof Bernhard von Raesfeld dem Everhard von der Mark und seinen Geschwistern die Fällung von 200 Eichenbäumen und 20 Buchen auf ihrem gemeinschaftlichen Besitz, dem Stiftslehen Grewing („*Greving*") im Kirchspiel Wüllen.[224] Bedingung war die Neuanpflanzung von 1000 Eichen- und 100 Buchensetzlingen. Zwar heißt es in dem über diese Verhandlung vorgenommenen Eintrag im münsterischen Lehenregister, daß die Geschwister den Erlös zur Bestreitung des Prozesses gegen die Familie von Hövel und zur Begleichung der auf den aus diesem Prozeß erlangten Gütern lastenden Schulden verwenden wollten, doch stand damit Everhard von der Mark zugleich das zum Bau eines Herrenhauses notwendige Holz zur Verfügung. Die Entsetzung des Bauern von der Hofstätte Stevening 1564 und der Holzschlag des Jahres 1565 dürften also in einem unmittelbaren Zusammenhang gestanden haben. Hinzu kam die günstige Erbschaft des Jahres 1565. Wir befinden uns hier an der Wiege des damals neugeschaffenen Hauses Stevening. 1571 war Everhard von der Mark bereits hier ansässig, wie einer Äußerung von ihm zu entnehmen ist, in der es heißt, er „*wone by den Steinen cruitze*".[225] 1578 spricht er erstmalig von seiner „*wonungh und Geßethe Steveningh*". Sein Schwiegersohn Johann Moerbecke nennt es fünf Jahre später „*Hauß und Geseß zu Steveninck*".[226]

Stevening wurde nicht als Burganlage ausgebaut, sondern als standesgemäßer Herren- und Richtersitz inmitten einer von seinem Eigentümer nunmehr betriebenen Eigenwirtschaft. Die Lage in etwa in der Mitte der ehemaligen Herrschaft Ahaus hat Everhard von der Mark sicherlich ganz bewußt gewählt. Eine wichtige Erwerbsquelle der Familie war nämlich das Richteramt in der Stadt Ahaus, im Wiegbold Ottenstein und zum Steinernen Kreuz. Letzteres war für die Kirchspiele Wessum, Wüllen und Alstätte sowie für die Bauerschaft Ammeln im Kirchspiel Ahaus zuständig.[227] Die Gerichtsstätte dieses Jurisdiktionsbezirks, das Steinerne Kreuz[228], lag nur wenige hundert Meter von Steve-

[224] StAM: Fstm. Mst. Lehen 1117 fol. 91v.

[225] Philippi: Landrechte. S. 154 (nach: StAM: Altertumsverein Mst. Mscr. 147).

[226] StAM: Fstm. Mst. LA 491, 79.

[227] Über die Einkünfte aus seinem Gerichtssprengel berichtete Everhard von der Mark 1571: „*Mein richters vurscreven geholt isth von wegen meiner bevolnher gerichten alleine hoichgedachten meins gnedigen fursten und heren kleidunge und sunst von einem erfkope tho verseglen einen olden schilt: isth I 1/2 daler, doch hebbe ich mi nach gelegenheit bisshero mit jederem gehalten. Item van gerichtzwegen, als von einem halven gerichte I 1/2 ß und darnach aver 14 dagen tom helen gerichte auch I 1/2 ß. Item fur die pandunge I ß und vur entsatunge VI d. Bevoraf vorwerkte poen der hoger overicheit geboret, geboret mi richter von einer bloithronninge, item von einem meestogge und vustschlag jederen V ß. Item uth ver kerspelen alss Ahuess, Wullen, Weshem und Alsteden jedren II voder gheringes Thomassholtes.*" (Philippe: Landrechte. S. 154).

[228] Vgl.: Brockpähler: Steinkreuze. S. 14-17. Hiernach (S. 16) lag die Gerichtsstätte an der Kreuzung zweier ehedem bedeutsamer Wege: „*Der von Süden nach Norden führende ist der alte*

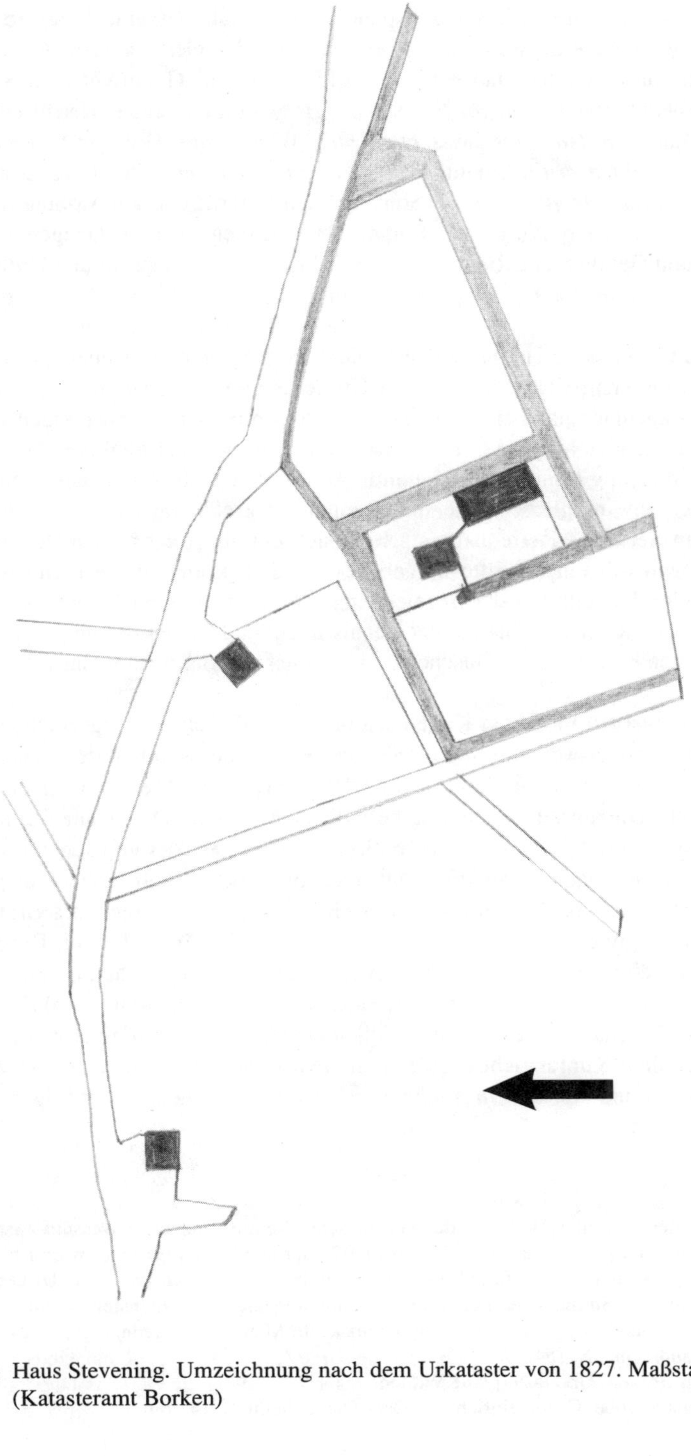

Abb. 10: Haus Stevening. Umzeichnung nach dem Urkataster von 1827. Maßstab 1: 2500. (Katasteramt Borken)

ning entfernt an der Grenze der Kirchspiele Wüllen und Wessum, direkt an dem die beiden Orte verbindenden Weg. Einer Beschreibung des Gerichtsbezirks durch Everhard von der Mark aus dem Jahre 1571 zufolge, tagte das Gogericht zum Steinernen Kreuz zur Abhaltung der „*landgoedinge*" - der großen ordentlichen Gerichtssitzungen - dreimal im Jahr „*up den velde twisschen Ahuis, Wullen und Wesshem tom negsten by dem staenden steinen cruitz*", nämlich auf „*Pauli primi heremite*" (=10. Januar), am Montag nach „*Quasi modo geniti*" (=Sonntag nach Ostern) und am Montag nach „*Trinitatis*" (=Sonntag nach Pfingsten). Bürgerliche Angelegenheiten dagegen wurden je nach Sache und Gefallen des Richters entweder binnen Ahaus oder in den Dörfern Wessum und Wüllen verhandelt.[229]

Das 1564/65 entstandene Herrenhaus und die dazugehörigen Wirtschaftsgebäude wurden damals wohl erstmalig auch mit einer Gräfte umgeben. Im Urkataster[230] von 1827 ist diese Gräftenanlage noch eingezeichnet. Sie umschloß einen rechteckigen Innenhof, auf dem sich ein gleichförmiges Herrenhaus und ein weiteres kleineres Gebäude mit unbekannter Nutzung (Bauhaus ?) befand. An der Seite zur Ottensteiner Straße hin erstreckte sich eine möglicherweise später angelegte große Garteninsel, an der gegenüberliegenden Seite des Herrenhauses schloß sich ein als Hof bezeichnetes und ebenfalls weitgehend mit einer Gräfte umgebenes Waldstück an. Südwestlich der Anlage befand sich eine Parzelle mit der Bezeichnung „*Bosquet*" und der Nutzungsart Schlagholz. Unter Boskett verstand man in der Renaissance- und Barockzeit ein Lustwäldchen, eine Gruppe von beschnittenen Büschen und Bäumen innerhalb einer Gartenanlage.

Haus Stevening ist auf mehreren Karten seit dem 17. Jahrhundert eingezeichnet. Dieses geschah wohl weniger wegen seiner Größe oder Bedeutung, sondern der Adelssitz wurde vielmehr - auf einer Karte durch mehr oder weniger Zufall eingezeichnet - auf die nächste tradiert. Die älteste Darstellung befindet sich auf der Karte von Johannes Gigas „*Monasteriensis Episcopatus*" von ca. 1620, eine weitere auf der von Johannes Westenberg „*Comitatus Bentheim et Steinfurt*" etwa aus den Jahren 1620/32.[231] Daneben zeigt auch ein Kupferstich von 1643 mit der Darstellung des Truppenzuges des Grafen Christian von Braunschweig und seines Verfolgers, des Grafen Tilly, der von Burgsteinfurt bis Stadtlohn währte, wo endlich am 6. August 1623 die Schlacht im Lohner Bruch stattfand, den Adelssitz Haus Stevening („*Stevenick*"). Das Gut ist hier wahrheitsgemäß zwischen den Ortschaften Wessum und Wüllen eingezeichnet. Auf einer weiteren Karte dieses dreigeteilten Kupferstiches findet sich etwa in der Mitte des Dreiecks zwischen Wüllen, Wessum und Ahaus „*ein Adelich hause*" eingezeichnet, womit folgerichtig nur

„Demter" oder Deventer Hellweg, der von Gescher kommt und über Wessum-Alstätte nach Holland läuft. Bis zur Abpfarrung, die erst im 13. Jahrhundert [!] erfolgte, war er gleichzeitig Kirchweg von Wüllen zur Urpfarre Wessum. (...) In der Nähe des Kreuzes muß der Demter Weg zwei weitere alte Straßen gekreuzt haben: Schöppingen-Ahaus-Ottenstein-Vreden und Epe-Wessum-Stadtlohn."; vgl. zum Steinernen Kreuz auch: Meiners: Festrede. S. 322-324.

[229] Philippi: Landrechte. S. 154.

[230] Katasteramt Borken: Urkatasterpläne Wüllen.

[231] Hierauf weist Krabbe: Graf Heinrich von Dale-Diepenheim. S. 141 hin.

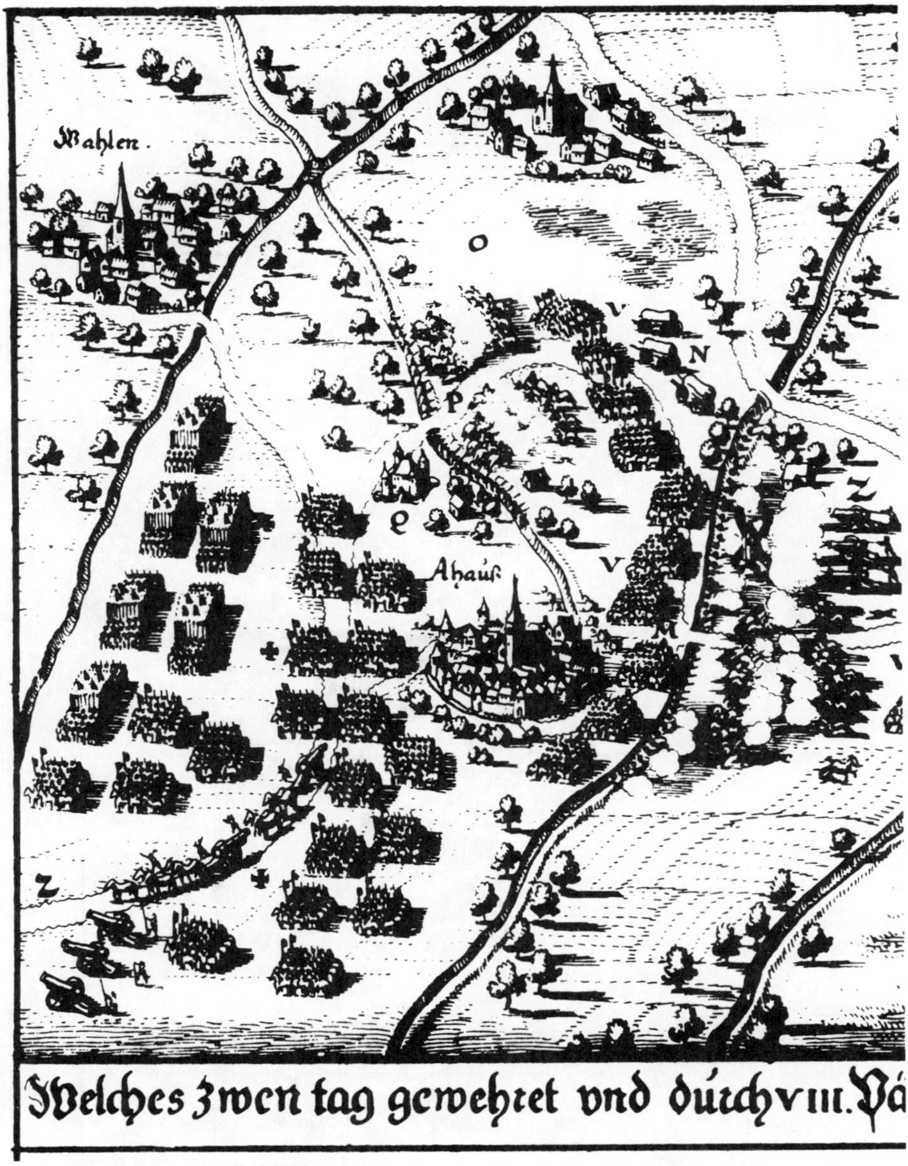

Abb. 11: Phantasiezeichnung des Hauses Stevening (Q). Ausschnitt aus dem *„Theatrum Europäum“* von 1643 mit der Darstellung der *„Schlacht im Lohner Bruch“* am 6. August 1623.
(Westf. Landesmuseum für Kunst und Kulturgeschichte Münster)

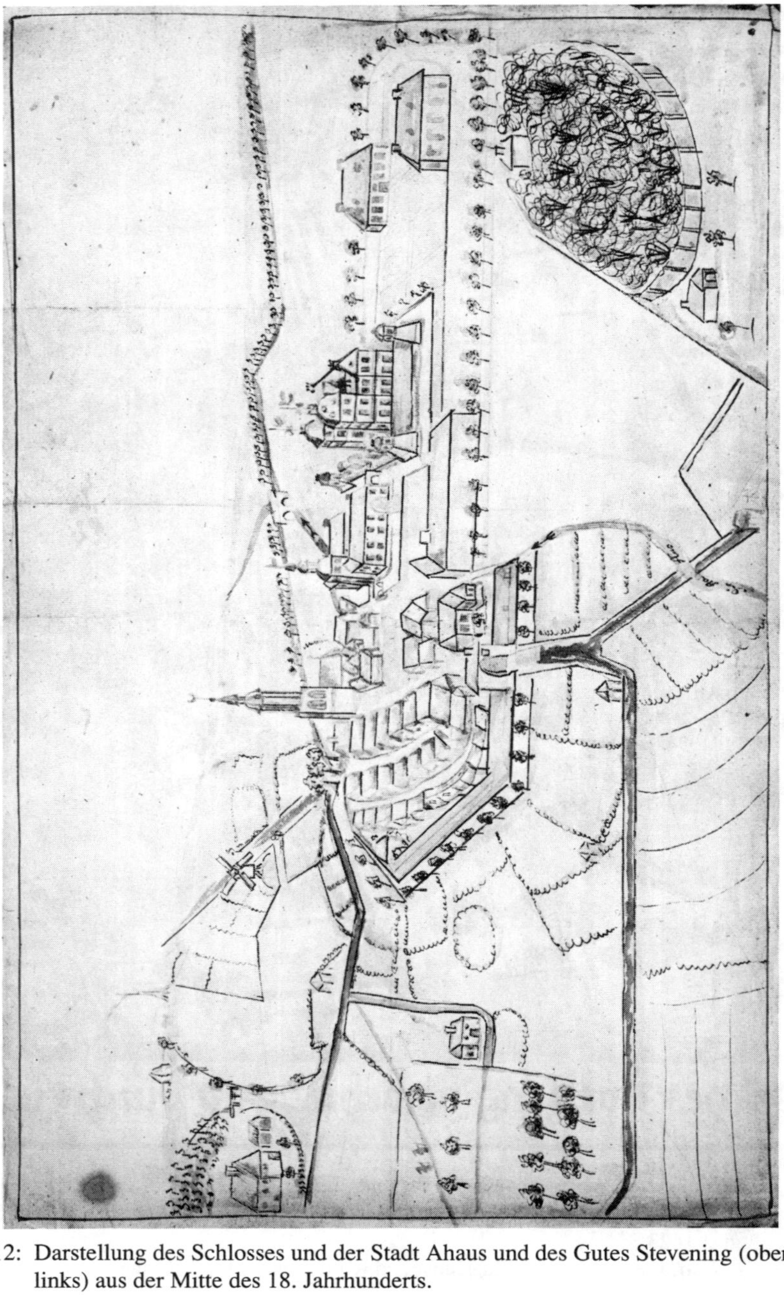

Abb. 12: Darstellung des Schlosses und der Stadt Ahaus und des Gutes Stevening (oben links) aus der Mitte des 18. Jahrhunderts.
(Foto: Westf. Amt für Denkmalpflege nach einer verschollenen Zeichnung auf dem Hause Ruhr; Druck: Segbers: Ahaus. S. 4 f.)

das Haus Stevening gemeint sein kann.[232] Die Darstellung des Hauses in Form eines umgräfteten Kastells, d.h. eines zweistöckigen Herrenhauses mit Walmdach und vier Ecktürmen mit spitzen Hauben, ist natürlich ein Phantasieprodukt, wie dieses ja auch bei den meisten Städteansichten nachzuweisen ist. Einen solchen festungsartigen Charakter hat Haus Stevening sicherlich niemals gehabt. Neben den vorhandenen Hausgräften dürfte es wohl keine besonderen fortifikatorischen Anlagen besessen haben.

Eine andere Ansicht des Hauses Stevening findet sich auf einer Zeichnung des Schlosses und der Stadt Ahaus aus der Mitte des 18. Jahrhunderts.[233] Sie zeigt am oberen linken Rand des Blattes, am Wege nach Ottenstein, in einem abgegrenzten Bezirk ein größeres Gut. Dargestellt sind ein stattliches zweistöckiges Gebäude mit Satteldach und Schornstein sowie ein kleineres Haus mit unbekannter Nutzung (wohl ein Wirtschaftsgebäude). Das Haupthaus ist neben der fürstbischöflichen Residenz und der Pfarrkirche in Ahaus das größte der Gesamtansicht. Die hier vorliegende Darstellung dürfte anders, als die von 1643, der Wirklichkeit nahekommen. Die Ansicht der Schloßanlage in Ahaus jedenfalls entspricht nachweislich weitgehend der tatsächlichen Situation.

Der neue Adelssitz Stevening bestand nicht allein aus dem ehemaligen gleichnamigen Erbe. Zur Hovesaat eingezogen wurde im 16. Jahrhundert auch das Erbpachtgut Reymerinck, ein damals bereits seit Jahrzehnten nicht mehr mit einer Bauernstätte versehenes sogenanntes wüstes Erbe. Dieses, ein Vredener Kapitellehen, hatte Everhard von seinem Schwiegervater geerbt. Nach Ausweis des Urkatasters lag es mit großer Wahrscheinlichkeit unmittelbar östlich von Stevening an der Landstraße von Ottenstein nach Ahaus. Diese Straße ist wohl mit der oben genannten „*Knuveßstegge voer up den Remeldinckkamp*" (!) identisch (von Ahaus Richtung Hof Knuf), an der Everhard von der Mark 1564 seinem des Erbes Stevening entsetzten ehemaligen Eigenhörigen ein Haus überwiesen hatte.[234]

Everhard von der Mark war auch bemüht, die von ihm wüstgelegte Bauernstätte, das nunmehrige Haus Stevening, von den dem ehemaligen Erbe anhaftenden Verbindlich-

---

[232] Kupferstich aus „*Theatrum Europaeum*", 1643: „*Aigentliche DELINEATION des Treffens zwischen Hertzog Christian von Braunschweig und GENERAL TILLY Im Stifft Münster, welches zwen tag gewehret und durch VIII. Päß geschlagen, Entlich bei Stadtlon die Braunschw. den VI. Augusti 1623 gantz in die flucht gebracht worden.*" (Original im Westf. Landesmuseum Münster).- Die von Püttmann: Die Burg Ahaus. S. 19-21 vermutete Identität des Adelssitzes („*ein Adelich hause*") bei Ahaus auf der hier genannten Karte mit der Burg zu Ahaus scheint mir nicht glaubwürdig, vor allem, weil von einem Adelshause und nicht von einer fürstbischöflichen Burg oder Residenz die Rede ist und weil letztere zudem nachweislich genau an der entgegengesetzten, der östlichen Seite der ebenfalls dargestellten Stadt Ahaus gestanden hat.

[233] Hs. Ruhr: Nachlaß Jodokus Nünning (1675-1753) (nicht mehr auffindbar). Abbildung: Segbers: Ahaus. S. 4 f.- Bei dem unterhalb von Stevening dargestellten weiteren Herrenhaus könnte es sich um den Gräftenhof Rothering in Wüllen handeln.

[234] Hier weisen die Flurnamen „*Schoppenkamp*" und „*Hinterwiese*" möglicherweise noch auf dieses Haus, vielleicht auch auf die ursprüngliche Hofstätte von Reymerinck hin (vgl.: Beckers/ Gausling/Wittebrock: Flurnamen der Stadt Ahaus. Karten 32).

keiten zu befreien. Hierzu zählte insbesondere die Verpflichtung zur Zahlung der landständischen Schatzungen, vor allem den sich seit den 30er Jahren des 16. Jahrhunderts allmählich ausgebildeten Kirchspiel- sowie den Erbherrenschatzungen.[235] Über die Schatzpflicht der wüsten Erben galten damals gewisse Sonderregelungen. So war 1539 die Bestimmung eingeführt worden, daß nur die seit 1509 wüstgelegten Erben schatzpflichtig waren, mit Ausnahme der vom Adel bewohnten Güter. 1557 und 1559 verordneten die Stände, daß von der Schatzung im allgemeinen nur diejenigen Erben befreit sein sollten, die seit 1509 wüst lagen. Die Inhaber von wüsten Erben, deren Stätten nicht so lange wüst lagen, die aber dennoch vermeinten, von der Schatzung befreit zu sein, sollten darüber Bericht erstatten.[236] Später galt als Stichjahr das Jahr 1517. 1568 endlich wurde ein Ausschuß eingesetzt, der die Frage der Schatzpflicht oder -freiheit der wüsten Erben eingehend und abschließend untersuchen sollte. Mittlerweile lagen zahlreiche Anträge auf Schatzfreiheit wüster Erben vor. Es fanden sich darunter viele Antragsteller, die diese Güter erst in der jüngsten Vergangenheit, ja noch während der laufenden Verhandlungen, wüstgelegt hatten.[237] Häufiger waren diese wüstgelegten Erben wohl wegen ihrer vermeintlichen Schatzfreiheit von Adeligen und Erbmännern als Wohnsitze ausgebaut worden. Von diesen wird in einer Landtagsproposition von 1569 gefragt, „*ob und welcher maßen etzliche gebauwete sitze und whonungen, so furhin wueste Erffen gewesen, der Schatzung zu befreien sein solten oder nit*".[238] Auch Everhard von der Mark, sein Schwiegersohn Johann Moerbecke und die Erben von der Mark hatten entsprechende Anträge auf Anerkennung der Schatzfreiheit[239] von Gütern eingereicht. Ersterer beantragte dieselbe für seinen Sitz Stevening und sein Erbe Gosling („*Goßelingh*") in Wüllen, Moerbecke wegen des Gutes Reymerinck („*Reinerdingh*") und letztere wegen Grewing („*Grevingh*") in Wüllen. Am 18. März 1579 traf der münsterische Landtag schließlich eine endgültige Entscheidung, wonach diejenigen wüsten Erben von der Erb- und Kirchspielschatzung befreit sein sollten, die seit 1517 nicht mit Eigenleuten besetzt waren, von denen der Gutsherr Gewinn, Versterb oder sonstige Gefälle nach Eigentumsrecht erhoben hatte. Desgleichen sollten sie frei sein, wenn sie seit dem genannten Jahre wüst lagen, auch, wenn sie später vom Gutsherrn, seinem Gesinde oder seinen Dienern bewohnt worden waren. Dagegen galten sie als schatzpflichtig, wenn sie mit Pächtern oder Köttern, die Feuer und Rauch hielten, besetzt worden waren.[240] Stevening, Gosling und Grewing wurden nach Ausweis des angesprochenen Landtagsabschieds mangels ausreichender Beweise als nicht schatzfrei eingestuft.[241] Dagegen wurde die Schatzfreiheit des wüsten Erbes Reymerinck ausdrücklich anerkannt, da dort nachweislich seit Menschengedenken kein Haus mehr gestanden hatte.[242]

---

[235] Vgl. zum Schatzungswesen: Kirchhoff: Die landständischen Schatzungen. S. 117-133.

[236] StAM: Fstm. Mst. Landtagsprotokolle Nr. 1 fol. 136 und 129v-130r.

[237] StAM: Fstm. Mst. Landtagsprotokolle Nr. 13 fol. 500r-500v (1572).

[238] StAM: Fstm. Mst. Landtagsprotokolle Nr. 13 fol. 372r-372v.

[239] StAM: Fstm. Mst. Landtagsprotokolle Nr. 14 fol. 5v, 50r, 84r, 89v und 95r.

[240] Druck des Landtagsrezesses: Niesert: Beiträge. Nr. 200 S. 547-573.- Vgl. auch: Kirchhoff: Die landständischen Schatzungen. S. 132.

[241] Stevening wurde bis ins 19. Jahrhundert hinein als Erbe zu den Schatzungen veranschlagt.

[242] Als schatzfreie Erben wurden im Kirchspiel Wüllen weiterhin anerkannt: „*Sidingh*" und „*Vri-*

5.2.3 Die Familie (von) Moerbecke zu Stevening

Anna von der Mark, 1550 zusammen mit ihrem Vater Everhard[243] erstmalig genannt, wird am 8. März 1572[244] als Frau des Adeligen Johann Moerbecke („*(van) Morbeck/ Morbecke*“) bezeichnet. Sie nahm mit ihrem Gemahl Wohnung auf dessen Sitz Breckelenkamp („*Brekenekem*“) in der Twente/NL. Nachdem jedoch ihre beiden Brüder Adolph und Johann kinderlos verstorben waren, erhielten die Eheleute von ihren Eltern bzw. Schwiegereltern Everhard von der Mark und Erich (van) Billerbeck auch deren „*wonungh und Gesethe Steveningh*“ im Kirchspiel Wüllen übertragen. Die Besitznahme geschah um das Jahr 1578.[245] 1584 erwarb der neue Herr zu Stevening, Johann Moerbecke, auch das Bürgerrecht in Ahaus.[246]

Die Familie Moerbecke bewohnte nunmehr fast 200 Jahre das Haus Stevening. Aus dieser Zeit haben sich jedoch wegen des fast vollständigen Verlustes des Familienarchivs nur wenige Nachrichten erhalten.

Johann Moerbecke war der Sohn des Johann Moerbecke aus der Overijsseler Ritterschaft und der Anna Reinhers.[247] Die Familie war zu dieser Zeit auf dem Hause Brekkelenkamp[248] im Gericht Ootmarsum, Bauerschaft Lattrop (heute Gemeinde Denekamp), ansässig, einem Lehen des Stifts Vreden, das sie bereits seit 1410 innehatte.[249] Die Moerbeckes - von Moerbecke nannten sie sich nur gelegentlich und erst verstärkt seit der ersten Hälfte des 17. Jahrhunderts - stammten ursprünglich von dem Erbe Morbeck im Kirchspiel Legden, Bauerschaft Isingort, einem ehemaligen Lehen der Herr-

---

lingh“ (Agnes von Rhede, Witwe von Heiden), „*Roringh*“ (Arndt Moller), „*Schuir*“ (Pastorat zu Ahaus), „*Beddinchove*“ (Niclas Holtman) und „*Scharpstegge*“ (Arndt Dobbenberg). Nicht anerkannt wurden „*Schweringh*“ (von der Mark), „*Thie*“ und „*Gerick*“ (von der Becke), „*Blick*“ und „*Rudde*“ (Jacob von Keppel). (Niesert: Beiträge. S. 555, 564 und 573; StAM: Fstm. Mst. Landtagsprotokolle Nr. 14 fol. 5v, 50r, 84r, 89v und 95r.

[243] PfA Vreden: Nachlaß Tenhagen A 637,7.

[244] SA Münster: causa civilis 2034.

[245] StAM: Fstm. Mst. LA 491, 79.

[246] Kohl: Das Bürgerbuch. S. 30 Nr. 371.

[247] RA Arnhem: Familie van Rhemen Hschr. 6A 380; hiernach wohl: Hoge Raad van Adel: Sammlung Snouckaert van Schauburg Nr. 2969, Sammlung Van Haersolte van Yrst Nr. 124; desgleichen: Gelderman: van Moerbecke. Sp. 287 (vgl. hierzu das Familienarchiv Gelderman im SA Zwolle Nr. 271, 390, 396, 413; Inventar: Seekles: Inventaris. Nr. 271, 390, 396, 413); Mensema/ de Raat: Leenrepertorium. Nr. 188. Vgl. zur Familiengeschichte weiterhin: Döhmann/Dingeldein: Singraven. S. 169 und Max von Spießen: Genealogische Sammlung im StAM (fehlerhaft). Johann Moerbeckes Geschwister waren Ryxe oo mit Jost von Beverförde, Tundecke (=Gertrud) oo mit Johann von der Mark (sein Schwager) und Bernd Moerbecke oo mit Bia von Bermentlo.

[248] StAM: Fstm. Mst. LA 491, 79.

[249] 1410 belehnte die Äbtissin zu Vreden den Johann Moerbecke mit den Hufen „*Brekinchem ton Tyhuiß*“ und „*Lubbertinck to Nortdoring*“ (Denekamp), die dieser von dem Nienborger Burgmann Claus von Metelen erworben hatte. 1477 wurde Bernt Moerbecke belehnt (FSSA Anholt: Stift Vreden Akten 98 fol. 23).

schaft Steinfurt, dann auch der Abtei Borghorst.[250] Ihr Siegel und Wappen[251] zeigt einen rechts gewandten Schwan, womit sie sich als ehedem zur Dienstmannschaft der Dynasten von Steinfurt gehörig zu erkennen geben, die ja ebenfalls den rechts gewandten Schwan in ihrem Wappen[252] führten. Um 1400 hatte sich die Familie aus dem Westmünsterland in die Twente um Ootmarsum und Oldenzaal zurückgezogen[253] und schließlich - wohl in der ersten Hälfte des 16. Jahrhunderts - ihr Erbe Breckelenkamp zum Wohnsitz ausgebaut.

Am 10. Dezember 1578 bat Everhard von der Mark Statthalter und Regierung in Münster in einem ausführlichen Schreiben, sie möchten doch seinen Schwiegersohn nach Beweis seines adeligen Herkommens als Mitglied der münsterischen Ritterschaft anerkennen. Er selbst habe als fürstlicher Diener fast von Jugend auf bis jetzt die Gerichte zu Ahaus, Ottenstein und zum Steinernen Kreuz verwaltet und sei damit zufrieden gewesen und habe bislang keine Anstalten gemacht, in seines verstorbenen Vaters *„als Rittermeissigens vom Adell fueßstapfen angenommen zu werdenn"*.[254] Everhard, der keine

---

250 Belehnungen von Mitgliedern der Familie Moerbecke mit dem Steinfurter Dienstmannenlehen Morbeck in Legden lassen sich von 1315/17-19 bis 1419 (1319 auch mit Wegmann *„Wechgate"*, bei Morbeck gelegen) nachweisen (vgl.: Bruns: Die ältesten Lehenbücher. E 17, G 35/36, H 19, O 4, P 54). Die Dienstmannstatt u.a. über Morbeck und Wegmann vertauschten die Steinfurter Edelherren Ludolf und Boldewin bereits 1355 an Äbtissin und Kapitel zu Borghorst (StAM: Mscr. VII 1322 a†b fol. 65r, 66v). Am 6. Dezember 1421 schließlich verkaufte Everwin von Götterswick, Graf zu Bentheim, als Vormund seiner Tochter Locke als rechter Erbin der Herrschaft Steinfurt an den Knappen Johann von Asbeck *„all alsodane Recht, ansprake unde leenunge"* an den Erben und Gütern *„Moersbeke luttich unde groet unde dat Wechgate (...) unde mit den luden, de op den groten Moersbeke sitten unde sin (...), de denstmanne gude sin des gestichtes der werliken kerken to Borchorst"* (Hs. Darfeld: Asbeck Cl. I Loc. 7 Paket B 15). Am 14. Dezember 1421 wurde Johann von Asbeck mit den Gütern durch die Äbtissin zu Borghorst belehnt (StAM: Fstm. Mst. LA Urk. 1324). Die Familie Moerbecke muß ihren Stammsitz folglich zwischen 1419 und 1421 veräußert haben.

251 Wappen Moerbecke: In Rot ein rechts gewandter silberner Schwan mit schwarzem Schnabel und schwarzen Füßen. Auf dem gekrönten Helm ein silberner Schwanenhals zwischen zwei silbernen Flügeln. (Spießen, von: Wappenbuch. S. 90 Tafel 219).- Siegel der Familie Moerbecke mit dem rechts gewandten Schwan (1406): Hs. Darfeld: Asbeck Cl. I. Loc. 7 Paket A, 17; desgleichen (18. Jh.): StAM: Fstm. Mst. Lehen 378.

252 Vgl.: Tumbült: Die Siegel. S. 13-14; Wappen der späteren Grafen von Steinfurt: in Gold ein rechts gewandter roter Schwan. Derselbe wiederholt sich auf dem Helm vor einem goldenen Flügel. (Spießen, von: Wappenbuch. S. 121 Tafel 307).

253 Vgl. auch die Verzichtleistungen der Familie Moerbecke vor den Richtern zu Oldenzaal und Ootmarsum auf das Erbe *„Hoyerinch"* im Kirchspiel Osterwick zugunsten des Johann von Asbeck 1406 (Hs. Darfeld: Asbeck Cl. I Loc 7 Paket A, 17)-. Johann Moerbecke war 1465 in Ootmarsum, sein Sohn Bernd 1488 in Oldenzaal ansässig (vgl.: Döhmann/Dingeldein: Singraven. S. 169).- Ein Johann Moerbecke wird 1468 als Zeuge und 1477 als Schöffe im Gericht des Wiegboldes Billerbeck genannt (Bruns/Löffler: Das Archiv. S. 46 und 150).

254 StAM: Fstm. Mst. LA 491, 79.- Sein Vater, so bescheinigte Bischof Bernhard von Münster 1563, war als Mitglied der münsterischen Ritterschaft anerkannt und zu den Landtagen verschrieben worden (ebenda. 491, 57).

Abb. 13: (von) Moerbecke
(von Spießen: Wappenbuch. S. 90;
Tafel 219: Moerbecke)

ebenbürtige Frau geheiratet hatte, dürfte einen solchen Versuch bewußt nicht unternommen haben, er war jedoch nunmehr bestrebt, die Ritterbürtigkeit der Nachkommen zu sichern. Da anscheinend ohne Antwort geblieben, bemühte sich sein Schwiegersohn Johann Moerbecke am 8. April 1583 erneut darum, als „*rittermessiger*" anerkannt zu werden. Als Beweis seines ritterbürtigen Herkommens fügte er seinem Schreiben an den Postulat und Administrator des Stifts Münster, Johann Wilhelm, Herzog von Jülich-Cleve-Berg, und an die Stände zwei Landtagsverschreibungen des kaiserlichen Statthalters von Friesland, Overijssel und Groningen für seinen verstorbenen Vater Johann und seinen Bruder Bernd aus den Jahren 1539 bzw. 1560 bei und bat, ihn „*wie andere Rittermessige vom Adell, neigst praesterungh und leistungh meiner eidtlicher pflicht und glubte, in dießes Stifftz Ritterbuch Inschreiben und henferners zu den gemeinen Landtägen furdern lassen wollen, daegegen dan Ich und meine Erben erpietich und willich, nach allen unsern besten vermugen mith leib und gutt zu dießes Stifftz besten daßjenigh zu befurderen unnd furzuwenden, waß gutten Rittermessigen Adelichen personen woll anstehet*". Der Bitte um Aufnahme ins Ritterbuch, d.h. in die münsterische Ritterschaft als Ständevertretung, wurde damals nicht entsprochen. Auf die Frage der Abgeordneten des Domkapitels auf der Rückseite der Moerbeckeschen Supplik:
„*Nun wehren auch etliche, als die Marcke unnd Moerbecke, so Ins Ritterbuch zu sein begerten, welchs Inenn bedencklich, wollen In der herrnn Rhadt stellenn, Ob dasselbig*

Innen noch zur Zeit nit sei abzuschlagenn", findet sich der Vermerk:"*Lassenn es bei der Räthe bedencken bewendenn.*"[255]

Gründe für diesen abschlägigen Bescheid sind nicht angeführt. Die münsterische Ritterschaft als Landstand war zu dieser Zeit allerdings bereits fest abgegrenzt und ließ so leicht keine Neuzugänge zu, geschweige denn Bewerber mit derart zweifelhafter Verwandtschaft. Daneben mag auch die Herkunft des Johann Moerbecke aus dem benachbarten Ausland eine nicht unerhebliche Rolle gespielt haben.[256] In Overijssel jedenfalls war Johann Moerbecke am 11. Juli 1571 als Rittermäßiger zum Landtag verschrieben worden.[257]

Am 1. Mai 1588 finden wir Johann Moerbecke zu Stevening zusammen mit Rotger von der Mark zu Ahaus als Bürgen für ihren Vetter Adolph von der Mark, Burgmann zu Ottenstein, und dessen Ehefrau Anna von Hövel genannt.[258]

Am Tage der Heiligen Drei Könige des Jahres 1594 verkauften Johann Moerbecke und seine Frau Anna an Wennemer Lewinck und dessen Frau Adelheid ihren Speicher zu Wüllen „*up dem Kerckhave an deß Schulten Kerckhaven campe und der vicarien s. Catharinen Spiker*", den der verstorbene Everhard von der Mark dort aus Vergünstigung des Pastors und des Kirchspiels Wüllen hatte bauen dürfen.[259]

Johann Moerbecke, noch 1598 als Herr zu Breckelenkamp[260] genannt, verstarb vor dem 24. November 1603[261]. Sein Bruder Bernd, der mit Bia von Bermentlo verheiratet war, starb Ende 1603.[262] Drei Jahre später, am 18. Juli 1606, schlossen die Erben der Brüder

---

[255] StAM: Fstm. Mst. LA 491, 79.- Als münsterischer Lehnsträger wegen einer Vikarie in Wüllen - also zu Lehenrecht und nicht nach Landrecht - wurde Johann Moerbecke zu Stevening allerdings am 21. Dezember 1579 ermahnt, sich mit Harnisch und Pferd gerüstet bereit zu halten (StAM: Fstm. Mst. LA 56, 1).
Johann Moerbeckes Verwandten, die Vettern seiner Frau, Rotger von der Mark, Gerds Sohn, und Adolph von der Mark, Georgs Sohn, Burgmann zu Ottenstein, stellten am 23. Februar und 5. April 1583 ebenfalls Anträge auf Aufnahme ins münsterische Ritterbuch. Auf ihrem Gesuch findet sich der Vermerk: „*Ist den hern bedenckelich furgefallen, bei dießes ernsten Zeiten dem Ritterbuch etwas ab- oder zuzuthuen*" (StAM: Fstm. Mst. LA 491, 69).

[256] Vgl. hierzu auch: Theuerkauf: Der niedere Adel. S. 157 ff.

[257] Freundliche Mitteilung von Herrn Rijksarchivaris A. J. Mensema, Zwolle. Aus späterer Zeit liegen für Johann Moerbecke allerdings keine Verschreibungen mehr zum Landtag von Overijssel vor.

[258] Hs. Egelborg: von Keppel Urk. 591 und 604.

[259] BAM: GV Urk. 493; Siegel des Ausstellers anhängend.- Laut Rückvermerk wurde der Spieker 1645 von Werner Volckering an den Vikar Theodor Münstermann zu Wüllen verkauft, der ihn später der von ihm dotierten Vikarie St. Anthonius Abbas daselbst überließ.

[260] Freundliche Mitteilung von Herrn J.G.F.M.G. Baron von Hövell tot Westerflier, Schloß Hasselholt, Ohé en Laak/NL, vom 2. Oktober 1992.

[261] Gelderman: van Moerbecke. Sp. 287.

[262] Döhmann/Dingeldein: Singraven. S. 169.- Gelderman: van Moerbecke. Sp. 287 macht ihn fälschlicherweise zum Stammvater der Linie von Moerbecke zu Stevening.

unter Vermittlung von Freunden in Oldenzaal einen Vertrag über die ihnen von ihren Vätern hinterlassenen Lehengüter.[263] Auf seiten des verstorbenen Bernd Moerbecke werden genannt: Bia Moerbecke (wohl seine Witwe) und der gleichnamige Sohn Bernd; auf seiten des verstorbenen Johann Moerbecke unterschrieben seine Kinder Arnold Moerbecke, Sophia Moerbecke Witwe Bentinck und Erika Moerbecke. Mit diesem Vertrag scheint man einen Schlußstrich unter bereits länger währende Familienstreitigkeiten wegen der noch vom Großvater Johann Moerbecke herstammenden Güter gezogen zu haben, dem Vater der genannten Brüder Johann und Bernd Moerbecke. Der Vertrag jedenfalls dürfte im Prinzip die von beiden Parteien bereits in Besitz genommenen Güter bestätigt haben: Bernd Moerbecke sollte hiernach die Güter „*Roerinck*" und „*Berinck*" und das Erbe „*Hermelinck*" (Kirchspiel Ootmarsum)[264] erhalten. Wegen des Erbes „*ten Tye to Breckelehem*" (das Haus Breckelenkamp), das bereits dem verstorbenen Johann Moerbecke, seinem Onkel, zugeteilt gewesen war, sollte Bernd weiterhin das Erbe „*Lubbertinck*" behalten, die Erben des Johann Moerbecke dagegen einen bestimmten Rentenbrief. Weiter wurde vereinbart, daß alle anderen - ungenannten - Güter gleichmäßig geteilt werden sollten und daß jeder Teil der Familie ein Vorkaufsrecht auf die Güter des anderen erhalten sollte.
Das genannte Erbe „*Lubbertinck*" in Denekamp/NL, das dem Bernd als Ausgleich für das dem Onkel Johann übergebene Haus Breckelenkamp übertagen worden war, wurde wohl um diese Zeit, jedenfalls noch vor 1637/39, ebenfalls zum Adelssitz ausgebaut und erhielt anfangs den Namen Haus Moerbecke, dann die Bezeichnung Haus Noord-Deurningen.[265]

Johann Moerbecke zu Stevening und seine Frau Anna von der Mark hatten nach Ausweis des Vertrages von 1606 drei Kinder. Neben dem Erben zu Stevening, Arnold Moerbecke, werden die Töchter Sophia und Erika aufgeführt.[266] Erika, genannt nach der Großmutter Erich (van) Billerbeck, heiratete später Otto von Voorst zu Diemen und Schadewijk, den Sohn von Bernd von Voorst zu Rijssen und Schadewijk und der Elisabeth von Lynden.[267] Sophia dagegen wurde Erbin zu Breckelenkamp und brachte das Haus durch Heirat an die Familie Bentinck.[268] Sie hatte Hendrik Bentinck (†1600) zum Leuwenberg zu Wilp (bei Deventer) geehelicht, den Sohn von Johann Bentinck zum

[263] StAM: Fstm. Mst. Lehen 377.
[264] Mit dem münsterischen Lehen Hermeling wurden belehnt: 1379 Nikolaus von Metelen; 1408 Hermann von Twickel als erledigtes Lehen; 1423, 1426, 1458, 1467 Johann Moerbecke; 1469 Wessel Moerbecke; 1497 und 1524 Bernd Moerbecke; 1540 Kerstien Olthus zu Behuf der Kinder des †Johann Moerbecke; 1560 Bernd Moerbecke (StAM: Fstm. Mst. Lehen 377).
[265] Döhmann/Dingeldein: Singraven. S. 169-170.
[266] Gelderman: van Moerbecke. Sp. 287 nennt zwei weitere Kinder, ein namentlich nicht bekanntes und einen Justus Moerbecke, verheiratet mit Johanna van Schnorrenberg. Ich vermag beide bisher nicht nachzuweisen.
[267] Freundliche Mitteilung von Herrn Rijksarchivaris A. J. Mensema, Zwolle; Gelderman: van Moerbecke. Sp. 287; StAM: Max von Spießen: Genealogische Sammlung.
[268] In der Literatur wird sie fälschlicherweise als Mathilde/Machteld von der Mark geführt (Kuile, ter: Geschiedkundige Aanteekeningen. S. 70; Döhmann/Dingeldein: Singraven. S. 169; Gelderman: van Moerbecke. Sp. 287; vgl. auch: StAM: Sammlung von Raet Akten 157).

Leuwenberg und der Hendrika von Averenck. Dieser war zuvor in 1. Ehe 1556 mit Elisabeth von Scherpenzeel und in 2. Ehe 1557 mit Irmgard von Amstel verheiratet gewesen. Er war Spanischer Kapitän und Gouverneur zu Venlo und von 1567 bis 1572 ebenfalls Richter in Arnheim, dann von 1572 bis zu seiner Absetzung 1582 auch spanischer Landdroste der oberen Velau. Aus allen drei Ehen besaß Hendrik Kinder. Sein Sohn, der spätere spanische Leutnant Evert Bentinck aus dritter Ehe, erbte Haus Brekkelenkamp.[269]

Am 22. November 1612 berichtete Arnold Moerbecke der Familie Bentinck zu Brekkelenkamp über die Freiheiten dieses Hauses, das damals noch „*Tye toe Breckenekem*" genannt wurde. Die Freiheiten des Adelssitzes scheinen nicht unumstritten gewesen zu sein, jedenfalls gab es Auseinandersetzungen darüber mit den Komturen des Deutschen Ordens zu Ootmarsum:
„*soe hebbe ich niemaels von myn zal. Vader anders verstanden, dan dat die Moerbecken uth Oetmerschen und Oldenzeel dat Tye altoes voir ihr Hovesate gevryet hebben, den Comptuir sal daervan wol weinich von bewuisst syn, is lange voir syne tidt gescheen, de zal. Compthuir Beveren [†1590]*[270] *heeft soellichs oick einmael ahngevangen, dhoe myn zal. Vader hier inth Stifft [Münster] woende, mehr alss myn zal. Vader sich presentierde, moeste hie ess daer oick by bliven laeten, diewile die Moerbecken altoess riddermessighe Persoenen gewesen, hebben sie dat Tye voer ihr Havesathe gevryeth*".
Über die Ritterbürtigkeit der Familie Moerbecke heißt es weiter:
„*belangend der ridderschop van die Moerbecken vinde ich guit olt bewis by tiden von*

[269] Schleicher: Ernst von Oidtman. S. 642 und 646.-
Für Evert Bentinck zu Breckelenkamp und seine Frau Fenne von der Mark befanden sich früher in der kath. Kirche zu Oldenzaal folgende Gedächtnistafeln:
1. Fenne von der Mark: „*Obiit 1647*": Allianzwappen Bentinck/von der Mark und Ahnenwappen: *Mark, Ten Ham, Strik, Sloet; Valk, Mekeborg, Mekema, Kater.*
2. Evert Bentinck: „*Obiit 1659, 4 Augusti.*": Wappen Bentinck und Ahnenwappen: *Bentink. Lerink (Averenck), Hackfort, Diest; Moerbekke, Van der Mark, Wunder, Strik.* (Bloys van Treslong Prins: Genealogische en heraldische Gedenkwaardigheden. S. 188).
Die auf beiden Gedächtnistafeln in der Urgroßeltern-Generation angeführte Ehe von der Mark/Strick ist hier (bewußt ?) falsch eingesetzt worden. Stattdessen müßte in der Ahnentafel Bentinck eine Ehe von der Mark/(van) Billerbeck und in der Ahnentafel von der Mark eine Ehe von der Mark/Richters stehen.
Für den Sohn der Eheleute Bentinck/von der Mark, Johann Hendrik Bentinck zu Breckelenkamp, befand sich vor 1795 in der Ned. ref. Kirche zu Enschede eine Gedächtnistafel: „*Obiit den 20 Januarius 1676.*": Wappen Bentinck und Ahnenwappen: *Bentinck, Moorbecke, Averenck, Marck; Marck, Valck, Wttenham (=ten Ham), Meckenborgh.* (Ebenda. S. 95).
Ein weiterer Sohn der Eheleute Bentinck/von der Mark war Hermann Bentinck, für den noch heute in des Kapelle von Haus Stovern bei Salzbergen die folgende Gedächtnistafel hängt: „*Hermann von Bentinck zu Stovern und Langewische. Gestorben 20. Februar 1675*": Ahnenwappen: *Bentinck, Moerbecke, Lerinck, van der Marck; van der Marck, Valke, Vittenhan (=ten Ham), Meckenborg.* (Bruch, vom: Die Rittersitze. S.159).

[270] Bernhard de Bever, Deutschordensritter, war mindestens seit 1557 bis zu seinem Tode 1590 Komtur des Deutschen Ordens zu Ootmarsum (vgl.: Voort: Zur Genealogie. S. 222).

Keyser Carll zeliger gedechtniss van den Stathalter keyserlicher Mayestet Jörgen Schenck van Toutenberg selfs ahn myne zalige voirolderen uth Vollenhove gedaen".[271]

Erbfolger auf Stevening wurde Arnold Moerbecke. Er erhielt am 24. November 1603 - nach dem Tode seines Vaters - die Belehnung mit „*Loeveldinck*" bei Ootmarsum.[272] Seine Mutter Anna dagegen wurde am 25. März 1604 mit Stevening belehnt. Arnold huldigte,damals für sie bei der Lehenkammer. Nach dem Tode der Mutter belehnten die Staaten von Overijssel schließlich am 11. März 1611 Arnold Moerbecke mit Stevening.

Arnold war zweimal verheiratet. In 1. Ehe vermählte er sich mit Gerberga (Gerberich/ Gerbrecht) von Dedem aus einer alten Bentheimer Adelsfamilie. Nach der genealogischen Sammlung van Rhemen im Rijksarchief Arnhem aus dem 17. Jahrhundert fanden sich damals „*op een silveren beker te Zwoll*" die Ahnenwappen der Eheleute:

Moerbeke	*Dedem*
Marck	*Munster v. Ruinen*
Reiners	*Heyden*
Bilderbeke	*Graestorp*[273]

Die Ahnenreihe ist folgendermaßen aufzulösen[274]:

Moerbecke Johann	Reinhers Anna	von der Mark Everhard	(van) Bilerbeck Erich	von Dedem Conrad	von Heyden Gerberga	von Münster Hermann	von Grasdorp Margaretha
Moerbecke Johann		von der Mark Anna		von Dedem Johann		von Münster Elsebe	
Moerbecke Arnold			oo	von Dedem Gerberga			

[271] StAM: Sammlung von Raet Akten 5 bzw. 106.

[272] SA Zwolle: Familienarchiv Gelderman Nr. 271, 390, 396, 413.

[273] RA Arnhem: Familie van Rhemen Hschr. 10A 162.

[274] RA Arnhem: Familie van Rhemen Hschr. 6A 380; vgl. auch: Hoge Raad van Adel: Sammlung van Spaen 182 Bd. I fol. 187.- Krusy: Stammtafel. S. 139, 152 und 181 (nach Urk.: FA Burgsteinfurt: Lehen A, 2, b, 3-7) ordnet der Gerberga fälschlicherweise als Eltern Simon von Dedem und Mechtild von Besten zu. Vgl. zur Stammfolge den Teilungsvertrag der Geschwister von Dedem von 1560: RA Zwolle: Hs. De Gelder Urk. 44, Inv. Nr. 35.

Gerberga von Dedem verstarb nach der van Rhemenschen Sammlung am 31. Juli 1602.[275] In 2. Ehe war Arnold vor 1611 mit Anna Clevorn (1622 genannt) aus einer münsterischen Erbmännerfamilie verheiratet, der Tochter von Albert zu Darfeld und der Gertrud von der Tinnen zu Kaldenhoff.[276]

Arnold hatte nachweislich drei Kinder. Aus 1. Ehe entstammte die Tochter Margaretha, welche Ehefrau des Wolter von Hövel auf dem Utrechter Lehen Haus Hoickinck im Kirchspiel Oldenzaal wurde und als solche 1631/32 urkundlich genannt wird.[277] Wolter (1618, 1649, 1651†), der Sohn von Johann und der Elisabeth von Steenbergen, war in 1. Ehe mit Elisabeth Knoppert (†1619) verheiratet gewesen und hatte mit ihr Kinder gezeugt. Aus 2. Ehe mit Margaretha Moerbecke entstammte ebenfalls ein Kind, das allerdings jung verstarb. Eine 3. Ehe mit Isabella Maria Gräfin Martinenga blieb dagegen kinderlos.[278]

Von den beiden weiteren, aus 2. Ehe stammenden Kindern Arnolds, Adolph Wilhelm Moerbecke und Anna Gertrud Moerbecke, wird unten noch näher die Rede sein.

1613 veräußerte Arnold Moerbecke zusammen mit Seyna Swaefken eine Jahresrente von einem Stück Saatland im „*Nutter Esch*“ bei Ootmarsum an Helmich Kruesen.[279] 1616 wird Arnold zusammen mit dem Pastor als Vertreter des Kirchspiels Wüllen genannt, welche der Stadt Ahaus verschiedene Stücke Markenland verkauften.[280] Am 3. September 1622 stellten die Eheleute Arnold Moerbecke zu Stevening und Anna Clevorn ihrer Eigenhörigen „*Jutte Wesselinck*“ im Kirchspiel Wessum, Bauerschaft Graes, einen Freibrief aus.[281] Drei Monate später - im vierten Jahr des 30-jährigen Krieges - wurde Haus Stevening von einem kriegerischen Überfall heimgesucht. Am 1. November 1622 waren Heerscharen des Generals von Mansfeld ins Stift Münster eingebrochen. Nach einem Bericht der Beamten zu Ahaus hatte der Oberstleutnant Strauff mit 18 Kornetts das Kirchspiel Wüllen und mit 24 Kornetts Wessum besetzt. Um Mitternacht

---

275 RA Arnhem: Familie van Rhemen Hschr. 6A 380. Nach: Gelderman: van Moerbecke. Sp. 287 verstarb Gerberga 1603.

276 FSSA Anholt: Stift Vreden Lade 213, 8n Nr. 51; Ahnentafel in: Hs. Gnadenthal Akten 11,8; Fahne: Geschichte der Westfälischen Geschlechter. S. 104.

277 Krusy: Stammtafel. S. 152 (nach Urk.: FA Burgsteinfurt: Lehen A, 2, b, 3-7); StAM: Sammlung von Raet Urk. 94.

278 Freundliche Mitteilung von Herrn J.G.F.M.G. Baron von Hövell tot Westerflier, Schloß Hasselholt, Ohé en Laak/NL, vom 2. Oktober 1992 (nach RA Arnhem: Familie van Rhemen Hschr.: von Hövel). Nach der Sammlung van Rhemen war Margarethas Mutter allerdings keine von Dedem, sondern eine Clevorn.

279 Formsma: Het Oud-Archief. S. 110 Nr. 565. In Seyna Swaefken hat Gelderman: van Moerbekke. Sp. 287 fälschlicherweise die Ehefrau von Arnold Moerbecke gesehen. Stattdessen war Seyna die Tochter von Seyno Swaefken zu Oldenzaal und der Johanna von Dedem, der Schwester von Arnolds 1. Frau Gerberga von Dedem (Krusy: Stammtafel. S. 181; SA Zwolle: Familienarchiv Gelderman Nr. 271, 390, 396, 413).

280 Vagedes: Mitteilungen. S. 241.

281 FSSA Anholt: Stift Vreden Lade 213, 8n Nr. 51.

kam es dann zu Plünderungen, Erpressungen und Brandstiftungen. In Wüllen wurden 15 Häuser in Asche gelegt, ebensoviele waren es in Wessum. Die Kirchen beider Orte wurden gewaltsam aufgeschlagen und die dort deponierten Kisten und Kästen geplündert, das Kircheninnere selbst „*vernichtet, verhawen und verdorben*". Weiter, so heißt es in dem Bericht, wurden „*Junckhern Morbecken zu Steveningh und, wie wir gleich ietz erfahren, Keppelß zur Horst Wohnung feiantlich angefallen und ebenmeßig außgeplundert*".[282] Am nächsten Tag zogen die Truppen weiter, nicht ohne die ganze Gegend zu brandschatzen, so daß kein „*Korn, als sonsten wenig oder nichts*" verblieb.[283]

Am 22. Mai 1630 wird „*Arnolt von Morbeck zu Stevering*" in einer Urkunde als Vormund seines Vetters, des Kanonikers zu Oldenzaal Johann von der Mark genannt. Letzterer veräußerte damals die ihm nach dem Tod seines kinderlosen Bruders Adolph von der Mark zu Ottenstein angefallenen Besitzungen an die Eheleute Gerd Bruno von der Mark und Sophia von Lintloe.[284]

Arnold Moerbecke lebte noch 1637.[285] Nach seinem Tode wurde sein Sohn Adolph Wilhelm Moerbecke (1611-1675) am 12. September 1639 mit dem Kapitellehen des Stifts Vreden, Gosling („*Goselingh*") im Kirchspiel Wüllen, belehnt.[286] Am 11. März 1645 erhielt er auch die Belehnung mit Stevening.

Adolph Wilhelm Moerbecke war jedoch allem Anschein nach nicht Alleinerbe auf Stevening. Seine Schwester Anna Gertrud und deren Ehemann blieben ebenfalls auf dem Hause erbgesessen und lassen sich auch im Besitz Moerbeckescher Bauerngüter nachweisen. Vor 1638 hatte Anna Gertrud Moerbecke den Adeligen Arnold von Heerdt (genannt 1645-61) geheiratet, einen nachgeborenen Sohn aus dem Hause Camphuysen in der niederländischen Gemeinde Zevenaar. Seine Eltern waren Johann von Heerdt zu Camphuysen und Babbergen und dessen 2. Ehefrau Maria von der Horst.[287]

Beziehungen der Eheleute Moerbecke/von Heerdt bestanden aber auch zur benachbarten Landesburg Nienborg, wo Arnold am 30. Januar 1650 1 Reichstaler für die Reparatur der Kirchenuhr stiftete[288] und wo er ein Jahr später seine Tochter Catharina Elisabeth taufen ließ.

An 23. Juni 1645 verkauften die Eheleute in einer zu Enschede ausgestellten Urkunde ihrem Verwandten, dem Kanoniker Everhard von der Mark, ihren groben und schmalen Zehnten über die Erben „*Hendr. ten Oorthuis*", „*Lutke Hundtvelt*", „*Herman ten Oort-*

---

[282] StAM: Fstm. Mst. Landtagsprotokolle Nr. 32 fol. 145r-145v; Weskamp: Das Heer der Liga. S. 91-92. Haus Horst liegt im Kirchspiel Heek, Bauerschaft Ahle.
[283] Weskamp: Das Heer der Liga. S. 93.
[284] StAM: Familienarchive: von der Mark.
[285] Kohl: Das Bürgerbuch. S. 44 Nr. 673.
[286] Hs. Gnadenthal Urk. 138.
[287] Heerdt, Baron van: Herde. Tafel D Nr. 153.
[288] PfA Nienborg: Kirchenbuch Nr. 1 fol. 9.

huis“ und „*Bruggart*“ im Kirchspiel Alstätte sowie aus „*Rotgert ten Hagen Erve*“ daselbst neben dem Blutzehnten jährlich 5 1/2 Scheffel Roggen und ebensoviele Scheffel Gerste. Der in verschiedenen Raten zu entrichtende Kaufpreis betrug 2028 Reichstaler, jeden Reichstaler zu 50 Stüber gerechnet.[289]

Am 8. Juli 1650 wird Arnold von Heerdt unter den Gutsherrn des Kirchspiels Wessum genannt.[290] Am 16. April 1654 verkaufte er auch namens seiner Frau Anna Gertrud an Schotten Breuinck und dessen Ehefrau Henrice zum Broyell, Einwohnern des Dorfes Wessum, ein ihnen von ihren Eltern angeerbtes „*Büßken*“ mit der Gerechtigkeit einer Leibzuchtsbehausung oder „*Saltzstetten*“. Das Gründstück lag zwischen „*Buschoves Busch undt Siederott*“. Weiterhin verkaufte Arnold den Eheleuten den „*Veltkamp an Wiedemans Kamp*“, die „*Sandtbrede bei Buschoves Kamp*“, die Pundt Gerdt in Gebrauch hatte, und das „*Buerkempgen an dem Veltkamp*“. Die Grundstücke wurden als allodialfrei verkauft, stammten aber aus dem Vredener Lehengut und Erbe „*Ickeman*“ beim Dorfe Wessum. Zur Sicherheit für die Freiheit der verkauften Grundstücke stellten die Verkäufer ihr Erbe „*Wesselinck*“ in der Bauerschaft Graes zum Unterpfand.[291]

Die Eheleute Arnold von Heerdt und Anna Gertrud Moerbecke werden zusammen noch am 4. Juni 1657 in der Heiratsverschreibung ihrer Tochter Anna genannt.[292]

Arnold von Heerdt verstarb anscheinend 1661. Am 5. Dezember des Jahres schloß die Witwe Anna Gertrud Moerbecke mit dem Leutnant Heinrich von Uelsen einen Pachtvertrag über dessen Haus mit Garten und Land in Wessum ab.[293] Ob sie hier selbst Wohnung nahm, ist nicht bekannt. Heinrich von Uelsen jedenfalls hatte 1661 sein Haus in Wessum aufgegeben, um in Alstätte das Amt eines Kirchspielführers zu übernehmen.[294]

Die Witwe Anna Gertrud Moerbecke wird letztmalig in einer Schatzungsliste von 1679 genannt, und zwar als Inhaberin der Bauernerben Ikemann und Weßling im Kirchspiel Wessum.[295] Ob sie mit der nach dem Wüllener Kirchenbuch am 6. September 1680 verstorbenen und sonst nicht nachweisbaren „*Grete Morbeck*“ identisch ist, ist fraglich.[296]

---

289 Abschrift im PFA Vreden: Nachlaß Tenhagen A 638,3.
290 PFA Vreden: Nachlaß Tenhagen A 637,8.
291 Weiterhin wurde vereinbart, daß, falls die Käufer in dem „*Büschchen*“ ein Häuslein zimmern und bewohnen wollten, sie die nachbarlichen Auflagen gleich anderen Leibzüchtern tragen sollten (PFA Vreden: Nachlaß Tenhagen A 637,7). Arnold von Heerdt wird in dieser Urkundenabschrift als erbgesessen zu „*Averengenahe*“ bezeichnet, was sicherlich aus Stevening verschrieben ist.
292 BAM: GV Wüllen A 11 (Extrakt).
293 T[enhagen]: Zerstreute Notizen. S. 472 Anm. 4 (ohne Quellenangabe).
294 Vgl. über Heinrich von Uelsen: Wilming: Angaben zur Bevölkerung. S. 49; Tenhagen: Gesammelte Abhandlungen. S. 204 und 218.
295 StAM: Fstm. Mst. LA 96 III Nr. 16.
296 PfA Wüllen: Kirchenbuch Nr. 1. fol. 157r.

Der Ehe Moerbecke/von Heerdt entsprossen mindestens sechs Kinder[297]:

1. Anna von Heerdt verheiratete sich am 13. Juni 1657 zu Wehl mit Gerhard von Daell zu Huest, dem Sohn von Abraham und der Henrica Schenck von Nydeggen zu Huest. Ihr Mann war am 27. Juli 1616 zu Boxmeer/NL geboren, hatte niederländische Lateinschulen u.a. bei den Kreuzherren von St. Agatha im Lande van Cuijck und später bei den Jesuiten in 's-Hertogenbosch besucht, dann zwei Jahre in Artois in Frankreich Philosophie studiert und war darauf - noch vor seiner Ehe - in pfälzische, dann in englische Kriegsdienste getreten. Er starb am 1. Oktober 1680 auf dem Hause Huest und wurde in der Kirche zu Weeze begraben. Seine Witwe folgte ihm am 5. Februar 1695 in den Tod und wurde ebenfalls in der Kirche zu Weeze beigesetzt.[298] Hier befand sich für sie noch am Ende des 18. Jahrhunderts eine Gedächtnistafel mit den folgenen Ahnenwappen[299]:

Heerdt	*Morbeck*
Horst	*Clevern*
Warmelo	*von der Marck*
Spee	*von der Tinnen*

Die Ahnenreihe lautet hiernach folgendermaßen[300]:

von Heerdt Palick	von Warmelo Christina	von der Horst Gossen	von Spee Anna	Moer-becke Johann	von der Mark Anna	Cle-vorn Albert	von der Tinnen Gertrud

von Heerdt Johann	von der Horst Maria	Moerbecke Arnold	Clevorn Anna

von Heerdt Arnold	Moerbecke Anna Gertrud

von Heerdt
Anna

[297] Soweit nicht extra vermerkt, folgen die Angaben zu den Kindern aus: Heerdt, Baron van: Herde. Tafel D Nr. 153, 159 bis 164 (Baron van Heerdt schöpft aus: Hoge Raad van Adel: Sammlung van Spaen 182 Bd. IV fol. 144 ff.).

[298] Vgl.: Belonje: Das Rittergut Eyll. S. 32-34. Die Heiratsverschreibung der Eheleute datiert vom 4. Juni 1657. Unterzeichner waren die Eltern der Braut Arnold von Heerdt und Anna Gertrud Moerbecke sowie Gerhard von Daell und Caesar Henderyck Otto von Voerst (Extrakt in: BAM: GV Wüllen A 11).

[299] BAM: GV Wüllen A 11 nach einer Bescheinigung des Pfarrers zu Weeze vom 7. Juli 1780; vgl. auch: Belonje: Das Rittergut Eyll. S. 33.

[300] Heerdt, Baron van: Herde. Tafel D; Fahne: Geschichte der Westfälischen Geschlechter. S. 104.

In der Kirche zu Weeze befand sich 1780 ebenfalls eine farbige Wappentafel eines Kindes der Eheleute von Daell/von Heerdt mit den folgenden Wappen und Unterschriften[301]:

Daell zu Hoest	*Herdt zu Camphuysen*
Schenck zu Nydeggen	*Moerbeck zu Stevening*

Die Auflösung lautet[302]:

von Daell zu Huest Abraham	Schenck von Nydeggen Henrica	von Heerdt zu Camphuysen Arnold	Moerbecke zu Stevening Anna Gertrud

von Daell
Gerhard

von Heerdt
Anna

NN von Daell

Von den neun Kindern der Eheleute von Daell/von Heerdt wurde Heinrich von Daell, wie sein unten noch näher zu besprechender Onkel Johann Albert von Heerdt, ebenfalls Abt der Abtei Hamborn (1726-1742).[303] Ein Enkelkind, Gerhard Wilhelm von Daell zu Eyll und Huest, ehelichte später Clara Margaretha Wilhelmina von Bönninghausen, die 1780 Erbin zu Stevening werden sollte.

2. Johann Albert von Heerdt[304] wurde um 1638 geboren. Er war für den geistlichen Stand bestimmt und trat in das Prämonstratenserkloster Hamborn (heute Duisburg) ein. Am 23. Dezember 1662 erteilte ihm Bischof Christoph Bernhard von Galen in der Fraterherrenkirche Zum Springborn in Münster die Priesterweihe: „*Albertus ab Heerde, monasterii Hammerensis, visis dimissoriis*".[305] 1667 wurde er als Hamborner Prämonstratenser zum Prior des Frauenklosters Füssenich (heute Stadt Zülpich) berufen, dem er bis zu seiner Wahl zum Abt von Hamborn am 18. November 1672 vorstand. Am 17. April 1673 verlieh ihm und seinen Amtsnachfolgern der Generalabt des Prämonstratenserordens, Michael Colbert, zusätzlich die Abtsmitra und den Abtstitel der bereits lange säkularisierten schottischen Abtei Soulseat (Green Bay), womit Rechte auf dieses verlo-

[301] BAM: GV Weeze A 9 nach einer Bescheinigung des Pfarrers zu Weeze vom 5. Mai 1780.
[302] Belonje: Das Rittergut Eyll. S. 32-33.
[303] Horstkötter: Dokumente zu den Hamborner Abtswahlen. S. XXVII ff.
[304] Zu seiner Person vgl. ausführlich: Horstkötter: Die Abteikirche in Hamborn. S. 92 und: Derselbe: Dokumente zu den Hamborner Abtswahlen. S. 13-14, 83-84 und 146-242.
[305] BAM: GV Hschr. 1. S. 435; vgl. auch: Kohl: Die Weiheregister. Nr. 3880 S. 234.

Abb. 14: Johann Albert von Heerdt aus dem Hause Stevening, Abt der Abtei Hamborn (†1705).
Foto eines im Zweiten Weltkrieg zerstörten Gemäldes der Kirchengemeinde St. Johann, Duisburg-Hamborn.
(Foto: Archiv der Prämonstratenser-Abtei Hamborn, Duisburg)

rene Prämonstratenserkloster aufrecht erhalten werden sollten. Am 2. Dezember 1675 resignierte von Heerdt auf die Hamborner Abtswürde und lebte in den folgenden Jahren überwiegend im Duisburger Haus der Abtei. Er spielte eine nicht unumstrittene, zum Teil auch wenig rühmliche Rolle. So widerrief er 1677 bei der damaligen neuen Abtswahl nicht nur seine eigene, rechtskräftige Resignation, sondern versuchte durch Protestschreiben eine Neuwahl zu verhindern und verlangte gleichzeitig bei der klevischen Regierung die Beibehaltung seines Prälatenamtes.

Nach dem Tode des Abtes von Breidenbach wurde Johann Albert von Heerdt am 13. Mai 1694 erneut zum Abt von Hamborn gewählt. In seiner zweiten Amtszeit entwikkelte er eine für das Kloster segensreiche Tätigkeit, so daß er, wie der 1720 erstellte Katalog der Hamborner Pröpste und Äbte vermeldet, „*durch Erhöhung der Anzahl der Ordensmitglieder, Rückzahlung der aufgenommenen Darlehen und ausgezeichnete Amtsführung das Kloster wiederherstellte und gleichsam als zweiter Gründer gilt*".[306] Er starb am 10. Februar 1705, nach Ausweis seines Totenbriefes „*im 67. Lebensjahr, im 43. Jahr der Profeß, im 40. Jahr des Priestertums, nachdem er dem Frauenkloster Füssenich sieben Jahre lang als Prior, danach der Hamborner Kirche (insgesamt) fünfzehn Jahre lang als Abt lobenswert im geistlichen ebenso wie im weltlichen Bereich vorgestanden, das Kloster von der Bedrückung durch viele Schulden, ja gewissermaßen von der (völligen) Unterdrückung entlastet und verschiedene Gebäude aus dem Schutt, in dem sie über einhundert Jahre gelegen hatten, wiederaufgebaut hatte*".[307] Johann Albert von Heerdt fand seine letzte Ruhestätte im Altarraum der Klosterkirche, im zweiten Grab von der Sakristei aus gesehen.[308] Sein Totenschild (Holz, 87 x 87 cm) mit dem aus den väterlichen und mütterlichen Wappen kombinierten Wappen ist noch heute in der Abteikirche Hamborn zu sehen: Es zeigt unter einer fünfzackigen Krone einen quadrierten Schild mit den Wappen von Heerdt (1.4.): in Silber schwarzer Schrägrechtsbalken - und Moerbecke (2.3.): in Rot ein rechtsgewandter silberner Schwan. Über der Krone ist rechts eine Mitra, links ein Krummstab angeordnet. Die Umschrift lautet: „*JOHANNES ALBERTVS AB HEERDT PRAENOBILIS ABBATIAE IN HAMBORN ABBAS obijt DEN 10. FEBRUARII 1705*".[309] Das Porträt des Abtes wurde im Zweiten Weltkrieg zerstört; ein Foto davon hat sich glücklicherweise erhalten.[310]

[306] Übersetzt bei Horstkötter: Dokumente zu den Hamborner Abtswahlen. S. 14 nach einer in der Bibliothèque publique Nancy befindlichen Handschrift.

[307] Sein Totenzettel mit Vita: HStAD: Steinfeld Akten 210 fol. 128; Beschreibung und Übersetzung: Horstkötter: Dokumente zu den Hamborner Abtswahlen. S. 239.

[308] Unter seinem Grabstein wurde 1782 der Abt Ferdinand von Dunckel beigesetzt (Horstkötter: Dokumente zu den Hamborner Abtswahlen. S. 241-242).

[309] Beschreibung und Abbildung: Horstkötter: Die Abteikirche in Hamborn. S. 92 und Abb. 51; Beschreibung ebenfalls in: Derselbe: Dokumente zu den Hamborner Abtswahlen. S. 238.- Der Abt siegelte mit dem schrägrechten Balken, über dem Schild eine Perlenkrone (HStAD: Steinfeld Akten 210 fol. 51).

[310] Druck bei: Braun/Meier: Hamborn. S. 141.

JESUS, MARIA, NORBERTUS.

ANNO reparatæ ſalutis Milleſimo, Septingenteſimo quinto, die decima Februarii, inter decimam & undecimam antemeridianam, Sacroſanctis Eccleſiæ Sacramentis maturè & ritè præmunitus, vitæ mortalis curſum, inter aſtantium Fratrum preces & lachrymas inſperatò finivit, Reverendiſſimus Prænobilis & Ampliſſimus Dominus D. JOANNES ALBERTUS ab HEERDT, Ordinis Præmonſtratenſis, Eccleſiæ Hambornenſis, Ducatus Clivenſis, & Diœceſis Colonienſis, Abbas; ætatis ſuæ ſexageſimo ſeptimo, Profeſſionis quadrageſimo tertio, Sacerdotii quadrageſimo: poſtquam Parthenoni Fuſſenienſi per annos ſeptem ut Prior, deinde Eccleſiæ Hambornenſi per annos quindecim ut Abbas laudabiliter in ſpiritualibus æque, ac temporalibus præfuiſſet, Monaſteriumque multis debitis preſſum, & quodammodo ſuppreſſum exoneraſſet, diverſaque ædificia ex cineribus, in quibus ultra centum Annos jacuerunt, reſuſcitaſſet. Speramus quidem eum à bonorum omnium retributore Deo æternæ fœlicitatis mercede jam tum donatum, ſi tamen ob humanæ imbecillitatis errores in loco expiationis non nihil eluendum reſtaret, precum ac ſacrificiorum veſtrorum adjumenta impensè imploramus. Ad reciprocationem, in ſimilem finem exhibendam, nos promptiſſimos declarantes.

Requieſcat in Pace.

Abb. 15: Totenbrief für den Hamborner Abt Johann Albert von Heerdt. Aus dem Lateinischen übersetzt (nach: Horstkötter: Dokumente. S. 239):

„Jesus, Maria, Norbert.
Im 1705 ten Jahre des wiederhergestellten Heils, am 10. Februar vormittags zwischen 10 und 11 Uhr, beendete, nachdem er zuvor mit den Sakramenten der Kirche rechtzeitig und gebührend gestärkt worden war, während der Gebete und Tränen der ihn umstehenden Brüder unerwartet den Lauf des menschlichen Lebens: der hochwürdigste, adlige und durchlauchtigste Herr, Herr Johann Albert von Heerdt, Mitglied des Prämonstratenser-Ordens, Abt der Hamborner Kirche im Herzogtum Kleve und in der Diözese Köln, im 67. Lebensjahr, im 43. Jahr der Profeß, im 40. Jahr des Priestertums, nachdem er dem Frauenkloster Füssenich sieben Jahre lang als Prior, danach der Hamborner Kirche (insgesamt) fünfzehn Jahre lang als Abt lobenswert im geistlichen ebenso wie im weltlichen Bereich vorgestanden, das Kloster von der Bedrückung durch viele Schulden, ja gewissermaßen von der (völligen) Unterdrückung entlastet und verschiedene Gebäude aus dem Schutt, in dem sie über einhundert Jahre gelegen hatten, wiederaufgebaut hatte. Wir hoffen fest, daß ihm von Gott, dem Vergelter alles Guten, der Lohn der ewigen Glückseligkeit inzwischen schon geschenkt wurde. Wenn er jedoch wegen der Irrungen aus menschlicher Schwäche am Ort der Reinigung [=Fegefeuer] noch etwas abzubüßen hat, empfehlen wir ihn dringend der Hilfe durch Eure Gebete und Meßopfer. Im umgekehrten Falle erklären wir uns sehr gern bereit, den gleichen Dienst (für Euch) zu verrichten. Er möge in Frieden ruhen.“
(HStAD: Steinfeld Akten 210 fol. 128)

Abb. 16: Totenschild des Hamborner Abtes Johann Albert von Heerdt in der Abteikirche Hamborn. Unter einer Krone quadrierter Schild mit den Wappen von Heerdt (1. 4.): in Silber schwarzer Schrägrechtsbalken und Moerbecke (2. 3.): in Rot ein rechtsgewandter silberner Schwan. Über der Krone Mitra und Krummstab. Die Umschrift lautet:"*IOHANNES ALBERTVS AB HEERDT PRAENOBILIS ABBATIAE IN HAMBORN ABBAS obijt DEN 10. FEBRUARII 1705*".
(Foto: Archiv der Prämonstratenser-Abtei Hamborn, Duisburg)

3. Die Schwester des Abtes, Maria Margaretha von Heerdt, war von 1672 bis 1722 Äbtissin des freiweltlichen adeligen Weißen Stifts zu Bocholt.[311] 1693 ist sie als Taufpate ihres Neffen Antonius Moerbecke[312] im Wüllener Kirchenbuch verzeichnet, 1711 auch bei ihrem Großneffen Gerhard Wilhelm von Daell zu Huest und Eyll im Weezer Kirchenbuch.[313] Sie -"*quondam Abbatissa in Bocholt*" - verstarb am 15. März 1723 in Wüllen.[314]

4. Von Sophia Gertrud von Heerdt ist bisher nur bekannt, daß sie mit Leonard Ravestein verheiratet war. Ihr Mann läßt sich 1679 zusammen mit Judith de Baeke, Frau von Adolph Wilhelm Moerbecke, als Taufpate bei Derck von Daell zu Huest, dem Sohn seiner Schwägerin Anna von Heerdt, nachweisen.[315]

5. Catharina Elisabeth von Heerdt wurde nach Ausweis des Nienborger Kirchenbuches als „*filia nobilis Arnoldi Heerde*" daselbst am 24. Mai 1651 getauft.[316] Sie ehelichte 1690 ihren Cousin Wilhelm Henrich Moerbecke zu Stevening. Von diesen Eheleuten wird später noch die Rede sein.

6. Christina Elisabeth von Heerdt wurde nach Ausweis der Stammfolge bei Baron van Heerdt Nonne. Sie starb nach dem Wüllener Kirchenbuch am 18. August 1728.[317]

In den fünfziger Jahren des 17. Jahrhunderts lebte auf Stevening auch der mit der Familie Moerbecke verwandte Bruno von der Mark aus dem Hause Ottenstein. Dieser war reformierten Bekenntnisses und gehörte der Kirchengemeinde zu Rekken in der niederländischen Grenzregion zu Vreden an.[318]

Adolph Wilhelm Moerbecke, Sohn von Arnold und dessen zweiter Ehefrau Anna Clevorn, wurde um 1611 geboren.[319] Vor 1645 verheiratete er sich mit Judith de Baeke aus einer Nienborger Burgmannenfamilie. Vielleicht erhielt er 1643 aus diesem Anlaß vom Alstätter Pastor Johann Bruse ein Geschenkfenster im Wert von 1 Reichstaler 12 Stüber 5 Pfennig verehrt.[320] Die Eltern der Braut waren Everhard de Baeke (†1647) aus nieder-

---

[311] Hengst: Westfälisches Klosterbuch. Teil 1. S. 91.
[312] PfA Wüllen: Kirchenbuch Nr. 1. fol. 56v.
[313] 1711. April 1 (Belonje: Das Rittergut Eyll. S. 34).
[314] PfA Wüllen: Kirchenbuch Nr. 2. fol. 186v.
[315] 1679. Januar 7 (Belonje: Das Rittergut Eyll. S. 34).
[316] Taufpaten: Johann de Baeke und seine Schwester Judith de Baeke, Frau von Adolph Wilhelm Moerbecke, sowie Anna Margaretha Valke, Frau von Billerbeck (PfA Nienborg: Kirchenbuch Nr. 1 fol. 102a).
[317] PfA Wüllen: Kirchenbuch Nr. 2. fol. 188v.
[318] Im Verzeichnis der Mitglieder der Rekkener Kirche heißt es: „*Juncker Bruno von der Marck woonatig op Steveninck by Nahuisen*" (Jesse: Reformierte Gemeinde. S. 378).
[319] StAM: Fstm. Mst. Lehen 378; Ahnentafel in: Hs. Gnadenthal Akten 11,8.
[320] Geschenk für den „*Junker Moerbecke bei Ahaus*" (T[enhagen]: Zerstreute Notizen. S. 472.

ländischem Adel, Soldat in Diensten des Königs von Spanien[321], und Fredeke von Knesebeck (†1672). Nach dem Tode des Bruders und Schwagers Johann de Baeke um 1667 fielen den Eheleuten Moerbecke dessen Besitzungen zu. Hierzu zählte insbesondere ein Burglehen auf der Landesburg Nienborg, das Everhard de Baeke 1615 erworben hatte und neu bebauen ließ.[322] Die Moerbeckes waren nunmehr Mitglieder der angesehenen Nienborger Burgmannschaft und hatten die am Burglehen haftenden Privilegien, die Landtagsfähigkeit, die Jagd- und die Fischereigerechtigkeit inne.

Am 24. Juli 1650 genehmigten die Gutsherrn des Kirchspiels Wüllen - darunter auch Adolph Wilhelm Moerbecke - und die Beamten zu Ahaus die Aufnahme eines Darlehens in Höhe von 2400 Reichstaler durch die Vorsteher und Eingesessenen zu Wüllen bei dem Obristen und Ottensteiner Burgmann Peter von Zyell. Das Geld sollte zur Bezahlung der hessischen Kontribution verwandt werden.[323] Am 16. Juli 1665 unterschrieb Adolph Wilhelm neben anderen Gutsherrn des Kirchspiels Wüllen den Vertrag über die Festlegung der Markengrenzen zwischen Wüllen und Ahaus. Der Stadt Ahaus wurde damals aufgrund der ihr seit alters zustehenden Markengerechtigkeit und nach langwierigen Streitigkeiten ein genau bestimmter Zuschlag bewilligt und abgetreten. Bereits 1645 hatte man in einen Vertrage den Ahausern einen Zuschlag hinter Brockhaus Erbe vorbehalten. Da man nunmehr jedoch befürchtete, daß der Fürstbischof bei seiner Wildbahn einen solchen Zuschlag nicht mehr gestatten würde und da dieser auch den Ortwickern, besonders dem Junker Moerbecke zu Stevening und den Erben Loessinck, Weitkamp und Buckhorn zum großen Nachteil gereichen würde, wenn der hinter Weitkamps Erbe bis zum Dennenpfahl sich erstreckende Zuschlag den Ahausern abgetreten würde, so wurde denselben nunmehr ein anderer Distrikt zugewiesen.[324]

Am 4. August 1669 wird „*Junckern Adolph Wilhelm von Morbecke zu Stevening*“ als einer der deputierten Gutsherrn des Kirchspiels Wüllen erneut bei einem Verkauf von Markenland genannt.[325]

Die Familie Moerbecke war zu dieser Zeit in einigen Geldschwierigkeiten, möglicherweise noch als Folge des 30-jährigen Krieges. Allein vier Darlehen wurden beim Wüllener Vikar am St. Katharinenaltar, Theodor Münstermann, aufgenommen. Dieser wohnte ebenfalls auf dem Hause Stevening. So liehen Adolph Wilhelm Moerbecke und seine Frau Judith de Baeke am 15. November 1657 „*auff meinem Hauße Steveninck*“ die Summe von 100 Reichstaler, um damit eine Geldschuld bei Beatrix von Lohn, Witwe

---

[321] Dieser hatte sich nach einer Mitteilung des Schwiegersohns Adolph Wilhelm Moerbecke (1657) „*in koniglichen Spannischen dienst lange zeit und beweißlich auff gehalten und die waffen tractirt*“ (StAM: Fstm. Mst. Lehen 378).

[322] Am 20. April 1667 bat Adolph Wilhelm Moerbecke - namens seiner Frau Judith de Baeke - als alleiniger Erbe seines verstorbenen Schwagers Johann de Baeke um Erteilung eines Mutzettels für das münsterische Burglehen zu Nienborg (StAM: Fstm. Mst. Lehen 378).

[323] BAM: GV Urk. 637.

[324] Vagedes: Mitteilungen. Nr. 1. S. 242.

[325] PfA Vreden: Nachlaß Tenhagen A 637,5.

des Gerhardt, jetzt Frau von Cordt Kempers zu Ahaus, abzulösen. Die Eheleute wollten sich damit, wie es in der Schuldverschreibung weiter heißt, von der Verbindlichkeit befreien, die Milchkühe der Gläubigerin zu weiden. Sie erklärten sich vielmehr dazu bereit, *„daiegen etwa ein molt geseyß, so wir sunsten jahrlichß zur weide hetten mueßen liegen laeßen, mehr bowen und besahmen, daß sath davon auffm Lande oder, da solches nicht gefueglich geschehen könne, im scheffel verkauffen und waß davon an gelde gemachet werden könne, ihme wollgedachten Herrn Münsterman, seinen Erben oder wahren holderen dießes neben der gebührlicher pension*" von 6 % bis zur Zurückzahlung des Kapitals zu erlegen und zu bezahlen. Als Unterpfand setzten sie ihren *„mittelsten Haußberges Kampff, wie selbiger ahn der Haber Escher steggen nach dem Sühden zwischen unßeren vordersten und hindersten Haußbergß Kämpffen belegen*". Am 25. Februar 1673 liehen die Eheleute *„auffm unßeren Hauße Stevening*" wiederum 80 Reichstaler Species. Sie wollten damit angeblich 1/5 des Erbes und Lehens Gosling (*„Goeßelingh*") im Kirchspiel Wüllen ankaufen. Weiterhin nahm die Witwe Moerbecke, Judith de Baeke, am 8. November 1679 *„auff dem Hauße Steveningh*" von den Exekutoren des mittlerweile verstorbenen Vikars Münstermann 100 Reichstaler auf, um damit die Lehengebühren für ihr Burglehen *„auff den schloeß zur Neuenborgh*" zu bezahlen.[326]

Adolph Wilhelm Moerbecke war in besonderem Maße an der Geschichte des Münsterlandes, seiner Heimat, und vor allem auch an dem damaligen Zeitgeschehen interessiert. Aus seiner Feder sind mehrere umfangreiche geschichtliche Manuskripte überliefert. Es handelt sich zum einen um eine von ihm gefertigte Abschrift einer münsterischen Bischofschronik.[327] Von besonderer Bedeutung ist jedoch die von ihm verfaßte Chronik der Jahre 1630/33 bis 1672.[328] Diese Chronik ist bisher ungedruckt und überhaupt von der Forschung völlig übersehen worden. Auf über 700 Seiten beschreibt Adolph Wilhelm Moerbecke - gleich einem modernen Kriegsberichterstatter - die sich zum Teil überstürzenden feindlichen Überzüge im Stift Münster während des 30-jährigen Krie-

---

326 Am 25. September 1659 nahm auch Dr. jur. utr. Michael Rexingh aus Ahaus von dem Vikar Münstermann ein Kapital auf. Der Vertrag hierüber wurde ebenfalls *„auffm Hauße Stevening In Wüllen*" ausgefertigt (BAM: GV Wüllen Akte 11).

327 Hs. Herinkhave Nr. C 809 u. 810: *„Cathalogus episcoporum Mimingarde Fordensium oder Kurtze Verfassung der St. Ludgeri zeitten herr zu Mimingarde forde, anitzo Münster genandt, gewessenen Bischoffen und Cathegorische Erzehlunge(n), wass sich unter dero Regierungs denckwurdiges zu getragen hatt*". 2 Bände: Nr. C 809 S. 1-183, Nr. C 810 S. 184-208.

328 Hs. Herinkhave Nr. C 811-813: *„Kort verhael van het gedenckwerdigeste, so gedurende deß Swedischen Kriges int Stifft van Munster en die naest angrensende landen voergefallen iß*". 3 Bände: Nr. C 811 (1630/33-1646) S. 1-258 und Register S. 259-278, Nr. C 812 (1646-1658) S. 1-251 und Register (nebst Soldatenlied von 1714), Nr. C 813 (1659-1672) S. 1-192. Die Chronik trägt am Anfang des ersten Bandes einen Vermerk des 17. Jahrhunderts über die Autorenschaft: *„Dieses buch oder kurtze Historia etc. ist durch den Hochwohlgebohrnen herrn hr. Adolff Wilhelm von Moerbecke herr zu Stevening beßschrieben*".-
Tenhagen hat 1906 einen Bericht des Adolph Wilhelm Moerbecke über Kriegsereignisse bei Vreden/Wüllen 1666 mitgeteilt, den er bei einem Bauern in Hörstelo (!) vorgefunden hatte (Tenhagen: Einige Nachträge. S. 161-162).

ges, die langwierigen Friedensverhandlungen zu Münster, die späteren Auseinandersetzungen zwischen Bischof Christoph Bernhard von Galen und der Stadt Münster sowie seine Kriege gegen die Niederlande. Es werden aber auch die nicht wenigen Kriegsschauplätze im übrigen Nordeuropa detailliert beschrieben. Daneben fließen gelegentlich Beschreibungen mysteriöser Sterne und Cometen, Himmelserscheinungen oder Gespenster ein, es werden ungewöhnliche Plagen, Tiere oder menschliche Geburten („*Monstroeses kind*") vorgestellt. Bemerkenswert ist z.B. das von ihm miterlebte Erdbeben des Jahres 1640:

„*Den 4 Aprilis synde in die stilleweke tusschen den dienstedag ende woensdagh des nachtes umtrent 4 uhren ist alhir dor het gehele stifft van Munster als ock in die naburige landen ein erdtbeven geweest, doch niet baven ein pater noster lanck alhir te lande geduret, ende hebbe het solvest, daer dor ut den slap entwake ende gevelet ende met myn ohren gehortt.*"[329]

Die Chronik zeugt von detaillierten Beobachtungen und Kenntnissen. Der landeskundlichen Forschung würde durch eine kommentierte Quellenedition sicherlich gute Dienste geleistet.

Adolph Wilhelm war sehr religiös. Ihn, einen Strenggläubigen, wie er ausdrücklich genannt wird, bestimmte der oben genannte Vikar Münstermann in seinem 1670 errichteten Testament zum Patronatsherrn einer von ihm dotierten Vikarie in der Kirche zu Wüllen. Münstermann verstarb am 24. April 1678.[330] Ein Jahr später, am 12. April 1679, bestätigte der Generalvikar Joannes Alpen die Dotierung des Altares St. Antonius Abbas in der dortigen Pfarrkirche. Das Patronat dieses neuen Altares sollten der inzwischen verstorbene Adolph Wilhelm Moerbecke zu Stevening und seine Nachfolger erhalten, sofern sie römisch-katholisch blieben, das Kollationsrecht dagegen der jeweilige Pastor zu Wüllen. Zum ersten Inhaber der Vikarie hatte der Stifter den Arnold Everhard Moerbecke, Kanoniker zu St. Lebuin in Deventer, bestimmt, den Sohn des genannten Adolph Wilhelm. Ausgestattet wurde die Vikarie mit Obligationen im Wert von ca. 1775 Reichstalern, darunter 200 Reichstaler, die die Moerbeckes verschuldeten. Zur Stiftungsmasse gehörte außerdem ein Haus auf dem Kirchhof zu Wüllen, das in der Mitte des 16. Jahrhunderts von Everhard von der Mark erbaut, von seinem Schwiegersohn Johann Moerbecke 1594 jedoch veräußert worden war.[331]

---

329 Hs. Herinkhave Nr. C 811 S. 114.

330 BAM: GV Wüllen A 11.

331 Hs. Gnadenthal: Urk. 172.- Abschrift: BAM: GV Urk. 723. Vgl. auch: Scheide/Fischer: Wüllener Kirchenführer. S. 32-33.- Im Falle des Aussterbens der Familie Moerbecke sollte die Familie des Jodocus Stöeven, Bürgermeister der Stadt Rheine, oder die des Conrad Brümmers, Statthalter in Lingen, oder die des Johannes Münstermann, Burgmann in Wolbeck, an deren Stelle treten.- Vgl. auch: BAM: GV Wüllen Akte 11: Kopiar der Schuldverschreibungen, die der Vikar Münstermann der von ihm gestifteten Vikarie in Wüllen übertrug. Enthält Abschriften von 16 Urkunden (1528-1679).

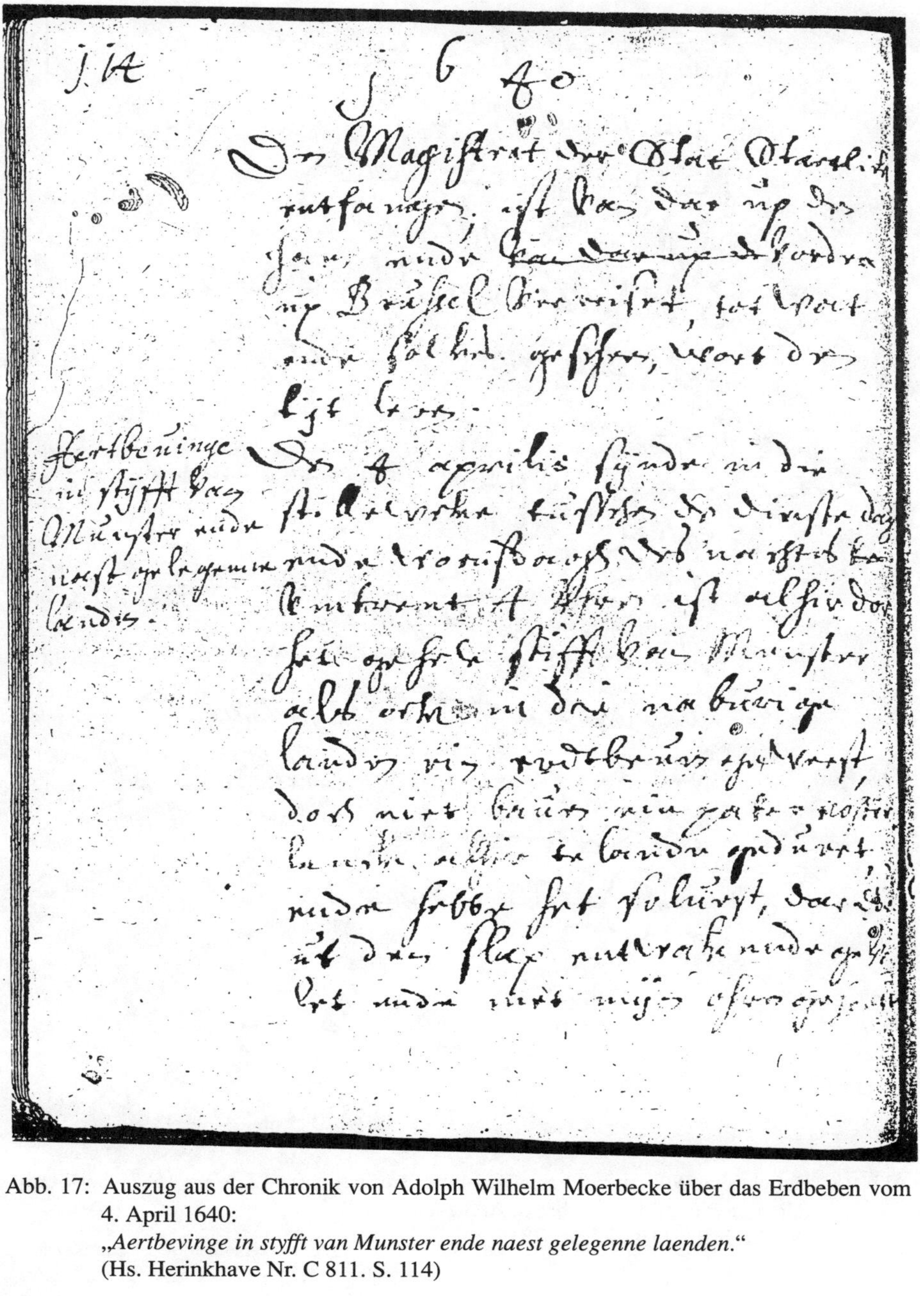

Abb. 17: Auszug aus der Chronik von Adolph Wilhelm Moerbecke über das Erdbeben vom 4. April 1640:
„Aertbevinge in styfft van Munster ende naest gelegenne laenden.“
(Hs. Herinkhave Nr. C 811. S. 114)

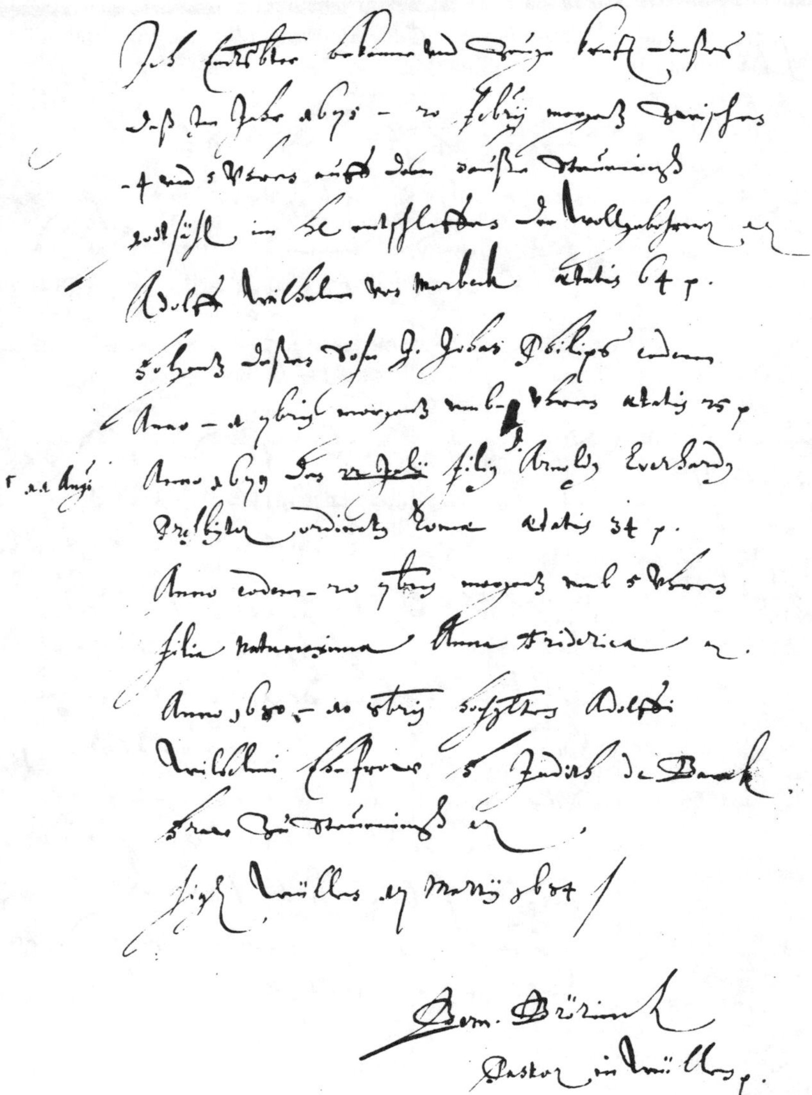

Abb. 18: Bericht des Wüllener Pfarrers Bernhard Brörinck vom 17. März 1687 über Sterbefälle in der Familie Moerbecke zu Stevening.
(StAM: Fstm. Mst. Lehen 378)

Adolph Wilhelm Moerbecke starb im Alter von 64 Jahren am 20. Februar 1675 „*morgentz zwischen 4 und 5 Uhren auff dem Hauße Steveningh*“. Seine Frau Judith de Baeke[332] folgte ihm am 10. Oktober 1680.[333]

Über die Kinder der Eheleute Adolph Wilhelm Moerbecke und Judith de Baeke liegen einige Nachrichten vor:

1. Arnold Everhard Moerbecke, der wahrscheinlich älteste der Geschwister, war um 1645 geboren und für den geistlichen Stand vorgesehen. Bereits am 21. Dezember 1658 erhielt er in Münster die Tonsur und die niederen Weihen.[334] Er weilte zeitweilig in Italien[335], wo er auch zum Priester geweiht wurde. Der Wüllener Vikar Münstermann bestimmte ihn zum ersten Inhaber der von ihm gestifteten Vikarie St. Antonius Abbas in Wüllen. Die Bestätigungsurkunde dieser Vikarie bezeichnet ihn am 12. April 1679 als Kanoniker an St. Lebuin in Deventer, in welcher Eigenschaft er sonst nicht nachweisbar ist.[336] Arnold Everhard Moerbecke, „*Presbyter ordinatus Romae*“, wie ihn der Wüllener Pfarrer betitelte, verstarb zu Wüllen im Alter von 34 Jahren am 11. August 1679.[337] Seine drei jüngeren Brüder hatten den Militärdienst in der münsterischen Armee gewählt. Zwei von ihnen bezahlten diesen mit ihrem Leben.

---

[332] Judith de Baeke wird mehrfach als Taufpate genannt: Im Nienborger Kirchenbuch finden sich folgende Eintragungen: 1651. Mai 24 Taufpate bei Katharina Elisabeth, Tochter von Arnold von Heerdt; 1667. März 25 bei Johanna, Tochter von Johannes Wegner jr.; 1669. Dezember 1 bei Jodocus Engelbertus, Sohn von Johannes Wegner und der Elisabeth Bake; 1679. Mai 2 bei Wilhelmina, Tochter von Everhard Baeken (Nolman) und der Judith Wensinck (PfA Nienborg: Kirchenbuch Nr. 1 fol. 102a, 116, 119a, 133).
Am 5. Dezember 1674 war Judith de Baeke außerdem Taufpate bei Alheit, Tochter von Christoffer und Gesa Donnebrink in Wüllen (PfA Wüllen: Kirchenbuch 1 fol. 15r) und am 7. Januar 1679 in der Kirche zu Weeze zusammen mit Leonard Ravestein (dem Mann ihrer angeheirateten Cousine Sophia Gertrud von Heerdt) und Joannes Muleman bei Adolph Wilhelm von Daell, Sohn ihrer angeheirateten Cousine Anna von Heerdt und des Gerhard von Daell. Bei Derck von Daell, Sohn derselben Eheleute, finden wir am 11. Oktober 1666 auch ihren Mann Adolph Wilhelm Moerbecke als Taufpaten (Belonje: Das Rittergut Eyll. S. 34).

[333] StAM: Fstm. Mst. Lehen 378; PfA Wüllen: Kirchenbuch 1 fol. 154r und 157v.

[334] Kohl: Die Weiheregister. Nr. 4464 S. 263: „*Arnoldus Everhardus a Morbeck ex Stevening, Ahusanus*“.

[335] Vgl.: RA Arnhem: Familie van Rhemen Hschr. 6C 76a.

[336] Nach einer Mitteilung von Stadtarchivar H. de Beer in Deventer vom 26. Oktober 1992 an den Verfasser ist Arnold Everhard Moerbecke als Kanoniker zu St. Lebuin sonst nicht nachweisbar. Da das Kapitel St. Lebuin außerdem bereits 1591 säkularisiert wurde, kann es sich hier wohl nur um einen Rechtsanspruch gehandelt haben. Dieser rührte möglicherweise her aus den Rekatholisierungsbestrebungen des münsterischen Fürstbischofs Christoph Bernhard von Galen für die Niederlande während des münsterisch-niederländischen Krieges 1672/74. Nach der Kapitulation der Stadt Deventer 1672 war zwischen dem Kurfürsten von Köln und dem münsterischen Fürstbischof am 26. Dezember des Jahres vereinbart worden, in Deventer ein adeliges Kapitel zu gründen (vgl.: Kohl: Akten. Nr. 964. S. 443).

[337] StAM: Fstm. Mst. Lehen 378; vgl. auch: PfA Wüllen: Kirchenbuch 1 fol. 156r; BAM: Klerikerkartei.

2. Johann Philipp Moerbecke, der ältere der drei und Quartiermeister im Kavallerie-Regiment des Obristen Hermann Lothar von Post, kam 1675 mit einer „*veldkranckheit*" aus dem Felde zurück und verstarb an dieser trotz großer Mühen der Ärzte am 1. September des Jahres, morgens um 7 Uhr, im Alter von 25 Jahren.[338]

3/4. Zwei Jahre später standen die beiden weiteren Brüder Albert Caspar Moerbecke - genannt zuerst 1669 als Taufpate in Wüllen[339] - und Wilhelm Henrich als Volontäre in der Leibkompanie des Generalwachtmeisters Gommar Francis Freiherr von Grandvillers - einem Korps der münsterischen Armee - in Diensten des Königs von Dänemark. Im Krieg gegen Schweden wurde Albert Caspar im Sturm auf die Festung und Stadt Malmö am 1. oder 4. Juli 1677 erschossen.[340] Sein Bruder Wilhelm Henrich dagegen überlebte damals nach eigener Aussage „*durch die gnade Gottes*".[341]

5. Sophia Adelheid Moerbecke findet sich 1673, 1681 und 1683 als Taufpate genannt.[342] Sie wurde Stiftsdame in Bocholt[343], heiratete dann aber am 25. Januar 1688 in der Kirche zu Wüllen[344] den niederländischen Adeligen Gossen Palick Grubbe (ca. 1640-1723) aus dem Hause Herinkhave, den Sohn des Hermann Gossen und der Sophia von Besten. Beide nahmen Wohnsitz auf dem Hause Herinkhave, das 1723 über eine Tochter an die Familie von Bönninghausen überging. Gossen Palick verstarb um 1723, seine Frau Sophia Adelheid nach 1725.[345] Ihre Enkelkinder sollten später - 1761 - in das Erbe der Moerbeckeschen Güter zu Stevening eintreten.

---

338 StAM: Fstm. Mst. Lehen 378; PfA Wüllen: Kirchenbuch 1 fol. 154r.

339 Taufpate am 1. Februar 1669 bei Alheid, Tochter von Engelbert und Alheit Uppenkamp (PfA Wüllen: Kirchenbuch 1 fol. 2r).

340 GvGA Assen: Landessachen II Nr. 552 fol. 23; vgl. auch: Zeigert: Die Artillerietruppe. S. 80.

341 StAM: Fstm. Mst. Lehen 378.

342 1673. Juli 9 bei Maria Alheidis, Tochter von †Albert und Christina Vöckingh; 1681. Mai 18 bei Wilhelmina Judith, Tochter von Henrich Zehringh und Anna Catharina von Lohn (PfA Wüllen: Kirchenbuch Nr. 1 fol. 12r und 27v); 1683. Juni 20 bei Judith, Tochter von Johannes Wegner und der Elisabeth Bake (PfA Nienborg: Kirchenbuch Nr. 1 fol. 138).

343 RA Arnhem: Familie van Rhemen Hschr. 6C 76a.

344 Trauzeugen waren ihr Bruder Wilhelm Henrich Moerbecke und ihre Cousine Elisabeth von Heerdt (PfA Wüllen: Kirchenbuch Nr. 1 fol. 131r).

345 Wigger: Huisarchief Herinckhave. S. 22-24, 158 und 174.

Im Archiv Haus Gnadenthal[346] befindet sich auf Pergament eine farbige Ahnentafel mit dem Allianzwappen Grubbe/Moerbecke. Die Ahnenwappen sind nach den Unterschriften folgende:

Grubbe	*Moerbecke*
Besten	*de Baecke*
Raesfelt	*Clevorn*
Essen	*Knesebecke*
Wermeloe	*Marck*
Rengers	*Hewen*
Twickelo	*Tinnen*
Ittersum	*Varendorp*

Die Ahnen der Sophia Adelheid Moerbecke waren hiernach[347]:

Moerbecke Johann	von der Mark Anna	Clevorn Albert	von der Tinnen Gertrud	de Baeke Bruno	von Hewen NN	von Knesebeck Jost	von Varendorp Margarethe
Moerbecke Arnold		Clevorn Anna		de Baeke Everhard		von Knesebeck Fredeke	
Moerbecke Adolph Wilhelm				de Baeke Judith			
Moerbecke Sophia Adelheid							

[346] Hs. Gnadenthal: Akten 11,8.

[347] Freundliche Mitteilung von Herrn Rijksarchivaris J. H. Wigger, Zwolle, vom 18. Juni 1989.- Vgl. auch: Wigger: Huisarchief Herinckhave. S. 24 und 164 (die hier in der Stammtafel S. 164 genannten Johann und Everhard de Baeke sind nicht Vater und Sohn, sondern Geschwister; siehe hierzu: Hs. Egelborg: von Keppel Urk. 638/574); vgl. auch: StAM: Max von Spießen: Genealogische Sammlung; StAOS: Dep. 41: Gut Suthausen Nr. 105.

Die Ahnen des Gossen Palick Grubbe:

Grubbe Hermann	von Warmelo Johanna	von Raesfeld Gossen	von Twikkel Lucretia	von Besten Henrik	Rengers Lyse	von Essen Henrik	von Itersum Sophia

Grubbe Hermann	von Raesfeld Judith	von Besten Johann	von Essen Bertha

Grubbe Hermann Gossen	von Besten Sophia

Grubbe
Gossen Palick

6. Anna Frederika Moerbecke läßt sich 1669 und 1677 in Wüllen als Taufpate nachweisen.[348] Ihr vermachte der bereits genannte Wüllener Vikar Münstermann in seinem Testament 1670 den Betrag von 50 Reichstalern.[349] Anna Frederika starb nach dem Wüllener Kirchenbuch[350] am 19. September 1679, nach Aussage des Wüllener Pfarrers Bernhard Brörinck von 1687 dagegen am 20. September morgens um 5 Uhr. Er nennt sie hier „*filia naturoxima*"[351], was wohl auf eine voreheliche bzw. außereheliche Herkunft schließen läßt.

Erbe zu Stevening wurde Wilhelm Henrich Moerbecke. Er war nach einem leider verschollenen „*annotations Buch auff dem Hauße Steveningh Unter Eigener Handt weilandt Herrn Adolph Wilhelm Morbek zu Steveningh*" am 9. September 1657 „*auff Sontagh Morgen zwischen 6 und 7 Uhren*" geboren.[352] 1677 kämpfte er - zwanzigjährig - als Volontär vor Malmö in Schweden. Über sich „*alß einer militair persohnen*" und die sich in den siebziger Jahren des 17. Jahrhunderts häufenden Todesfälle in der Familie vermerkte er später, „*daß Ich damahlen [1677] und nachgehendts in dero Kriegsdiensten im Konig Reich Denemarck eine geraumbe Zeit absent sein müßen, Immittelß auch Meine Vetter, Brüdere und Schwestere, Einer nach dem anderen durch den Zeitlichen thodt abgefordert, alßo daß Meine betagte Mutter fast in continuo licetu und keiner gewesen, welcher sich in meiner abwesen Meiner sachen angenohmmen. (...) da Ich in damahligen Kriegs expeditionibus gegen den täglich vor augen gehabten feindt in fürst.*

348 1669. Juni 24 bei Johanna, Tochter von Gerdt und Geyße Knueff; 1677. Oktober 1 bei Wilmina Caspara, Tochter von Jacob und Margareta Zulteß (PfA Wüllen: Kirchenbuch 1 fol. 3r und 20r).
349 BAM: GV Wüllen Akte 11.
350 PfA Wüllen: Kirchenbuch Nr. 1 fol. 156r.
351 StAM: Fstm. Mst. Lehen 378.
352 Nach einem Auszug des Notars Hermann Spoede (StAM: Fstm. Mst. Lehen 378).

Abb. 19: Ahnenwappen der Eheleute Gossen Palick Grubbe zu Herinkhave und Sophia Adelheid Moerbecke aus dem Hause Stevening (oo 1688).
Ahnenwappen des Mannes: *Grubbe, Besten, Raesfelt, Essen, Wermeloe, Rengers, Twickelo, Ittersum.*
Ahnenwappen der Frau: *Moerbecke, de Baecke, Clevorn, Knesebecke, Marck, Hewen, Tinnen, Varendorp.*
(Hs. Gnadenthal: Akten 11,8)

Münst. diensten mein leib und bluht gerne aufgesetzet und auf mein aigene privatsachen kaum einige reflexion nemben können.“[353]

Am 22. Juni 1678 wurde Wilhelm Henrich Moerbecke mit dem mütterlicherseits ererbten Nienborger Burglehen belehnt. Weitere Belehnungen folgten 1701, 1708 und 1720. Über den Umfang dieses Lehens und die damit verbundenen Privilegien berichtete er am 12. Juni 1684:

„*Designation wegen deß adelichen Haußes und borghlehns auff dem Schloß zur Newenburgh belegen, vorzeiten Bäeken behausung gnandt etc.:*

Das Adeliches Hauß und Borchlehn zur Newenborgh Ist belegen neben ein frederhauß oder Schuren zwischen Buerens Haußstett an einer und Beverforden Haußstett anderseits belegen.

Bey angezogener behausung ist kein Hoff oder garte belegen oder gehorich, außerhalb vorn am platz ohngefehr 3 schritt grundes mitt ein Stecket umbgetzoegen.

Zu diesem Hauße gehoret die Adeliche gerechticheit mitt Jagen und Fischen, so weit sich die limiten erstrecken.“[354]

Wilhelm Henrich Moerbecke verheiratete sich mit seiner Cousine Catharina Elisabeth von Heerdt, die ebenfalls auf dem Hause Stevening groß geworden war. Die Ehe wurde am 22. August 1690 in der Pfarrkirche zu Wüllen geschlossen.[355] Catharina Elisabeth von Heerdt wird noch im selben Jahr, am 19. November, sowie am 11. Februar 1691 als Taufpate in Wüllen genannt.[356] Sie zählte auch zu den ersten Mitgliedern der 1691 in der Kirche zu Wüllen gegründeten Todesangstbruderschaft.[357] Ihr Mann findet ebenfalls 1699 und 1711 als Taufpate Erwähnung.[358] Ein Personenregister des Kirchspiels Wüllen nennt ihn 1711: „*Wilhelm Arnold [!] von Morbeck Herr zu Steveninck*“.[359] Die Eheleute werden noch am 11. November 1717 bei einer Geldanleihe genannt.[360] Catharina Elisabeth von Heerdt verstarb nach dem Wüllener Kirchenbuch am 20. Februar 1727, ihr Mann Wilhelm Henrich Moerbecke am 27. Januar 1730.[361]

---

353 StAM: Fstm. Mst. Lehen 378.

354 StAM: Fstm. Mst. Lehen 378.

355 Trauzeugen waren die Pastoren Bonhoff und Becker (PfA Wüllen: Kirchenbuch Nr. 1 fol. 133r).

356 1690 bei Johann Wilm, Sohn von Hinrich und Geße Lenderich; 1691 bei Anna Judith, Tochter von Gert und Johanna Osterhuß (PfA Wüllen: Kirchenbuch Nr. 1 fol. 49v und 50v). Am 25. März 1717 fungierte sie ebenfalls als Taufpate für ihren Großneffen Franciscus Arnoldus Henricus Joseph von Daell, Sohn von Bartholomeus Thomas zu Huest und Eyll und der Mechtilde Benedicta Lucretia von Bischoping zu Oesthoff etc. (Belonje: Das Rittergut Eyll. S. 35).

357 PfA Wüllen: Kirchenbuch Nr. 14 fol. 6v.

358 1699. Mai 19 als „*Wilm Arndt Morbeck*“ bei Johann Dirck, Sohn von Hinrich und Geße Lenderinck (PfA Wüllen: Kirchenbuch Nr. 1 fol. 73v); 1711. April 1 als „*Wilhelmus de Moerbeck*“ zusammen mit seiner Cousine und Schwägerin, der Äbtissin zu Bocholt, Maria Margaretha von Heerdt, bei dem Großneffen seiner Frau, Gerardus Wilhelmus von Daell, Sohn von Bartholomeus Thomas zu Huest und Eyll und der Mechtilde Benedicta Lucretia von Bischoping zu Oesthoff etc. (Belonje: Das Rittergut Eyll. S. 34).

359 StAM: Domkapitel Mst.: Akten 2240.

360 PfA Vreden: Nachlaß Tenhagen A 642,3.

361 PfA Wüllen: Kirchenbuch Nr. 2 fol. 187r und 190v.

Nur ein einziges Kind entsproß der Ehe Moerbecke/von Heerdt, Wilhelm Arnold Anton Moerbecke, das allerdings in der Taufe in der Wüllener Pfarrkirche am 3. November 1693 allein den Namen Antonius erhalten hatte.[362] Er war der letzte des Geschlechtes. Bereits am 18. März 1730 erhielt er die Belehnung mit dem münsterischen Burglehen zu Nienborg,[363] welches zu dieser Zeit allerdings von einer bürgerlichen Familie namens Lösing bewohnt wurde.[364] Der *„Status animarum"* des Kirchspiels Wüllen vom 12. Januar 1750 gewährt uns einen Einblick in den doch bescheidenen Haushalt der Moerbeckes. Danach lebten auf Stevening folgende Personen:

Herr *„Wilhelm de Moerbeck"*, 52 (!) Jahre alt
Margaretha, Haushälterin, 29 Jahre alt
Gerhard, Knecht, 44 Jahre alt
Joanna, Magd, 20 Jahre alt[365]

Das Geschlecht (von) Moerbecke starb mit Wilhelm Arnold Anton zu Stevening und Nienborg am 27. September 1761 im Mannesstamme aus.[366] Sein Begräbnis am 30. September findet sich im Wüllener Kirchenbuch mit *„perillustris Dominus Wilhelmus Arnoldus de Morbeck"* dokumentiert.[367]

5.2.4 Die Familien von Bönninghausen und von Daell

Auf dem Hause Stevening hatte Wilhelm Arnold Anton Moerbecke drei Tage vor seinem Tode ein Testament errichtet, in dem er seinen gesamten Nachlaß an seinen Verwandten, den Kapitän Ferdinand Adolph von Bönninghausen (1728-1780), vermacht hatte. Dieser hatte jedoch aus dem Moerbeckeschen Erbe seiner Schwester Clara Margaretha Wilhelmina von Bönninghausen (1725-1790), verheiratet mit Gerhard Wilhelm von Daell zu Eyll und Huest (1711-1783), 500 Reichstaler auszuzahlen.[368] Die Großmutter der Erben war Sophia Adelheid Moerbecke verheiratete Grubbe gewesen, die Tante des letzten Moerbecke zu Stevening.

Ferdinand Adolph und Clara Margaretha Wilhelmina waren die Kinder erster Ehe des Friedrich Christian von Bönninghausen zu Haus Herinkhave/NL und der Johanna Maria

---

[362] Taufpaten waren Gossen Palick Grubbe zu Herinkhave und Maria Margaretha von Heerdt, Äbtissin des Weißen Stifts zu Bocholt (PfA Wüllen: Kirchenbuch Nr. 1 fol. 56v).
[363] StAM: Fstm. Mst. Lehen 378.
[364] Am 7. Dezember 1727 wurde Wilhelm Arnold Anton Moerbecke Taufpate bei Wilm Anton, dem Sohn seines Nienborger Pächters Caspar Loisinck und der Catharina Holtkamp (PfA Nienborg: Kirchenbuch 3 fol. 15a). Nach dem *„Status animarum"* von Nienborg aus dem Jahre 1750 wohnten im Nienborger Burghaus die Eheleute Tuchmacher Caspar Lösing und Johanna Lammers mit ihren Angehörigen (vgl.: Wermert: Der *„Status animarum"*. S. 791).
[365] BAM: GV Hschr. 149 fol. 362r.
[366] StAM: Fstm. Mst. Lehen 378.
[367] PfA Wüllen: Kirchenbuch Nr. 2 fol. 205r.
[368] Testament: StAM: Fstm. Mst. Lehen 378.

Abb. 20: von Bönninghausen
(von Spießen: Wappenbuch. S. 16;
Tafel 39: Bönninghausen III)

Antonetta Grubbe. Der Vater hatte durch seine Ehe das Haus Herinkhave geerbt und nach hierhin seinen Hauptwohnsitz verlegt. Die Familie von Bönninghausen entstammte ursprünglich der Grafschaft Mark und war im 17. Jahrhundert vor allem im Herzogtum Westfalen begütert gewesen. Der Urgroßvater der Moerbeckeschen Erben war der Neheimer Burgmann und münsterische Oberst Ferdinand Lothar gewesen, ein illegitimer Sohn des berühmten kaiserlichen Generalfeldmarschalls und Reichsfreiherrn Lothar Dietrich von Bönninghausen (†1657) aus einem Verhältnis mit Ursula Pape von Wesseler. Er wurde zum Begründer der heute noch existierenden Linien des Adelsgeschlechts. Die Familie hat sich während des 17. und 18. Jahrhunderts vor allem durch bedeutende münsterische Militärs einen Namen gemacht und möglicherweise aus diesem Grunde ihre Adelsqualität bewahren können. 1816 wurde Egon von Bönninghausen zu Herinkhave in die niederländische Ritterschaft von Overijssel, 1822 sein Bruder Maximilian in den niederländischen Adel aufgenommen.[369]

---

[369] Zur Familie von Bönninghausen vgl. insbesondere: Nederlands Adelsboek 1940. S. 375 ff; Adelslexikon. Bd. I. S. 475-476; Bönninghausen, von: Die Stammväter von Bönninghausen. S. 45-50; Wigger: Huisarchief Herinckhave. S. 165 ff.; StAM: Max von Spießen: Genealogische Sammlung.-
Wappen von Bönninghausen: in Blau ein aus dem unteren Schildrand hervorwachsender nach rechts gewandter goldgekrönter Hechtskopf; in letzter Zeit ist der Fuß des Schildes als silberne Wellen dargestellt; auf dem Helm der Schild wiederholt und mit 9 grünen Pfauenfedern in zwei Reihen besteckt 5. 4. (Spießen, von: Wappenbuch. S. 16 Tafel 39).

Der Haupterbe der Moerbeckes, Ferdinand Adolph von Bönninghausen, verfaßte auf dem Hause Stevening am 3. Oktober 1761 ein Mitteilungsschreiben über den Tod des Wilhelm Arnold Anton Moerbecke an den Freiherrn von Raet zu Beugelskamp: *„Ew(er) Hochwohlgebohr(en) kann ich mit betrübten Gemühte nicht verhalten, gestalten es dem allwaltenden Gott seinem ohnerforschlichen willen nach gnädigst gefallen habe, weyland den Hochwohlgebohrem Wilhelm Arnold von Moerbeck, Herrn zu Stevening und Nienborg, meinen lieben Vetter, nach auf 5 wochen lang ausgestandenen hitzigen Fieber in den willen des allerhöchsten völlig resignirt und mit allen hochheiligen Sacramenten wohl versehen am 27 ten Septembris des morgens um halber vier Uhr im 72 ten Jahr seines Alters [!] aus dieser Zeitlichkeit zu sich in die ewige Freude zu beruffen.“*[370]

Einen Monat später, am 2. November 1761, wurde Ferdinand Adolph von Bönninghausen mit dem Kapitellehen des Stifts Vreden, dem Erbpachtgut Reymerinck („*Reimollinck*“) im Kirchspiel Wüllen, belehnt.[371] Die Belehnung mit dem Nienborger Burglehen erhielt er am 24. März 1764.[372] Am 21. März 1780 präsentierte er als Moerbeckescher Rechtsnachfolger im Patronat der Vikarie St. Antonius Abbas in der Kirche zu Wüllen den Heinrich Anton Nikolaus von Daell zum neuen Vikar, den Halbbruder seines Schwagers Gerhard Wilhelm von Daell zu Eyll.[373]

Ferdinand Adolph von Bönninghausen verstarb am 21. August 1780 ohne Erben und Testament. Aufgrund des Testamentes des Vaters Friedrich Christian waren nunmehr seine Schwester Clara Margaretha Wilhelmina und sein Halbbruder Ludwig Ernst die alleinigen Erben. In einer Erbauseinandersetzung der Geschwister erhielt Clara Margaretha Wilhelmina die Güter Stevening und Nienborg und Ludwig Ernst das Haus Herinkhave mit Zubehör.[374] Clara Margaretha Wilhelmina wurde darauf am 7. Juli 1781 mit dem Nienborger Burglehen belehnt und erneut am 11. Dezember 1784. Sie starb auf dem Hause Eyll am 31. Oktober 1790.[375]

In der Kirche zu Weeze befand sich bis 1798 eine Gedächtnistafel[376] für sie mit den folgenden Ahnenwappen und Unterschriften:

Bönninghausen	*Grubbe*
Luerwald	*Moerbecke*

---

[370] StAM: Sammlung von Raet Akten 106 (Abschrift).
[371] Hs. Gnadenthal: Urk. 240.
[372] StAM: Fstm. Mst. Lehen 378.
[373] Heinrich Anton Nikolaus von Daell, Sohn des Batholomäus Thomas und seiner 2. Frau Johanna Juliana de Pas, geboren am 9. März und getauft zu Weeze am 12. März 1736, war auch Inhaber der Vikarie St. Nikolai zu Weeze und besaß auf Haus Eyll freies Wohnrecht. Er starb am 10. Juni 1784 (BAM: GV Wüllen A 11; Belonje: Das Rittergut Eyll. S. 36).
[374] Hs. Herinkhave Nr. 154 (freundliche Mitteilung von Herrn Rijksarchivaris J. H. Wigger, Zwolle, vom 18. April 1985).
[375] StAM: Fstm. Mst. Lehen 378.
[376] Belonje: Das Rittergut Eyll. S. 37.

und mit der Beischrift:

„1790 / den 31 October / Clara Margaretha geborne Freijnne von Bönninghausen / zu Heringhaven, verwitwete Freij-Frau von Dael zu / Eyll und Nienborg etc. etc."

Die Auflösung der Ahnenwappen ergibt[377]:

von Bönninghausen Caspar Lothar Dietrich	von Luerwaldt Anna Luzia	Grubbe Gossen Palick	Moerbecke Sophia Adelheid

von Bönninghausen Friedrich Christian	Grubbe Johanna Maria Antonetta

von Bönninghausen
Clara Margaretha Wilhelmina
oo Gerhard Wilhelm von Daell

Stammfolger wurde der Sohn Franz Anton von Daell, der am 22. Oktober 1791 ebenfalls mit dem Nienborger Burglehen belehnt wurde.[378]

Die Familie von Daell[379] war in der ersten Hälfte des 17. Jahrhundert aus einer Bürger- und Kaufmannfamilie „*van Dael*" aus Venlo bzw. Venray/NL hervorgegangen und hatte sich im Laufe der Zeit durch Heiraten und den Erwerb der Rittersitze Huest und Eyll in den Adel manövriert. Dabei hatte man sich bewußt an ein bereits lange Zeit ausgestorbenes märkisches Adelsgeschlecht aus dem gleichnamigen Schloß an der Volme angelehnt und dessen Wappen usurpiert.[380] In der zweiten Hälfte des 18. Jahrhunderts war die Familie auf dem Hause Eyll bei Weeze im Kreise Kleve erbgesessen.

Um das Jahr 1812 veräußerte Franz Anton von Daell (†1813) das Haus Stevening - allerdings ohne die dem Gute bis dahin noch verbliebenen Bauernerben - an den Licentiaten Philipp Bispinck zu Ahaus.

---

[377] Vgl.: Wigger: Huisarchief Herinckhave. S. 165 und 168.

[378] StAM: Westfälische Familien: von Daell.

[379] Zur Familie von Daell vgl. insbesondere: Valkenburg, van: De kapitein-commandeur Johan Veijser. Sp. 55-63.; Belonje: Das Rittergut Eyll. S. 31-40; Fahne: Geschichte der Westfälischen Geschlechter. S. 112-113; Bönninghausen, von: Die Stammväter von Bönninghausen. S. 45-50.

[380] Vgl.: Valkenburg, van: De kapitein-commandeur Johan Veijser. Sp. 56; Wappen von Daell zu Eyll nach Spießen, von: Wappenbuch. S. 37 Tafel 90: In Rot drei silberne Pfähle. Auf dem Helm ein (rechts) silberner und ein roter Flügel.- Gebräuchlicher war jedoch die Form: In Silber drei rote Pfähle (vgl.: BAM: GV Weeze A 9; Belonje: Das Rittergut Eyll. S. 32).

Abb. 21: Allianzwappen der Eheleute Gerhard Wilhelm von Daell (1711-1783) -3 Pfähle- und der Clara Margaretha Wilhelmina von Bönninghausen (1725-1790) -aus dem Wasser hervorwachsender nach rechts gewandter gekrönter Hechtskopf-.
1798 angefertigte Kopie einer ehemaligen Gedächtnistafel in der Kirche zu Weeze. (Aus: Belonje: Das Rittergut Eyll. Abb. 8)

Der jüngere Bruder und Erbe des Franz Anton von Daell, der spätere königlich-preußische Obristwachtmeister Ludwig Caspar Joseph, wurde 1829 nicht zuletzt aufgrund seiner angeblichen Abstammung aus dem angeführten märkischen Adelsgeschlecht gleichen Namens unter dem Namen *„von Daell zu Eyll"* in die Adelsmatrikel der Rheinlande aufgenommen, starb aber bereits zwei Jahre später kinderlos und hinterließ die Güter seinen Schwestern.[381]

[381] Valkenburg, van: De kapitein-commandeur Johan Veijser. Sp. 56 und 63; Belonje: Das Rittergut Eyll. S. 37-38)

Abb. 22: Ehemalige Wappentafel der Familie von Daell in der Kirche zu Weeze. Abgezeichnet durch den Pastor zu Weeze, Gerardus Gruyters, am 5. Mai 1780 zum Nachweis der Blutsverwandtschaft des zum Vikar in Wüllen ernannten Heinrich Anton Nikolaus von Daell mit der Familie Moerbecke zu Stevening, der Patronatsherrin der Vikarie St. Antonius Abbas in der Kirche zu Wüllen.
Wappen: *Daell zu Hoest, Herdt zu Camphuysen, Schenk zu Nydeggen, Moerbeck zu Stevening.*
(BAM: GV Weeze A 9)

Abb. 23: von Daell
(von Spießen: Wappenbuch. S. 37;
Tafel 90: Dael II)

Nach dem Aussterben der Familie Moerbecke 1761 ist das Haus Stevening von den Erben von Bönninghausen und von Daell nicht mehr selbst bewohnt worden. Seit 1764 läßt sich hier die Pächterfamilie Terhalle in drei aufeinander folgenden Generationen nachweisen. Egbert Terhalle aus dem Dorfe Wüllen, seit 1735 mit Maria Elisabeth Westerott verheiratet, war der erste Pächter des Gutes. Beim Eintrag des Todes seiner Frau ins Wüllener Kirchenbuch am 29. Februar 1784 wird sie als „*conductrix Morbeck*“, also als Pächterin des hier Moerbecke genannten Hauses Stevening bezeichnet. Der Tod ihres Sohnes und Erbfolgers Joan Bernd Terhalle am 20. Mai 1795 findet sich ebenfalls mit dem Zusatz „*conductor aedes Morbeck*“ vermerkt. Erbe des Joan Bernd Terhalle und seiner Frau Anna Christina Wesker wurde ihr Sohn Arnold Henrich Terhalle, der der letzte Pächter auf Stevening sein sollte. Er war 1782 in Wüllen geboren (getauft am 21. August) und seit dem 31. Mai 1808 mit Anna Adelheid Steppel aus Schöppingen verheiratet. Der Tod der Tochter Anna Elisabeth Terhalle am 11. April 1812 wird im Wüllener Kirchenbuch ebenfalls mit dem Zusatz vermerkt: „*filia conductoris in Stevening*“.[382] Wenig später erlosch das Pachtverhältnis mit der Familie Terhalle.

[382] PfA Wüllen: Kirchenbuch Nr. 2 fol. 221r, 231r, 279r; Nr. 3 fol. 58r; Nr. 5 S. 47; Nr. 6 S. 1; Nr. 7 fol. 22v; Nr. 14 fol. 6r.

5.3 Lic. Philipp Bispinck

5.3.1 Landwirtschaftliche Musterwirtschaft und Schule

Käufer des Hauses Stevening um 1812[383] war der Licentiat Philipp Bispinck aus einer Horstmarer, Raesfelder und Dülmener Beamtenfamilie. Sein Vater August Ignatz Bispinck (1746-1835) war Notar und Gerichtsschreiber am Gogericht zum Santwelle, sein Onkel Dr. jur. Philipp Christian Bispinck (1748-1809) Richter zum Steinernen Kreuz, zu Ahaus und Ottenstein (1784/1803) gewesen.[384]

Philipp Bispinck[385] wurde am 26. März 1780 in Horstmar geboren und daselbst zwei Tage später auf den Namen Philipp Christian Joseph Aloys Maria getauft. Nach einem Jurastudium an der Universität zu Münster wurde er zum Licentiat der Rechte promoviert. Am 6. März 1799 erhielt er ausweislich der münsterischen Notariatsmatrikel die Zulassung zur Advokatur und zu der entsprechenden Eidesleistung.[386] Von 1799 bis 1802 war er Advokat, dann Rentmeister des Fürsten Salm-Kyrburg zu Ahaus. Seit Ende 1806 assistierte er seinem Patenonkel Dr. jur. Philipp Christian Bispinck als Amtsrentmeister zu Ahaus, welche Stelle er nach dem Tode des Onkels am 20. Februar 1809 bis ins Jahr 1810 allein verwaltete.

Im Juni 1812 versuchte der Rentmeister und Licentiat Philipp Bispinck, sein in Ahaus Nr. 69 gelegenes und erst wenige Jahre altes Haus[387] zu veräußern, wohl, um auf sein neu erworbenes Landgut Stevening umzuziehen. Bereits zwei Jahre zuvor, am 17. Juli 1810, hatte er zu Münster Maria Anna Hase geheiratet, die Tochter der Eheleute Dr. jur. Friedrich Christian Bernhard Hase und der Clara Elisabeth Schweling.[388] Maria Anna

---

[383] Heidebrinck: Wüllen. S. 257 und Schulze Spüntrup: Alte Gräften und Gräftenhöfe. S. 189 geben - ohne Quellenangabe - als Jahr des Kaufes 1814 an. Hierbei handelt es sich möglicherweise um das Jahr der gerichtlichen Eintragung, die tatsächliche Eigentumsübertragung dürfte wohl im Jahre 1812 erfolgt sein.

[384] Meiners: Festrede. S. 324.- Vgl. auch: Bispinck: Nachfahrenliste. S. 1. Er ist wohl mit Dr. jur. Philipp Christian Bispinck aus Raesfeld identisch, der sich am 13. Oktober 1783 zu Münster als Notar immatrikulierte (Kohl: Notariatsmatrikel. S. 99 Nr. 2927).

[385] Zur Biographie von Philipp Bispinck vgl.: Bispinck: Nachfahrenliste. S. 1 ff; Bispinck: Die Bispinck. Bd. I. S. 98-100, 107, Bd. II. Tafel 2; Bispinck: Von meinen Urgroßeltern. S. 15-17; Die Abgeordneten des Westfalenparlaments. S.187, Nachtrag. S. 34; Raßmann: Nachrichten. S. 24, hiernach auch die Angaben bei: Schwieters: Männer und Frauen. S. 192.

[386] Hier Christian Bispinck aus Horstmar genannt (Kohl: Notariatsmatrikel. S.102 Nr. 3024).

[387] *„Unterzeichner ist gesinnt, sein dahier in Ahaus Nro. 69 gelegenes, noch ganz neues und vor einigen Jahren erbautes Haus zu verkaufen, es enthält eine Küche, 8 Zimmer, eine auch zu andern Bestimmungen bequeme Waschkammer, 2 Keller und einen geräumigen Boden, es geht auf 2 Straßen und ist sowohl zum Handel als zu jedem andern Erwerbzweig gut gelegen, und man kann es ohne oder mit dem Nebenhaus kaufen, im letztern Falle wird dies allein verkauft werden. Ferner wird er einen vor dem Windmühlenthor gelegenen Garten verkaufen. (...) Ahaus den 13. Juni 1812. Bispinck, Rentm. und Licentiat.*" (*„Münsterisches Intelligenzblatt*" Nr. 27 vom 3. Juli 1812).

[388] BAM: Kirchenbuch-Kartei Münster H 13.

gebar ihrem Ehemann insgesamt zehn Kinder. Die ersten beiden Kinder wurden im August 1811 und im November 1812 noch in Ahaus getauft.[389] In der Taufeintragung des dritten Kind im Wüllener Kirchenbuch vom 8. Dezember 1814 wird Philipp Bispinck dann als „*Dominus in Stevenink*" bezeichnet.[390] Seit diesem Jahr betrieb der neue Herr auf Stevening eine für die damalige Zeit sehr moderne Landwirtschaft. Über seinen Weg von der Jurisprudenz und Verwaltungstätigkeit zur Landwirtschaft berichtete er im Januar 1824:

„Es sind nunmehr 11 Jahre, als ich Ackerbau zu treiben begann. Ich fing das Geschäft nicht, wie Viele meinten, bloß zum Vergnügen an, sondern hatte die Absicht, dadurch zu erwerben. Damals kannte ich wohl Egge und Pflug, wußte Weizen von Roggen, Gerste von Hafer, überhaupt die eine Frucht von der anderen zu unterscheiden; ich konnte es dem Boden ansehen, ob es Klay oder Sand sey, ich sah, daß gedüngt wurde. Mehr wußte ich aber vom ganzen Ackerbau nicht und wollte ihn doch selbst treiben, und zwar treiben, wie gesagt, in der Absicht dadurch zu gewinnen. (...) Ich nahm mir einen Ackerknecht[391]*, von welchem man mir sagte, daß er die Sache gut verstände; ich beobachtete fleißig und aufmerksam, was er machte, plauderte oft mit ihm, unterhielt mich auch bei jeder vorkommenden Gelegenheit mit andern Menschen, die den Ackerbau verstanden, dachte fleißig über das Gehörte und Gesehene nach, und so bekam ich schon etwas mehr Licht in der Sache. (...) ich schaffte mir Bücher an, um durch dieselben das, was man an andern Orten mit dem Lande macht, kennen zu lernen und las recht fleißig."*[392]

Seit Sommer 1818 hielt Bispinck auf seinem Gute einen unentgeltlichen Sonntagsunterricht für die Landbevölkerung über moderne, effektivere Anbautechniken ab. Seine Erkenntnisse und Neuerungen wurden von Landwirten der Umgebung aufgegriffen und erfolgreich angewendet.[393] Er dürfte mit seinen Aktivitäten zur Hebung der Landwirtschaft in nicht unerheblichem Maße als Innovationsträger in einer neuen Methoden und Erkenntnissen mehr und mehr aufgeschlossenen Zeit gewirkt haben. Die auf seinem im Laufe der Jahre zum Muster- und Versuchsbetrieb entwickelten Gute gemachten Beobachtungen und Erfahrungen bot er, wie mehrere seiner Zeitgenossen[394] auf benachbar-

---

[389] PfA Ahaus: Kirchenbücher (freundliche Mitteilung von Herrn Ludwig Schulze Spüntrup, Ahaus).

[390] PfA Wüllen: Kirchenbuch Nr. 5. S. 66/67.

[391] War es Bernd Henrich Schabbing, der am 20. Dezember 1831 als Einwohner auf „*Morbeck*" im Alter von 72 Jahren verstarb und seine Frau und fünf großjährige Kinder hinterließ? (PfA Wüllen: Kirchenbuch Nr. 7. S. 148/149).

[392] Bispinck: Unterricht im Ackerbaue. S. 11-12.

[393] Bispinck: Ueber die Nothwendigkeit. S. 7; vgl. hierzu auch: Vagedes: Mitteilungen. Nr. 11. S. 281.

[394] Bereits 1790 hatte Anton Bruchausen, erbgesessen auf dem Hause Horst in der Heeker Bauerschaft Ahle, sein richtungsweisendes und noch zu Bispincks Zeiten im Schulunterricht benutztes Standardwerk „*Anweisung zur Verbesserung des Ackerbaues und der Landwirthschaft Münsterlandes*" herausgegeben. Bispincks Zeitgenosse, August von Martels, ebenfalls auf dem Hause Horst ansässig, veröffentlichte in den 30er Jahren wichtige Beiträge über landwirtschaftliche Themen und gründete 1836 den „*Kultur-, Gewerbe- und Sittlichkeitsverein*" für den Kreis Ahaus, der als landwirtschaftlicher Kreisverein noch heute besteht. (Vgl.: Wermert/Schaten:

ten Gütern, in Veröffentlichungen einem breiten Publikum dar. Die folgenden Monographien ließen sich bisher nachweisen:

- *Ueber die Nothwendigkeit und Art der Verbesserung des Ackerbaues im Regierungs-Bezirke Münster. Stevening bei Ahaus den 17. Februar 1823. O.O.: Aschendorff o.J. 12 S.*
- *Unterricht im Ackerbaue und in der Viehzucht für den Bürger und Landmann. Heft 1. Münster: Coppenrath 1824. IX, 176 S.; Heft 2. Münster: Coppenrath 1826. XVI, 112 S.*
- *Plan zur einträglicheren Umformung einer Münsterländischen Dreschwirthschaft und zum deßfallsigen Uebergange, als merkwürdiges Beispiel aus der Wirklichkeit. Nebst einigen Worten über die Münsterländischen Bodenarten, und was ihnen unter Anderm Noth thut, als Anhang. Münster: Friedr. Wundermannsche Buchhandlung 1835. 52 S.*
- *Beiträge zur Förderung des Wohlstandes des deutschen Landwirths durch grössere Sicherstellung der Früchte und Steigerung des Wirthschafts-Ertrages. Coesfeld: Verlag der Rieseschen Buchhandlung 1836. VII, 147 S.*
- *Belehrungen für deutsche Landwirthe. Enthaltend vorzüglich die Angabe der ersten und nöthigsten Wege, um bei den niedrigen Kornpreisen den Wohlstand zu erhalten und wieder zu heben. Coesfeld: Verlag der Rieseschen Buchhandlung 1838. VIII, 120 S.*[395]

Anerkennung und Ansehen brachte ihm insbesondere seine erste Monographie über den „*Unterricht im Ackerbau und in der Viehzucht*“ von 1824/26 ein. Über den ersten, 1824 erschienenen Teil dieser Arbeit äußerte sich der Landrat des Kreises Ahaus, Ernst von Westhoven, am 1. Mai des Jahres anerkennend:

„Durch sein Buch (...) hat der Verfasser, der Oeconom Bispinck, wirklich eine große Lücke in der agronomischen Literatur ausgefüllt und dadurch ein großes, lange gefühltes Bedürfniß befriedigt. Die schwierige Aufgabe, sich in der Schriftsprache dem gemeinen Manne verständlich zu machen, hat er auf eine glückliche Weise gelöset. Material und Vortrag sind gleich zweckmäßig gewählt, um dem ungebildeten Leser Interesse für diesen großen, unseren National-Wohlstand allein bedingenden Gegenstand abzugewinnen. Der Verfasser hat sich durch sein verdienstvolles Werk den Dank des denkenden Publikums erworben und dadurch jedem Freunde und Beförderer des Gemeinwohls gewisser maaßen die Pflicht auferlegt, sich für die Verbreitung seiner Ideen zu verwenden und sein gemeinnütziges Unternehmen zu unterstützen.“

---

800 Jahre Ahle. S. 914 und 920; Raßmann: Nachrichten. S. 45-46 und S. 297). Auch Theodor von Heyden, der spätere Landrat des Kreises Ahaus, betrieb auf seinem Gute Wohnung in Heek eine nach damaligem Verständnis moderne Landwirtschaft. Vgl. die Beiträge des Ökonomiekommissars Lic. Philipp Bispinck, des Amtmanns und Direktors des „*Landwirtschaftlichen Kreisvereins Ahaus*“ August von Martels und des Landrats Theodor von Heyden in der „*Landwirtschaftlichen Zeitung*“ seit 1844.- Vgl. auch: Bierhaus: Gründung von Kultur- und Gewerbevereinen. S. 232-233; Eiynck: Bauernhäuser. S. 15 ff.

[395] Vgl. auch: Raßmann: Nachrichten. S. 24. Weitere Beiträge über landwirtschaftliche Themen erschienen in „*Schnee's Land und Hauswirt*“ 1823 ff., im „*Rheinisch-westfälischen Anzeiger*“ 1824 ff. und in der seit 1844 herausgegebenen „*Landwirtschaftlichen Zeitung*“, deren Redakteur Bispinck war.

Erstes Vorwort.

Hier, Ihr Landleute und Ackerbautreibenden Bürger! ein Buch für Euch, das Euch behülflich seyn soll, von Eurem Acker und Viehe größeren Nutzen zu ziehen, und Euren Gemeinheitsantheil urbar zu machen. Lasset Euch durch die gegenwärtig niedrigen Preise der Kornfrüchte und des Viehes nicht irre machen — sie werden nicht so bleiben. Leset das Buch selbst und gebt es Euren Söhnen zu lesen; ich hoffe, es werde Euch nicht allein Nutzen, sondern auch Vergnügen bringen. Sollte etwas darin vorkommen, was Ihr nicht versteht, so könnt Ihr ja Andere, die es besser begreifen, darüber fragen; doch ich denke, Ihr selbst werdet es verstehen. Aber laßt Euch eben sagen, wie ich glaube, daß Ihr den größten Nutzen dabei haben werdet: Eurer mehrere kommen bei dem Schullehrer an den Sonntag-Abenden zusammen, und jeder bringt sein Buch mit, einer von Euch liest nun vor, und wenn Ihr mit einer Nummer zu Ende seyd, so

IV

sprecht Ihr darüber und ermuntert einander, dasjenige, was Ihr gelesen habt und Euch gut dünkt, ins Werk zu setzen; wenn Ihr am nächsten Sonntage wieder zusammenkommt, so sprecht Ihr gewiß noch wieder über das, was Ihr das vorige Mal gelesen, und worüber Ihr in der Woche nachgedacht habt. Nehmt Eure Söhne, die die Schule sonst nicht mehr besuchen, zu diesen Zusammenkünften mit und lasset sie vorlesen, das wird Ihnen auf doppelte Art nützlich seyn. Der Schullehrer wird Euch gern aufnehmen, und Ihr könnt Ihm für seine Gefälligkeit leicht dankbar seyn, ohne daß es Euch baares Geld kostet.

Leset das Vorwort von Zeit zu Zeit mal wieder. Solltet Ihr das zweite Heft dieses Buches ebenfalls haben wollen, so möget ihr euch vor Ende Junius bei der Coppenrathschen Buch- und Kunsthandlung zu Münster oder auch bei mir selbst zum voraus darum melden.

Nun laßt mich ein zweites Vorwort, das Ihr nicht alle versteht, zu andern Männern noch sprechen, dann wird das Buch selbst beginnen.

Stevening bei Ahaus,
am Ende Januars 1824.

Ph. Bispink.

Zweites Vorwort.

Ich übergebe hiemit das erste Heft meiner Volksschrift, die ich vor einigen Monaten weitläufig anzukündigen mich bewogen fand. Bei der Beurtheilung desselben bitte ich des ganzen Inhaltes der Ankündigung, und des darin angezogenen Aufsatzes vom Februar v. J. *) sich zu erinnern. Ich meines Theils kann nicht anders sagen, als daß ich meinem Plane gemäß alles gethan habe, was in meinen Kräften stand. Anders lautet vielleicht das Urtheil gebildeter Lehrer, und wo und wenn das seyn sollte, so bitte ich, ihre Ansicht begründet und möglichst gedrängt in dem Rhein. Westph. Anzeiger zur Oeffentlichkeit gelangen zu lassen; ich werde in gleicher Art gern darauf antworten und sachwichtige Erinnerungen mit Dank

*) Die Ankündigung findet sich auch im Decemberstück der Landw. Zeitung von Schnee und der andere Aufsatz in den Möglinschen Annalen letzt. Heft von 1823.

Abb. 24: Auszüge aus der landwirtschaftlichen Schrift von Philipp Bispinck *„Unterricht im Ackerbaue und in der Viehzucht für den Bürger und Landmann.“* von 1824.

Auf Gemeindekosten, so wurde vorgeschlagen, sollte jede Verwaltung des Kreises 6 bis 8 Exemplare dieser Schrift kaufen und in allen Bauerschaften an die Landwirte verteilen, „*bei welchen man die meiste Neigung und Liebe für ihr Fach voraussetzen*“ könnte. Am 30. Juni 1824 setzte der Landrat die Bürgermeister des Kreises davon in Kenntnis, daß der Ökonom Bispinck sich bereit erklärt habe, diejenigen Landwirte, die sich für Verbesserungen in der Landwirtschaft interessierten, mit seinen neuen Erkenntnissen und Methoden bekannt zu machen, ihnen auch praktische Anleitungen geben zu wollen. Interessenten sollten sich hierzu am 15. Juli auf Stevening einfinden.[396]

Von 1826 bis 1828 war Bispinck Mitglied des Provinziallandtages der Provinz Westfalen, und zwar für den Wahlbezirk West-Münster namens der Kreise Ahaus und Borken.[397] Sein Ansehen und seine Leistungen auf landwirtschaftlichem Gebiet dürften für seine Wahl nicht unerheblich gewesen sein. Am 13. November 1830 schrieb das „*Amts-Blatt*“ der Königlichen Regierung zu Münster über ihn:
„*Dieser Mann hat überhaupt in Folge seiner erprobten Versuche verschiedene wesentliche Verbesserungen im landüblichen Betriebe des Ackerbaues hier zuerst zur Anwendung gebracht, die wir den Landwirthen zur Nachahmung empfehlen, mit der Aufforderung, bei Gelegenheit sich von dem Verfahren und den Geräthschaften des Bispinck Kenntnis zu verschaffen.*“[398]

Bispinck gründete auf Stevening auch eine private „*Landwirtschaftliche Lehranstalt*“, die im Januar 1831 den Betrieb aufnahm.[399] Es war die erste Einrichtung dieser Art in Westfalen. Mit leidenschaftlichen Ankündigungen warb er für seine Idee, die Verbesserung der heimischen Landwirtschaft durch die Ausbildung qualifizierter Landwirte zu bewirken.[400] In einem von ihm durchzuführenden zweijährigen Kursus sollten sechs Schüler auf Stevening in allen Bereichen landwirtschaftlicher Praxis und Theorie unterrichtet werden. Dem „*Landwirtschaftlichen Verein*“ zu Münster berichtete er über den von ihm vorgesehenen Unterricht im Oktober 1830:

---

[396] StAM: Kreis Ahaus 2036.- Hier findet sich auch ein im Auftrage der münsterischen Regierung angefertigtes 16 Seiten starkes, mit Skizzen versehenes „*Gutachten über die Anwendbarkeit des vom Herrn Schwertz verbesserten Brabanter Pfluges in dem Regierungs Bezirke Münster und über die beste Art der Einführung und Verbreitung desselben*“, Stevening bei Ahaus, den 4. März 1825.

[397] Die Abgeordneten des Westfalenparlaments. S.187; Nachtrag. S. 34.

[398] „*Amts-Blatt*“ der Königlichen Regierung zu Münster Nr. 46. S. 503-504. Münster, den 13. November 1830. Weiter heißt es hier: „*Im Kreise Ahaus hat der Oeconom Dr. Bispinck zu Steveninck eine neue, sehr vorteilhafte Methode beim Kartoffelbau eingeführt, indem er auf niedrigem Boden die Kartoffeln auf Kämme pflanzen läßt, die mit dem doppelten Streichbretts-Pfluge gebildet werden und den Dünger in sich schließen.*“

[399] Raßmann: Nachrichten. S. 24.- Vgl. vor allem auch: von Landsberg-Velen: Provinziallandtag Nr. 20.

[400] Vgl. z. B.: Ankündigung eines Unterrichts in der Landwirthschaft. In: „*Allgemeine Zeitung*“. Nr. 285. Elberfeld, den 14. Oktober 1830 und „*Münsterisches Intelligenzblatt*“ Nr. 100 vom 19. Oktober 1830. S. 1053-1054.- Im „*Westfälischen Merkur*“ Nr. 194 und im „*Münsterischen Intelligenzblatt*“ Nr. 104 des Jahres 1830 erschien zusätzlich auch die folgende Dankanzeige von

„Ich werde den Zöglingen täglich zwei Stunden mündlichen Vortrag geben und dabei ein passendes Handbuch zum Grunde legen. Dieser Vortrag soll sich hauptsächlich über Ackerbau und Viehzucht, daher auch über Weiden- und Wiesenbehandlung verhalten, doch aber, wie wol beschränkter, über den damit verbundenen Nebengewerbe und die Hülfswissenschaften sich erstrecken. Der Freiherr v. Martels, welcher eine kleine Stunde von mir entfernt wohnt, hat mir, mit der Erlaubniß, es öffentlich auszusprechen, nach Absendung der öffentlichen Ankündigung Hoffnung gegeben, den Zöglingen gratis Vortrag über Forstkultur zu halten. Ich werde, nachdem ich zu Anfang ihre Anlagen und Kenntnisse geprüft habe, die Zöglinge veranlassen, zu den Stunden sich vorzubereiten; nach denselben aber über die bei ihnen über den Inhalt entstandenen Zweifel gemeinschaftlich sich zu besprechen, dieselben in der nächsten Stunde mir vorzutragen und Begegnung von mir zu erwarten, darnach sich aber meinen Vortrag, in seinen Grundsätzen wenigstens, zu notiren, diese Notata werde ich von Zeit zu Zeit nachsehen und mich darüber äußern.
In der Regel jeden Tag einmal würde ich sie mit mir auf den Acker nehmen und unter passenden Erläuterungen ihnen das Vorfallende zur Anschauung bringen. Außerdem können sie wenigstens noch einmal des Tages unter Begleitung meines ältesten Sohnes das Feld besuchen, ansehen und nach Gefallen sich im Rechnischen üben, worüber ich den Arbeitern Anweisung geben werde. Auch über das so Gesehene müssen sie sich notiren und mir ihre Hefte auf Erfordern vorzeigen. Ich muss hierbei bemerken, dass - kenntlich durch Zufall und nicht von mir ausgehend - in die Localität und die Wirthschaften, welche ich den Zöglingen vorzeigen kann, darinn nicht besser gewählt werden könnten, weil Thon-, Mittel- und Sandboden, wenn ich nämlich das Areal des Freiherrn v. Heiden mit hinzunehme, bei mir zu sehen sind.
Dann werde ich die Beachtung einzelner Wirthschaftszweige und Buchführung unter sie vertheilen, doch so, dass sie unter sich damit z. B. alle 2 Monate alterniren, übrigens sich einander kontrolliren, das Ganze aber unter meiner Hauptkontrolle bleibt.
Ein Wochentag wird zur Erholung bestimmt, jedoch in der Art, dass derselbe hauptsächlich zu in der Ankündigung erwähnten und sonst nützlichen Exkursionen verwendet wird. Ueber Ferienzeit muss ich mir Näheres vorbehalten, übrigens bestimme ich für den Lehrkursus die Zeit von 2 Jahren.“[401]

Stevening benachbarten Landwirten: *„In Bezug auf die im Merkur No. 182 geschehene Ankündigung eines Unterrichts in der Landwirthschaft glauben wir dem Herrn Bispinck das öffentliche Zeugniß schuldig zu sein: dass sein Unterricht, sein eigener Vorgang und die von ihm oft mit eigener Aufopferung angestellten Versuche für unsere Gegend die wohlthätigsten, nicht zu berechnenden Folgen gehabt haben, nicht allein durch Ausführung nützlicher Produkte, sondern vorzüglich durch eine verbesserte Art der Zubereitung und Bearbeitung auch des schweren Bodens. Wir mit allen denjenigen in unseren Gegenden, welche seine Erfahrung und Methode benutzt haben, sprechen unverholen unsern Dank aus für den von dem Herrn Bispinck öfters uns ertheilten Unterricht. Wir thuen es hier öffentlich mit dem Wunsche, dass des wahrhaft gemeinnützigen Mannes Kenntnisse und seine Erfahrungen nicht verloren gehen, vielmehr zum Nutzen der Landwirthe immer mehr ausgebreitet werden möchten. Kirchspiele Ahaus, Wessum und Wüllen den 13. Oct. 1830. Zeller Herman Hüsing, Zeller Joseph Berning, Schulze J. H. Buschof, Schulze J. G. Schwering, Zeller Rink.*“

[401] von Landsberg-Velen: Provinziallandtag Nr. 20.

6203 Ankündigung eines Unterrichts in der Landwirthschaft.

Es haben verschiedene Male junge Männer oder deren Eltern sich bei mir mit dem Wunsche gemeldet, jene zum Unterrichte in der Landwirthschaft bei mir aufzunehmen. Es ist leicht begreiflich, und Erfahrung hat mir gezeigt, daß ein derartiger Unterricht von größerem Interesse, sowohl für mich selbst, als den Eltern seye, und die Sache mehr fördere, wenn mehrere Subjekte daran Theil nehmen. Da ich gegenwärtig abermals dazu aufgefordert werde, so halte ich, zumal durch Freunde dazu aufgemuntert, es für angemessen, hiermit öffentlich bekannt zu machen, daß ich einen möglichst vollständigen Unterricht übernehmen werde, wenn sich mehrere junge Männer dazu einfinden.

Meine Wirthschaft und Bodenart so wie meine Umgebung sind zu einem solchen Unternehmen wol nicht ungeeignet. Ich habe manche Versuche und Beobachtungen gemacht, verschiedene Ackergeräthe mir verschafft und angewendet, und bin damit im Reinen. Genaue Bekanntschaft damit würde ohne Fehl auch Andern nützlich seyn. Wohl hat das vergangene Jahrzehend in mehrfacher Weise dem Landwirthe tiefe Wunden geschlagen, denn wem wurde nicht fühlbar die fast völlige Preislosigkeit der Produkte? — nicht fühlbar das Jahr 1826 mit seiner sengenden Hitze und verheerenden Dürre? nicht fühlbar die beiden letzten Jahre mit ihrer verderblichen Nässe und ihrem frühen und anhaltenden Winter? Aber eben diese, dem Gewerbe außerwesentlichen, weil ganz ungewöhnlichen, ungünstigen Umstände haben dem regsamen und denkenden Landwirthe Veranlassung werden müssen, nachzusinnen über die Mittel, für die Zukunft dergleichen Unfällen mehr auszuweichen und überhaupt ein mehr sicheres Wirthschaftsergebniß zu begründen. Und ich meine, daß ich hierin nicht zurückgeblieben bin. — Die Bodenart meines Wirthschafts-Areals ist sehr verschieden, noch verschiedener, und zwar so, daß sie fast alle Gradationen durchläuft, ist die Bodenart in dem Umfange der ersten Quadratmeile um mich herum: man sieht da Manches, wie es seyn muß und Anderes, wie es nicht seyn soll. Und so könnten, unter passender Leitung, die Eleven hier sich Kenntnisse sammeln, wie es nicht überall seyn kann. Was dieses aber noch besonders fördern würde, ist das hier unten ausgedrückte wahrhaft freundschaftliche und gemeinsinnige Anerbieten meines Freundes, des Freiherrn von Heyden, dessen rastloses Streben in einer von Hause aus unfruchtbaren Gegend auf lange Zeit unvergeßlich bleiben wird, unvergeßlicher noch, indem es Lehren ertheilen muß, die, wenn Gott will, von meinen Zöglingen aufgefaßt und in ihrer Heimath angewendet, auch dort die wohlthätigsten Folgen herbei führen müssen.

Wenn ich so den Zöglingen das Eine und Andere zur Anschauung bringe, so würde das allein, wenn auch das Geschehene besprochen würde, doch noch von einem genügenden Unterrichte weit entfernt bleiben, wenn nicht ihnen die Beziehung des Einen auf das Andere, die Verbindung des Ersten mit dem Zweiten ꝛc. in der Landwirthschaft überhaupt klar vorgeführt würde, darum werde ich einen mündlichen Vortrag über die Landwirthschaft in möglichster Vollkommenheit mit dem Uebrigen verbinden. Derselbe kann aber nicht diejenige Ausdehnung erhalten, als ihm da gegeben wird, wo ganz andere Hülfsmittel, als mir hier zu Gebote stehen; er kann und soll indeß in seiner Art vollständig werden, und sich ungefähr zu jenem verhalten, wie Realschulunterricht sich zur Bildung an der gelehrten Schule verhält; er wird dann den jungen Mann, dem es übrigens nicht an Anlage fehlt, befähigen, sich selbst in Zukunft im Landwirthschaftlichen und dessen Hülfswissenschaften bis zur genügenden Stufe weiter zu bringen. Und so muß ein solcher Unterricht nothwendig zugleich auch zur Ausbildung überhaupt führen.

Diese Ausbildung auch auf sonstigem Wege und in jeder Beziehung so zu fördern, daß nach abgemachtem Cursus die Eltern merkliche Spuren davon an ihren Söhnen wahrnehmen, überhaupt das Leben der Zöglinge Hinsichts Moralität, Beschäftigungstrieb, Erholung und Gesundheit mit väterlicher Sorgfalt zu leiten, wird mir ein eben so angenehmes, als für Pflicht erkanntes Geschäft seyn. Ob mir dazu das Vertrauen zu schenken, darüber möge das einzuziehende Urtheil eines Jeden, der mich näher kennt, entscheiden.

Ueber das Resultat werde ich in Zukunft in unserm nahen Gewerbsblatte zeitweilig mich ausweisen.

Hierauf Reflektirende bitte ich, mir ihre Wünsche in portofreien Briefen alsbald gefälligst wissen zu lassen und ein Zeugniß über das moralisch gute Betragen der künftigen Eleven beizulegen, mit dem Hinzufügen, daß die zuerst sich meldenden 6 junge Männer (für mehrere habe ich fürerst keinen Raum) bei mir im Hause Wohnung finden, und daß ich den sich Meldenden noch Näheres, auch über den gewiß sehr billig zu setzenden Kostenbetrag sogleich mittheilen werde.

Stevening bei Ahaus, Regierungsbezirk Münster,
den 5. October 1830.

P. Bispinck.

Ueberzeugt von der Angemessenheit der Bodenart und Einrichtung des Hrn. Bispinck zu dem vorstehenden Unternehmen, so wie von seiner Lehrgabe, überzeugt daher von der Nützlichkeit des Unterrichts, erbiete ich mich gern, zur weiteren Förderung desselben, den Zöglingen meinen Ackerbau, auf dem leichten Sandboden des Guts Wohnung, so wie auch auf dem schwereren Senkelboden eines Vorwerks — meine Behandlung des Haidbodens vermittelst Anwendung des Rasen- und Thonbrennens zu Aeckern und Wiesen — meine bedeutenden Holzkulturen — so wie auch meine Korn- und Kartoffelnbrennerei vermittelst Dämpfe — meine Oelschlägerei, Graupen- und Mehlfabrikation vermittelst Wasser- Wind- und Thierkräfte — meine ehestens in Gang kommende Liqueurfabrikation, zu jeder Zeit, wenn der Vortrag des Hrn. Bispinck es erheischet, unentgeldlich, praktisch und erklärend vorzuzeigen.

Haus Wohnung, den 5. Oct. 1830.

Theodor von Heyden.

5995 In Folge der Veränderung meines Geschäfts, kann ich den ganzen Raum meines, Sect. D. Nro. 18. im Wiedenhof gelegenen Hauses, bestehend in 17 Zimmern, Küche, Waschküche und Pferdestall nebst Hofraum, nicht vortheilhaft benutzen, und suche ein kleineres, passendes Local von etwa 10 Zimmern, mit etwas Raum hinter dem Hause, wo möglich mit einem Magazin. Ich biete deßhalb mein Haus, so sich wegen seinen geräumigen, hohen und hellen Zimmern besonders für einen Fabrikanten eignet, hiemit zum Verkauf an, und werde denen, so darauf reflektiren, ganz billige annehmbare Bedingungen stellen.

P. C. Hackenberg.

5079 Anzeige und Empfehlung.

Die während meinem neulichen Aufenthalt in Paris, London ꝛc. selbst eingekauften Porzelain- und Glas-Waaren sind zum Theil schon bei mir angelangt und kann ich nun mein ganz assortirtes Lager — besonders auch in den gangbaren Artikeln — für einen gefälligen Zuspruch aufrichtigst empfehlen! —

Es befinden sich darunter viele neue Muster von Schreibzeugen, Blumentöpfe und Vasen, colorirte Dessert-Teller, Mundtassen in sehr vollständiger Auswahl u. dgl. Gegenstände mehr, wobei ich die Preise nach Verhältniß billig gestellt habe. Elberfeld, den 2. October 1830.

C. L. Voigt auf'm Wall.

6061 **P. E. Neinhaus** Louisenstraße

erhielt dieser Tage eine neue Sendung aller Gattungen sehr schöner Pfeifenköpfe ganz neue Façons mit und ohne Beschlag, so wie auch eine reiche Auswahl schön gearbeiteter Pfeifen-Rohre zu sehr billigen Preisen. Auch erhielt derselbe wieder eine Parthie lange Berliner Pfeifen p. Stück zu 6 Sgr. und mit beschlag ʒu 8 Sgr. Zugleich bringt er seine Haupt-Niederlage holländischer Chocolade, bittere sowohl als süße p. Pfund zu $6\frac{1}{2}$. 7. 8. 9. 10. 11. und 12 Sgr. feinster Vanille in Zinn verpackt zu 15 Sgr., in Erinnerung.

6213 Ein solider Jüngling von guter Familie, welcher seine Lehrzeit in einer Tuchfabrik hiesiger Gegend beendigt hat, und mit guten Zeugnissen versehen ist, wünscht eine angemessene Stelle in diesem Fache zu erhalten. Derselbe schreibt eine gute Handschrift, rechnet fertig, und ist in der französischen und englischen Sprache nicht unerfahren.

Hierauf Reflektirende wollen sich gefälligst an die Exp. d. Ztg. unter der Adresse R. S. wenden.

☞6217 Zwei ineinandergehende Zimmer nebst Vorbühnchen sind mit oder ohne Meubeln gleich zu vermiethen. Wo? ist in der Exp. d. Ztg. zu erfragen.

Abb. 25: Bekanntmachung über die Gründung einer „*Landwirtschaftlichen Lehranstalt*" durch Philipp Bispinck in der „*Allgemeinen Zeitung*" Nr. 285, Elberfeld, den 14. Oktober 1830.

Im „*Münsterischen Intelligenzblatt*" vom 2. August 1831 gab Bispinck bekannt, daß die seit sieben Monaten existierende „*Landwirtschaftliche Lehranstalt*" weiter bestehen würde und daß auch noch Schüler aufgenommen werden könnten.[402] Wenig später ist diese für die damalige Zeit höchst moderne Einrichtung eingegangen, möglicherweise auch aufgrund des Fehlens jeglicher öffentlicher Unterstützung.

Philipp Bispinck machte Anfang 1833 Konkurs, das Gut Stevening verfiel der Zwangsversteigerung und Auflösung. Bispinck verzog darauf nach Münster, wo er 1836 die Stelle als Ökonomiekommissar bei der Generalkommission annahm.[403] Später war er aktiv in dem 1842 ins Leben gerufenen „*Landwirtschaftlichen Hauptverein für den Regierungsbezirk Münster*" tätig und gab seit 1844 zusammen mit dem Regierungsrat und Direktor des Vereins, von Brandenstein, die „*Landwirtschaftliche Zeitung*" heraus.[404] Im Oktober 1845 rief er in Münster eine praktische Ackerbau-Sonntagsschule ins Leben, die mit 9 Schülen begann, später auf 19 anstieg, jedoch 1848 wegen Schülermangel ihre Pforten wiederum schließen mußte.[405]

Am 12. Dezember 1852 verstarb Philipp Bispinck zu Münster an Brustfieber und hinzugekommener Lungenentzündung.[406]

5.3.2 Das Ende des Gutes Stevening

Mit dem Jahre 1833 wurde das Ende des alten Gutes Stevening und - nach fast 300 Jahren - auch der Untergang des Adels- oder Herrensitzes eingeläutet. Stevening hatte zu dieser Zeit (1831) eine Größe von 141 preußischen Morgen 143 Ruten und 17 Fuß.[407] Bispinck, der das Gut seit seinem Erwerb in einen modernen Wirtschaftsbetrieb verwandelt hatte, ging in Konkurs. Am 22. März 1833 publizierte das Land- und Stadtgericht zu Ahaus die bevorstehende Versteigerung des Bispinckschen Anwesens:

---

[402] *„Die Schüler, deren ich noch mehrere aufnehmen kann, werden nun auch, außer in den Sommermonaten, mit Brandweinbrennerei sich vollständig und praktisch bekannt zu machen hier täglich Gelegenheit finden. - Näheres im Westfälischen Gewerbeblatte S. 76, so wie noch fernere Auskunft auf Verlangen in frankirten Briefen. Stevening bei Ahaus (Regierungs-Bezirk Münster), den 25. Juli 1831. P. Bispinck.*" („*Münsterisches Intelligenzblatt*" Nr. 92 vom 2. August 1831. S. 909).

[403] StAM: Oberpräsidium Mst. Nr. 1190 Bd. 2 fol. 12r.

[404] Raßmann: Nachrichten. S. 24.

[405] In einem Schreiben vom 9. September 1841 berichtete Bispinck dem Oberpräsidenten in Münster über die in diesem Jahr bei der „*Bleistermühle*" auf dem Gut Averbeck eröffnete Ackerbau-Sonntagsschule, einer Gründung des „*Landwirtschaftlichen Kreisvereins Münster*". Diese, anfangs mit 30 bis 40 Schülern betriebene Unterrichtsanstalt ging anscheinend bereits wenig später ein. Vgl.: Koss: Ausbildung und Beratung. S. 90-91.

[406] Todesanzeige im „*Westfälischen Merkur*" Nr. 292 vom 18. Dezember 1852; Raßmann: Nachrichten. S. 24.

[407] Katasteramt Borken: Gemeinde Wüllen Bücher 51, 1: Mutterrolle Bd. 1 Artikel 19 (1831 ff.).

„Das dem Oeconomen Philipp August Bispinck Kirchspiels Wüllen zugehörige, in der Gemeinde Wüllen zwischen Ahaus, Wüllen und Wessum in einer angenehmen Gegend liegende Gut Stevening, abgeschätzt nach Abzug der Lasten auf 8488 Rthlr. 22 Sgr., soll bei der Vermögens-Insuffizienz des Eigenthümers zur Befriedigung der Gläubiger dem Meistbietenden verkauft werden.
Es sind hierzu folgende Licitations-Termine, auf Dienstag, den 11. Juni, Freitag, den 9. August und Mittwoch, den 9. October curr., jedesmal Vormittags 9 Uhr, wovon der letzte peremtorisch ist; die beiden ersteren an gewöhnlicher Gerichtsstelle, der letztere auf dem Gute selbst, vor dem Herrn Oberlandes-Gerichts-Referendar Brickwedde angesetzt, in welchen Kauflustige zur Abgabe ihrer Gebote zu erscheinen eingeladen werden.“[408]

Am Versteigerungstermin, dem 9. Oktober 1833, erwarb der Justizkommissar Franz Bispinck (1790-1870) zu Horstmar, Philipps Bruder, den größten Teil des Gutes Stevening zum Preis von 5900 Reichstaler.[409] Unmittelbar nach dem Erwerb begann der Käufer mit dessen Zerstückelung und Auflösung (1833-41), da es als ganzes nicht zu verkaufen war.[410] Bereits am 5. November 1833 erschien im „*Münsterischen Intelligenzblatt*“ folgende Anzeige:
„Das in der Mitte zwischen Ahaus, Wessum und Wüllen, und zwar von jedem dieser Orte nur eine Viertelstunde angenehm und vortheilhaft gelegene Gut Stevening, jetzt noch bestehend aus einem geräumigen, bequemen und im besten Stande befindlichen Wohnhause und mehreren Nebengebäuden nebst 63 Morgen cultivirten sehr guten Bodens und 48 Morgen Markengrundes, von welchem letzteren 28 Morgen in einer Fläche ganz in der Nähe des Hauses gelegen, zum größten Theile bereits eingewallet und zum geringeren Theile auch schon in Cultur gesetzt sind, - zu einem Taxwerthe von überhaupt 6295 Rthlr.- steht aus freier Hand zu verkaufen.
Kauflustige, welche die Bedingungen bei mir erfahren können, wollen sich in portofreien Briefen oder mündlich vor dem 1. Dec. d. J. bei mir melden.
Horstmar, den 31. October 1833.
Bispinck,
Justiz-Commissair und Notar.“[411]

Am 6. Februar 1834 erschien eine weitere, ähnlich formulierte Anzeige, die diesmal das Restgut Stevening zum Taxwert von 6525 Reichstaler anbot und zu einem Versteigerungstermin am 8. März einlud.[412]

---

[408] „*Münsterisches Intelligenzblatt*“ Nr. 43 vom 9. April 1833. S. 438; Nr. 56 vom 9. Mai 1833. S. 553; Nr. 68 vom 6. Juni 1833. S. 656; Nr. 80 vom 4. Juli 1833. S. 779; Nr. 91 vom 30. Juli 1833. S. 884-885; Nr. 104 vom 29. August 1833. S. 1016.
[409] Katasteramt Borken: Gemeinde Wüllen Bücher 75, 1.
[410] Bispinck: Von meinen Urgroßeltern Bispinck - Crins. S. 7.
[411] „*Münsterisches Intelligenzblatt*“ Nr. 133 vom 5. November 1833. S. 1284-1285; Nr. 140 vom 21. November 1833. S. 1341-1342.
[412] „*Münsterisches Intelligenzblatt*“ Nr. 16 vom 6. Februar 1834. S. 134.

Abb. 26: Rechtsanwalt und Notar Franz Bispinck aus Horstmar (1790-1870) löste 1833/41 das Gut Stevening auf.
(Ölgemälde von 1847, 17,5:22,0 cm, Privatbesitz Frau Anne Brauner-Bispinck, Münster; Foto: D. Franke, Senden)

Die eigentliche Hofstätte „*Stevening sive Moerbecke*" innerhalb der Gräften[413] samt einer Leibzucht[414] und einigen angrenzenden Ländereien ging darauf in den Besitz des Ökonoms Adolph Osterhues in Wüllen über. Dieser ließ die Gebäude abbrechen, die Gräften zuwerfen und samt der Hofstätte in Kulturland umwandeln[415], nicht ohne „*im Grunde und Boden des Hauses oder Hofplatzes*" einen Topf mit alten Münzen zu finden. Über den Verbleib des Münzschatzes und über die Fundumstände ist bisher nichts Näheres bekannt geworden. Osterhues veräußerte seine Anteile mit allen Rechten, den Bäumen sowie den „*im Grund und Boden befindlich gewesenen Steinen*" am 11. Juli 1841 weiter an Gerhard Hermann Wesker. Im Kaufvertrag behielt er sich jedoch die Markenrechte und einen Brunnen vor und verlangte außerdem einen Verzicht des Käufers auf mögliche Ansprüche an dem gefundenen Münzschatz. Gerhard Hermann Wesker hatte bereits ein Jahr zuvor von seinem Bruder Johann Hermann Wesker die zweite Leibzucht des Gutes Stevening[416] zusammen mit umliegenden Ländereien[417] erworben, die dieser am 28. März 1834 von Franz Bispinck gekauft hatte.[418] Die Keimzelle des Gutes Stevening war damit in das Eigentum eines früheren Leibzüchters übergegangen.

Heutige Eigentümerin der ehemaligen Hofstätte ist die Familie Winkelhaus, die den benachbarten Bauernhof, die ehemals von Wesker bewohnte Leibzucht des Gutes Stevening[419] innehat. Auf diesem Hof sind riesige Quadersteine aus Bentheimer Sandstein sowie zweitverwendetes Zimmerholz eines Scheunendachstuhles letzte Relikte einer längst vergangenen Herrlichkeit.

6 Gerechtigkeiten des Hauses Stevening und sozialer Status seiner Bewohner

Der Richter Everhard von der Mark schuf sich in den 60er Jahren des 16. Jahrhunderts mit seinem Hause Stevening einen standesgemäßen Wohnsitz inmitten seines Gerichtssprengels. Everhard war jedoch zuvor auf dem besten Wege gewesen, ins Bürgertum abzurutschen. War sein Vater Adolph noch als Mitglied der münsterischen Ritterschaft anerkannt gewesen, so hatte er sich schon gar nicht mehr um diese bemüht. Die zwei-

---

[413] Flur 2 Nr. 204-209; Haus-Nr. 12.

[414] Flur 2 Nr. 202; Haus-Nr. 12 a: heute wüst.

[415] Vgl. den Bericht des Steuerkontrolleurs vom 10. Juli 1841 (Katasteramt Borken: Gemeinde Wüllen Bücher 75, 1).

[416] Flur 2 Nr. 195; Haus-Nr. 12 b: heute Winkelhaus.

[417] Der gerichtliche Kaufvertrag datiert allerdings vom 11. August 1841 (StAM: Grundakten Ahaus 13485).

[418] StAM: Grundakten Ahaus 13485; Amtsgericht Ahaus: Wüllen Bd. 4 Blatt 10; vgl. auch: Katasteramt Borken: Gemeinde Wüllen Bücher 75, 1.- Die Eheleute Gerhard Hermann Wesker verkauften die Parzellen am 11. September 1868 weiter an Johann Gerhard Bröker. 1887 gingen sie über an „*Johann Bernard Böcker in Ortwick und 1889 an Hermann Aloys Böcker in Graes. 1918 heiratete Maria Elisabeth Böcker den Josef Winkelhaus-Latker.*" (Schulze Spüntrup: Alte Gräften und Gräftenhöfe. S. 189).

[419] Flur 2 Nr. 195.

felhafte Herkunft seiner Mutter, vor allem jedoch seine Ehe mit einer bürgerlichen Frau - deren Großvater väterlicherseits zwar adelig, deren Vater und Großmutter aber eigenhörig gewesen waren - dürften dafür ausschlaggebend gewesen sein. Erst die Ehen seiner zwei Kinder mit Angehörigen der Familie Moerbecke aus dem Hause Breckelenkamp hatten erneut den Anschluß an ein Adelsgeschlecht gebracht, daß im benachbarten Overijssel seit langem als rittermäßig anerkannt war.

Als relativ junger Adels- oder Herrensitz, dessen Gründer und Erben sich weder durch außergewöhnliche Herkunft, durch beachtenswerten politischen Einfluß, noch durch größeren Reichtum auszeichneten, erlangte Haus Stevening keine adeligen Gerechtigkeiten. Wir kennen weder an dem Hause haftende besondere Freiheiten[420], ein Jagdrecht[421], geschweige denn besaß das Gut die Landtagsfähigkeit[422].

Dennoch hatte es Ansätze gegeben, Stevening mit gewissen Freiheiten auszustatten bzw. es von einigen lästigen Verbindlichkeiten exemt zu machen. Wir haben davon gehört, daß Everhard von der Mark bei der Gründung seines Sitzes versucht hatte, das von ihm zuvor wüstgelegte Gut von der Schatzung zu befreien. Das war ihm nicht gelungen. Wohl besaß Everhard als Adeliger und fürstlicher Beamter persönliche Schatzfreiheit, diese haftete jedoch nicht an dem Gute selbst. 1579 ließ sich lediglich die Schatzfreiheit des zur Hovesaat Stevening eingezogenen wüsten Erbes und Vredener Kapitellehens Reymerinck durchsetzen.

Dagegen war es jedoch Everhard von der Mark oder einem seiner Nachfolger gelungen, einen Vertrag mit dem Kirchspiel Wüllen abzuschließen, der Stevening gegen eine jährliche Abgabe von 17 Reichstalern von den sogenannten extraordinären Lasten wie Einquartierungen, Hand- und Spanndiensten und sonstigen Kirchspielslasten etc. befreite. Wir haben hiervon Kenntnis aus dem beginnenden 19. Jahrhundert. Am 29. September 1810 berichtete der damalige Pächter des Gutes Stevening, Arnold Henrich Terhalle, der Fürstlich-Salmschen-Gemeinschaftlichen-Regierung zu Bocholt, der Herr von Daell als Eigentümer habe dem Kirchspiel Wüllen laut einem Übereinkommen jährlich 17 Reichstaler gezahlt. Dafür habe Stevening von jeher die genannten Freiheiten besessen. Er als Pächter des Gutes habe diese Abgabe im Namen seiner Herrschaft seit Jahren

---

[420] 1809/10 nicht als privilegiertes adeliges Gut genannt wie die Güter: Haus Holtwick oder Horst, Schüttenstein, Diepenbrock und Kortenhorn, Raesfeld, Pröbsting, Cretier, Lembeck und Hagenbeck, Kloster Groß Burlo, Oeding, Rhede mit den Hovesaten Dörbrögging und Borg, Döringen, Velen und Engelrading/Barnsfeld/Dücking/Röllinghof, Krechting, Embsing, Winkelhausen, Büling, Stuvenborg, Tenking, Ostendorf im Fürstentum Salm-Salm (StAM: Fürstl. Salmsche Kanzlei XXX, 13: Privilegien der adeligen Grundbesitzer).

[421] Nicht genannt in dem Verzeichnis der jagdberechtigten Güter im ehemaligen Stift Münster von 1801 („*Münsterisches Intelligenzblatt*“ Nr. 71, 86-89 vom 26. Juli bis 14. Oktober 1801; Abschrift: StAM: Altertumsverein Mst. (Dep.) Mscr. 31a).

[422] Nicht in der Liste der landtagsfähigen Güter von 1697 (StAM: Münsterische Ritterschaft Nr. 74, 1; Druck: Behnes: Beiträge. S. 684-700).

geleistet. Ungeachtet dessen sei er nunmehr dreimal zur Leistung von Militärgeldern beim Kirchspielsvorstand verpflichtet worden. Er bat daher, ihn aus den angeführten Gründen von der Entrichtung dieser Militärgelder freizusprechen und die Rückzahlung der bereits entrichteten Gelder zu verfügen. Die Regierung bestimmte jedoch stattdessen am 31. Oktober 1810, daß die aufgrund der gegenwärtigen außerordentlich hohen Einquartierungslasten am 31. August des Jahres erlassene allgemeine Verfügung, wonach „*jegliche Exemption und Befreyung für diesen Fall aufgehoben*" sei, auch für Stevening Geltung habe und daß das Gut folglich die geforderten Militärgelder zahlen müsse.[423]

Im Verlaufe des 17. Jahrhunderts war es außerdem gelungen, die Lehnsverbindlichkeit Stevenings abzustreifen. Letztmalig belehnten die Staaten von Overijssel, auf die nach der Säkularisation des Stifts Utrecht 1528 die Lehnshoheit übergegangen war, im Jahre 1645 Adolph Wilhelm Moerbecke mit Stevening. Seine Erben haben sich dagegen nicht mehr belehnen lassen und ihr Gut schließlich erfolgreich der Lehenkammer von Overijssel entfremdet. Diese Institution im benachbarten Ausland besaß damals - nach der vollen Ausbildung der Territorialstaaten - auch nicht mehr die Mittel, Lehensansprüche faktisch durchzusetzen. Ob daneben die Auseinandersetzungen zwischen dem münsterischen Fürstbischof Christoph Bernhard von Galen (1650-78) und den Niederlanden mit zum Erlöschen der Lehensverbindlichkeit beigetragen haben, ist unklar.

Die um 1643 geschlossene Ehe des Adolph Wilhelm Moerbecke - des Enkels der Eheleute Anna von der Mark und Johann Moerbecke - mit der Erbtochter Judith de Baeke zu Nienborg brachte damals zwar keinen großen Gütergewinn, wohl jedoch die an dem Burglehen zu Nienborg haftenden umfangreichen adeligen Gerechtigkeiten und Privilegien. Bemühungen, dergleichen auch für das Haus Stevening zu erwerben, wurden dadurch mehr oder weniger hinfällig. Zu den an dem Nienborger Burglehen haftenden Privilegien gehörte sowohl die Mitgliedschaft im „*Corpus Borgmannorum*" zu Nienborg, die Fischerei daselbst sowie eine umfangreiche Koppeljagd, die sich über die Kirchspiele Nienborg, Heek, Schöppingen, Eggerode, Leer, Wettringen, Neuenkirchen, Langenhorst, Welbergen, Ochtrup, Metelen und Epe erstreckte.[424] So nahm der „*hochedellgeborne herr Wilhelm von Morbeck*" mit anderen Burgmännern an der Schnadjagd der Burgmannschaft Nienborg vom 17. bis 20. und vom 24. bis 26. September 1697 teil.[425] Außerdem war mit dem Burglehen die Landtagsfähigkeit verbunden, d.h. das Recht der Teilnahme an der Ständeversammlung, den münsterischen Landtagen. Der

---

[423] StAM: Fürstl. Salmsche Kanzlei XIV, 79.

[424] Das Verzeichnis der jagdberechtigten Güter im ehemaligen Stift Münster von 1801 („*Münsterisches Intelligenzblatt*" Nr. 71, 86-89 vom 26. Juli bis 14. Oktober 1801; Abschrift: StAM: Altertumsverein Mst. (Dep.) Mscr. 31a) verzeichnet einen Herrn von Daell als Besitzer eines Burglehens in Nienborg. 1802 hatte dieser von seinem Burglehen zu Nienborg 2 Jagdschilder für die Schildschützen Bernard Hölscher und Kaplan Enniger ausgegeben (StAM: Spezialorganisationskommission Mst. 109; vgl. auch ebenda: Fstm. Mst. Lehen 736). Die Jagdgerechtigkeit des Nienborger Burglehens besaßen die von Daell zu Eyll noch 1829 (vgl.: StAM: Kreis Ahaus 2088).

[425] StAM: Fstm. Mst. LA 247, 50 b.

Herr von Moerbeck findet sich folglich auch in der Matrikel der landtagsfähigen Güter von 1697 als Inhaber eines Burglehens zu Nienborg genannt.[426] Da aber zur Stiftsfähigkeit im Oberstift Münster nicht mehr nur der seit der zweiten Hälfte des 16. Jahrhunderts geforderte Nachweis eines landtagsfähigen Gutes, sondern seit 1640 auch der einer Ahnenreihe mit 16 statt bisher 4 adeligen Vorfahren[427] vorgeschrieben war, also bis in die Generation der Urgroßeltern hinein, so konnten die Moerbeckes dieses Recht nicht in Anspruch nehmen. Dieses ruhte vielmehr, bedingt durch die Eheschließungen nicht nur Everhards von der Mark mit einer Bürgerstochter, sondern auch durch die des Enkels Arnold Moerbecke mit einer Tochter aus der Erbmännerfamilie Clevorn zu Münster, die von der münsterischen Ritterschaft wie andere gleichrangige Familien bis zur Beendigung des sogenannten Erbmännerprozesses im Jahre 1715 - nach 158 Jahren - nicht als ebenbürtig anerkannt wurde.[428]

Nach dem vergeblichen Bemühen um Einschreibung ins münsterische Ritterbuch von 1578/83 haben die Moerbeckes im 17./18. Jahrhundert anscheinend auch keinen erneuten Versuch unternommen, aufgeschworen zu werden. Jedenfalls ist hierüber bisher nichts bekannt geworden. Sie blieben der untersten Schicht des münsterischen Adels verhaftet. Politisch spielten sie somit keine besondere Rolle, und sie partizipierten auch nicht an den dem stiftsfähigen Adel vorbehaltenen Ämtern und den Pfründen des Domkapitels und anderer bedeutender Stifter. Als Mitglieder der angesehenen Burgmannschaft Nienborg mit ihren umfangreichen Privilegien, als Teilnehmer auf den alle zwei Jahre stattfindenden Kirchspielsversammlungen mit ihren kommunalen Aufgaben und Einflußmöglichkeiten in den Kirchspielen, in denen sie Bauernerben besaßen, als Patronatsherrn einer Vikarie in der Kirche zu Wüllen, aber auch als Inhaber von fürstlichen Militärämtern hoben sie sich natürlich immer noch erheblich von der sie umgebenen Land- und Stadtbevölkerung ab, und es wird der Familie ein wenn auch bescheidener Einfluß im lokalen Bereich nicht abzusprechen sein.

Auffällig ist die starke Ausrichtung des Geschlechts auf die Niederlande, der es in der zweiten Hälfte des 16. Jahrhunderts entstammte und deren Grenzen nur wenige Kilometer von Stevening entfernt verlaufen.

Die Moerbeckeschen Erben, die von auswärtigen Militärs abstammenden Familien von Bönninghausen und von Daell, sind derselben Schicht unterhalb des stiftsfähigen Adels wie die Moerbeckes zuzurechnen. Sie haben dadurch, daß sie Haus Stevening nicht mehr selbst bewohnten, im westlichen Münsterland jedoch so gut wie keine Rolle gespielt.

---

[426] StAM: Münsterische Ritterschaft Nr. 74, 1; Druck: Behnes: Beiträge. S. 691.

[427] Vgl.: Oer, Freiin von: Landständische Verfassungen. S. 100-101; Reif: Westfälischer Adel. S. 34-46, 494.

[428] Weikert: Erbmänner. S. 193; Reif: Westfälischer Adel. S. 44-45, 495. Die Familie (von) Clevorn wurde erst 1719 in die münsterische Ritterschaft aufgenommen.

Einen besonderen Namen hat sich Haus Stevening in den ersten Jahrzehnten des 19. Jahrhunderts gemacht, als es unter dem Ökonomen Lic. Philipp Bispinck für wenige Jahre zum landwirtschaftlichen Mustergut mit der ersten westfälischen Landwirtschaftsschule avancierte, um dann im Konkurs schließlich vollends unterzugehen.

7 Grundherrschaft

Über die Grundherrschaft des Hauses Stevening liegen keine Register vor. Für die Rekonstruktion des Umfanges sind wir folglich auf mehr oder weniger zufällige Erwähnungen angewiesen. Die vorliegende Übersicht kann somit nur einen ungefähren Einblick in die nicht bedeutenden Besitzungen des Hauses[429] gewähren, die sich bis gegen Ende des Alten Reiches noch vermindert zu haben scheinen.

Bauernstätten

Callenbeck
(„*Bernt zur Kaldenbecke/Hankamp up de Kallenbecke/Kallenbeck*")
Kötter, Kspl. Nienborg, Bscht. Callenbeck

1679:	Witwe Moerbecke[430]
1722:	laut Testament der Eheleute Gossen Palick Grubbe und Sophia Adelheid Moerbekke an die Tochter Sophia Judith vererbt; stammt wohl aus dem Erbe der Schwiegermutter bzw. Mutter Judith de Baeke, Frau des Adolph Wilhelm Moerbecke[431]
1768 ff.:	Herr von Bönninghausen[432]
1806:	Herr von Daell[433]

Gosling
(„*Goslynck/Gosenynck/Gosselmann/Gossellinck/Goeslinck/Goisseling/Goßelingh/Goßlinck/Goselingh/Goeßelingh/Gosselink*")
Erbe, Vredener Kapitellehen, Kspl. Wüllen, Bscht. Quantwick

1494:	Adolph von der Mark und seine Frau Katharina (Wechselbrief)[434]
1530:	Adolph von der Mark belehnt zu Erbpachtrecht[435]
1539:	Adolph von der Mark[436]
1553:	Erben von der Mark[437]

---

[429] Hierauf läßt auch die Höhe der 1760/1762 für die Moerbeckes veranschlagten Kopfschatzungen schließen. Setzt man voraus, daß Einkommen aus Grundvermögen und Steuersatz korrelieren, so ist die Familie Moerbecke in dieser Hinsicht der untersten Schicht des münsterischen Adels zuzurechnen (vgl.: Münsterische Chronik. S. 8 und 77).
[430] StAM: Fstm. Mst. LA 237 I Nr. 36.
[431] Hulshoff: Herinkhave. S. 18.
[432] GA Heek: Akten A 35.
[433] GA Heek: Akten B 2.
[434] Bruns: Varlarer Frei- und Wechselbriefe. S. 60 Nr. 162.
[435] FSSA Anholt: Stift Vreden Lade 206, 1 Nr. 1 fol. 45v.
[436] StAM: Fstm. Mst. LA 96 III Nr. 1 Bd. 14.
[437] StAM: Fstm. Mst. LA 96 III Nr. ad 1 1/2.

1569: Everhard von der Mark; aus dem Erbe des Adolph von der Mark junior[438]
1579: wüst; als schatzpflichtig erkannt; Everhard von der Mark[439]
1581: Johann Moerbecke zu Stevening (Eigenhörigentausch)[440]
1639: Adolph Wilhelm Moerbecke nach dem Tode seines Vaters Arnold belehnt[441]
1673: Adolph Wilhelm Moerbecke und Frau Judith de Baeke wollen 1/5 des Erbes kaufen[442]
1679: Junker Moerbecke[443]
1689: Hermann Gossen Willem Grubbe belehnt als Erbe von Albert Caspar und Hendrik Moerbecke
1714: Sophia Judith Grubbe belehnt als Erbin ihres Bruders Hermann Goossen Willem Grubbe[444]
1722: laut Testament der Eheleute Gossen Palick Grubbe und Sophia Adelheid Moerbekke an die Tochter Sophia Judith vererbt[445]
1763: Ferdinand Adolph von Bönninghausen belehnt als Erbe von Wilhelm Arnold Moerbecke[446]
1801: Major von Bönninghausen[447]

Schulze Grewing
(*„Grevinckhave/Grevynckhoff/Grevinghof/Grevinck/Grevynck/Grevinckhoff/Schulte Grevingk/Hof zu Grevinck/Grevinckhave*“)
münsterisches Lehen, Kspl. Wüllen, Bscht. Sabstätte
1524: Diederich Morrien, Droste zu Cloppenburg, und seine Frau Anna tauschen mit Adolph von der Mark und seinem Sohn Rotger (auch namens des weiteren Sohnes Adolph) den „*Grevinckhave*“ - gekauft von Hermann von Langen - gegen den „*Honhoff*“ im Kspl. Horstmar, Niederbauerschaft, eine „*Hegge genandt Strickbuschoff Aleves hegge, belegenn upn Hockenhorn In dem kerspell vonn Leer*“, Bscht. Ostendorf, und eine Geldsumme; Belehnung des Adolph von der Mark senior[448]
1539: Adolph von der Mark[449]
1542 und 1544: Adolph von der Mark belehnt[450]
1546: Adolph von der Mark zu Ottenstein verkauft eine Rente aus dem Hof dem Erbmarschall Gerdt Morrien (1566 durch dessen Sohn Gerhardt weiter verkauft an den Domscholaster Goddert von Raesfeld)[451]

[438] StAM: Hs. Füchtel Urk. 1569. Januar 18.
[439] StAM: Fstm. Mst. Landtagsprotokolle Nr. 14 fol. 89v.
[440] FSSA Anholt: Stift Vreden Lade 212, 81 Nr. 46.
[441] Hs. Gnadenthal: Urk. 138.
[442] BAM: GV Wüllen Akte 11.
[443] StAM: Fstm. Mst. LA 96 III Nr. 16.
[444] Wigger: Huisarchief Herinckhave. S. 124.
[445] Hulshoff: Herinkhave. S. 18.
[446] Wigger: Huisarchief Herinckhave. S. 124.
[447] StAM: Fstm. Mst. Geheimer Rat Nr. 38.
[448] StAM: Reichskammergericht H 1814/5909 fol. 110v-114v; ebenda: Fstm. Mst. Lehen 1115 fol. 34r und 60v.
[449] StAM: Fstm. Mst. LA 96 III Nr. 1 Bd. 14.
[450] StAM: Fstm. Mst. LA 156, 1.
[451] Hs. Middachten Nr. 926 (Regest: Inventaris (...) Middachten. S. 145).

1553: Erben von der Mark[452]

1560 und 1569: Everhard von der Mark, auch namens seiner Geschwister belehnt[453]

1569: aus dem Erbe des Adolph von der Mark junior, gemeinschaftlicher Besitz der Geschwister von der Mark[454]

1570: Anteil am „*Grevinckhave*": Everhard von der Mark[455]

1571: Vertrag zwischen Rotger von der Mark, Everhard Grothus und Miterben und ihrem Eigenhörigen „*Gerdt Schulte Grevingk*" über Pacht, Mast, Holzschlag, Dienste etc.[456]

1572: Eberhard Grothus zu Ibbenbüren verpfändet die Hälfte des „*Grevinckhaves*"[457]

1576: Everhard von der Mark und seine Frau Erich verkaufen an Everhard Grothus zu Ibbenbüren und Frau Anna die Hälfte ihres vierten Teils des „*Grevinckhaves*"; derselbe verkauft seinen Anteil an Reinhart von Raesfeld zu Rüenberg[458]

1579: wüst, als schatzpflichtig erkannt; von der Marksche Erben[459]

1579: Miteigentümer: Reinhart von Raesfeld zu Rüenberg und Rotger von der Mark[460]

Hemker

Erbe, Kspl. Legden, Bscht. Wehr

1679: Junker Moerbecke[461]

1722: laut Testament der Eheleute Gossen Palick Grubbe und Sophia Adelheid Moerbekke an die Tochter Sophia Judith vererbt; stammt wohl aus dem Erbe der Schwiegermutter bzw. Mutter Judith de Baeke, Frau des Adolph Wilhelm Moerbecke[462]

Heskemann

Erbe, später (1808) Kötter Heskemann und Kötter Schücker, Kspl. Heek, Bscht. Ahle

1679: Witwe Moerbecke

1808: Hölscher in Ahaus[463]

---

452 StAM: Fstm. Mst. LA 96 III Nr. ad 1 1/2.

453 StAM: Fstm. Mst. Lehen 1117 fol. 5 und ebenda 1118 fol. 61r.

454 StAM: Hs. Füchtel Urk. 1569. Januar 18.

455 Segbers: Ahaus. S. 247.

456 StAM: Mscr. I Nr. 31a fol. 81v-84r.

457 Hs. Gnadenthal: Urk. (Kriegsverlust).

458 Hs. Middachten Nr. 960, 961 (Regest: Inventaris (...) Middachten. S. 164-165).

459 Niesert: Beiträge. S. 564; StAM: Fstm. Mst. Landtagsprotokolle Nr. 14 fol. 89v.

460 Hs. Middachten Nr. 973 (Regest: Inventaris (...) Middachten. S. 171).

461 StAM: Fstm. Mst. LA 237 I Nr. 36.

462 Hulshoff: Herinkhave. S. 18.

463 Wermert/Schaten: 800 Jahre Ahle. S. 911 und 916 (nach: StAM: Fstm. Mst. LA 237 I Nr. 36; GA Heek: B 1).

Ikemann
(*„Ykinc/Ykynck/I(c)kinck*“)
Erbpachtgut, Kspl. und Bscht. Wessum

1411:	*„Johan de Sluter*“ erwirbt von Pröpstin und Kapitel zu Vreden die Hufe *„Ykinc*“ gegen eine Jahrespacht von 3 Molt Gerste Vredener Maß[464]
1434:	Johannes und Steven *„Horstelen anders gheheten Slutere*“[465]
1457:	Johann von Hörstelo und Ehefrau Evese (Wechselbrief)[466]
1539:	Adolph von der Mark[467]
1540:	Adolph von der Mark[468]
1553:	Erben des Adolph von der Mark[469]
1569:	Everhard von der Mark; aus dem Erbe des Adolph von der Mark junior[470]
1654:	Arnold von Heerdt und Ehefrau Anna Gertrud Moerbecke zu Stevening verkaufen Parzellen des Erbes als Hausstätten[471]
1679:	Witwe von Heerdt[472]

Reymerinck
(*„Reimerinch/Reimelink/Reinerdinck/Reimollinck“)*
Erbpachtgut, Vredener Kapitellehen, Kspl. Wüllen, Bscht. Ortwick, zur Hovesaat Stevening eingezogen

1358:	Pröpstin und Kapitel verpachten die Hufe an Fenna *„Reymerinch*“ und ihren Mann Johannes Amelynchs auf Lebenszeit[473]
1527:	Johann (van) Billerbeck, fürstlicher Hauskoch zu Ahaus, belehnt
1547:	Everhard von der Mark belehnt, wie zuvor sein †Schwiegervater Johann (van) Billerbeck belehnt war, gegen die jährlichen Abgaben: 18 Scheffel Gerste und 18 Scheffel Roggen Vredener Maß, 1 Huhn und 4 1/2 Eier[474]
1570:	Everhard von der Mark[475]
1579:	wüst, als schatzfrei anerkannt, da dort seit Menschengedenken kein Haus gestanden hatte; Johann Moerbecke[476]
1761:	Freiherr F. A. von Bönninghausen nach dem Tode des Freiherrn Wilhelm Arnold Moerbecke belehnt, Erbpachtgut (Abgaben wie 1547)[477]

---

464 FSSA Anholt: Stift Vreden Lade 206, 1 fol. 28r; ebenda. Lade 234, 13 fol. 82r.
465 PfA Nienborg: Urk. von 1434.
466 FSSA Anholt: Stift Vreden Lade 209, 8e Nr. 52.
467 StAM: Fstm. Mst. LA 96 III Nr. 1 Bd. 14.
468 FSSA Anholt: Stift Vreden Lade 208, 1 Nr. 2 fol. 26 a.
469 StAM: Fstm. Mst. LA 96 III Nr. 1 Bd. 17.
470 StAM: Hs. Füchtel Urk. 1569. Januar 18.
471 PfA Vreden: Nachlaß Tenhagen A 637,7.
472 StAM: Fstm. Mst. LA 96 III Nr. 16.
473 FSSA Anholt: Stift Vreden Lade 219, 5 Nr. 72.
474 FSSA Anholt: Stift Vreden Lade 207, 2 Nr. 36.
475 Segbers: Ahaus. S. 247.
476 Niesert: Beiträge. S. 573; StAM: Fstm. Mst. Landtagsprotokolle Nr. 14 fol. 50r und 95r.
477 Hs. Gnadenthal: Urk. 240.

Seesker

(*„Zeghezinc/Zeghetinc/Segesinck/Zeysynck/Seysinck/Tzeessinck/Segelinck“*)

Erbe, Stift-Vredener Lehen, Kspl. Vreden, Bscht. Lünten

14. Jh.:	"*Hinric(us) Hacvort*" in dienstmannstatt belehnt; desgleichen später „*Joh(annes) Hacvort*"[478]
1398:	"*Johan Hacvert*" und Frau Mette (Wechselbrief)[479]
1495:	Wenselaus Hakfort belehnt[480]
1540:	Adolph von der Mark (Wechselbrief)[481]
1545:	Adolph von der Mark (Wechselbrief)[482]
1569:	Georg von der Mark; aus dem Erbe des Adolph von der Mark junior[483]
1571:	Everhard von der Mark belehnt wie zuvor Adolph von der Mark und davor dessen gleichnamiger Vater belehnt waren[484]

Weßling

(*„Wesselynck/Wesselinck/Hof zu Wesselinck“*)

Erbe, Kspl. Wessum, Bscht. Graes

1446:	Steven von Hörstelo[485]
ca. 1450/1500:	Steven von Hörstelo und seine Frau Berthe[486]
1539:	Adolph von der Mark[487]
1546:	Adolph von der Mark zu Ottenstein verkauft eine Rente aus dem Erbe an den Erbmarschall Gerdt Morrien (1566 durch dessen Sohn Gerhardt weiter verkauft an den Domscholaster Goddert von Raesfeld)[488]
1553:	Erben des Adolph von der Mark[489]
1569:	Everhard von der Mark; aus dem Erbe des Adolph von der Mark junior[490]
1622:	Arnold Moerbecke und seine Frau Anna Clevorn stellen der Jutte „*Wesselinck*“, Tochter des Ehepaars Hinrich und der Stine auf „*Wesselinck*“, einen Freibrief aus[491]
1654:	Arnold von Heerdt und Ehefrau Anna Gertrud Moerbecke zu Stevening[492]

---

478 FSSA Anholt: Stift Vreden Lade 206, 2 Nr. 1.

479 FSSA Anholt: Stift Vreden Lade 209, 8 III.

480 Hs. Egelborg: von Keppel Urk. 217.

481 Bruns: Varlarer Frei- und Wechselbriefe. S. 112 Nr. 300.

482 FSSA Anholt: Stift Vreden Lade 211, 8i Nr. 37.

483 StAM: Hs. Füchtel Urk. 1569. Januar 18.

484 FSSA Anholt: Stift Vreden Lade 207, 2 Nr. 45; möglicherweise wurde Everhard von der Mark nur für seinen Bruder Georg belehnt, da das Gut später im Eigentum von Georgs Nachkommen war (vgl. hierzu die Stammtafel der mit Seesker Belehnten: Hs. Egelborg: von Heyden Akten 104).

485 FSHA Coesfeld: Stift Borghorst (K) Urk. 1.

486 PfA Heek: Urk. 4 (stark beschädigt, Datum zerstört).

487 StAM: Fstm. Mst. LA 96 III Nr. 1 Bd. 14.

488 Hs. Middachten Nr. 926 (Regest: Inventaris (...) Middachten. S. 145).

489 StAM: Fstm. Mst. LA 96 III Nr. 1 Bd. 17.

490 StAM: Hs. Füchtel Urk. 1569. Januar 18.

491 FSSA Anholt: Stift Vreden Lade 213, 8 n Nr. 51.

492 PfA Vreden: Nachlaß Tenhagen A 637,7.

1679: Witwe von Heerdt[493]
1801: Hölscher[494]

Zehnten

die Zehnten über beide „*Orthuser*", Kspl. Alstätte, und über die Erben „*Bruggert*" und „*datt Lutke Hage*", Kspl. Alstätte

1569: Everhard von der Mark; aus dem Erbe des Adolph von der Mark junior[495]

1645: Arnold von Heerdt und seine Ehefrau Anna Gertrud Moerbecke verkaufen an den Kanoniker Everhard von der Mark die Zehnten grob und schmal über die Erben „*Hendr. ten Oorthuis*", „*Lutke Hundtvelt*", „*Herman ten Oorthuis*" und „*Bruggart*" im Kirchspiel Alstätte sowie aus „*Rotgert ten Hagen Erve*" daselbst jährlich 5 1/2 Scheffel Roggen und 5 1/2 Scheffel Gerste neben dem Blutzehnten für 2028 Reichstaler[496]

der Zehnte von dem Schulten zu Buurse, Kspl. Haaksbergen, jährlich 6 Müdde Roggen

1569: Everhard von der Mark; aus dem Erbe der Adelheid, Frau des Vaters Adolph von der Mark senior

der Zehnte von dem „*Renger*" zu Buurse, Kspl. Haaksbergen, jährlich 3 Müdde Roggen

1569: Everhard von der Mark; aus dem Erbe der Adelheid, Frau des Vaters Adolph von der Mark senior

der Zehnte von „*Hulshave*" zu Buurse, Kspl. Haaksbergen, jährlich 3 Müdde Roggen

1569: Everhard von der Mark; aus dem Erbe der Adelheid, Frau des Vaters Adolph von der Mark senior

alle 3 Slop-Zehnten grob und schmal im Kspl. Haaksbergen

1569: Everhard von der Mark; aus dem Erbe der Adelheid, Frau des Vaters Adolph von der Mark senior[497]

der Schöppinger Zehnte, Kspl. Schöppingen

1722: laut Testament der Eheleute Gossen Palick Grubbe und Sophia Adelheid Moerbekke an die Tochter Sophia Judith vererbt; stammt wohl aus dem Erbe der Schwiegermutter bzw. Mutter Judith de Baeke, Frau des Adolph Wilhelm Moerbecke[498]

---

[493] StAM: Fstm. Mst. LA 96 III Nr. 16 fol. 96v.
[494] StAM: Fstm. Mst. Geheimer Rat Nr. 38.
[495] StAM: Hs. Füchtel Urk. 1569. Januar 18.
[496] PfA Vreden: Nachlaß Tenhagen A 638,3.
[497] StAM: Hs. Füchtel Urk. 1569. Januar 18.
[498] Hulshoff: Herinkhave. S. 18.

Speicher zu Wüllen auf dem Kirchhof

gelegen am Kamp des „*Schulten Kerckhaven*" und am Speicher der Vikarie St. Katharina

1594: Verkauf durch Johann Moerbecke und Frau Anna; erbaut durch den Vater bzw. Schwiegervater Everhard von der Mark[499]

Haus zu Ahaus

1532: Erwerbung des Bürgerrechts zu Ahaus durch Everhard von der Mark[500]

1568: Everhard von der Mark zahlt in Ahaus Schatzung mit seiner Frau Erich und den Kindern Johann und Gertrud[501]

1570: Haus des Everhard von der Mark am Kirchhof zwischen „*der Swanen u. Joh. Buschaves*"[502]

1584: Erwerbung des Bürgerrechts zu Ahaus durch Johann Moerbecke[503]

Burglehen zu Nienborg (heute: Burg Nr. 4 und 5)

mit Landtagsfähigkeit, Jagd- und Fischereigerechtigkeit, Mitgliedschaft im „*Corpus Borgmannorum*" zu Nienborg

1667: Adolph Wilhelm Moerbecke zu Stevening bittet namens seiner Frau Judith nach dem Tode seines Schwagers Johann de Baeke junior um einen Mutschein für das Burglehen zu Nienborg; sein Schwiegervater Everhard de Baeke (†1647) - verheiratet mit Fredeke von Knesebeck (†1672) - hatte auf diesem 1615 von Jakob von Keppel gekauften Burglehen ein neues Haus errichten lassen (seit ca. 1700 vermietet).

1678, 1701, 1708 und 1720: Wilhelm Henrich Moerbecke zu Stevening belehnt

1730: Wilhelm Arnold Anton Moerbecke zu Stevening, einziger Sohn des †Wilhelm Henrich Moerbecke, belehnt

1764: Hauptmann Ferdinand Adolph von Bönninghausen zu Herinkhave belehnt

1781 und 1784: Clara Margaretha Wilhelmina von Bönninghausen, Frau des Gerhard Wilhelm von Daell, belehnt[504]

1791: Franz Anton von Daell, Sohn der Clara Margaretha Wilhelmina von Daell geb. von Bönninghausen, belehnt[505]

---

[499] BAM: GV Urk. 493.

[500] Kohl: Das Bürgerbuch. S. 23 Nr. 146.

[501] Veldtrup: Das Bürgerbuch. S. 78 Anm. 83.

[502] Segbers: Ahaus. S. 247.

[503] Kohl: Das Bürgerbuch. S. 30 Nr. 371.

[504] StAM: Fstm. Mst. Lehen 378.

[505] StAM: Familienarchive: von Daell.

1804: Franz Anton von Daell[506]

1814: Verkauf durch den Herrn von Daell an Joan Herm Puppe zu Nienborg (ohne Gerechtigkeiten)[507]

Leibzuchten

1676 bezahlte Moerbecke Schatzung für eine Leibzucht („*Stevingh Leibz.*").[508] Eine Leibzucht wird auch 1711 genannt.[509] Im „*Status animarum*" von 1750 folgen dem Eintrag über „*Wilhelm de Moerbeck*" zu Stevening die beiden Haushalte Hoting und Lenderinck/Elpers, die die damals bereits existierenden zwei Leibzuchten innehatten.[510] Diese beiden Leibzuchten waren nach Ausweis der Wüllener Kirchenbücher des 18. und beginnenden 19. Jahrhunderts von den Familien Lenderinck, Elpers, Hoting und Wesker bewohnt.[511] 1801/02 und 1831 werden ebenfalls zwei zum Hause Stevening gehörige Leibzuchten genannt.[512]

Grundbesitz

Ahaus:

die „*Crucekempe*" vor der Burg zu Ahaus

1543: Everhard von der Mark und seiner Frau Erich durch Bischof Franz von Münster auf Lebenszeit verpachtet, wie sie bisher Everhards Schwiegervater Johann (van) Billerbeck besessen hatte[513]

Nienborg:

„*Lindenkamp*" und „*Galgengarten*"

1722: laut Testament der Eheleute Gossen Palick Grubbe und Sophia Adelheid Moerbekke an die Tochter Sophia Judith vererbt; stammt wohl aus der Erbschaft der Schwiegermutter bzw. Mutter Judith de Baeke, Frau des Adolph Wilhelm Moerbecke[514]

---

506 StAM: Landesregierung Mst. 37.
507 GA Heek: Akten B 130.
508 StAM: Domkapitel Mst.: Akten 2240 (Schatzungslisten von 1676).
509 StAM: Domkapitel Mst.: Akten 2240.
510 BAM: GV Hschr. 149 fol. 360 ff.
511 PfA Wüllen: Kirchenbücher 1 bis 7 und 14.
512 StAM: Fstm. Mst. Amt Ahaus Nr. 228; Katasteramt Borken: Gemeinde Wüllen Bücher 51, 1: Mutterrolle Bd. 1 Artikel 19 (1831 ff.).
513 StAM: Mscr. I, 25 fol. 221v-222r.
514 Hulshoff: Herinkhave. S. 18.

„Kreuzgarten"
1810: Herr von Daell (1847 verkauft)[515]

Wüllen:

Haus an der *„Knuveßstegge voer up den Remeldinckkamp"*
1564: von Everhard von der Mark den von ihm des Erbes entsetzten Eheleuten Hermann und Elske Stevening auf Lebenszeit übergeben

der ganze *„Reimeldings garden mit den ende des Reimeldings kampes van den garden"*
1564: von Everhard von der Mark den von ihm des Erbes entsetzten Eheleuten Hermann und Elske Stevening auf Lebenszeit übergeben

der *„middelste Geistacker"* in *„Reimeldinck"* zwischen Mensincks und Latings Ländereien mit einer Größe von 4 Scheffel Einsaat
1564: von Everhard von der Mark den von ihm des Erbes entsetzten Eheleuten Hermann und Elske Stevening auf Lebenszeit übergeben[516]

der *„mittelsten Haußberges Kampff, wie selbiger ahn der Haber Escher steggen nach dem Sühden zwischen unßeren vordersten und hindersten Haußbergß Kämpffen belegen"*
1657: Adolph Wilhelm Moerbecke und Frau Judith de Baeke[517]

---

515 GA Heek: Akten B 130; Katasteramt Borken: Mutterrolle Nienborg (1831 ff.).
516 Hs. Gnadenthal: Urk. 82.
517 BAM: GV Wüllen Akte 11.

Grundbesitz in Wüllen nach der Mutterrolle von 1831[518]

Artikel 19: Lic. Philipp Bispinck zu Haus Stevening in Wüllen
(in Klammern Varianten bei den Flurnamen nach dem Güterverzeichnis von 1829[519])

Flur Nr.	Parzelle	Name der Flur-Abteilung	Kulturart	Klasse	Flächeninhalt Morgen	Ruten	Fuß
1	1b	Im Flör	Hude	1	2	144	76
1	1c	Im Flör	Ackerland	4	21	50	86
2	38	up Beckerskamp	Ackerland	2		108	60
2	40	up Beckerskamp	Ackerland	2	7	86	10
2	44	Langenkamp	Ackerland	1	4	148	40
		Langenkamp	Ackerland	2	4	148	40
2	51	Haver Esch	Ackerland	2	2	81	50
2	54	Bre upn Haver Esch	Ackerland	2	1	14	55
2	58	Telgenbüschen	Ackerland	2		107	15
2	61	Beckerskamp (Rekerskamp)	Wiese	1		127	75
2	194	Garten	Obstgarten	1		6	40
2	195	Leibzucht	Haus	1		6	30
2	196	Hof Garten	Ackerland	3	3	86	25
2	197	Bosquet	Schlagholz	2	4	76	65
2	201	Liefskamp	Ackerland	3	1	125	80
2	202	Leibzucht	Haus	1		9	90
2	203	Zimmerplatz	ödes Land	1		111	30
2	204	Hoff	Waldung	2	1	43	15
2	205	Hoff	Hofraum	1		35	80
2	206	Haus Steveding	Haus u. Hof	1		73	30
2	207	Garten	Gemüsegarten	1	1	131	55
2	208	kleine Garten	Gemüsegarten	1		14	80
2	209	Garten	Lache	1	1	15	5
2	210	vorderste Mate	Ackerland	3		113	80
2	211	die Mühle (die Mathe)	Wiese	1	8	171	20
2	218	Schnieders Kämpken	Ackerland	2	1	22	85
2	219	achter Manskers Kämpken	Ackerland	2	1	16	60
2	228	Brede Stück	Ackerland	2	1	28	60
2	251	Breite Stück	Ackerland	1	2	39	26
		Breite Stück	Ackerland	2	4	78	54

[518] Katasteramt Borken: Gemeinde Wüllen Bücher 51, 1: Mutterrolle Bd. 1 Artikel 19 (1831 ff.).
[519] Katasteramt Borken: Gemeinde Wüllen Bücher 50, 1: Güterverzeichnis (1829).

Flur Nr.	Parzelle	Name der Flur-Abteilung	Kulturart	Klasse	Flächeninhalt Morgen	Ruten	Fuß
2	252	Pörtner Stück	Ackerland	1		141	80
2	258	Kösterstücke	Ackerland	2		95	40
2	264	Kleine Breete	Ackerland	2	1	44	90
2	267	Große Stück aufm Güstacker	Ackerland	2	1	34	20
2	272	Meedenstall	Ackerland	2		109	50
2	286	An Weskers Weide	Weide	1		20	50
2	287	An Weskers Weide	Ackerland	2	1	117	45
2	297	Hinterwiese	Wiese	1	5	102	60
2	298	Mattkamp	Ackerland	1	10	55	30
2	299	Kabbestück	Ackerland	2	4	112	70
2	300	Rihte	Weide	3	1	89	60
2	301	Havermat	Mittelholz	1	7	57	80
2	307	Havermat	Ackerland	2	1	147	30
2	308	Havermat	Ackerland	1	2	136	70
		Havermat	Ackerland	2	2	136	70
2	309	Haverkamp	Weide	3		72	70
2	310	Haverkamp	Ackerland	1	10	151	83
		Haverkamp	Ackerland	2	5	75	92
8	88	Schmale Stück	Ackerland	1		67	
8	109	an Amler Weg	Ackerland	1		108	10
			summa (in preußischem Maß):		141	143	17

Reinertrag: 312 Reichstaler 18 Silbergroschen 1 Pfennig

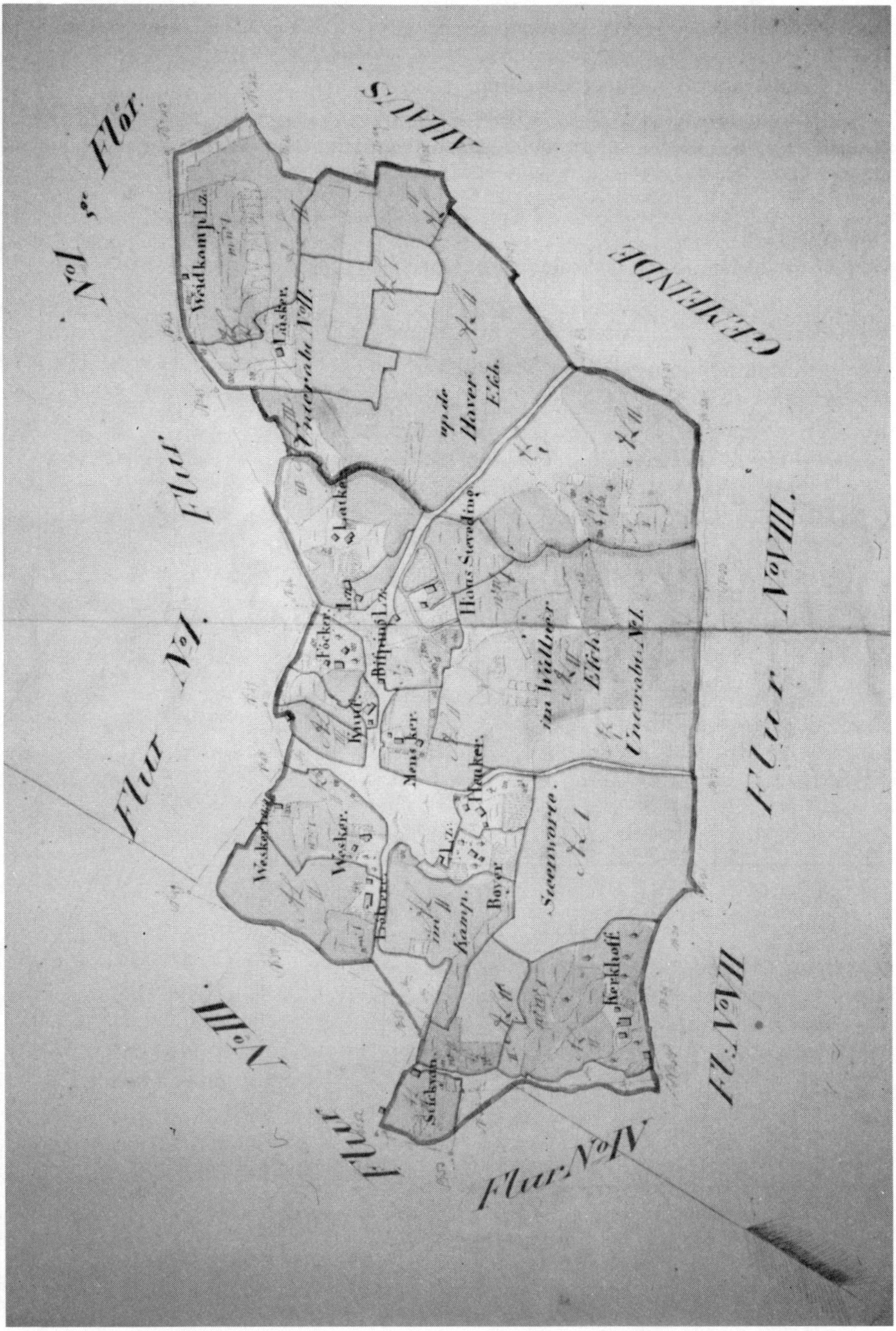

Abb. 27: Haus Stevening im Urhandriß der „*Flur II: Ortwick*“ in Wüllen 1827 (verkleinert). (Katasteramt Borken)

8 Tafeln

8.1 Lehnsträger des Gutes Stevening

(Die Jahreszahlen geben, sofern nichts anderes vermerkt ist, die Jahre der Belehnungen an.)

Gerhard **Brinking**, Ritter, und seine zwei Söhne
1324

verkauft/vererbt (?) an:

Arnd **von Rokinghusen**

Er überträgt das Lehen 1384 an:

Claes **Berse**
1384, 1395

Tochter

Grete
oo Matheus **von Graes**
ca. 1395

Ortwin von Graes

Sie verkaufen das Lehen 1406 an:

Johann **Giging**
1406
oo Grete

1. Elseke
oo Johan **Hakfort**

2. Claes
1439/41, 1458

3. Hermann
1472

4. Kunne
1484
oo NN Horstinx gen. Bordewijk
Sie überträgt das Lehen 1484 an:
Johann **von Senden**.
1484
Er überträgt das Lehen 1491 an:

1. Johann Hakfort
1481

2. Hendrik Hakfort
1491

Wenselaus Hakfort
1493, 1498, 1533

Er überträgt das Lehen
1533 (?) an:

Everhard **von der Mark**
1533 (?), 1560

Anna von der Mark
1604
oo Johann **Moerbecke**

Arnold Moerbecke
1611

Adolph Wilhelm Moerbecke
1645

8.2 Stammtafel von der Mark zu Ottenstein und Stevening

Adolph (Aleph/Aleff) **von der Mark** (1476-1538, 1540†), S. von Evert und Fye Strick, Richter zu Ottenstein 1476-1532, zu Ahaus und zum Steinernen Kreuz 1490-1532, wohnt zu Ottenstein 1498/99 („*militaris*“), Mitglied der münsterischen Ritterschaft;
oo 1. Katharina von Buerse zu Ottenstein (1492-1502), T. von Bernhard und Katharina von Hörstel, Witwe des Bernhard von Hövel, Erbin der Hörstelschen Güter zu Ottenstein.
oo 2. Adelheid Richters (1530-1558, 1569†), begütert um Ottenstein und Haaksbergen.

Kinder erster Ehe:

1. Katharina, tritt 1523 in das Schwesternhaus Marienbrink in Coesfeld ein, 1562 „*schermeistersche*“, † 1576.
2. Rotger (1524, 1526), 1526 Bürgermeister zu Ottenstein.
3. Adolph (1524-1546, 1549†), 1528 Bürgermeister zu Ottenstein.
   Kind (illegitim):
   1) Sophia, erhält 1558 Haus in Ottenstein.

Kinder zweiter Ehe:

4. Everhard (1532, † 1581), 1532-1573 und 1576-1581 Richter zum Steinernen Kreuz, zu Ahaus und Ottenstein, 1532 Bürgerrecht in Ahaus, dort 1570 Haus am Kirchhof;
   oo vor 1543 Erich (van) Billerbeck (* 1508/1522, lebt noch 1581), T. von Johann, fürstl. Hauskoch und Bürger zu Ahaus, und Gebbe NN, zuvor 5 Jahre Nonne zu Dülmen (Agnetenberg).
   (Sie erbauen 1564/65 Haus Stevening in Wüllen.)
   Kinder:
   1) Anna (1550-1604, 1611†)
      oo vor 1572 März 8 Johann **Moerbecke** zu Breckelenkamp (1571-1598, 1603†), S. von Johann zu B. und Anna Reinhers.
      (Sie erben um 1578 Stevening.)
   2) Adolph (1566, † 1576), 1573-1576 Richter zum Steinernen Kreuz, zu Ahaus und Ottenstein.
   3) Johann (1564-1576, 1578†), 1576 Bürgermeister zu Ahaus;
      oo vor 1573 August 25 Tundecke (= Gertrud) Moerbecke (1580 März 7 Witwe, 1626†), T. von Johann zu Breckelenkamp und Anna Reinhers.
   4) Gertrud (1568-1581).
5. Georg (Jürgen) (1537-1589), 1558-1560 Bürgermeister zu Ottenstein und 1567 zu Oldenzaal, erhält 1569 das von Buersesche Haus zu Ottenstein, 1566-1580 Mitglied der Ritterschaft von Overijssel;
   oo vor 1546 April 2 Fenne ten Hamme (1546-1588), T. von Goerdt und Judith Sloet.
   (Nachkommen in Ottenstein und in den Niederlanden.)

6. Gerhard (1536, 1558†), 1537 Bürgerrecht in Ahaus;
   oo Ermgard (von Buchorst) (1558 Witwe).
   Kinder:
   1) Otto (1555-1578), 1571 Vikar an St. Katharina in Wüllen, ist 1571 am bischöflichen Hof in Minden, 1578 Sekretär des Bischofs von Minden.
   2) Rotger zu Ahaus (1564, † 1602 Februar 14), zeitweise in spanischen Diensten; oo Margaretha van den Closter (1572-1606), T. von Rudolf zu Drent und Agnes Sloet.
      (Nachkommen in Ahaus und in den Niederlanden.)
7. Gertrud (1549-1569);
   oo vor 1549 Dezember 31 Johann Grothus zu Ibbenbüren (Haus Grone) (1509-1558, 1562†), S. von Nikolaus und Gertrud von Ysselmudde.

8.2a Stammtafel (van) Billerbeck

Hermann **von Billerbeck** zu Egelborg (1450-1510), S. von Johann zu Nienborg und Mentha von und zu Kornhorst, erhält 1470 in der Teilung „*Eghelmarinc*" (=Egelborg); oo 1470 (Eheberedung 1470 März 12) Johanna von Keppel († 1476, Epitaph in der Kirche zu Legden), T. von Friedrich zu Nienborg und Bertha von Heek.
(Nachkommen zu Egelborg.)
~~ außereheliche Verbindung mit „*Trude Zewens anders geheyten Stynen*", Eigenhörige des Stifts Vreden, 1482 gewechselt.

Bastardkinder:

1. Katharina (van) Billerbeck, 1482 gewechselt.
2. Johann **(van) Billerbeck** (1482-1543, 1547†), Meister, 1482 gewechselt, 1514 „*Johann Kerstines genannt Billerbeck*", vor 1514 Bürgerrecht zu Ahaus, fürstl. Hauskoch zu Ahaus (vor 1514 ff);
   ~~ voreheliche Verbindung mit Christina Knives („*Knuffs*") genannt Sickincks.
   Bastardkind:
   1) Hans (van) Billerbeck (* Ahaus, † Riga 1565), 1529 Kaufgeselle in Livland, desgl. 1559 in Riga, schließt 1529 einen Gesellschaftervertrag mit Gosse Lüdinghusen in Lübeck, stirbt als reicher Kaufgeselle mit Faktoreien in Antwerpen, Amsterdam und Lübeck.
   oo 1. vor 1514 November 14 Gebbe NN (1514-1534).
   oo 2. nach 1534 Februar 3 Fye Redekers
   Tochter erster Ehe:
   2) Erich (van) Billerbeck (~ Ahaus 1508/22 durch Bischof Erich I. von Münster, lebt noch 1581), 5 Jahre Nonne zu Dülmen (Agnetenberg);
   oo vor 1543 Everhard **von der Mark** zu Ahaus (1532, † 1581), Richter zum Steinernen Kreuz, zu Ahaus und Ottenstein, S. von Adolph und Adelheid Richters.
   Söhne zweiter Ehe:
   3) Cordt Sterben in Riga kurz
   4) Arndt vor ihrem Halbbruder
   5) Wilhelm Hans (van) Billerbeck.
   6) Johann (van) Billerbeck (1565-1570), Bürger und Schneider in Riga.
   7) Werner (van) Billerbeck (1565), zu Ahaus.
3. Matthias („*Thyes*") (van) Billerbeck, 1482 gewechselt.

8.3 Stammtafel (von) Moerbecke und von Heerdt zu Stevening

Johann **Moerbecke** zu Breckelenkamp (Twente) (1571-1598, 1603†),
S. von Johann zu Breckelenkamp (1540†) und Anna Reinhers, 1571 zum Landtag von Overijssel verschrieben, 1584 Bürgerrecht in Ahaus;
oo vor 1572 März 8 Anna **von der Mark** (1550-1604, 1611†), T. von Everhard und Erich (van) Billerbeck.
(Sie erben um 1578 Haus Stevening, leben zuvor auf Haus Breckelenkamp.)

Kinder:

1. Arnold (1603-1637, 1639†), Erbe zu Haus Stevening, 1606 Erbteilung mit dem Cousin Bernd M.;
oo 1. Gerberga von Dedem († 1602 Juli 31), T. von Johann und Elsebe von Münster zu Ruinen.
oo 2. vor 1611 Anna Clevorn (1622), T. von Albert zu Darfeld und Gertrud von der Tinnen zu Kaldenhoff.

Tochter erster Ehe:

1) Margaretha (1631/32);
oo nach 1619 Wolter von Hövel zu Hoickinck (1618-1649, 1651†), S. von Johann und Elisabeth von Steenbergen. Er war in 1. Ehe mit Elisabeth Knoppert († 1619) und in 3. Ehe mit Isabella Maria Gräfin Martinenga verheiratet.
(Kinder aus 1. Ehe; 1 Kind aus 2. Ehe starb jung.)

Kinder aus zweiter Ehe:

2) Adolph Wilhelm zu Stevening, Burgmann zu Nienborg (* um 1611, † Wüllen 1675 Februar 20, 64 Jahre);
oo 1643 (?) Judith de Baeke († Wüllen 1680 Oktober 10), T. von Everhard und Fredeke von Knesebeck, Erbin des Burgsitzes zu Nienborg

Kinder:

(1) Arnold Everhard (* um 1645, † Wüllen 1679 August 11, 34 Jahre), 1658 Dezember 21 Tonsur und niedere Weihen in Münster, 1679 Kanoniker an St. Lebuin in Deventer und Vikar von St. Antonius Abbas in Wüllen; weilte in Italien und starb als „*presbyter ordinatus Rommae*".

(2) Johann Philipp (* um 1650, † Wüllen 1675 September 1 an einer „*veldkranckheit*", 25 Jahre), Quartiermeister, ledig.

(3) Albert Caspar (fiel 1677 Juli 1 bzw. 4 als Volontär bei Malmö/Schweden), 1669 Taufpate, ledig.

(4) Wilhelm Henrich zu Stevening, Burgmann zu Nienborg (* Wüllen 1657 September 9, † Wüllen 1730 Januar 27), 1677 Volontär vor Malmö;
oo Wüllen 1690 August 22 Catharina Elisabeth **von Heerdt** zu Stevening (~ Nienborg 1651 Mai 24, † Wüllen 1727 Februar 20), T. von Arnold und Anna Gertrud Moerbecke.

Sohn:

Wilhelm Arnold Anton (Taufname: Antonius) zu Stevening, Burgmann zu Nienborg (~ Wüllen 1693 November 3, † Wüllen 1761 September 27, begraben September 30). Mit ihm erlosch das Geschlecht im Mannesstamm.

(5) Sophia Adelheid (1673, 1681, 1683 Taufpate, † nach 1725), Stiftsdame zu Bocholt;
oo Wüllen 1688 Januar 25 Gossen Palick Grubbe zu Herinkhave (* um 1640, † um 1723), S. von Hermann Gossen und Sophia von Besten.
(Ihre Enkel Ferdinand Adolph und Clara Margaretha Wilhelmina von Bönninghausen erben 1761/80 Stevening.)
illegitim:
(6) Anna Frederika († Wüllen 1679 September 19 bzw. 20), 1669 und 1677 Taufpate.

3) Anna Gertrud zu Stevening (1661, 1679 Witwe, † Wüllen 1680 September 6 als „*Grete Morbeck*" ?);
oo vor 1638 Arnold **von Heerdt** (1645-1661, † 1661), S. von Johann zu Camphuysen und seiner 2. Frau Maria von der Horst.
Kinder:
(1) Anna († 1695 Februar 5, begraben in der Kirche zu Weeze);
oo Wehl 1657 Juni 13 Gerhard von Daell zu Huest (* Boxmeer 1616 Juli 27, † Huest 1680 Oktober 1, begraben in der Kirche zu Weeze), S. von Abraham und Henrica Schenck von Nydeggen zu Huest, Student der Philosophie in Artois, später in pfälzischen und englischen Kriegsdiensten.
(Ihr Sohn Henrich von Daell ist 1726-1742 Abt zu Hamborn. Ihr Enkel Gerhard Wilhelm von Daell zu Eyll und Huest oo Clara Margaretha Wilhelmina von Bönninghausen, Erbin von Stevening 1780.)
(2) Johann Albert (* um 1638, † 1705 Februar 10, 67 Jahre, begraben in der Abteikirche Hamborn), Prämonstratenser zu Hamborn; 1662 Dezember 23 Priesterweihe zu Münster, 1667 als Hamborner Prämonstratenser zum Prior in Füssenich berufen, 1672 November 18 zum Abt von Hamborn erwählt, 1673 April 17 mit dem Abtstitel der schottischen Abtei Soulseat bewidmet, 1675 Dezember 2 Resignation als Abt, lebt überwiegend im Duisburger Haus der Abtei; 1694 Mai 13 erneut zum Abt von Hamborn erwählt, Vollender der zerstörten Klostergebäude.
(3) Maria Margaretha († Wüllen 1723 März 15), Äbtissin des Weißen Stifts zu Bocholt 1672-1722, 1693 und 1711 Taufpate.
(4) Sophia Gertrud, 1679 Taufpate;
oo Leonard Ravestein.
(5) Catharina Elisabeth zu Stevening (~ Nienborg 1651 Mai 24, † Wüllen 1727 Februar 20);
oo Wilhelm Henrich Moerbecke zu Stevening, Burgmann zu Nienborg (* Wüllen 1657 September 9, † Wüllen 1730 Januar 27).
Vgl. oben 1. 2) (4).
(6) Christina Elisabeth († Wüllen 1728 August 18), Nonne.

2. Sophia, Erbin zu Breckelenkamp (1606 Witwe Bentinck);
oo vor 1600 Hendrik Bentinck zum Leuwenberg zu Wilp († 1600), S. von Johann zum L. und Hendrika von Averenck, spanischer Kapitän, Gouverneur zu Venlo, Richter zu Arnhem 1567-1572, spanischer Landdrost der oberen Velau 1572-

1582. Er war in 1. Ehe 1556 mit Elisabeth von Scherpenzeel, in 2. Ehe mit Irmgard von Amstel verheiratet.
Nachkommen aus diesen drei Ehen.

3. Erika (1606);
oo nach 1606 Juli 18 Otto von Voorst zu Diemen und Schadewijk (bei Eindhoven), S. von Bernd zu Rijssen und Schadewijk und Elisabeth von Lynden.

8.4 Besitzfolge zu Stevening: (von) Moerbecke, von Bönninghausen, von Daell

Friedrich Christian **von Bönninghausen** zu Darup, Bremscheid, Marpe, Suttrop und Herinkhave (* Bremscheid 1692 November 9, † Herinkhave bzw. Bremscheid 1771 August 27), Generalleutnant in münsterischen Diensten, Gouverneur von Bonn;
oo 1. Gronau 1723 März 6 Johanna Maria Antonia Grubbe (* Herinkhave 1690 Dezember 4, † Herinkhave 1740 Januar 28), Kanonisse des Stifts Bocholt, Erbin zu Haus Herinkhave, T. von Gossen Palick Grubbe zu Herinkhave und Sophia Adelheid **Moerbecke zu Stevening**;
oo 2. Vechta 1744 Januar 26 Elisabeth Johanna Franziska von Dorgelo (* Bretberg 1717 Mai 14, † Herinkhave 1752 September 12), T. von Franz Anton von Dorgelo zu Bretberg und Vechta und Helena Margaretha Esther von Ledebur zu Wicheln;

Aus 1. Ehe 3 Kinder, darunter:

1. Clara Margaretha Wilhelmina (~ Tubbergen 1725 Januar 30, † Weeze 1790 Oktober 31);
oo 1749 Juli 31 Gerhard Wilhelm Arnold Lambert Ferdinand Joseph **von Daell** zu Eyll und Huest (~ Weeze 1711 April 1, † Weeze 1783 August 23), S. von Bartholomeus Thomas zu Huest und Eyll und Mechtilde Benedicta Lucretia von Bischoping zu Oesthoff, Enckingmühle und Dülmen, in preußischen Diensten.
(Seine Urgroßmutter war **Anna Gertrud Moerbecke**, sein Taufpate u.a. **Wilhelm Moerbecke zu Stevening**.)
Sie erben 1780 Stevening und Nienborg.
11 Kinder, darunter:
    1. Friedrich von Daell (* 1751, † Weeze 1804 März 25), Offizier in preuß., dann münst. Diensten); kinderlos.
    2. Franz Anton von Daell zu Eyll, Huest, Stevening und Nienborg (* 1757, † 1813 November), kinderlos. Er vermacht die Besitzungen seinem Bruder Ludwig Caspar Joseph, verkauft Stevening um 1812.
    3. Ludwig Caspar Joseph von Daell zu Eyll und Huest († 1831 November 23), preuß, Obristwachtmeister, kinderlos.
    Er wird 1829 in die Adelsmatrikel der Rheinlande aufgenommen.
2. Ferdinand Adolph Benedikt Goswin zu Herinkhave, Darup, Nienborg und Stevening (~ Tubbergen 1728 Juni 8, † Herinkhave 1780 August 21), Kapitän, zuletzt münst. Oberstleutnant;
oo 1775 Mai 22 Maria Josina Henriette von Haen († 1798), T. von Franz Caspar zu Opherdicke und der Wilhelmine von Hövel.
Er erbt Stevening und Nienborg nach dem Tod des **Wilhelm Arnold Anton Moerbecke** 1761.
Sohn:
    Friedrich Christian Wilhelm Josef (~ Tubbergen 1776 September 12, † 1778).

Aus 2. Ehe 6 Kinder, darunter:

6. Joseph Ernst Ludwig Franz Alexander (Ludwig Ernst) von Bönninghausen zu Herinkhave und Darup (* Herinkhave 1747 Juni 1, † Herinkhave 1812 Mai 5), münst. Major, köln. Kammerherr;

oo 1. Flaesheim 1781 Juli 11 Clementine Philippine von Wydenbrück zu Loe († 1783 Mai 21), T. von Josef Wilhelm Ignatz und Maria Franziska von Althaus;
oo 2. Wenne 1784 Juni 2 Theresa Regina Walburgis Reichsfreiin von Weichs zu Wenne (* Amecke 1765 November 7, † Herinkhave 1828 April 7), T. von Clemens August und Philippine Bernhardine Reichsfreiin von Wrede zu Amecke.
Er teilt 1780 die Güter seines Halbbruders Ferdinand Adolph mit seiner Halbschwester Clara Margaretha Wilhelmina.
Nachkommen.

8.5 Stammtafel Bispinck zu Stevening

August Philipp Carl Ignatz Bispinck (* Raesfeld 1746 August 1, † Horstmar 1835 August 6), Notar seit 1764, Gerichtsschreiber am Gogericht zum Santwelle, wohnt 1806 zu Horstmar Nr. 96 (= Königstraße 8);
oo Dülmen 1779 Juni 7 Catharina Gertrud Hackebram (* Dülmen 1751 Juli 6, † Horstmar 1811 November 25), T. von Antonius und Maria Gertrud Eschewig.
Kinder:

1. Philipp Christian Joseph Aloys Maria (* Horstmar 1780 März 26, † Münster 1852 Dezember 12), Licentiat iuris, seit 1799 Advokat, Rentmeister, Amtsrentmeister zu Ahaus 1809/10, Landwirt und Herr zu Haus Stevening 1812-1833, 1836 Ökonomiekommissar in Münster;
oo Münster (Liebfrauen) 1810 Juli 17 Maria Anna Johanna Bapt. Josefa Hase (* Münster 1791 Januar 7, ~ Januar 8 Martinikirche, † Dülmen 1873 Dezember 8), T. von Dr. iuris utriusque Friederich Christian Bernhard und Clara Elisabeth Schweling.
Kinder:
   1) Maria Augusta Juliana (~ Ahaus 1811 August 4).
   2) August Philipp Carl Ludwig (~ Ahaus 1812 November 8, † Düsseldorf 1876 Februar 18), Grubenbesitzer und Bergwerksdirektor;
   oo Caroline (* Elbing/Ostpreußen 1836, † Düsseldorf 1881 August 6), Witwe des Kaufmanns Robert Jeschke, Berlin.
   3) Ignatz (* Wüllen 1814 Dezember 8, † Boele bei Hagen 1870 Januar 15), Priesterweihe 1838 August 10, 1854 Oktober 15 Anstellung als Vikar ad Ss. Annam et Magd. in der Kreuzkapelle in Dülmen.
   4) Emilia (* Wüllen 1816 September 10, † Wüllen 1817 Februar 20).
   5) Ewald (* Wüllen 1817 Dezember 22, † Haus Sparrenheuvel bei Bloemendael bei Haarlem/NL 1895 April 23), Kaufmann, Inhaber der Firma Bispinck und Kundert in Amsterdam.
   oo Amsterdam 1848 Mai 11 Anastasia Kundert (* Amsterdam 1816 Dezember 13, † Haus Sparrenheuvel 1902 Mai 20), T. von Jost und Gerarda Digna Kolthof.
   Nachkommen.
   6) Emilia (* Wüllen 1819 Januar 28, † Münster (Martini) 1836 Juni 12).
   7) Franz (* Wüllen 1822 Mai 23, † Mülheim 1891 Mai 11), Dr. med., Sanitätsrat in Mülheim/Ruhr;
   oo Mülheim 1850 August 25 Hermine Wenniges (* Mülheim 1831 Januar 20, † Mülheim 1900 Juli 14), T. von Theodor und Sophie von Tabouillot.
   Nachkommen.
   8) Ida (* Wüllen 1825 Juli 29, † Wüllen 1825 Dezember 2).
   9) Luise (* und † Wüllen 1828 Februar 17).
   10) Arnoldina Carolina (* Wüllen 1832 September 23, † Mülheim 1880 Dezember 30).

2.-5.,7. Geschwister mit Nachkommen.

6. Franz Joseph Victor Ignatz (* Horstmar 1790 Oktober 25, † Horstmar 1870 Juni 26), Rechtsanwalt und Notar in Horstmar, Justizrat bzw. -kommissar;

oo Horstmar 1816 Mai 14 Gertrud Crins (* Horstmar 1792 Februar 24, † Horstmar 1884 Juli 21), T. von Conrad und Anna Elisabeth Niemer.
Er kauft 1833 Stevening und löst das Gut auf.
Nachkommen.

9 Quellen und Literaturverzeichnis

9.1 Archive

Archiv der Hansestadt Lübeck (=SA Lübeck)
Archiv der Prämonstratenser-Abtei Hamborn, Duisburg
Bistumsarchiv Münster (=BAM)
Fürstliches Archiv Burgsteinfurt, Steinfurt (=FA Burgsteinfurt)
Fürstlich Salm-Salmsches Archiv Schloß Anholt, Anholt (=FSSA Anholt)
Fürstlich Salm-Horstmarsches Archiv Schloß Varlar, Coesfeld (=FSHA Coesfeld)
Gemeindearchiv Heek (=GA Heek)
Gemeentearchief Zwolle/NL (=SA Zwolle)
Gräflich von Galensches Archiv Haus Assen, Lippetal (=GvGA Assen)
Gräflich von Merveldtsches Archiv Schloß Lembeck, Lembeck (=GvMA Lembeck)
Gesamtarchiv von Landsberg-Velen (StAM, Dep.) (=von Landsberg-Velen)
Hamalandmuseum Vreden
Haus Darfeld, Rosendahl (=Hs. Darfeld)
Haus Egelborg, Legden (=Hs. Egelborg)
Haus Diepenbrock, Bocholt (Schloß Cappenberg, Selm, Dep.) (= Hs. Diepenbrock)
Haus Ermelinghof, Hamm (=Hs. Ermelinghof)
Haus Füchtel, Vechta (StAM) (=Hs. Füchtel)
Haus De Gelder/NL (Rijksarchief in Overijssel, Zwolle/NL, Dep.) (=Hs. De Gelder)
Haus Gnadenthal (Schloß Hasselholt, Ohé en Laak/NL) (=Hs. Gnadenthal)
Haus Herinkhave, Tubbergen/NL (Rijksarchief in Overijssel, Zwolle/NL, Dep.) (=Hs. Herinkhave)
Haus Loburg (von Beverförde), Ostbevern (Schloß Cappenberg, Selm, Dep.) (=Hs. Loburg)
Haus Middachten/NL (Rijksarchief in Gelderland, Arnhem/NL) (=Hs. Middachten)
Haus Ruhr, Senden (Schloß Cappenberg, Selm, Dep.) (=Hs. Ruhr)
Haus Surenburg, Riesenbeck (=Hs. Surenburg)
Haus Vinsebeck, Steinheim (=Hs. Vinsebeck)
Herzogliches Archiv von Croy, Dülmen (=HAvC Dülmen)
Historisches Archiv der Stadt Köln (=SA Köln)
Hoge Raad van Adel, Den Haag/NL (=Hoge Raad van Adel)
Katasteramt Borken
Pfarrarchiv Ahaus (=PfA Ahaus)
Pfarrarchiv Eggerode, Schöppingen (BAM, Dep.) (=PfA Eggerode)
Pfarrarchiv Heek (=PfA Heek)
Pfarrarchiv Nienborg, Heek (=PfA Nienborg)
Pfarrarchiv Vreden (BAM, Dep.) (=PfA Vreden)
Pfarrarchiv Wüllen, Ahaus (=PfA Wüllen)
Rijksarchief in Gelderland, Arnhem/NL (=RA Arnhem)
Rijksarchief in Overijssel, Zwolle/NL (=RA Zwolle)
Rijksarchief in Utrecht, Utrecht/NL (=RA Utrecht)

Hauptstaatsarchiv Düsseldorf (=HStAD)
Staatsarchiv Münster (=StAM)
Staatsarchiv Osnabrück (=StAOS)
Stadtarchiv Ahaus (=SA Ahaus)
Stadtarchiv Münster (=SA Münster)

9.2 Quellenpublikationen und Literatur

Die **Abgeordneten** des Westfalenparlaments 1826-1978. Zusammengestellt von Josef Häming. Eingeleitet und hrsg. von Alfred Bruns. Münster 1978. (=WQA 2); Nachtrag. Münster 1984. (=WQA 9)

Nederland's **Adelsboek** 1940. 's Gravenhage.

Adelslexikon. Hauptbearbeiter: Walter v. Hueck. Bd. I. Limburg a. d. Lahn 1972. (=Genealogisches Handbuch des Adels. Hrsg. vom Deutschen Adelsarchiv e.V. Bd. 53 der Gesamtreihe)

Aders, Günter: Das verschollene älteste Bürgerbuch der Stadt Münster (1350-1531). In: WZ 110 (1960). S. 29-96.

Amts-Blatt der Königl. Regierung zu Münster. Münster 1830.

Ausgrabungen und Funde 3 (1985). S. 300-301.

Bach, Adolf: Die deutschen Ortsnamen. Bd. 2. Heidelberg 1954. (=Deutsche Namenkunde II)

Beckers, Hermann, Helmut **Gausling** und Berthold **Wittebrock** (Bearb.): Die Flurnamen der Stadt Ahaus. Atlas und Namenregister. Ahaus 1989. (=Westmünsterländische Flurnamen 1/Beiträge zur Geschichte der Stadt Ahaus 5)

Behnes, Cl. A.: Beiträge zur Geschichte und Verfassung des ehemaligen Niederstifts Münster, als der früheren Aemter Meppen, Cloppenburg und Vechte, mit Urkunden etc. Emden 1830.

Belonje, J.: Das Rittergut Eyll oder Heeckeren bei Weeze. Kevelaer 1971. (=Veröffentlichungen des Historischen Vereins für Geldern und Umgegend 71)

Bente, D.: Nog een goederenregister van de graaf van Dahl. In: 't inschrien. Jg. 20 (1988). Nr. 4. S. 49-54.

Bierhaus, August: Gründung von Kultur- und Gewerbevereinen in den preußischen Kreisen Ahaus und Borken vor 150 Jahren. In: Unsere Heimat. Jahrbuch des Kreises Borken 1987. S. 232-235.

Bispinck, Carl: Nachfahrenliste des Notars u. Gerichtsschreibers des Hochstiftes Münster August Ignatz Bispinck zu Horstmar. (Stand am 1. Mai 1925). Münster 1925.

Bispinck, Carl: Von meinen Urgroßeltern Bispinck - Crins und meinen Großeltern und Eltern 1790 bis 1959. Münster 1976.

Bispinck, Carl: Die Bispinck aus Warendorf. Bd. I: Chronik der Bispinck aus Warendorf bis zum Tode von August Ignatz Bispinck zu Horstmar. Bd. II: Nachfahrenliste des August Ignatz Bispinck (1746-1835) zu Horstmar. Hrsg. von Agnes Bispinck geb. Bonse. Münster 1981.

Bispinck, P.: Ueber die Nothwendigkeit und Art der Verbesserung des Ackerbaues im Regierungs-Bezirke Münster. Stevening bei Ahaus den 17. Februar 1823.

Bispinck, P.: Unterricht im Ackerbaue und in der Viehzucht für den Bürger und Landmann. Erstes Heft. Münster 1824.

BKW Kreis Ahaus = Die Bau- und Kunstdenkmäler von Westfalen. Kreis Ahaus. Im Auftrage des Provinzial-Verbandes der Provinz Westfalen bearb. von A. Ludorff. Mit geschichtlichen Einleitungen von J. Schwieters. Münster 1901.

Bloys van Treslong Prins, P. C.: Genealogische en heraldische Gedenkwaardigheden in en uit de Kerken der Provincie Overijssel. Utrecht 1925.

Bönninghausen, Clemens **Freiherr von**: Die Stammväter von Bönninghausen, ihr Leben, ihre Taten und ihre Zeit. Biographien von der älteren Genealogie und von der Stammlinie I. Coesfeld 1958.

Braun, Klaus-Jürgen und Hans-Joachim **Meier**: Hamborn am Rhein, ein Blick in die Vergangenheit. Gummersbach 1985.

Brockpähler, Wilhelm: Steinkreuze in Westfalen. Münster 1963. (=Schriften der Volkskundlichen Kommission des Landschaftsverbandes Westfalen-Lippe 12)

Bröker, Josef: Genealogische Forschungen zur Familie von Grothaus unter besonderer Berücksichtigung ihrer Beziehungen zum Gut Grone bei Ibbenbüren. In: Beiträge zur westfälischen Familienforschung 41 (1983). S. 308-325.

Bruch, Rudolf **vom**: Die Rittersitze des Emslandes. Münster 1962.

Bruns, Alfred (Bearb.): Varlarer Frei- und Wechselbriefe 1329-1803. Münster 1977. (=WQA 1)

Bruns, Alfred und Peter **Löffler** (Bearb.): Das Archiv des Archidiakonates Billerbeck. Hrsg.: Alfred Bruns. Münster 1981. (=WQA 5)

Bruns, Alfred: Die ältesten Lehenbücher und Lehenregister der Edelherrschaft Steinfurt (1236 ff.) 1282-1439. In: Tradita Westphaliae. Hrsg. von Wolfgang Bockhorst. Münster 1987. S. 9-112. (=WQA 13)

Münsterische **Chronik** oder Begebenheiten im siebenjährigen Kriege zu Münster. In: WZ 37 (1879). S. 3-112.

CTW VI = Codex Traditionum Westfalicarum VI: Güter- u. Einkünfte-Verzeichnisse der Klöster Marienborn und Marienbrink in Coesfeld, des Klosters Varlar sowie der Stifter Asbeck und Nottuln. Bearb. von Franz Darpe. Münster 1907.

CTW VII = Codex Traditionum Westfalicarum VII: Güter- u. Einkünfte-Verzeichnisse der Stifter Langenhorst, Metelen, Borghorst, sowie der Klöster Gross- und Klein-Burlo. Bearb. von Franz Darpe. Münster 1914.

Döhmann, Karl und W. H. **Dingeldein**: Singraven. De Geschiedenis van een twentsche Havezate. Derde Deel. Brüssel 1934.

Doorninck, J. **van** und J. L. **van Doorninck**: Tijdrekenkundig Register op het Oud Provinciaal Archief van Overijssel. Deel 4: 1456-1496. Zwolle 1865; Deel 5: 1496-1527. Zwolle 1872; Aanhangsel: 1225-1496. Zwolle 1874.

Doorninck, J. L. **van**: Dalensche leengoederen. In: Derselbe und J. Nanninga Uitterdijk: Bijdragen tot de geschiedenis van Overijssel 10 (Zwolle 1890). S. 89-92.

Eiynck, Andreas: Bauernhäuser im Klassizismus, Historismus, Jugendstil. Quellen und Materialien zum ländlichen Hausbau des Westmünsterlandes im Industriezeitalter. Vreden 1990. (=Beiträge des Heimatvereins Vreden zur Landes- und Volkskunde 39)

Engel, Gustav: Über das Güterverzeichnis der Grafen von Dale und das Heiratsgut der Gräfin Hedwig von Dale, geborenen Gräfin von Ravensberg. In: Ravensberger Blätter 11 (Dezember 1972). S. 162-166.

Engel, Gustav: Nochmals das Güterverzeichnis der Grafen von Dale. In: Ravensberger Blätter 12 (Juli 1974). S. 188.

Engel, Gustav (Bearb.): Ravensberger Regesten. I 785-1346. Texte. Bielefeld/Dortmund/München 1985 (=7. Sonderveröffentlichung des Historischen Vereins für die Grafschaft Ravensberg)

Fahne, A.: Geschlechter und Sitze. Forschungen drittes Heft. Abt. 1. Cöln 1866.

Fahne, A.: Geschichte der Westphälischen Geschlechter mit besonderer Berücksichtigung ihrer Uebersiedelung nach Preußen, Curland und Liefland. Cöln 1858.

Formsma, W. J.: Het Oud-Archief der Gemeente Ootmarsum. Assen 1943.

Gelderman, E. F. G. M.: van Moerbecke. In: De Nederlandsche Leeuw 1972. Sp. 287.

Glasmeier, Heinrich: Archivfahrten kreuz und quer durch Westfalen. In: Westfälisches Adelsblatt Jg. 1 (1924). S. 55-79.

Gottschald, Max: Deutsche Namenkunde. 5. verbesserte Auflage mit einer Einführung in die Familiennamenkunde von Rudolf Schützeichel. Berlin/New York 1982.

Hartig, Joachim: Die münsterländischen Rufnamen im späten Mittelalter. Köln/Graz 1967. (=Niederdeutsche Studien 14)

Hartig, Joachim (Bearb.): Die Register der Willkommschatzung von 1498 und 1499 im Fürstbistum Münster. Teil 1: Die Quellen. Münster 1976. (=Westfälische Schatzungs- und Steuerregister 5)

Heerdt, A. C. **Baron van**: Herde, Heerde, Heerdt. Geschiedenis van het geslacht van Heerdt. Assen 1957. (=Van Gorcum's Nederlands Familiearchief IV)

Heidebrinck, Bernhard: Wüllen. In: Kreis Ahaus. Vom Werden unserer Heimat. Hrsg. im Auftrage des Nationalsozialistischen Lehrerbundes des Kreises Ahaus und des Gaues Westfalen-Nord von Karl Lindemann und Heinrich Brambrink. Gelsenkirchen 1938. S. 252-257.

Hengst, Karl (Hrsg.): Westfälisches Klosterbuch. Lexikon der vor 1815 errichteten Stifte und Klöster von ihrer Gründung bis zur Aufhebung. Teil 1. Münster 1992.

Hinz, Hermann: Motte und Donjon. Zur Frühgeschichte der mittelalterlichen Adelsburg. Köln/Bonn 1981.

Historie van Haaksbergen. Hrsg.: Historische Kring Haaksbergen. Deel I-III. Oldenzaal 1975-78.

Holthusen, H.: Die emsländische Familie Mönnich und ihre nicht adeligen Nachkommen im Hochstift Osnabrück. Masch. Hamburg 1964 [StAOS].

Hömberg, Albert K.: Ortsnamenkunde und Siedlungsgeschichte. Beobachtungen und Betrachtungen eines Historikers zur Problematik der Ortsnamenkunde. In: Westfälische Forschungen 8 (1955) S. 24-64.

Hömberg, Albert K.: Probleme der Reichsgutforschung in Westfalen. In: Blätter für deutsche Landesgeschichte Jg. 96 (1960). S. 1-21.

Hömberg, Albert K.: Westfälische Landesgeschichte. Mit einer Faltkarte und einem Geleitwort von Bauermann. Münster 1967.

Hömberg, Albert K.: Die Entstehung der Rittersitze. In: Derselbe: Zwischen Rhein und Weser. Aufsätze und Vorträge zur Geschichte Westfalens. Münster 1967. S. 239-252.

Horstkötter, Ludger: Die Abteikirche in Hamborn. Theologische und geschichtliche Anregungen. Duisburg 1975.

Horstkötter, Ludger (Hrsg.): Dokumente zu den Abtswahlen der Abtei Hamborn (1451-1806) aus den Beständen des Hauptstaatsarchivs Düsseldorf, des Staatsarchivs Münster, des Geheimen Staatsarchivs Preußischer Kulturbesitz Merseburg, des Historischen Archivs des Erzbistums Köln und des Stadtarchivs Duisburg, als Manuskript herausgegeben und mit Anmerkungen versehen. Duisburg 1991. (=Quellen und Materialien zur Hamborner Geschichte Manuskript 7)

Hulshoff, A. L. und D. Hulshoff: Herinkhave havesate in Twente. Hrsg.: Nederlandse Kastelenstichting 1978.

Ilgen, Th. (Bearb.): Die Siegel von Adeligen, Bürgern und Bauern. Münster 1894-1900. (=Die westfälischen Siegel des Mittelalters Heft IV)

Ilisch, Peter: Tuschusen: Ein Ministerialgut und sein Zerfall. In: Geschichtsblätter des Kreises Coesfeld. Jg. 1 (1976). S. 20-32.

Ilisch, Peter: Geschichte der Pfarrgemeinde St. Bartholomäus Laer. Laer 1985.

Ilisch, Peter: Zur Geschichte des Ministerialensitzes Tuschusen bei Billerbeck. In: Geschichtsblätter des Kreises Coesfeld. Jg. 12 (1987). S. 125-126.

Ilisch, Peter: Untergegangene Adelssitze in den Kirchspielen Darup, Nottuln und Billerbeck - Beiträge zur Geschichte des Niederen Adels im Münsterland. In: Geschichtsblätter des Kreises Coesfeld. Jg. 15 (1990). S. 55-80.

Ilisch, Peter: Die Tafelgüter des fürstbischöflichen Amtes Ahaus. In: Quellen und Studien zur Geschichte Vredens und seiner Umgebung. Eine Aufsatzsammlung mit Beiträgen von Gerard Bartelink, Markus Hunecke, Peter Ilisch, Zeno Kolks, Volker Tschuschke und Hans Jürgen Warnecke. Vreden 1990. S. 49-60. (=Beiträge des Heimatvereins Vreden zur Landes und Volkskunde 38)

INA Kreis Ahaus = Inventare der nichtstaatlichen Archive des Kreises Ahaus. Hrsg. von der Historischen Kommission der Provinz Westfalen. Bearb. von L. Schmitz. Münster 1899. (= INA der Provinz Westfalen 1, Heft 1)

INA Kreis Borken = Inventare der nichtstaatlichen Archive des Kreises Borken. Hrsg. von der Historischen Kommission der Provinz Westfalen. Bearb. von L. Schmitz. Münster 1901. (= INA der Provinz Westfalen 1, Heft 2)

INA Kreis Borken (Beiheft) = Urkunden des fürstlich Salm-Salm'schen Archives in Anholt. Bearb. von L. Schmitz. Münster 1902. (=INA der Provinz Westfalen Beiband 1, Heft 1)

INA Kreis Coesfeld = Inventare der nichtstaatlichen Archive des Kreises Coesfeld. Hrsg. von der Historischen Kommission der Provinz Westfalen. Bearb. von L. Schmitz-Kallenberg. Münster 1904. (= INA der Provinz Westfalen 1, Heft 3)

INA Kreis Coesfeld (Beiheft) = Urkunden des fürstlich Salm-Horstmar'schen Archives in Coesfeld und der herzoglich Croy'schen Domänenadministration in Dülmen. Bearb. von L. Schmitz-Kallenberg. Münster 1904. (=INA der Provinz Westfalen Beiband 1, Heft 2)

INA Kreis Steinfurt = Inventare der nichtstaatlichen Archive des Kreises Steinfurt. Hrsg. von der Historischen Kommission der Provinz Westfalen. Bearb. von L. Schmitz-Kallenberg unter Mitwirkung von Döhmann. Münster 1907. (= INA der Provinz Westfalen 1, Heft 4)

Münsterisches **Intelligenzblatt**. Münster 1801, 1812, 1830, 1831, 1833, 1834.

Inventaris van het oud archief van het kasteel Middachten. Deel II. Bearb. von W. Wijnaendts van Resandt. Arnhem 1914.

Jansen, Elisabeth: Die Lehen der Herrschaft Anholt unter besonderer Berücksichtigung der geltenden Lehensrechte. Diss. Münster 1923.

Jesse: Die reformierte Gemeinde von Recken und Vreden. In: Aus alter Zeit Jg. 8 (November 1910). Nr. 11. Nachdruck Borken 1988. S. 377-379.

Jost: Geschichte der Familie von der Mar(c)k aus Hamm i.W. stammend 1406-1925. Als Manuskript gedruckt. Düsseldorf 1925.

Karel de Grote. In: Gens Nostra. Maandblad der Nederlandse Genealogische Vereniging Jg. 23 (1968). Nr. 9/10/11. S. 290; Jg. 45 (1990). Nr. 10/11. S. 369-371; Jg 46 (1991). Nr. 11/12. S. 593-595.

Kirchhoff, Karl-Heinz: Die landständischen Schatzungen des Stifts Münster im 16. Jahrhundert. In: Westfälische Forschungen 14 (1961). S. 117-133.

Kohl, Anna-Luise (Bearb.): Das Bürgerbuch der Stadt Ahaus 1400-1811. Ahaus 1979. (=Beiträge zur Geschichte der Stadt Ahaus 1)

Kohl, Wilhelm: Die Notariatsmatrikel des Fürstbistums Münster. In: Beiträge zur westfälischen Familienforschung 20 (1962). S. 1-136.

Kohl, Wilhelm (Bearb.): Die Schwesternhäuser nach der Augustinerregel. Berlin 1968. (=Germania sacra NF 3: Das Bistum Münster 1)

Kohl, Wilhelm: Das Domstift St. Paulus zu Münster. Bd. 2. Berlin/New York 1982. (=Germania sacra NF 17,2: Die Bistümer der Kirchenprovinz Köln. 4: Das Bistum Münster)

Kohl, Wilhelm (Hrsg.): Akten und Urkunden zur Außenpolitik Christoph Bernhards von Galen (1650-1678). Teil 2: Vom Frieden von Kleve bis zum Kölnischen Frieden (1666-1674). Münster 1983. (=Veröffentlichungen der Historischen Kommission für Westfalen XLII; Quellen und Forschungen zum Absolutismus in Westfalen 1)

Kohl, Wilhelm (Bearb.): Quellen zur Geschichte von Ottenstein 1319-1815. Ahaus 1988. (=Beiträge zur Geschichte der Stadt Ahaus 4)

Kohl, Wilhelm (Hrsg.): Die Weiheregister des Bistums Münster 1593-1674. Münster 1991. (=Die Geschichtsquellen des Bistums Münster 9)

Koss, W.: Ausbildung und Beratung vor Gründung der Schule. In: Dieckmann, Fritz: Die Landwirtschaftsschule und Wirtschaftsberatungsstelle Münster. Fünfzigjähriges Wirken im Dienste münsterländischer Landwirtschaft. Münster 1962. S. 90-91.

Krabbe, Bernhard: Graf Heinrich von Dale-Diepenheim und das Güterverzeichnis von 1188. In: Unsere Heimat. Jahrbuch des Kreises Borken 1978. S. 138-142.

Krusy, Hans: Stammtafel des Geschlechtes von Dedem. In: Jahrbuch des Vereins für Orts- und Heimatkunde in der Grafschaft Mark verbunden mit dem Märkischen Museum zu Witten an der Ruhr Jg. 51 (1937). S. 129-187.

Krauthausen, Udo: Ahnenliste der Familie Cremer aus Dortmund. In: Beiträge zur westfälischen Familienforschung 36/37 (1978/79). S. 102-192.

Kuile, G. J. **ter**: Geschiedkundige Aanteekeningen op de Havezathen van Twenthe. Almelo 1911.

Linnartz, K.: Unsere Familiennamen aus deutschen und fremden Vornamen im Abc erklärt. 2. Auflage. Teil 2. Bonn/Berlin 1944.

Meiners, Pfarrer: Festrede bei der Enthüllung des „Steinernen Kreuzes“ am 23. Juni 1909. In: Aus alter Zeit Jg. 7 (September 1909). Nr. 9. Nachdruck Borken 1988. S. 322-324.

Mensema, A. J. und R. M. **de Raat**: Leenrepertorium van het huis Almelo. Zwolle 1993. (=Rijksarchief in Overijssel 32)

Westfälischer **Merkur**. Münster 1830, 1852.

Muller, S. (Hrsg.): De Registers en Rekeningen van het Bisdom Utrecht 1325-1336. Deel II. 's Gravenhage 1891.

Muller, S. (Hrsg.): Regesten van het Kapittel van St. Pieter [Utrecht]. 's Gravenhage 1891.

Muller, S. (Hrsg.): Regesten van het Archief der Bisschoppen van Utrecht (722-1528). Deel 2. Utrecht 1918.

Niesert, J.: Beiträge zu einem Münsterischen Urkundenbuche aus vaterländischen Archiven gesammelt. Bd. 1. Abt. 2. Münster 1823.

Niesert, Joseph: Codex Diplomaticus Steinfordiensis oder Urkundensammlung zur Geschichte der Herrschaft Steinford. 1. Abtheilung. Coesfeld 1834. 2 Abtheilung Coesfeld 1835.

Oer, Rudolfine **Freiin von**: Landständische Verfassungen in den geistlichen Fürstentümern Nordwestdeutschlands. In: Gerhard, Dietrich (Hrsg.): Ständische Vertretungen in Europa im 17. und 18. Jahrhundert. 2. Auflage. Göttingen 1974. S. 94-119. (=Veröffentlichungen des Max-Planck-Instituts für Geschichte 27)

Ossenbühl, Hans-Georg: Die Grafen von Dale-Diepenheim. Ein niederländisch-westfälisches Großgrundherrngeschlecht ohne Territorium. In: Der Grafschafter 111 (1962). S. 898-899.

Philippi, F. und W. A. F. **Bannier** (Hrsg.): Das Güterverzeichniß Graf Heinrichs von Dale (1188). Mit Einleitung von F. Philippi. In: Bijdragen en Mededeelingen van het Historisch Genootschap Gevestigt te Utrecht. Deel 25 (1904). S. 364-443.

Philippi, F.: Landrechte des Münsterlandes. Münster 1907. (=Westfälische Landrechte I)

Prinz, Joseph: Das Tecklenburger Dienstmannenrecht. Das wiederaufgefundene Original und seine Vorgeschichte. In: Westfälische Forschungen 3 (1940). S. 156-182.

Prinz, Joseph: Das hohe Mittelalter vom Vertrag von Verdun (843) bis zur Schlacht bei Worringen (1288). In: Kohl, Wilhelm (Hrsg.): Westfälische Geschichte. Bd. 1. Düsseldorf 1983. S. 337-401.

Püttmann, Kristin: Die Burg Ahaus. In: Schloss Ahaus 1690-1990. Hrsg. von Kristin Püttmann im Auftrage der Stadt Ahaus und des Kreises Borken. Borken 1990. S. 15-21.

Rabe, Klaus-Dieter: Besitzgeschichte des Dolches des Kort Kamphuis. In: Geschichtsblätter des Kreises Coesfeld Jg. 17 (1992). S. 7-12.

Raßmann, Ernst: Nachrichten von dem Leben und den Schriften Münsterländischer Schriftsteller des achtzehnten und neunzehnten Jahrhunderts. Münster 1866.

Reckers, Everhard: 1092-1974. Das Uradelsgeschlecht „von Graes“. Hrsg.: Heimatverein Wessum e.V. 2. Auflage. O. O. 1980.

Reichling, D.: Ortwin Gratius. Sein Leben und Wirken. Eine Ehrenrettung. Heiligenstadt 1884.

Reif, Heinz: Westfälischer Adel 1770-1860. Göttingen 1979. (=Kritische Studien zur Geschichtswissenschaft 35)

Reynders, H.: Castrum Dahl. In: ’t inschrien. Jg. 20 (1988). Nr. 4. S. 57-62.

Scheide, Monika und Bernhard **Fischer**: Wüllener Kirchenführer. 800 Jahre Pfarrei St. Andreas Wüllen 1188-1988. Hrsg.: Kirchenvorstand St. Andreas Wüllen. Wüllen 1988.

Schematismus der Diöcese Münster. Hrsg. von Gen.-Vik.-Sekretär Tibus. Münster 1868.

Schepers, Josef: Münsterländische Speichergeschichte im europäischen Zusammenhang. In: Eggert, Alfons und Josef Schepers: Spieker, „Bauernburgen“, Kemenaden. Bäuerliche Speicherbauten im Münsterland. Münster 1985. S.1-37.

Schimmelpenninck van der Oye van Nijenbeek, A.: Genealogische aanteekeningen op oude geslachten. In: Geldersche Volks-Almanak voor het Jaar 1886. Jg. 52. S. 42 ff.

Schleicher, Herbert M. (Bearb.): Ernst von Oidtman und seine genealogisch-heraldische Sammlung in der Universitätsbibliothek zu Köln. Aus den handschriftlichen Aufzeichnungen für den Druck bearbeitet und ergänzt und mit Registern versehen. Bd. 1. Köln 1992. (=Veröffentlichungen der Westdeutschen Gesellschaft für Familienkunde e.V. 58)

Schneider, Heinrich: Die Ortschaften der Provinz Westfalen bis zum Jahre 1300 nach urkundlichen Zeugnissen und geschichtlichen Nachrichten. Diss. Münster 1934.

Schulze Spüntrup, Ludger: Alte Gräften und Gräftenhöfe der Gemeinde Wüllen. In: Westfälischer Heimatkalender 1958. Ausgabe Kreis Ahaus. S. 188-192.

Schutte, O.: Strick. In: De Nederlandsche Leeuw (1975). Sp. 207-244, 267-300.

Schwennicke, Detlev (Hrsg.): Europäische Stammtafeln. Neue Folge. Bd. 8. Marburg 1980.

Schwieters, [J.]: Männer und Frauen des Kreises Ahaus, die in hohen Stellungen oder schriftstellerisch tätig waren. In: Aus alter Zeit 12 (Dezember 1906). Nachdruck Borken 1988. S. 191-192.

Seekles, J. J.: Inventaris van het Familiearchief en Collectie Gelderman 1532-1988. Zwolle 1990.

Segbers, Bernhard: Ahaus Kirche und Stadt im Wandel der Zeiten. Ahaus 1971.

Seibertz, J. S.: Gotthard Ketteler, letzter Herrmeister des deutschen Ordens in Livland, und erster Herzog von Kurland. In: WZ 29 II (1871). S. 1-92.

Senden, Ernst Emil Albert (Bearb.): Urkunden und Regesten zur Geschichte des Westfälischen Uradelsgeschlechts derer von Senden. Köln 1924.

Snuif, C. J.: Verzamelde Bijdragen tot de Geschiedenis van Twenthe. Amsterdam 1930.

Sowade, Herbert (Bearb.): Urkundenregest Pfarrarchiv St. Georg Vreden 1330-1745. Vreden 1982. (=Beiträge des Heimatvereins Vreden zur Landes- und Volkskunde 23)

Spießen, Max **von** (Hrsg.): Wappenbuch des Westfälischen Adels. Görlitz 1901-1903.

Stein-Stegemann, Hans-Konrad: Findbuch der Reichskammergerichtsakten im Archiv der Hansestadt Lübeck. Bd. 1. Schleswig 1987. (=Veröffentlichungen des Schleswig-Holsteinischen Landesarchivs 18).

Tenhagen, Friedrich: Gesammelte Abhandlungen zur Vredener Geschichte. Vreden 1975. (=Beiträge des Heimatvereins Vreden zur Landes- und Volkskunde Beiheft I)

Tenhagen, Friedrich.: Einige Nachträge zur Chronik von Ottenstein. In: Aus alter Zeit Jg. 4 (Mai 1906). Nr. 5. Nachdruck Borken 1988. S. 161-162.

T[enhagen, Friedrich]: Zerstreute Notizen in einem Alstätter Kirchenbuche. In: Aus alter Zeit Jg. 10 (Oktober 1912). Nr. 10. Nachdruck Borken 1988. S. 469-472.

Terhalle, Hermann: Von der fürstbischöflichen Burg zum Rathaus der Stadt Vreden. In: Unsere Heimat. Jahrbuch des Kreises Borken 1988. S. 239-244.

Theuerkauf, Gerhard: Der niedere Adel in Westfalen. In: Rössler, Hellmuth (Hrsg.): Deutscher Adel 1430-1555. Büdinger Vorträge 1963. Darmstadt 1965. (=Schriften zur Problematik der Deutschen Führungsschichten I) .

Tschuschke, Volker: Die hochgräfliche Abtei Vreden und ihre Erbämter. In: Quellen und Studien zur Geschichte Vredens und seiner Umgebung. Eine Aufsatzsammlung mit Beiträgen von Gerard Bartelink, Markus Hunecke, Peter Ilisch, Zeno Kolks, Volker Tschuschke und Hans Jürgen Warnecke. Vreden 1990. S. 44-48. (=Beiträge des Heimatvereins Vreden zur Landes und Volkskunde 38)

Tschuschke, Volker: Die Abtei Vreden und die Römisch-Deutschen Kaiser. In: Unsere Heimat. Jahrbuch des Kreises Borken 1990. S. 167-170.

Tücking, Karl: Geschichte der Herrschaft und der Stadt Ahaus. Nachdruck Ahaus 1971.

Tumbült, Georg: Die Siegel der Dynasten. Münster 1883. (=Die Westfälischen Siegel des Mittelalters. Heft 1, 2. Abt.)

Vagedes, Anton: Mitteilungen aus der Geschichte der Stadt Ahaus. In: Aus alter Zeit. Jg. 6 (Januar 1908). Nr. 1; Jg. 6 (November 1908). Nr. 11. Nachdruck Borken 1988. S. 241-243; S. 281-282.

Valkenburg, W. W. **van**: De kapitein-commandeur Johan Veijser (John Vizer) uit Engeland, zijn nakomelingen en hun verwanten. In: De Nederlandsche Leeuw 1976. Sp. 5-80, 83-146, 151-260.

Veldtrup, Dieter: Das Bürgerbuch von Ottenstein 1476-1664. Ahaus 1982. (=Beiträge zur Geschichte der Stadt Ahaus 3)

Voort, Heinrich: Zur Genealogie und Besitzgeschichte des Burgmannengeschlechtes de Bever zu Nienborg und auf Haus Langen. In: Westfalen 45 (1967). S. 209-230.

Weikert, Wolfgang: Erbmänner und Erbmännerprozesse. Ein Kapitel Münsterscher Stadtgeschichte. Münster/New York 1990.

Wermert, Josef: Der „Status animarum" von Nienborg. Eine „Volkszählung" aus dem Jahre 1750. In: Heimat- und Rathausspiegel Nr. 23 (1987). S. 779-820.

Wermert, Josef und Heinz **Schaten**: 800 Jahre Ahle. Eine Heeker Bauerschaft im Spiegel ihrer Geschichte. In: Heimat- und Rathauspiegel Nr. 24 (1988). S. 890-940.

Wermert, Josef: Die Ministerialenfamilie von Wüllen. In: Heimatbuch Wüllen (in Vorbereitung).

Weskamp, Albert: Das Heer der Liga in Westfalen zur Abwehr des Grafen von Mansfeld und des Herzogs Christian von Braunschweig (1622-23). Münster 1891.

Wigger, J. H.: Inventaris. Huisarchief Herinckhave te Fleringen 1366-1965 waarin opgenomen de collectie Von Bönninghausen 1488-1986. Zwolle 1989. (=RAO 18)

Wilming, W.: Angaben zur Bevölkerung von Averesch, Graes und Wessum im Jahre 1661. In: Graes Gestern und Heute Nr. 6 (1991). S. 44-50.

Wilming, Wilhelm: Unsere Dörfer und ihre Familien. Die Bevölkerung von Graes und Wessum 1662-1749-1806. Hrsg.: Heimatvereine Graes und Wessum. Wessum 1993.

Winter, J. M. **van**: Ministerialiteit en Ridderschap in Gelre en Zutphen. Arnhem 1962.

WUB III = Westfälisches Urkunden-Buch. Hrsg. vom Verein für Geschichte und Alterthumskunde Westfalens. Bd. III: Die Urkunden des Bisthums Münster von 1201-1300. Bearb. von Roger Wilmans. Münster 1871.

WUB VIII = Westfälisches Urkunden-Buch. Hrsg. vom Vereine für Geschichte und Altertumskunde Westfalens. Bd. VIII: Die Urkunden des Bistums Münster von 1301-1325. Bearb. von R. Krumbholtz. Münster 1913.

Zeigert, Dieter: Die Artillerietruppe des Fürstbistums Münster 1655-1802. Erster Teil. In: WZ 134 (1984). S. 9-106.

Allgemeine **Zeitung**. Elberfeld 1830.

Landwirtschaftliche **Zeitung**. Münster 1844 ff.

Westfalen
in der Niederrheinischen Provinz der Gesellschaft Jesu
1626 bis 1773

von Clemens Steinbicker

Das Archiv der Norddeutschen Provinz der Gesellschaft Jesu in Köln bewahrt als einen seiner wertvollsten Schätze in personengeschichtlicher Sicht einen Band, in dem die Namen der Angehörigen des Ordens eingetragen worden sind, die im Raum der seit 1626 bestehenden ehemaligen Niederrheinischen Provinz in den Orden getreten sind.[1]

Begonnen hat diese Aufzeichnungen der aus Münster in Westfalen stammende P. Bernhard Meinertz (1596 – 1642) (Nr. 621), der im Jahre 1613 in Münster in den Orden eingetreten ist, 1615 die ersten und 1635 in Köln die letzten Gelübde als F(ormatus C(oadjutor) S(piritualis) abgelegt hat.[2] Er nennt sich darin selbst als Anleger dieses Verzeichnisses und Verfasser auch anderer Schriften. Der Beginn seiner Eintragungen fällt offenbar mit der Bildung der Niederrheinischen Provinz der Gesellschaft Jesu am 22. Juni 1626 zusammen. Meinertz hat zunächst die Namen der zu diesem Zeitpunkt noch lebenden und der Niederrheinischen Provinz zugeschriebenen Mitbrüder erfaßt und mit ihren Lebensdaten eingetragen. Der damals älteste Mitbruder aus Westfalen ist P. Balthasar Höfflinger (1563 - 1636) (Nr. 37) aus Münster, der schon 1585 in Köln eingetreten ist. Der früheste Sterbeeintrag stammt vom 22.11.1626 (P. Bernhard Alerding aus Münster, Nr. 16), die früheste Entlassung aus dem Orden vom 1.1.1623 (Bernhard Rothausen aus Horstmar, Nr. 818). Aus der Frühzeit der Gesellschaft Jesu im Bereich der Niederrheinischen Provinz haben wir somit nur die Namen der bis 1626 noch nicht verstorbenen oder ausgeschiedenen Ordensangehörigen vorliegen.

Die Aufzeichnungen sind von Meinertz in zwei Abteilungen, – liber sextus und liber septimus –, angelegt worden. Der liber sextus, unterteilt in sechs Spalten enthält unter den Rubriken: ‚Nomen – Natus – Ingressus – Vovit – Gradus – Finis', d. h. Namen (mit Herkunft) – Geburt – Eintritt (mit Eintrittsort) – erste Gelübde – letzte Gelübde – Tod oder Entlassung, die wesentlichen Lebensdaten der Ordensangehörigen. Im liber septi-

[1] Provinzarchiv, Abt. 0 Nr. A 14. Archivii Provincialis Rhenanae Inferioris Societatis Jesu Liber sextus. Habet nomina eorum, qui emittunt vota solemnia et simplicia und Liber septimus. In eo scribuntur, qui sacris initiantur. S.P. Meinertz p.m.

[2] Er war ein Sohn des Ratsherrn und Aldermans der Gilden der Stadt Münster Heinrich Meinertz († 1645) und der Anna Degener († 1646), entstammte also einer Handwerkerfamilie, der Vater war wohl Wüllner. Sein Bruder Johann Meinertz war als Lic. jur. wohl Advokat und ebenfalls Ratsherr in Münster, verehelicht mit Magdalena von Büren aus Ahaus, Schwester des fürstbischöflichen Landpfennigmeisters Bernhard von Büren. Eine Schwester des Vaters, Else Meinertz, war mit dem Tuchhändler und Krameramtsverwandten Joachim Koerdinck verehelicht. Abstammung und Verwandtschaft ergeben sich mit Sicherheit aus Familien-Annotationen des Bruders Lic. jur. Johann Meinertz, die den Tod des P. Bernhard Meinertz genau entsprechend den Ordensaufzeichnungen enthalten. (Im Besitz des Verlages Regensberg in Münster)

mus sind die geistlichen Weihen der Priester im Orden von der Tonsur und den vier niederen Weihen bis zur Priesterweihe eingetragen. Da dieses Buch nur einen Teil der Namen des liber sextus bietet, ist auf seine Auswertung verzichtet worden.

Unsere folgende erste Namensliste enthält alle Namen der Mitglieder der Niederrheinischen Provinz der Gesellschaft Jesu, die aus dem Raum der späteren preußischen Provinz Westfalens stammen. Hinzugefügt habe ich die Namen der aus dem alten Niederstift Münster, den Ämtern Cloppenburg und Vechta, dem Emsland einschließlich der Grafschaften Bentheim und Lingen sowie aus dem Gebiet der Abteien Essen und Werden stammenden Ordensangehörigen. Diese Liste umfaßt 1 153 Namen. In einer zweiten Liste habe ich eine Auswahl von Mitgliedern der Gesellschaft Jesu aus den umliegenden und angrenzenden Gebieten, insbesondere den Bistümern Osnabrück und Hildesheim, dem norddeutschen Raum überhaupt, den Niederlanden und vom Niederrhein beigefügt, soweit mir ihre Namen für Westfalen von Bedeutung schienen. Aus den evangelisch gewordenen Territorien konnte der Orden nur so wenige Mitglieder gewinnen, daß es angebracht schien, sie mit aufzunehmen. Diese zweite Liste umfaßt weitere 149 Namen.

Meinertz hat seine Aufzeichnungen zwar alphabetisch angelegt, aber nicht nach den Familiennamen, sondern nach den *Vor*namen. Zur besseren Benutzbarkeit der Listen habe ich sie nach den *Familien*namen geordnet. Die Blattziffer des Originaleintrags ist jeweils unter dem Familiennamen angegeben.

Die Gesellschaft Jesu hat 1543/44 durch einzelne Patres in Deutschland Fuß gefaßt. Aber schon 1556 wurden eine Ober- und Niederdeutsche Provinz, letztere mit Niederlassungen in Köln, Löwen und Tournay gebildet. 1564 ging aus einer weiteren Teilung die Rheinische Provinz mit Kollegien in Köln, Trier und Mainz hervor.[3] Mit dem raschen Aufblühen des Ordens in Deutschland drängte sich nach Ablauf von 60 Jahren die Notwendigkeit einer erneuten Teilung auf. Nach längeren Erörterungen ordnete der damalige Ordensgeneral Vitelleschi mit Schreiben vom 23. Mai 1626 die Aufgliederung in eine Ober- und Niederrheinische Provinz an. Die Grenze zwischen beiden verlief etwas südlich von Koblenz. Jedoch wurde abweichend von dieser Linie der Niederrheinischen Provinz auch das Kolleg in Trier mit dem Noviziat zugeschrieben, wobei das letztere aber weiterhin aus beiden Provinzen beschickt werden sollte. Der Niederrheinischen Provinz fielen die damals bestehenden Kollegien von Köln, Koblenz, Trier, Aachen, Emmerich, Münster, Paderborn und Hildesheim zu. Neue Niederlassungen wurden noch in der ersten Hälfte des 17. Jahrhunderts in Düsseldorf, Neuß, Bonn, Münstereifel (Jülich), in Hadamar, Siegen, Coesfeld, Meppen und Osnabrück begründet. Das ehemalige Kloster Falkenhagen in Lippe wurde dem Orden teils durch den Fürstbischof von Paderborn geschenkt, teils vom Grafen Hermann von Lippe testamentarisch vermacht.[4]

---

[3] Bernhard Duhr, Geschichte der Jesuiten in den Ländern deutscher Zunge, Band 1, Freiburg i. Br. 1907, S. 92 ff.

[4] Bernhard Duhr, wie Anm. 3, Band 2, Teil 1, 1913, S. 17 ff.

Den bedeutendsten Zuwachs bildete die Erwerbung der Herrschaft Büren mit dem Schloß Geist bei Oelde. Der letzte Sproß des Geschlechts der Edelherren von Büren, der Präsident des Reichskammergerichts in Speyer, Moritz von Büren (1604 – 1662), war im Jahre 1644 selbst in die Gesellschaft Jesu eingetreten und hatte ihr seinen Besitz vermacht. Hierdurch wurde die Gründung eines Kollegs in Büren und eines Terziats auf Haus Geist möglich.[5]

Der Niederrheinischen Provinz war auch die Seelsorge für die Katholiken in den Nordischen Missionen aufgetragen worden, in Ausübung deren der Orden auch Stationen in Bremen, Hamburg und Altona, Glückstadt in Holstein, Lübeck und Schwerin, ferner zu Kopenhagen, Friedrichstadt und Fredericia in Dänemark und Stockholm in Schweden unterhielt. Alle diese Ortsnamen finden auch in den Mitgliederlisten der Westfalen innerhalb des Ordens ihren Niederschlag.

Über die Herkunft der westfälischen Jesuiten im einzelnen ergibt sich aus der Zusammenstellung, daß fast die Hälfte aus dem Fürstenbistum Münster stammt mit 553 Personen. An zweiter Stelle folgt das Fürstbistum Paderborn mit 292 Personen. Das kurkölnische Herzogtum Westfalen stellt 121, das Emsland 41 Personen. Es folgen die Grafschaften Siegen mit 28 und Mark mit 27, Osnabrück mit seinem westfälischen Anteil, dem Amt Reckenberg, mit 19, desgleichen das Gebiet von Essen und Werden mit 19, die Grafschaften Rheda und Rietberg mit 13, das Vest Recklinghausen als Schlußlicht mit 10 Personen, insgesamt also 1 120 Personen. Der Rest von 33 Personen ist mangels einer genaueren Angabe der Herkunft nicht einzuordnen.

Bei der Prüfung des Namen- und Datenwerks fällt auf, daß die ersten Gelübde in aller Regel unmittelbar nach Ablauf des zweijährigen Noviziats abgelegt werden, die letzten Gelübde hingegen nach 10 bis 17 Jahren der Ordenszugehörigkeit zusammengefaßt an zwei festen Terminen, und zwar am 2. Februar, dem Fest Maria Lichtmeß, und am 15. August, dem Fest der Himmelfahrt Mariens. Der Grund für die Wahl dieser beiden Tage im Jahresablauf liegt jedoch nicht in ihrem Charakter als kirchliche Hochfeste, sondern weil sie Wendepunkte im Leben des Gründers der Gesellschaft Jesu bilden. Am 2. Februar 1528 begann der Hl. Ignatius in Paris das Studium der Theologie und am 15. August 1534 legte er mit seinen ersten sechs Gefährten in der Krypta der Dionysiuskapelle am Montmartre zu Paris die Gelübde von Armut und Keuschheit ab. Es lag nahe, in der Nachfolge des Ordensgründers die Erinnerung an diese Vorgänge wachzuhalten.[6]

Wer die nachfolgenden Listen aufmerksam durchsieht, wird – vielleicht zu seiner Überraschung – keine Spuren von „Macht und Geheimnis" der Jesuiten (Fülöp – Miller) und nur wenige Anzeichen für ihre weltweite Verbreitung finden, sondern eher den Eindruck von Normalität gewinnen. Viele Ordensangehörige sterben in dem Land oder sogar an

---

[5] Paul Löer, Moritz von Büren 1604 - 1661, Paderborner Studien 2, Paderborn 1939, S. 57 f.

[6] Max Heimbucher, Die Orden und Kongregationen der kath. Kirche, 2. Band, 3. Aufl. 1934 Paderborn, 2. Abt. Die Gesellschaft Jesu, S. 140 f.

dem Ort, in oder an dem sie geboren worden sind. Nur bei wenigen findet sich ein Hinweis auf die Sendung in ferne Missionsgebiete, nach „den Indien", nach Amerika oder Tonking oder in andere Länder Europas; wenige scheinen jemals den Bereich ihrer Ordensprovinz verlassen zu haben. Dieses Bild könnte Korrekturen nur durch die Untersuchung der Lebensschicksale einzelner Ordensangehöriger in ihrer Gesamtheit anhand der Unterlagen des Generalarchivs des Ordens in Rom erfahren. Auch nur bei wenigen steht vermerkt, daß sie ihre Arbeit im Dienste der Kirche mit dem Leben bezahlt haben.

Zum näheren Verständnis der Lebensabläufe innerhalb der Gesellschaft mag ein kurzer Abriß des Ganges der Ausbildung nach den Ordensregeln und der inneren Struktur der Gesellschaft willkommen sein. Der Eintritt in den Orden erfolgt meist in jungen Jahren und wird von denen, die Priester werden wollen, gewöhnlich nach Abschluß der Gymnasialstudien vollzogen. Bei den Brüdern liegt das Eintrittsalter im Durchschnitt höher, weil sich viele von ihnen wohl erst nach Jahren der Ausübung eines Berufes zum Ordensleben entschließen.

Eintrittsalter:

der Patres				der Brüder
bis 20	=	531	=	16
bis 25	=	302	=	122
bis 30	=	16	=	114
über 30	=	5	=	20

Das zweijährige Noviziat dient der Einführung in den Geist des Ordens und der Prüfung des Berufs zum Ordensleben. Danach folgt die Zulassung zu den ersten ewigen Gelübden von der Armut, der Keuschheit und dem Gehorsam. Bis dahin ist jederzeit freier Austritt oder Entlassung möglich. Danach kann der Orden nur noch mit Dispens von den Gelübden verlassen werden.[7] Dimissionen aus dem Noviziat sind unter den Westfalen 22 festzustellen; als Scholastiker haben 57 den Orden verlassen, als Patres mit den letzten Gelübden nur acht und ein Bruder. Von den Patres werden drei als Apostaten bezeichnet, d. h. sie haben nicht nur den Orden verlassen, sondern auch die Konfession gewechselt. Einer von ihnen (Nr. 466) ist später zur katholischen Kirche zurückgekehrt; ein anderer aus dem Orden Entlassener ist nach zwei Jahren wieder aufgenommen worden und hat sein Leben als Jesuit geendet (Nr. 588).

Nach dem Noviziat erhalten die Laienbrüder, die C(oadjutores) T(emporales), keine weitere Ausbildung, sondern sind in ihrem erlernten und schon ausgeübten Beruf, wie z. B. als Bäcker und Brauer, Schneider oder Schuhmacher, Landwirt oder Baumeister eingesetzt worden. Die ‚Scholastici approbati' hingegen widmen sich einem intensiven Studium von 7 bis 10 Jahren an den Studienanstalten des Ordens oder Universitäten. Die nicht humanistisch Vorgebildeten studieren zunächst alte Sprachen und Literatur (1 bis 2 Jahre). Alle Scholastiker haben für gewöhnlich 3 Jahre Philosophie und – nach 2 bis 3 Jahren praktischer pädagogischer Arbeit in den Kollegien – 4 Jahre Theologie zu

[7] Max Heimbucher, wie Anm. 6, S. 147.

studieren. Die Priesterweihe erfolgt in der Regel nach dem dritten Jahr des Theologiestudiums. Die letzten Gelübde, durch die Patres und Brüder dem Orden endgültig eingegliedert werden, sind erst nach zehn Jahren der Ordenszugehörigkeit abzulegen. Dabei werden für die Professen, die das vierte Gelübde des Gehorsams gegenüber dem Papst ablegen, die Studienjahre nicht mitgezählt, so daß sie meistens erst nach 17 Jahren zu den letzten Gelübden kommen.

Unter den Westfalen in der Gesellschaft habe ich 194 Brüder (F. C. T.), 210 Coadjutoren (F. C. S.) und 440 Professen feststellen können. Die nicht immer vollständigen Angaben bei den einzelnen Ordensangehörigen zur Person führen allerdings hier wie bei den nachfolgenden Aufstellungen zu gewissen Unsicherheiten der Zuordnung. Besonders häufig fehlt die Bezeichnung als P(ater) oder F(rater), obwohl sie nach den übrigen vorliegenden Lebensdaten zu erwarten wäre. Ich habe sie in solchen Fällen in Klammern hinzugefügt.

Von Interesse wird auch eine Übersicht über die Lebenserwartung in einer Ordensgemeinschaft im 17./18. Jahrhundert sein. Während des Noviziats starben 29, als Scholastiker 140 Personen, die somit die volle Mitgliedschaft nicht erreicht haben. Mit den während desselben Zeitraumes Entlassenen ergibt sich somit ein frühzeitiger Ausfall von 256 Personen.
Eine Übersicht nach Altersklassen von je 5 Jahren, ausgehend von einer feststellbaren Gesamtzahl von 818 Ordensangehörigen, ergibt folgendes Bild:

Sterbefälle:

Bis 20 = 4	46 - 50 = 75	76 - 80 = 36
20 - 25 = 49	51 - 55 = 76	81 und älter = 19, darunter
26 - 30 = 58	56 - 60 = 85	81 (4), 82 (2), 83 (2), 85 (4),
31 - 35 = 69	61 - 65 = 80	86 (3), 87 (1), 88 (1), 90 (1)
36 - 40 = 76	66 - 70 = 64	und als Senior mit fast 91
41 - 45 = 73	71 - 75 = 54	Jahren Bernard Witfeldt
		(Nr. 1107).

Es ist daraus zu ersehen, daß die Kurve der Todesfälle zwischen dem 30. und 70. Lebensjahr ziemlich gleichmäßig verläuft mit einem gewissen Höhepunkt in den Altersklassen zwischen 55 und 65 Lebensjahren. Auch die Todesfälle in jüngeren Jahren und die im Alter halten sich etwa die Waage. Wenn zu Beginn der Eintragungen die jung Verstorbenen unberücksichtigt bleiben, so fehlen am Ende die Todesdaten der zur Zeit der Aufhebung des Ordens 1773 noch lebenden Ordensangehörigen, so daß sich auch aus dieser Sicht ein gewisser Ausgleich ergibt.

Zur ständischen Zusammensetzung können ohne genauere Ermittlungen über die Herkunft und Familie der Ordensangehörigen nur ungefähre Eindrücke gewonnen werden. Der Adel ist nur in geringer Zahl vertreten. Nicht immer kann der Träger eines Adelsnamens auch als Angehöriger des Adelsstandes zweifelsfrei erkannt werden, weil das Adelsprädikat in manchen Fällen nicht erscheint. Moritz v. Büren etwa ist nur als schlichter P. Mauritius Büren, Burensis (Nr. 145) eingetragen. Unverkennbar ist aufgrund der Familiennamen, daß die überwiegende Zahl der Scholastiker, Coadjutoren und Professen dem Beamtentum und dem akademisch gebildeten Bürgertum entstammt, das seine Söhne meist schon zur gymnasialen Ausbildung den Patres anvertraut hat. Daneben ist aber auch die städtische Kaufmannschaft, die ländliche Bildungsschicht der Rentmeister, Notare, Küster und Lehrer sowie die Oberschicht der Bauernschaft vertreten. Unter den Brüdern überwiegen die Handwerker und breite bäuerliche Schichten.

Von einzelnen Familien haben dem Orden am meisten neue Mitglieder zugeführt die münstersche Familie Modersohn und die Warendorfer Zurmühlen mit je 7 Söhnen; es folgt die Paderborner Familie Risse mit 6 Mitgliedern. Könnte man eine Übersicht der Schulergebnisse zum Vergleich heranziehen, so würde sich ohne Zweifel ergeben, daß die Gesellschaft Jesu aus der bürgerlichen Führungsschicht eine Elite für ihre Gemeinschaft gewonnen hat.

Für freundliche Beratung und Hilfe in allen Ordensfragen habe ich Herrn P. Erwin Bücken S. J. und Herrn P. Hermann Deitmer S. J., beide in Köln, sehr zu danken.

Namenliste

A

1	Ahlers *17v*	Bernard.	P.	Rhenens. 1660 XII 8/79 XI 6/81 XI 7/ † 1692 VII 3 Geistae
2	Alers *93v*	Henric.	P.	Rheinens. 1670 VIII 17/88 V 23/90 V 24/1703 VIII 15 Prof. 4 vot./ † 1705 IV 8 Osnabrugi
3	Akolck *91v*	Henric.	P.	Telget. dioec. Monast. 1604 III/26 VIII 7/26 VIII 7/43 V 31 F.C.S. Colon./ † 1648 I 24 Confluent.
4	Albachten *276*	Theodor.	(F.)	dioec. Monast. 1614 IX/41 VIII 16/43 VIII 17/52 IX 8 F.C.T./ † 1681... Monast. Westph.
5	Alberdinck *74*	Gerard.		Nienberge dioec. Monast. 1717 XI 21/ 42 XI 12/ 44 XI 13/ 53 II 2 Buren. F.C.T.
6	Albers *267v*	Stephan.		ditione Corbejens. 1661 VI 29/ 79 XI 5/ 91 II 2 F.C.S.Cosfeld./ † 1698 VIII 2 Cosfeld.
7	Alerdingh *16*	Bernard.		Monast. Westph. 1571 IX 14/93 III 31 Colon./ 95 VI 4 Trevir./1612 XI 4 Paderb./ † 1626 XI 22 Paderb.
8	Althoff *17v*	Balthasar	P.	Monast. Westph. 1642 I 26/70 VII 20/ 72 VII 22/ 80 VIII 15 F.C.S./ † 1715 V 17 Aquisgrani
9	Althoff *61*	Ferdinand	(F.)	Dulman. dioec. Monast. 1665 II/ 86 XI 24/ 88 XI 25/ 97 II 2 Meppen. F.C.T./ † Monast. Westph. 1738 II 2
10	Althoff *195v*	Melchior		Dulman. 1680 XII 24/1703 VII 16/ dimiss. 1713.
11	Altman *141*	Johannes	P.	Bielefeld. 1658 VI 28/80 V 2/ 82 V 3/90 VIII 15 F.C.S. Geistae/ † Statlohn 1712 III 4 / 30 annos in missione Horstmariensi
12	Altrup *109*	Herman.	P.	Monast. Westph. 1623 I 1/ 44 IV 21/ 46 IV 22/ 59 VII 6 Monast. Westph. Prof. 4 vot./ † 73 XII 1 Monast. Westph.
13	Altzen *184v*	Ludovic.	P.	Sigenens. 1708 V 1/ 27 X 19/29 X 20/ 43 II 2 Monachi Prof. 4 vot./ † Coloniae 1772 VI 7
14	Amsteradt *61*	Foelix	P.	ex Borcken in comitatu Lippiensi 1651 VI 20/73 XII 23/ 75 XII 24/ 84 III 12 Meppen. F.C.S./ † Hadamariae 1729 II 9
15	Ambsteradt *276v*	Theodor.	P.	Meppens. 1662 VI 15/ 82 V 6/84 V 7/ † 1695 VIII 21 in castra Raen
16	Amecke *177v*	Joseph.		Menden dioec. Colon. 1735 I 29/ 53 X 20/ † 1755 V 15 in novitiatu
17	Ames(-o-) *126v*	Jacob.	P.	Sigenens. 1658 X ../76 V 14/78 V 15/92 II 2 Aquisgrani Prof. 4 vot./ † 1694 XI 10 Aquisgrani
18	Aquacius *137v*	Johannes	(F.)	ex Ahlen dioec. Monast. 1630 XI 27/54 VII 14/56 VII 15/64 VIII 15 Novesiis C.F.T./ † Coesfeld 1696

19	Arens *19v*	Bernard.	P.	in Oelde dioec. Monast. 1739 VI 9/57 X 22/59 X 23/ Monast. Westph. 1773 II 2 Prof. 4 vot.
20	Arnoldi *64*	Franc. Xaver	P.	Warburg. dioec. Paderb. 1724 IX 11/ 46 X 17/ 48 X 18/58 II 2 Paderb. Prof. 4 vot.
21	Arnoldi *134*	Johannes		Warburg. dioec. Paderb. 1596 VI 24/ 1617 XI 11/ 19 XI 12/ † 1631 Verdae occisus ab haereticis rusticis
22	Arnoldi *232*	Philipp.		Paderborn. 1609 ... / 30 X 2/ 32 XI 21/ dimissus Embricae
23	Asbeck *35v*	Christoph.	P.	Halterens. 1705 X 27/ 26 X 17/28 X 18/42 II 2 Cosfeld./ † 1754 II 22 Halterens. missionarius
24	Asbeck *96*	Henric.	P.	Wernens. 1709 IV 2/27 X 19/29 X 20/43 II 2 Hildes. Prof. 4 vot./ † Hildes. 1767 II 24
25	Aschendorff *299*	Wilhelm.	P.	Telget. dioec. Monast. 1586 IX 29/1605 X 16 Paderb./07 XI 1/26 ... Monast. Westph. Prof. 4 vot./ † 1633 IV 25 Paderbornae
26	Aschoff *136*	Johannes	P.	Widenbrug. dioec. Osnabr. 1608 .../30 VII 27/32 VII 28/48 V 3 Sigen. F.C.S./ † Hadamar 1669 VI 27
27	Averbeck *61*	Franc.	(F.)	Libborg dioec. Monast. 1664 IX ../86 VII 16/88 VII 17/96 VIII 15 F.C.T. Hildes./ † 1708 VIII 7 Geistae

B

28	Baalman *19v*	Bernard.	F.	ex Fresenburg dioec. et territ, Monast. 1746 IX 3/ 71 V 18
29	Baden *18*	Bernard.	P.	Paderborn. 1692 .../1711 V 9/13 V 10/25 VIII 15 Geistae/ † Xantis ...
30	Baden *72*	Georg.	(F.)	Gescherena 1674 IV ../1702 VII 7/04 VIII 8/12 VIII 15 Paderb. F.C.T./ † 1729 I 17 Monast. Westph.
31	Baer *183v*	Laurent.	P.	Paderborn. 1653 X 25/72 X 2/74 X 3/84 II 2 Geist. F.C.S./ † Paderborn. 1718 IV 2
32	Balck *4*	Anton.	P.	Delbrugens. 1666 IX 15/85 X 27/87 X 28/1701 II 2 Meppenae Prof. 4 vot./ † Geistae 1712 II 1
33	Baltzer *185*	Ludovic.		Schmalenberg dioec. Monast. (!) 1749 XI 1/70 X 23/72 X 24
34	Banse *70*	Georg.		Werlens. 1612 initio Sept./29 IX 20/31 IX 21/ † 1641 VII 20 Professor Rhetoricae Dusseldorp.
35	Bardt *5v*	Adam.	P.	Paderborn. 1698 V 19/1716 V 18/18 V 19/31 VIII 15 Hildes./ † 1746 VIII 5 Paderbornae
36	Bärvers *111v*	Herman.	P.	Buchold. dioec. Monast. 1705 II 24/32 X 20/34 X 21/ † Juliaci 1740 X 7
37	Baster *232v*	Paulus	(F.)	Monast. Westph. 1672 I 24/97 V 10/99 V 11/ 1707 VIII 15 Osnabr. F.C.T./ † 1744 I 26 Paderb.

38	Baumbach *63*	Franc.		Paderb. 1701 X 4/28 X 18/30 X 19/ dimissus Burenae 1736 X 19
39	Baumbach *144*	Johannes	P.	Paderb. 1707 VIII ../24 X 19/26 X 20/38 VIII 15 Geistae F.C.S./ † 1750 IX 28 Paderborn.
40	Bäumker *92v*	Henric.	(F.)	Widenbrug. 1624 .../52 VI 9/54 VI 9/62 VIII 1 C.F.T. Colon./ † 1678 XI 8 Cosfeld.
41	Bavingh *109*	Herman.	P.	Horstmar. dioec. Monast. 1574 I ../94 IX 27 Monast./96 IX 29/1612 X 30 Paderb. Prof. 4 vot./ †1656 II 14 Coloniae
42	Becker *2*	Arnold.	P.	Lingens. 1617 VII 25/42 XI 17/44 XI 21/55 VI 20 F.C.S. Meppenae/ † Xanthis 1683 III 9
43	Becker *32v*	Caspar.	(P.)	Entrop in Angaria 1608 XII 26/31 X 6/33 X 7/49 VIII 1 Meppen. F.C.S./ † 1669 IX 6 Meppen.
44	Becker *36*	Clemens	P.	Winnenberg dioec. Paderb. 1724 VII 22/41 X 21/ 43 X 22/57 VIII 15 Trevir. Prof. 4 vot.
45	Becker *54*	Everard.	P.	Sigenens. comit. Nassov. 1618 IX ../40 V 4/42 V ../ † 1657 IV 22 Hildesii (est M. Everard. Velde)
46	Becker *62v*	Ferdinand.	P.	Warberg. dioec. Paderb. 1708 IX 8/27 X 19/29 X 20/ .../ † Monast. Westph. 1740 IV 30
47	Becker *109*	Herman.		... 1587 .../1617 III 27/1619 dimissus
48	Becker *267v*	Simon	P.	Dringenberg. dioec. Paderb. 1658 I 6/78 XII 8/80 XII 9/ dimissus Geist 1684 ...
49	Beesten *72v*	Godefrid.		Rheinens. 1682 V 28/1702 V 21/04 V 22/ dimissus 1711 Colonia
50	Beysinck *300v*	Wilhelm	(F.)	Appelhulsen dioec. Monast. 1661 .../86 VII 16/88 VII 17/96 VIII 15 Essen. F.C.T./ † 1705 II 17 Essen
51	Beittelman *177*	Joseph.	P.	Paderborn. 1718 X 16/35 X 17/37 X 18/52 II 2 Prof. 4 vot. Hildes./ † 1760 IV 10 ...
52	Beneditte *69*	Goswin.	P.	Werlens. 1599 .../1615 VII ../17 .../33 II 17 Coloniae dimissus
53	Benölcken *71v*	Georg.		Schoppingens. 1658 .../78 X 21/80 X 22/ † 1687 XI 21 ...
54	Benolcken *140*	Johannes		Schoppingens. dioec. Monast. 1647 .../70 VII 20/ 72 VII 22 .../ † 1676 I 26 Monast. Westph.
55	Berens *145v*	Johannes		Volckmarsen. dioec. Colon. 1723 XI 15/43 X 21/ 45 X 22/ † 1751 VII 10 Volckmaria
56	Bergh *36*	Caspar.	P.	Rüdens. 1726 X 27/46 X 17/48 X 18/62 II 2 Sigen. Prof. 4 vot./ † Cosfeld. 1769 I 12
57	Bergh *71v*	Gaudent.	P.	Rudenens. dioec. Colon. 1658 II 15/77 VIII 12/ 79 VIII 13/92 II 2 Paderb. Prof. 4 vot./ † 1725 IV 15 Arensberg.
58	Bergh *136v*	Johannes	(F.)	Nienbergens. dioec. Monast. 1615 .../39 IX 14/41 IX 15/51 VII 31 Monast. Westph. F.C.T./ † 1684 ... Monast. Westph.

59	Bergering *146*	Johannes	P.	CreutzCapel dioec. Monast. 1730 X 6/48 X 20/50 X 21/64 II 2 Hildes. Prof. 4 vot.
60	Berhorst *54*	Everard.	(P.)	Monast. Westph. 1628 IV ../48 IV 27 Monast. Westph./50 IV 28/58 VII 6 C.F.S./ † 1683 IX 30 Arensberg.
61	Bernardi *136*	Johannes	P.	Lingens. 1611 II 20/30 IX 13/32 IX 14/ ...
62	Berndes *144v*	Johannes	P.	Volkmarsen Archidioec. Colon. 1702 X 10/31 X 23/33 X 24/45 II 2 Paderb./ † Paderb. 1758 IV 24
63	Berninghoff *135*	Johannes	P.	Kameni ex Marchia 1606 IV ../27 IX 29/29 IX 14/43 V 31 Colon. F.C.S./ † 1652 VII 18 Embricae
64	Berntz *33*	Christoph.		Herstallens. dioec. Paderb. 1622 IX ../47 X 1/49 X 10/57 V 27 Aquisgr./ † 1667 II 6 Aquisgr.
65	Berringer *34*	Christian.	P.	Paderborn. 1670 VII 2/87 V 17/89 V 18/1703 VIII 15 Prof. 4 vot./ † 1739 VIII 24 Geistae
66	Berringer *276v*	Theodor	P.	Paderborn. 1666 X 26/82 X 17/84 X 18/1700 II 2 Osnabr. Prof. 4 vot./ † Neuhusii prope Paderb. ...
67	Bessen *139v*	Joachim	P.	Rudens. 1647 IV 15/66 X 14/68 X 17/85 II 2 Monast. Westph./ † 1690 II 7 Paderborn.
68	Bestenius *139*	Johannes	P.	Rheinens. dioec. Monast. 1642 VIII 11/63 X 21/65 X 22/78 II 2 Prof. 4 vot. Cosfeld./ † Hildes. 1720 XI 29
69	Beumcker *276v*	Theodor.	(F.)	ex Hersenbrock comit. Tecklenburg. 1651 X ../85 IX 16/87 IX 17/96 II 2 Bonnae F.C.T./ † 1731 V 12 Bonnae
70	Biderwandt *137*	Johannes	P.	Cosfeld. 1622 VIII ../44 VIII 30/46 IX 2/59 VII 6 Monast. Westph. Prof. 4 vot./ † 1671 XII 10 Meppenae
71	Bierman *9v*	Anton.	F.	ex Thülen dioec. Paderb. 1743 VI 13/70 V 1/72 V 2
72	Bierman *33*	Caspar.	P.	Homborn dioec. Paderb. 1635 XII ../57 XII 19/60 I 6/71 II 2 Paderb. F.C.S./ † 1714 IX 24 Meppenae
73	Bippen *17v*	Bernard.		Bentheim 1663 IX 29/81 X 30/83 XI 1/ † 1692 XI 22 Paderbornae
74	Birkenfelt *110*	Herman.	P.	... 1641 XI 11/61 XI 10/63 XI 11/75 II 2 Geist F.C.S./ † 1679 III 30 Novesii
75	Biscopinck *6*	Anton.	P.	Monast. Westph. 1700 VIII 3/19 X 26/21 X 27/1733 II 2 Monast. Prof. 4 vot./ † Monast. Westph. 1770 XII 5
76	Bischoping *18*	Bernard.	P.	Vredens. 1689 I 1/1708 V 23/10 V 24/22 VIII 15 Meppen./ † in Indiis obiit
77	Bispinck *62*	Fortunat.	P.	Sendenhorst dioec. Monast. 1700 I 2/18 X 20/20 X 19/38 II 2 Hildes. Prof. 4 vot./ † 1738 I 29 Hildes.

78	Blancke *19v*	Bernard.	F.	ex Ennigerlohe dioec. Monast. 1737 X 16/64 IV 15/66 X 16
79	Blick(?) *110v*	Herman.	(F.)	Embsdettens. dioec. Monast. 1661 .../83 V 24/85 V 25/93 VIII 15 F.C.T. Cosfeld./ † 1714 IX 16 Cosfeldiae
80	Blömeken *72*	Georg.	P.	Saltzkottens. 1662 VII ../81 X 15/83 X 16/97 II 2 Monast. Westph. Prof. 4 vot./ † 1702 VIII 11 Paderbornae
81	Blume *71*	Georg.	(F.)	Stromberg. dioec. Monast. 1636 .../62 IV 1/64 IV 6/72 VIII 15 Meppen. F.C.T./ † 1707 V 2 Meppen.
82	Boecker *36*	Christoph.	P.	Monast. Westph. 1717 X 6/34 X 17/36 X 18/51 II 2 Aquisgrani Prof. 4 vot.
83	Boickhorst *93v*	Henric.	P.	Monast. Westph. 1658 V ../76 XI 5/78 XI 6/91 X 10 Meppen. F.C.S./ † 1716 V 10 Monast. Westph.
84	Böddecker *55*	Engelbert.		Delbrugens. dioec. Paderb. 1743 III 12/62 X 23/64 X 24
85	Bödecker *92v*	Henric.	P.	Dringenberg. dioec. Paderb. 1640 X 1/61 XI 15/63 XI 18/76 II 2 Monast. Westph./ † 1688 XI 15 Coloniae
86	Bödinck *139*	Johannes	P.	Monast. Westph. 1646 III ../66 IX 4/68 IX 5/ † 1678 X 7 Monast. Westph.
87	Bödinghausen *92*	Henric.	P.	Unnens. Westph. 1610 VII ../31 IV 15/33 IV 16/49 VIII 1 Sigena Prof. 4 vot./ † 1677 IV 10 Hildesii
88	Boethe *275v*	Theodor.	(P.)	Paderb. 1608 XII 6/27 XI 5/29 X 12/48 V 3 F.C.S. Embricae/ † 1694 I 25 Paderb.
89	Bolten *64*	Ferdinand.		Monast. Westph. 1724 IX 28/44 X 19/46 X 20/ † 1749 II 1 Osnabrugi
90	Bolte *133*	Johannes	P.	Monast. Westph. 1583 XII 27/1605 IV 7/07 IV 8/25 X 28 Colon. Prof. 4 vot./ † 1658 III 28 Colon.
91	Bolte *276v*	Tilman.	(P.)	Paderb. 1662 .../80 X 12/82 X 14/96 II 2 Meppen. Prof. 4 vot./ † Stockholmiae 1709 XI 16
92	Bolzenius *127*	Ignatius	P.	Paderb. 1686 VI 24/1703 IV 28/05 IV 29/19 VIII 15 Hildes. Prof. 4 vot./ † 1747 II 3 Burenae
93	Boemer *8*	Anton.	P.	Monast. Westph. 1732 X 16/50 X 18/52 X 19/66 II 2 Cosfeld./ † Geistae 1768 XI 9
94	Bömer *19v*	Bernard.	F.	ex Epen dioec. Monast. 1727 X 26/55 X 13/57 X 14/66 II 2 Aquisgrani F.C.T.
95	Bömer *142v*	Johannes	(P.)	Beverungens. 1684 V 30/1702 V 21/04 V 22/17 VIII 15 Prof. 4 vot. Paderb./ † 1727 IX 2 Horstmaria
96	Böninck *141v*	Johannes		Monast. Westph. pictor .../1686 XI 24/ demissus ex novitiatu
97	Bonrath *61v*	Franc.	P.	Borckens. (dioec. Monast.) .../1699 VI 5/1701 VI 6/13 VIII 15 ad s. Goarem F.C.S./ † 1744 VIII 29 Paderbornae

98	Bonrath *94*	Henric.	P.	Borckens. 1666 IX 6/88 V 23/90 V 24/1702 VIII 15 Prof. 4 vot. Geist./ † 1702 XII 6 Hildes.
99	Bonsel *65v*	Franc.		Wadersloe dioec. et territ. Monast. 1750 IV 23/71 V 18/73 V 19
100	Borchartz *138v*	Johannes	P.	Otbergens. dioec. Corbejens. 1638 III 15/60 X 5/62 X 6/75 II 2 Paderb. Prof. 4 vot./ † 1694 V 21 Geista
101	Borck *144v*	Johannes	F.	Dattelens. dioec. Colon. 1703 .../33 VII 13/35 VII 14/ † Burena 1742 I 18
102	Bracht *36*	Christian.	P.	Coesfeld. 1721 III 21/44 X 19/46 X 20/ † 1751 IX 11 Monast. Westph.
103	Bracht *145v*	Johannes	(F.)	Cosfeld. 1718 VII 26/44 X 19/46 X 20/55 II 2 Geist F.C.T.
104	Brackel *175v*	Jodocus	(F.)	Brackelensis 1660 .../82 X 14/84 X 18/93 II 2 Osnabrugi F.C.T./ † Monast. Westph. 1716 VIII 14
105	Brand *62*	Franc.	P.	Brakelia 1704 V 6/22 X 20/24 X 21/38 II 2 Paderb. Prof. 4 vot./ † Hildesii rector 1757 I 18
106	Brandes *141*	Johannes	P.	Ochtrup. dioec. Monast. 1664 II 2/82 X 24/84 X 25/98 II 2 Monast. Westph. Prof. 4 vot./ 1710 ... Hamburgi
107	Brandis *32*	Caspar	P.	Werlens. 1588 VIII 1/1608 X 30 Paderb. adm./ 10 XI 1/29 I 28 Prof. 4 vot./ 1648 XII 27 Embricae
108	Brandis *225*	Otmar	P.	Werlens. 1595 VII ../1614 XI 13 Paderb./16 XI 13/35 II 2 F.C.S. Colon./ † 1661 VII 17 Paderb.
109	Brandhoff *139*	Johannes		Essendiens. 1641 VIII 18/62 IX 20/64 IV 5/ † 1669 II .. Osnabrugi
110	Braun *5*	Anton.		Paderborn. 1686 IX 15/1707 V 7/ dimissus ex novitiatu 1709.
111	Braun *61v*	Franc.	P.	Vechtens. 1682 VI 1/1701 VI 10/03 VI 11/13 VIII 15 Geist F.C.S./ † 1718 VIII 27 Meppen.
112	Braun *232v*	Plechelmus	P.	Cosfeld. 1685 II 6/1708 V 2/10 V 3/20 VIII 25 Monast. Westph. Prof. 4 vot./ † Monast. 1720 VIII 28
113	Brauwegh *93*	Henric.	(F.)	Buran. 1639 VIII 25/64 VII 12/66 IX 8/74 VIII Geist F.C.T./ † 1679 XI 23 Hildesii
114	Bredemeyer *146*	Johannes	P.	Holthausen. dioec. Paderb. 1731 VIII 17/50 X 18/52 X 19/66 II 2 Prof. 4 vot. Hildesii
115	Brencken *128*	Ignatius	P.	Paderborn. 1704 II 20/21 X 22/23 X 23/ † Paderb. 1737 VII 19
116	Bresser *241v*	Petrus	P.	Enniger prope Geist 1684 IX 20/1708 IX 10/10 IX 11/23 III 19 Osnabr. Prof. 4 vot./ † 1750 VIII 10 Hildesii
117	Brevingh *267v*	Scotus	P.	ex dioec. Monast. 1648 XI 7/67 VIII 22/69 VIII 24/82 XII 8 Hildesii Prof. 4 vot./ † 1705 X 19 Hamburgi

118	Brill *94*	Henric.	(F.)	Bilstein. 1661 .../89 II 21/91 II 22/99 VIII 15 Sigen. F.C.T./ † 1719 I 30 Sigenae
119	Brierup *70v*	Gerhard.	(F.)	Albachten Westph. 1628 II ../56 X 28/58 X 29/67 II 2 Cosfeld. F.C.T./ † 1677 I 1 Osnabrugi
120	Brochausen *32*	Christoph.	P.	Lunensis 1598 III 13/1618 IV 11 Colon. adm./ 20 VI 1/37 VI 29 Colon. F.C.S./ † 1659 II 22 Novesii
121	Brochtrup *175v*	Joseph.	P.	Monast. Westph. 1690 III 4/1709 V 18/11 V 19/ 23 VIII 15 Prof. 4 vot. Monast. Westph./ † 1762 V 24 Confluente
122	Brockman *32*	Christian.	(P.)	Monast. Westph. 1608 .../25 X 28 Monast./27 X 29/43 V 31 Monast. F.C.S./ dimissus 1645
123	Brölinck *4v*	Adam	(F.)	ex Altenhusen in dioec. Paderb. 1669 X ../99 I 16/1701 I 17/10 II 2 F.C.T. Paderb./ † 1725 X 22 Hildesii
124	Brosichius *175*	Julius	P.	Hoxar ad Visurgim .../1630 X 2/32 X 3/48 .../ † 1656 X 9 Monast. Westph.
125	Bruchausen *8v*	Anton	P.	Monast. 1735 VI 8/53 X 20/55 X 21/70 II 2 Monast. Westph. Prof. 4 vot.
126	Bruchausen *37*	Carol.	P.	Monast. Westph. 1732 X 23/51 X 18/53 X 19/67 II 2 Bonnae Prof. 4 vot.
127	Bruchausen *36*	Christoph.	P.	Monast. Westph. 1727 XII 27/45 X 19/47 X 20/ 61 II 2 Monast. Westph. Prof. 4 vot.
128	Brüggeman *184v*	Ludovic.	P.	Wallen ex Angaria dioec. Colon. 1709 XII 26/33 X 20/35 X 21/48 II 2 Paderb. Prof. 4 vot.
129	Brumlewe *299*	Wenceslaus	P.	Lingens. 1607 III 8/29 IX 20/31 IX 21/46 IX 29 Sigen. F.C.S./ † Falckenhagen 1666 III 6
130	Bruneman *63v*	Franc.	F.	... 1710 .../38 X 13/40 X 14/49 II 2 Monast. Westph. F.C.T./ † Monast. Westph. 1768 XI 16
131	Brüning *63*	Ferdinand	P.	ex Brackel dioec. Paderb. 1709 .../28 X 18/30 X 19/39 VIII 15 Hadamar F.C.S./ † Essen in loco missione 1768 VIII 25
132	Bruens *95*	Henric.	P.	Bucholdiens. 1681 .../1701 VI 10/03 VI 11/15 VIII 15 Coesfeld. Prof. 4 vot./ † Geist 1756 VIII 5
133	Bruns *142v*	Johannes	P.	Buchold. 1683 X 21/1704 V 26/06 V 27/16 VIII 15 Geist F.C.S./ † Geist. 1728 XII 25
134	Bruns *276v*	Theodor	P.	ex Borcholt dioec. Paderb. 1672 I 3/93 VII 6/95 VII 7/1705 II 2 Prof. 4 vot./ † 1749 III 14 Geista
135	Bruisen *111*	Herman.	P.	Cosfeld. 1696 I 13/1714 V 18/16 V 19/29 II 2 Monast. Westph. Prof. 4 vot./ † 1739 IV 9 Halteren
136	Buch *136v*	Johannes	(F.)	Sigenens. comit. Nassaw. 1618 XII ../40 VIII 19/ 51 VII 31 Nancy F.C.T./ † 1661 III 4 Cosfeld.
137	Bucholtz *16*	Bernard.	P.	Cosfeld. dioec. Monast. 1580 X 16/1601 IX 22 Monast. Westph./03 IX 21/20 XI 8 Novesii F.C.S./ † 1637 X 2 Monast.

138	Bucholtz *129v*	Jacob.		Paderborn. 1745 III 12/62 X 23/64 X 24
139	Bulich *183v*	Leopold	P.	Essendiens. 1660 I 2/79 V 2/81 V 3/93 VIII 15 Geist/ † 1701 I 8 Sigenae
140	Büneman *232*	Philipp.	P.	Paderb. 1611 VI ../31 VIII 4/33 VIII 5/49 VIII 15 F.C.S. Embricae/ † 1664 II 2 Aquisgrani
141	Büning *93*	Henric.	P.	Mindens.1650 VI 12/68 X 16/70 X 17/83 VIII 15 Monast. Westph. Prof. 4 vot./ † 1723 III 17 Geist
142	Büninckman *33v*	Christoph.	P.	Monast. Westph. 1651 XI 29/70 IX 5/72 IX 8/82 II 2 Osnabr. F.C.S./ † 1710 IV 12 Osnabrugi
143	Bürbach *55*	Engelbert.	P.	Sigenens. 1704 IX 8/27 X 19/29 X 20/39 II 2 Essendiae/ † 1760 IX 11 Monast. Eiffliae
144	Büren *35*	Christoph.	P.	Beverungens. 1676 V 12/1706 VI 21/08 VI 22/17 VIII 15 Geist. F.C.S./ † Monast. Westph. 1737 IX 14
145	Büren *194*	Mauritius	P.	Burens. 1604 III ../44 IV 21/46 IV .. Colon./ 51 .../ † 1662 XI 7 Geistae
146	Busch *36*	Christoph.	P.	Legden dioec. Monast. 1720 .../38 X 20/40 X 21/ 54 II 2 Dusseldorp./ † 1761 VIII 15 Burena
147	Buschoff *243v*	Petrus	F.	Rüthen dioec. et territ. Colon. 1740 V 16/67 V 27/69 V 28
148	Busenbaum *109*	Herman.	P.	Nottelens. dioec. Monast. 1600 IX 23/19 X 11/ Monast./21 X 13/40 VIII Colon. Prof. 4 vot./ † 1668 I 3 Monast. Westph.
149	Butgenbach *177*	Joseph.	(F.)	Oldens. dioec. Monast. 1712 VI 30/36 X 6/38 X 7/47 II 2 F.C.T.

C = K

D

150	Dankelscheidt *231*	Paul.	(F.)	Eberswinckel dioec. Monast. .../1628 VII 21/30 VII 23/44 VIII 24 F.C.T. Monast. Westph./ † 1663 VIII 23 Monast. Westph.
151	Deimel *9v*	Aloysius		Olpens. dioec. Colon. 1749 X 5/68 X 22/ dimissus Treviris in novitiatu 1770
152	Deiterman *73*	Georg.		Monast. Westph. 1692 III 11/1710 VI 7/12 VI 8/ † Dusseldorp. 25 VIII 15
153	Derenthal *144*	Johannes	P.	ex Cörbecke dioec. Paderb. 1708 XI 10/27 X 19/ 29 X 20/43 II 2 Cosfeld. Prof. 4 vot./ † 1762 VIII 6 Horstmaria, fuit ibidem ad 20 annos missionarius
154	Detmari *64v*	Franc.	P.	Widebrug. dioec. Osnabr. 1735 IV 30/54 V 22/56 V 23/70 II 2 Meppen Prof. 4 vot.
155	Detten *196*	Maurit.		Monast. Westph. 1693 VI 24/1711 V 9/ dimissus ex novitiatu

156	Develich *63v*	Franc.	P.	Istrup. dioec. Paderb. 1722 II 8/39 X 19/41 X 20/ 55 VIII 15 Monast. Westph. Prof. 4 vot.
157	Deventer *177*	Jodocus	F.	Rösebeck dioec. Paderb. 1713 V 21/42 V 19/44 V 20/52 VIII 15 F.C.T.
158	Dickhoff *63v*	Frideric.	P.	Paderborn. 1717 IV 25/37 X 21/39 X 22/54 VIII 25 Cosfeld. Prof. 4 vot.
159	Dickhoff *135v*	Johannes	P.	Monast. Westph. 1610 XI ../28 V 12/30 V 26/46 IX 29 Aquisgr. F.C.S./ † 1683 III 21 Colon.
160	Diel *145*	Johannes	P.	ex Netphen dioec. Mogunt. 1718 VIII 10/38 X 20/40 X 21/54 II 2 Dusseldorp. Prof. 4 vot.
161	Dilling *18*	Bernard.	P.	Wernens. 1678 V 9/97 V 10/99 V 11/1711 VIII 15 Hildes. Prof. 4 vot./ † Osnabr. 1755 X 23
162	Dirckes *143*	Johannes	P.	Halterens. dioec. Monast. 1694 II 22/1714 V 18/16 V 19/28 VIII 15 Monast. Prof. 4 vot./ † Monast. Westph. 1764 VIII 28
163	Dirckes *142v*	Johannes Wilhelm.	P.	Halterens. 1683 II 2/1702 V 21/04 V 22/16 VIII 15 Geist Prof. 4 vot./ † Monast. Westph. 1740 VIII 28
164	Dircking *138v*	Johannes	P.	Bucholdiae 1641 III 19/59 IX 26/61 IX 26/74 VIII 15 Hildes. Prof. 4 vot./ † 1716 I 26 Geist.
165	Distelbrinck *275v*	Theodor.		Asselens. in Marchia .../ 1631 X 11/ dimissus ex novitiatu
166	Dockweiler *232v*	Philipp.		ex Hausberg dioec. Mindens. 1674 X 28/97 V 10/ 99 V 11/1708 IX 8 Aldinardia in Belgio / † Paderb. 1737 VIII 7
167	Drachter *111*	Herman.	(F.)	Cosfeld. 1688 X 21/1717 X 20/19 X 21/28 II 2 Paderb. F.C.T./ † 1730 IV 22 Paderborn.
168	Dreyer *140*	Johannes	P.	Warendorp. Westph. 1655 XI 11/73 XII 23/75 XII 24/89 II 2 Monast. Westph. Prof. 4 vot./ † 1699 V 26 Monast. Westph.
169	Dreyer *143*	Johannes		Warendorp. 1687 X ../1708 V 23/ dimissus.
170	Driberg *55*	Everhard.	P.	ex Beckum dioec. Monast. 1713 XII 21/32 X 20/ 34 X 21/48 II 2 Osnabr. Prof. 4 vot./ † Paderb. 1768 IV 14
171	Drolshagen *9*	Anton.		ex Corbey dioec. Paderb. 1742 II 24/60 X 30/62 X 31/ † Paderborn. 1767 III 25
172	Droste *18*	Bernard.	P.	Monast. Westph. 1663 X 18/81 X 30/83 XI 1/97 II 2 Monast. Westph. Prof. 4 vot./ † Aquisgrani 1723 VII 7
173	Droste *69v*	Godefrid.		Monast. Westph. 1608 XI 10/26 X 26/28 X 28/ † 1636 V 19 Treviris obiit peste
174	Droste *71*	Godefrid.	P.	Monast. Westph. 1649 V 26/68 IX 15/70 IX 16/ 81 II 2 Geist. Prof. 4 vot./ † 1723 XII 9 Geist.
175	Druffel *225*	Otto	P.	Widenbrug. dioec. Osnabr. 1586 .../1604 IV 3 Colon./06 IV 3/16 X 2 F.C.S./ † 1630 VIII 29 Aquisgrani

176	Duicker *93v*	Henric.	P.	Ochtrup. dioec. Monast. 1662 II 4/81 X 30/83 XI 1/97 II 2 Paderb. Prof. 4 vot./ † 1701 IV 28 Hildes.
177	Dudaeus *276*	Theodor.		Monast. Westph. 1635 VII 30/59 IX 27/61 XI 4/ † Juliaci 1668 VIII ...
178	Duffrene *72v*	Georg.	P.	Paderborn. 1724 II 2/41 X 21/43 X 22/55 VIII 15 Geist. F.C.S.
179	Dumpstorff *71*	Godfrid.		ex Steinhausen comit. Ravensberg. 1652 XI 10/ 70 XI 2/72 XI 3/ † 1676 IX 28 Geist.
180	Duncker *299*	Wilhelm.	P.	Werlens. 1602 III 11/26 III 23 Colon./28 III 25/46 IX 29 Prof. 4 vot. Dusseldorp./ † 1648 II exeunte Novesii
181	Duesberg *65v*	Frideric.		Borckens. dioec. Monast. 1750 III 19/70 X 23/72 X 24

E

182	de l'Eau *17v*	Balthasar.	P.	Arenspersg. 1658 X 8/76 V 11/78 V 15/92 II 2 Dusseld./ † 1701 I 4 Monast. Eifflia.
183	Eichoff *5v*	Anton.	(P.)	Kneblinghausen 1693 III 7/1719 III 20/21 III 21/29 VIII 15 Geistae C.F.S./ † Geist. in Junio 1733
184	Eicholtz *33*	Conrad.	(F.)	ex Attelen dioec. Paderb. 1633 .../62 IV 26/64 IV 27/72 VIII 15 F.C.T./ † Geista 1707 III 18
185	Eickradt *16v*	Bernard.	P.	Monast. Westph. 1607 p. s. Michaelis/29 XI 12/ 31 XII 2/46 IX Hildes./ † 1681 IV 8 Cosfeld.
186	Eynck *96v*	Henric.	F.	dioec. Monast. 1717 XI ../46 I 8/48 I 9/57 II 2 Burena F.C.T./ † Burenae 1768 IV 19
187	Einhaus *9*	August.		ex Cappelen dioec. Monast. 1744 XI 13/66 X 20/ 68 X 21/ † Ravenstein 1773 VIII 20
188	Elberti *133*	Johannes	P.	... 1582 VII 25/1601 III 26 Colon./03 III 30/1620 VII 31 Prof. 4 vot./ Hagenae/ † 1643 I 25 Grecij in itinere Romano
189	Elfering *19*	Bernard.	F.	ex Kinderhaus dioec. Monast. 1700 V 16/29 VII 18/dimissus 1730 XI 23
190	Elias *32v*	Christian.	P.	Affelens. in Angaria 1607 VII ../28 III 19/30 III 20/ dimissus.
191	Elverfeldt *48*	David		ex loco ... 1624 XI 3/55 III 27/56 IV 1 dimissus
192	Enggers *111v*	Herman.		Saltzkottens. dioec. Paderb. 1708 III 4/27 X 19/ 29 X 20/ † 1740 in itinere Tunchinensi in carcere
193	Ernst *176v*	Joseph.	F.	ex LüdkenEhder dioec. Paderb. 1705 X 13/31 IX 23/33 IX 24/ dimissus Paderborna 1740 VIII 21
194	Espenkotten *239*	Petrus	(F.)	Widenbrug. dioec. Osnabr. 1595 .../1618 I 7/20 I 18/37 VIII 30 Paderb. F.C.T./ † 1665 VIII 1 Paderbornae

195	Estinghauß *32v*	Caspar.	P.	Oldens. Westph. 1611 VIII ../29 IX 20/31 IX 21/ 49 VIII 1 Paderb. Prof. 4 vot./ † 1655 X 28 Monast. Westph.
196	Everke *7v*	Andreas	P.	Monast. 1723 VI 10/42 X 21/44 X 22/58 II 2 Monast. Westph. Prof. 4 vot.

F

197	Faber *302*	Wilhelm.	P.	Paderborn. 1744 III 29/62 X 23/64 X 24
198	Falck *55*	Everhard.		Olpens. 1721 IX 2/38 X 20/40 X 21/ † Treviris in novitiatu 1740 XI 10
199	Falck *62v*	Franc.	P.	Olpens. ducat. Westph. 1707 XII 21/27 X 17/29 X 18/41 II 2 Paderb. Prof. 4 vot./ † 1763 V 6 Treviri in collegio
200	Falckenbergh *32v*	Christoph.	P.	Borcholdiens. dioec. Paderb. .../1630 X 4/32 X 5/ 49 VIII 1 F.C.S. Hildes./ † 1686 ... Cosfeld.
201	Farwick *7*	Albert.	P.	Warendorp. 1717 III 8/34 X 17/36 X 18/50 VIII 15 Meppen. Prof. 4 vot./ † Paderb. 1755 VI 1
202	Fasterman *136*	Johannes	P.	Monast. Westph. 1610 IV 10/30 IX 28/32 IX 29/ † 1650 VIII 1 Valencenis
203	Fechteler *9*	Anton.		ex Falckenhagen dioec. Paderb. 1744 VI 11/63 X 19/65 X 20
204	Fecken *8v*	Anton.	P.	Lichtenau dioec. Paderb. 1732 XI 13/52 X 21/54 X 22/68 II 2 Paderb. Prof. 4 vot.
205	Feissen *3*	Anton.	P.	Scherfede dioec. Paderb. 1648 V 1/68 X 16/70 X 17/83 II 2 Paderb. Prof. 4 vot./ † 1723 I 12 Paderbornae
206	Ficken *65*	Franc.Xav.	P.	Cosfeld. dioec. Monast. 1740 II 27/59 X 24/61 X 25
207	Fischer *3v*	Anton.	P.	ex Sigenensi ditione 1657 XII 3/79 V 2/81 V 3/ 93 II 2 Confluent. Prof. 4 vot./ † 1741 II 21 Coloniae
208	Fischer *62*	Frideric.	P.	Neuhusan. dioec. Paderb. 1688 VII 30/1713 V 12/15 V 13/ † 1723 XI 21 Paderborn.
209	Flaging *137*	Johannes	P.	Lingens. 1625 VIII ../48 IV 27/50 IV 28/62 VIII 15 Cosfeld. F.C.S./ † 1698 I 26 Osnabrugi
210	Flaskamp *176*	Joseph.	P.	Uldens. prope Geista 1695 .../1715 V 20/17 V 21/ 29 VIII 15 Prof. 4 vot./ Monast. Westph./ † Cosfeld. 1756 I 13
211	Fleck *134*	Johannes		Ranstrup dioec. Monast. 1592 .../1615 X 3/17 XII ../ † Hildesii 1634 IV 14
212	Flender *110v*	Herman.	P.	Sigenens. 1669 XII 15/87 V 13/89 V 15/1703 II 2 Colon. Prof. 4 vot./ † 1713 XI 11 Bonnae
213	Flensberg *37*	Caspar	P.	Monast. Westph. 1741 XI 2/59 XII 31/62 I 1/ ...

214	Flörcken *63*	Ferdinand.	P.	ex Hembsen dioec. Paderb. 1710 XII ../29 X 17/ 31 X 18/45 II 2 Prof. 4 vot./ † Hafnia 1751 III 26
215	Flörcken *95v*	Henric.	P.	ex Hemsen 1696 XI 22/1715 V 20/17 V 21/30 II 2 Paderb. Prof. 4 vot./ † Buren 1770 VI 10
216	Flörcken *241*	Petrus	P.	Hemmes (!) dioec. Paderb. 1654 VIII ../75 XI 3/ 77 XI 4/87 VIII 15 F.C.S. Geistae/ † 1696 XI 6 Neostadii in Friso Orientali
217	Flüchting *130*	Ignatius		Paderborn. 1751 IV 2/68 X 22/70 X 23
218	Forckenbeck *62*	Franc.	P.	Widenbrug. 1704 VI 24/22 X 20/24 X 21/38 II 2 Buren. Prof. 4 vot.
219	Forckenbeck *177v*	Joseph.	(P.)	Monast. Westph. 1734 II 26/52 X 21/54 X 22/68 II 2 Monast. Westph. Prof. 4 vot.
220	Frantz *138*	Johannes	(F.)	Brüchtebecc. comit. Lingens. 1634 VIII 15/58 VII 30/60 VI ../69 II 2 Confluent. F.C.T./ † 1707 XII 8 Osnabrugi
221	Freye *16v*	Bernard.	P.	Monast. Westph. 1614 IX 29/36 X 24/38 X 25/51 II 2 Meppen. F.C.S./ † 1666 X 8 Embricae
222	Freye *92*	Henric.	P.	Monast. Westph. 1618 I 1/37 V 29 Colon./39 V 30/52 IX 8 Paderb. Prof. 4 vot./ † 1666 VI 12 Monast. Westph.
223	Freischen *35*	Conrad.		Paderborn. 1680 XI 30/1707 XII 13/ dimissus.
224	Freitag *17*	Bernard.	P.	Paderborn. 1650 VI 26/68 X 16/70 X 17/83 VIII 15 Hildes. Prof. 4 vot./ † 1722 VII 23 Hildes.
225	Freitag *61*	Franc.	P.	Paderborn. 1658 VIII 23/76 X 1/78 X 2/92 II 2 Paderb. Prof. 4 vot./ † 1709 III 26 Osnabrugi
226	Freitag *70*	Gerard.	P.	Billerbecc. dioec. Monast. 1609 IV 6/29 IX 20/32 V 30/ † 1650 VIII .. Treviri
227	Frenck *177*	Joseph.		Buchold. dioec. Monast. 1724 II 25/42 X 21/44 X 22/ † 1746 XII 12 Bucholdia
228	Frenkingh *133*	Johannes	P.	Horstmar. dioec. Monast. 1586 III 17/1606 X 4/ 08 X 4/26 III 1 Monast. Prof. 4 vot./ † 1640 VI 17 Paderborn.
229	Frenster *277v*	Theodor.	F.	Monast. Westph. 1735 XI 23/63 IX 29/65 IX 30
230	Frentz *137v*	Johannes	P.	Ipenburen. e domino Lingensi 1629 IX ../50 VI 12/52 XII 1/61 XI 30 Hildes. F.C.S./ † 1681 V 6 Treviris in novitiatu
231	Freusberg *291*	Vincent.	P.	Davensberg. dioec. Monast. 1709 I 13/27 X 19/ 29 X 20/43 II 2 Prof. 4 vot./ Monast. Westph./ † Buren. 1745 V 28
232	Frick *129v*	Ignatius	(F.)	ex Born dioec. Paderb. 1731 I 21/60 X 26/62 X 27/71 II 2 Osnabr. F.C.T.
233	Friderichs *2v*	Assuerus	(F.)	Havicksbeck 1635 .../55 VII 23/57 VII 25 Colon./ 65 VIII 15 F.C.T./ † Monast. Westph. 1720 X 9

234	Friderici *194v*	Melchior		Monast. Westph. 1639 IX 29/65 III 30/67 III 31 Confluent./ † Confluente 1669 IX 23
235	Frie *7*	Anton.	F.	Monast. Westph. 1712 VI 29/37 X 5/39 X 6/48 II 2 Cosfeld. F.C.T./ † Meppen 1766 XII 29
236	Frirath *70*	Gerard.	(F.)	Paderborn. 1610 XI 11/37 V 19 Colon./39 V 20/ 51 II 2 Treviris F.C.T./ † Geist. 1684 ...
237	Frishe *143*	Johannes	P.	ex Reiste in Angaria 1690 V 11/1713 V 12/15 V 13/23 VIII 15 Bonn. Prof. 4 vot./ † Colon. 1767 V 13
238	Froliken *175v*	Jodokus	(F.)	Paderborn. 1663 X 21/93 X 8/95 X 9/1704 II 2 Paderb. F.C.T./ † 1724 VII 28 Monast. Westph.
239	Fullerus *133*	Johannes	P.	Paderborn. 1564 X ../91 VII 9 Colon. /93 VIII 10 Herbipoli/1606 VIII 15 Monast. Westph. F.C.S./ † 1635 III 23 Aquisgrani
240	Funck *275v*	Theodor.		Burens. 1616 .../41 IV 11/43 IV 12/52 IX 8 Monast. Westph. † 1674 ... Monast. Westph.

G

241	Gahmen *16v*	Bernard.	P.	Lünensis e Marchia 1605 VII ../29 XI 19/31 IX 21/46 IX 29 Colon. ... / † 1660 III 2 Cosfeld.
242	Garthoff *69v*	Georg.	(F.)	Widenbrug. dioec. Osnabr. 1603 II ../23 VII 11/ 25 VII 13/37 VI 29 Monast. Westph. F.C.T./ † 1666 XI 26 Monast. Westph.
243	Geilenkirchen *72*	Georg.		Cosfeld. 1658 VIII ../81 XI 16/83 XI 17/ dimissus Paderbornae 1689
244	Geisberg *175v*	Joseph.	P.	Freckenhorst dioec. Monast. 1689 IX 27/1708 V 23/10 V 24/22 VIII 15 F.C.S. in Jutia/ † Geist. 1745 XI 26
245	Geisman *70*	Georg.		Uldens. dioec. Monast. 1618 IV ../34 IX 16/36 IX 18/ † 1652 XI .. Embricae
246	Gellerman *239v*	Petrus	P.	Hirtzberg ex Westph. 1622 .../39 IX 14/41 IX 15/ 52 X 8 Monast. Westph./ † Monast. 1676 ...
247	Georgij *133v*	Johannes	F.	Bergens. Westph. 1580 .../1613 IV 5 Colon./25 V 3 Aquisgrani F.C.T./ † 1634 X .. in servitio infectorum obiit
248	Gerardi *175*	Jodocus	P.	Buren. dioec. Paderb. 1605 XI 1/24 X 2 Herbipoli/26 X 4/43 V 31 Monast. Westph. Prof. 4 vot./ † 1667 XII 12 Hildesii
249	Gercken *93*	Henric.	(F.)	Oenhausen dioec. Paderb. 1647 XI 1/68 X 16/70 X 17/79 II 2 F.C.T. Colon./ † Paderb. 1696 ...
250	Gerling *63*	Franc.		Brilon. in Angaria 1713 IX 26/30 X 16/32 X 17/ 42 II 2 Cosfeld. Prof. 4 vot./ † 1762 II 12 Warendorpii
251	Gertz *302*	Wilhelm.		Paderb. 1751 XI 11/68 X 22/70 X 25

252	Giesen *97*	Henric.	F.	ex Hart dioec. Paderb. 1734 I 3/62 IX 3/64 IX 4/ 73 II 2 F.C.T./ Geist.
253	Glehen *4v*	Arnold.	P.	Paderb. 1681 II 6/99 VI 5/1701 VI 6/14 VIII 15 Hildes. Prof. 4 vot./ † 1729 VIII 26 Hildes.
254	Glehen *140v*	Johannes	P.	Paderb. 1657 I 20/76 X 1/78 X 3/87 II 2 Sigen. F.C.S./ † 1713 IX 13 Geist.
255	Gluntz *95v*	Henric.	P.	Löwen dioec. Paderb. 1695 IV 5/1721 X 22/23 X 23/ † 1729 I 24 Burena
256	Gödeken *145v*	Johannes	F.	Werden. 1711 III 24/40 XI 12/42 XI 13/51 II 2 Paderb. F.C.T./ † 1770 I 3 Nieheim
257	Golücke *36v*	Christoph.	F.	ex Bredenborgen dioec. Paderb. 1723 I 19/45 VI 20/47 VI 21/55 VIII 15 F.C.T. Hildesii
258	Gonterman *243*	Petrus		Olpens. 1732 X 1/50 X 18/52 X 19/ † Embricae 1754 II 16
259	Goßelman *18*	Bernard.		ex Bochorst 1693 VIII 9/1712 V 3/14 V 4/ † 1719 V 16 Osnabrugi
260	Gosman *5*	Alexander		Stromberg. 1692 V ../1711 V 9/13 V 10/ † 1723 VII 6 Paderborn.
261	Gosman *139*	Johannes		Paderborn. 1639 XII ../65 I 9/ dimissus 1679 ... Paderbornae
262	Graß *95*	Henric.	P.	Neuhauß 1693 X 6/1712 V 3/14 V 4/26 VIII 15 Prof. 4 vot. Büren./ † 1730 XII 10 Neuhusii
263	Grevinck *195v*	Melchior		Dulmaniens. 1676 I ../96 V 2/98 V 3/ † 1698 X 21 Geist.
264	Grimmelt *37*	Caspar.	F.	Watersloe dioec. Monast. 1735 III 10/60 IX 26/ 62 IX 27/71 II 2 F.C.T. Geistae
265	Gronaeus *134*	Johannes	P.	Pömpsen dioec. Paderb. 1604 IV ../23 III 27/25 III 31/43 V 31 Prof. 4 vot. Sigen./ † Paderb. 1678 II 26
266	Gronefeldt *61v*	Frideric.	(P.)	Paderb. 1687 20/1706 VI 21/08 VI 22/21 II 2 Osnabr. Prof. 4 vot./ † 1728 VIII 12 Paderb.
267	Grote *93v*	Henric.	F.	Havixbecc. 1656 X 6/79 XI 5/81 XI 6/90 II 19 / F.C.T. Embricae/ † 1706 II 21 Embricae
268	Grothaus *134*	Johannes	P.	Becheimens. dioec. Monast. 1601 IX 4/21 X 15/ 23 X 17/40 VIII 15 Colon. Prof. 4 vot./ † 1669 IV 28 Nienhaus Paderb.
269	Gründer *291*	Urban.	(F.)	Monrad. (?) dioec. Paderb. 1649 ca Michaelis/77 VII 15/79 VII 16/87 VIII 15 F.C.T./ † 1695 IV 1 Hildesii
270	Grüne *64v*	Frideric.	F.	ex Haberhausen dioec. Paderb. 1723 XII 14/49 XII 5/51 XII 6/60 II 2 Büren F.C.T./ † Büren 1767 X 2
271	Grüter *17v*	Bernard.	P.	Paderborn. 1658 in oct./76 X 1/78 X 3/91 VIII 15 Osnabr. Prof. 4 vot./ † 1736 IV 8 Paderborn.
272	Grüter *93v*	Henric.	P.	Paderborn. 1660 III 10/77 VIII 12/79 VIII 13/93 VIII 15 Aquisgr./ Prof. 4 vot./ † 1723 VII 16 Hildes.

273	Gruter *140v*	Johannes	P.	Paderborn. 1653 .../75 XI 3/77 XI 4/ † 1684 V 6 Paderborn.
274	Günterman *65*	Franc.		ex Werden terr. Corbejens. 1745 X 7/65 X 23/67 X 24

H

275	Habbel *16*	Bernard.	P.	Affelens. ex Angaria 1608 in Junio/23 X 11/25 X 12/ Monast. adm./43 III 31 Colon./ - / † 1675 VI 2 Colon.
276	Habbel *33*	Clemens	P.	Affelens. ex Surlandia 1618 VI ../42 X 18/44 X 21/57 V 27 Paderb. F.C.S./ † 1699 IV 20 Burena
277	Hackemüller *109*	Herman.	(F.)	Horstmar dioec. Monast. 1591 XI 11/1608 X 24 Monast./11 X 8/24 V 24 F.C.T./ † 1653 II 16 Confluente
278	Hackenbergh *48*	Ditmar.	P.	Hagens. dioec. Colon. 1584 V 25/1605 VII 7/17 IV 8/23 VII 4 Monast. Westph. F.C.S./ † 1664 X 28 Paderbornae
279	Hackenfort *16v*	Bernard.	P.	Oesterwic. 1613 VI 23/35 IX 7/37 V 16/51 II 2 Monast. Westph. Prof. 4 vot./ † 1683 X 16 Monast.
280	Hacking *144v*	Johannes	(F.)	Harsewinkel dioec. Monast. 1699 .../1728 IX 20/ 30 IX 21/39 II 2 Colon. F.C.T.
281	Hademar *232*	Philipp.		Sigena e comit. Nassov. 1621 XI 25/41 V 4/43 V 5/ † 1647 IV 10 Colon.
282	Hageman *5v*	Anton.		Buranus 1692 VII 10/1714 V 18/16 V 19/ † Paderb. 1720 X 1
283	Hagemann *126*	Jacob.		Monast. Westph. ../ † 1667 VIII 28 Treviri in novitiatu
284	Hane *72v*	Georg.	P.	Monast. Westph. 1684 .../1702 V 21/04 V 22/ † 1708 X 22 Cosfeld.
285	Hane *138*	Johannes		Monast. Westph. 1639 XI 23/58 IX 13/60 IX 14/ † 1668 VIII 24 Monast. Westph.
286	Hane *142*	Johannes	P.	Monast. Westph. 1682 VII 16/1700 VI 23/02 VI 24/ † 1712 in oct. Monast. Westph.
287	Hanlo *17*	Bernard.	P.	Wernens. dioec. Monast. 1646 XI ../65 VI 7/67 VI 9/81 VIII 15 Monast. Westph./ † 1696 X 31 Monast. Westph.
288	Hanlo *312*	Zacharias	P.	Wernens. dioec. Monast. 1714 I 23/32 X 20/34 X 21/48 II 2 Buren. Prof. 4 vot./ † 1758 V 1 Werne
289	Hannasch *65*	Franc.Xav.	P.	Monast. Westph. 1741 III 3/60 X 20/62 X 21
290	Hanneman *38*	Caspar.		ex Natzungen dioec. Paderb. 1747 I 2/68 X 22/70 X 23
291	Hansingh *33*	Conrad.		ex Stuckenbrock dioec. Paderb. 1622 II ../49 XI 28/51 XI 30/60 V 11 .../ † 1665 IV 29 Paderborn.

292	Hanxleden *16v*	Bernard.	P.	... 1614 VIII 26/30 X 2/32 X 3/48 V 3 Colon. F.C.S./ † 1670 V 19 Osnabrugi
293	Harnischmacher *61*	Franc.	P.	Olpens. in Angaria 1687 XII 1/1706 VI 21/08 VI 22/20 VIII 15 Hildes. Prof. 4 vot./ † Warendorp. 1721 III 19
294	Harnischmacher *144*	Johann.	P.	Olpens. Ducat. Westph. 1706 X 30/23 X 20/25 X 21/40 II 2 Monast. Westph. Prof. 4 vot.
295	Harnischmacher *196*	Michael	P.	Olpens. Angaria 1696 IX 29/1714 V 18/16 V 19/30 II 2 Paderb. Prof. 4 vot./ † 1735 III 28 Heidelberg.
296	Hartman *4v*	Adolph.	P.	Monast. Westph. 1680 III 10/98 V 31/1700 VI 1/1713 VIII 15 in Lusitania Prof. 4 vot./ Apostata
297	Hartman *109v*	Herman.		Horstmar. 1611 XII 6/29 IX 20/31 IX 21/ † 1636 VII 14 Bonnae
298	Hartman *142*	Johannes	P.	Sigenens. 1678 IX ../96 V 2/98 V 3/1712 II 2 Osnabr. Prof. 4 vot./ † Confluente 1755 V 29
299	Haver *19*	Bernard.	P.	Monast. 1696 X 2/1715 V 26/17 V 27/30 II 2 Geist Prof. 4 vot./ † Geist 1741 XI 5
300	Haver *62*	Franc.	P.	Warendorp. 1697 III 24/1717 V 15/19 V 16/32 VIII 15 Prof. 4 vot./ † 1741 III 14 Glückstadij
301	Haver *94v*	Henric.	P.	Warendorp. 1678 VIII 16/97 V 10/99 V 11/1712 II 2 Meppen Prof. 4 vot./ † Geist 1757 IX 1
302	Haver *95v*	Henric.	P.	Warendorp. 1700 II 27/20 X 20/22 X 21/36 II 2 Paderb. Prof. 4 vot./ † Paderborn. 1736 XI 5
303	Haver *175v*	Johannes	(P.)	Warendorp. 1693 II 8/1711 V 9/13 V 10/26 VIII 15 Prof. 4 vot. Buren./ † 1736 XII 30 Meppen.
304	Hausbrandt *133v*	Johannes	P.	Monast. Westph. 1587 XII 21/1609 X 12/11 X 16/29 I 28 Hildes. Prof. 4 vot./ † Hildes. 1659 XI 16
305	Havestadt *17v*	Balthasar		Dulmaniens. 1658 X 10/77 XI 23/ † 1687 IX .. Monasterii
306	Havestadt *18*	Bernard.	(F.)	Dulmaniens. 1661 VIII ../82 X 24/84 X 25/92 II 2 Novesii F.C.T./ † 1724 IX 24 Geist.
307	Havestadt *17*	Bertram		Dulman. 1643 III ../63 IX 3/65 IX 4/ † 1666 IV 25 Hildes.
308	Havestadt *127v*	Ignatius	P.	Dulman. 1685 X 8/1705 XI 25/07 XI 26/20 II 2 Prof. 4 vot. Aquisgr./ † Geist 1743 VIII 7
309	Havestadt *194*	Melchior	P.	Dulman. 1636 III 30/55 VII 23/57 VII 25/70 VIII 15 Monast. Westph. Prof. 4 vot./ † Paderb. 1678 ...
310	Havichorst *55*	Everhard.	P.	Warendorp. 1724 II 4/40 X 17/42 X 18/57 VIII 15 Paderb. Prof. 4 vot.
311	Haxteren *276v*	Theodor.	(F.)	Paderborn. 1658 IX ../77 VIII 12/79 VIII 15 Dusseldorp. F.C.T./ † 1729 I 31 Dusseldorp.
312	ab Haxthausen *62*	Ferdinand.	P.	a Welda dioec. Monast. (!) 1704 .../20 X 20/22 X 21/37 VIII 15 Monast. Westph. Prof. 4 vot./ † 1760 Weldae in castro gentilizio Baronum huius nominis

313	Hecker *183v*	Ludovic.		Paderb. 1639 VII ../66 VII 20/68 VII 27/ † ...
314	Herde *136*	Johannes	P.	Monast. Westph. 1616 .../34 XII 16/36 XII 18/51 II 2 Monast. Eiffliae F.C.S./ † 1679 XII 26 Embricae
315	Heerde *193v*	Meinard.	P.	Monast. Westph. 1610 X ../27 IX 26/29 IX 29/48 IX 29 Monast. F.C.S./ † 1671 XI 8 Paderb.
316	Heidecker *93v*	Henric.	(F.)	Paderborn. 1659 .../83 XI 14/85 XI 15/94 II 2 F.C.T./ † 1719 VIII 31 Geist.
317	Heiden *299*	Wilhelm.		Gescher dioec. Monast. ... (non ignoratur)/ 1628 IX 23/30 IX 24/ † 1631 I 12 Osnabrugi
318	Heidmeier *110*	Herman.	P.	Bödecken dioec. Paderb. 1641 V 21/60 X 5/62 X 6/75 II 2 Monast. Westph. Prof. 4 vot./ † 1693 IV 7 Paderborn.
319	Heidtman *35v*	Christian.	P.	Warendorp. 1700 IX 5/18 V 16/20 V 17/34 II 2 Monast. Prof. 4 vot./ † Monast. 1747 XI 12
320	Heisinck *61*	Frideric.	P.	Dringenberg. 1668 V 3/87 V 14/89 V 15/1701 VIII 15 F.C.S./ † ...
321	Heising *61*	Franc.	P.	Dringenberg. 1680 II 17/97 V 17/99 V 18/1713 VIII 15 Prof. 4 vot. Bonnae/ † 1729 II 27 Juliaci
322	Heising *176v*	Jodocus	P.	Warburg. 1704 IV 30/22 X 20/24 X 21/38 II 2 Dusseldorp. Prof. 4 vot./ † Embricae 1768 IX 3
323	Heitman *54v*	Everhard.	P.	Monast. Westph. 1652 XII 7/74 IX 30/76 X 1/85 II 2 Geist. F.C.S./ † 1717 XII 2 Cosfeld.
324	Helff *175*	Jodocus	(F.)	Dulmaniens.1620 IX ../47 VII 30/49 VII 31/58 V 5 Paderb. F.C.T./ † Sigena 1675 ...
325	Hellingh *94*	Henric.	P.	Vlotens. dit. Ravensb. 1667 II 1/88 V 17/90 V 18/1702 VIII 15 Prof. 4 vot./ † 1744 X 4 Geist.
326	Helling *127*	Ignatius.	P.	Paderborn. 1683 V 23/1702 V 21/04 V 22/16 VIII 15 Prof. 4 vot. Geista/ † 1758 IX 28 Arensberg
327	Helling *141*	Johannes	(P.)	Vlottens. e Ravesberg.1663 XII 7/82 X 17/84 X 18/98 II 2 Osnabrug. Prof. 4 vot./ † 1714 XI 16 Falckenhagen
328	Helman *137v*	Johannes	P.	Sigenens. 1628 VI ../48 IV 22/50 IV 24/59 VI 6 Sigen. F.C.S./ † 1681 IX 6 Osnabrugi
329	Helmering *19v*	Bernard.	P.	ex Barsell dioec. Monast. 1719 XI 11/39 X 19/41 X 20/55 II 2 Hildes. Prof. 4 vot.
330	Helter *48*	David		Meppen. 1680 X 18/1700 VI 23/02 IV 24/ † 1702 XII 18 Meppen.
331	Hembsingh *33*	Conrad.		Aschenbergh dioec. Monast. 1630 IX 28/58 VII 27/60 VII 31/ † 1666 II 12 Burena
332	Hemmerlingh *110v*	Herman.	(P.)	ex Angaria 1662 XI 11/85 XI 29/87 XI 30/1701 II 2 Paderb. Prof. 4 vot./ † 1703 XII 17 Confluent.

333	Henningh *94*	Henric.	(F.)	Lettens. dioec. Monast. 1660 II 2/85 XI 19/87 XI 20/96 II 2 Monast. Westph. F.C.T./ † 1706 XII 14 Dusseldorp.
334	Hennites *69v*	Georg.	P.	Warburg. dioec. Paderb. 1600 V ../21 X 2/23 X 4/ 37 VI 29 Monast. Westph. F.C.S./ † 1638 I 2 Monast. Westph.
335	Hense *72v*	Georg.	P.	Brackelens. 1684 XI 4/1703 IV 28/05 IV 29/ dimissus Paderb.
336	Hense *95v*	Henric.	F.	Monast. Westph. 1686 XI 14/1718 X 20/20 X 21/ 30 II 2 Geist F.C.T./ † 1740 II 23 Hildesii
337	Hense *142v*	Johannes	P.	Monast. Westph. 1684 XI 16/1705 V 2/07 V 3/19 VIII 15 Monast. Westph. Prof. 4 vot./ † Geist 1722 XII 23
338	Herding *18*	Bernard.		Cosfeldiens. 1651 VIII 25/84 VII 15/86 VII 16/ † Paderborn. 1692 IV 7
339	Herfft *64v*	Ferdinand.	P.	Dammens. dioec. Monast. 1731 VI 29/56 X 23/ 58 X 24/72 II 2 Paderb. Prof. 4 vot.
340	Heringsdorff *135v*	Johann.	P.	Nienkerkens. e comit. Ritberg. 1606 V 7/29 IX 19/31 IX 21/52 IX 8 Monast. Westph. Prof. 4 vot./ † 1665 II 20 Paderbornae
341	Hern *129*	Ignatius.		Paderborn. 1730 IX 6/49 X 20/51 X 21/ † Düren 1758 III 5
342	Herting *61*	Franc.		Paderborn ex urbe 1656 VIII ../74 X 2/76 X 3/ † 1678 VIII 10 Monast. Westph.
343	Hertingh *193*	Martin.	(P.)	Saltzkotten dioec. Paderb. 1600 XI ../18 XI 3/20 11 4/37 VI 29 Monast. Westph. Prof. 4 vot./ † 1676 ... Monast. Westph.
344	Hesking *135v*	Johannes		Gescher in dioec. Monast. 1609 II ../27 XI 5/ dimissus in novitiatu
345	Hessel *16*	Bernard.	P.	Ledden dioec. Monast. 1602 in Sept./22 X 18/ Monast. adm./24 X 21/ † 1636 VIII 19 Ravensteinij
346	Hesseling *55*	Everhard.		ex Ahaus dioec. Monast. 1719 III 5/39 X 19/ † 1752 II 15 Monast. Westph.
347	Hesseling *111v*	Herman.	P.	Ahaus. dioec. Monast. 1712 VIII 29/31 X 23/33 X 24/48 II 2 Hildes. Prof. 4 vot./ † Osnabrugi 1753 II 16
348	Hesseling *275v*	Theodor.		Ahusens. dioec. Monast. 1616 IX ../38 IX 19/ dimissus in fine novitiatus
349	Hesseling *299v*	Werner	P.	Warendorp. 1623 VIII 7/44 VIII 30/46 IX 2/58 XII 8 Hildes. F.C.S./ † 1694 II 3 Cosfeld.
350	Hesselman *259*	Rutger.	P.	Mecklenbecc. prope Monast. Westph. 1601 XI 10/21 III 23 Colon./28 III 25/ † Hadamar 1636 III 21
351	Hesselmeier *19v*	Bernard.	P.	ex Neuhaus. dioec. Paderb. 1718 XII 18/36 X 22/ 38 X 23/52 II 2 Prof. 4 vot. Meppen.

352	Heussiepen *276*	Theodor.	P.	Meschedens. 1651 XII 13/72 X 2/74 X 3/88 II 2 Osnabr. Prof. 4 vot./ † Geistae 1723 II 12
353	Heutcher *141v*	Johannes	(F.)	Olpe in Angaria 1660 .../92 VII 30/94 VII 31/ 1702 VIII 15 F.C.T. Embricae/ † Dusseldorp. 1741 III 12
354	Heutcher *267v*	Stephan.	(P.)	Olpens. 1664 .../94 V 29/96 V 30/1704 VIII 15 F.C.S. .../ † Geist 1739 VII 24
355	Heutman *138*	Johannes		... dioec. Paderb. 1631 IV ../56 XI 11/58 XI 12/ † 1663 IX .. Colon.
356	Hewer *32*	Cornelius	P.	Attendorn ex Angaria 1590 III ../1609 X 12 Monast. adm./11 X 16/29 I 28 Monast. Westph. Prof. 4 vot./ † 1659 III 1 Monast. Westph.
357	Hillebrandt *143*	Johann.	(F.)	Beckemens. 1685 VI ../1707 VII 15/09 VII 16/17 VIII 15 Treviris. F.C.T./ † 1720 XI 20 Treviri in novitiatu
358	Hillebrinck *109*	Herman.		Schwertens. 1610 .../26 IV 1/28 IV 2/ † 1634 X ... Novesia
359	Hillenkamp *276v*	Theodor.	P.	Gesekens. 1669 XI 10/88 V 17/90 V 18/1703 II 2 Monast. Westph. Prof. 4 vot./ † in missione Surlandiae
360	Hillert *96*	Henric.	P.	Horstmar. 1712 IV 16/33 X 20/35 X 22/49 II 2 Paderborn. Prof. 4 vot.
361	Hiltrop *60*	Frideric.	(P.)	Essendiens.1608 III 7/31 V 9/33 V 15/49 VIII 1 Marcoduri Prof. 4 vot./ † Lübeck ... 1676
362	Hiltrop *92*	Henric.		Essendiens.1612 .../36 X 28/38 .../ dimissus ex novitiatu
363	Hiltrop *299*	Wirich	P.	Essendiens.1600 VII 13/18 IV 6/20 IV 7/41 II 2 Paderb. Prof. 4 vot./ † 1673 III 27 Paderborn.
364	Hindrichman *138*	Johannes		Monast. Westph. 1634 VII 12/55 XI 17/57 XI 18/ † 1668 I 8 Monast. Westph.
365	Hinselman *301v*	Wilhelm.	(F.)	ex Steel terr. Essend. 1724 XI 9/52 I 9/54 I 10/62 II 2 Colon. F.C.T.
366	Hobbeling *71v*	Gualtar.	P.	Aschenberg. 1649 I ../75 X 29/77 X 30/86 II 2 Monast. Westph. Prof. 4 vot./ † 1707 II 14 Geist.
367	Hobeling *3*	Anton.	P.	Monast. Westph. 1650 I 17/67 VIII 22/69 VIII 24/81 II 2 Geistae F.C.S./ † 1689 XII 9 Monast. Westph.
368	Höckelman *19v*	Bernard.	P.	Paderborn. 1722 VI 16/39 X 19/41 X 20/55 VIII 15 Meppen ...
369	Hocker *3v*	Anton.	P.	ex Watersloe dioec. Monast. Westph. 1654 III 15/ 78 III 4/80 III 7/88 IV 15 Prof. 4 vot./ † Paderb. 1713 XII 19
370	Hoffman *61*	Ferdinand.	P.	Paderborn. 1660 VI 20/78 X 25/80 X 26/90 VIII 15 F.C.S. Geist./† 1696 IX 1 Meppen.
371	Höfflinger *16*	Balthasar	P.	Monast. Westph. 1563 X 11/83 III 13 Colon. adm./84 VI 20 Molshemii/1601 VII 22 Monast. Westph. F.C.S./ † 1636 VIII 20 Monast. Westph.

372	Hoyer *98*	Henric.		Essendiens.1750 VI 27/69 X 21/71 X 22
373	Holkolt(?) *111*	Herman.	(F.)	Monast. Westph. 1675 IX ../1703 VI 23/05 VI 24/ 13 VIII 15 Novesii F.C.T./ † 1736 IX 14 Dusseld.
374	Holkotte *140*	Johannes	(F.)	Monast. Westph. 1646 .../70 VII 20/72 VII 22/80 VIII 15 F.C.T. Meppen./ † 1694 IX 20 Monast.
375	Holland *17*	Bernard.		Monast. Westph. 1649 .../68 IX 15/70 IX 16/ † 1673 X 23 Osnabrugi
376	Hollesloet *72v*	Gerard.	P.	Heidens. dioec. Monast. 1680 IX 27/1702 V 21/ 04 V 22/Essend. 1717 VIII 15 Prof. 4 vot./ † Essend. 1728 II 5
377	Hölling *5*	Anton.		Monast. Westph. 1677 X 28/1703 X 28/05 X 29/-/ † 1712 IX 25 Paderborn.
378	Hölscher *72v*	Georg.	(F.)	Dulmaniens. 1672 .../96 IX 15/98 IX 16/1707 II 2 Osnabr. F.C.T./ † 1732 V 4 Osnabr.
379	Hölscher *74*	Georg.	P.	Monast. Westph. 1734 VII 8/52 XI 23/54 XI 24/ 68 II 2 Fridericiana in Jutia Prof. 4 vot.
380	Holstein *138*	Johannes		Monast. Westph. 1639 XI 23/58 IX 13/59 IX 26/ † 1666 VIII 30 Monast. Westph.
381	Holstein *300*	Wennemar.	P.	Monast. Westph. 1646 V 16/66 VII 26/68 VII 27/ 80 VIII 15 Meppen. Prof. 4 vot./ † 1700 I 21 Geista
382	Holtgreve *2v*	Anton.		Paderborn. 1633 X 16/59 V 19/61 V 20 Colon./-/ † 1688 IX 19 Confluente
383	Holtgreve *32v*	Conrad.	P.	Paderborn. 1620 X 4/40 IX 10/42 IX 11/55 V 20 Monast. Prof. 4 vot./ † 1688 XI 16 Paderb.
384	Holtgreve *184v*	Liborius	P.	Paderborn 1714 IV 28/35 X 17/37 X 18/51 II 2 Paderb. Prof. 4 vot.
385	Holtgreve *142*	Johannes		Lipspringens. 1681 II 16/1700 VI 23/02 VI 24/ 1710 dimissus Monast. Westph.
386	Holthaus *267v*	Sebastian.		ex Amelburen dioec. Monast. 1672 .../95 X 6/97 X 7/1706 II 2 .../ † Monast. 1745 VIII 16
387	Holthausen *133v*	Johannes	P.	Monast. Westph. 1590 VI 16/1609 III 31 Colon./11 IV 3/26 XII 8 F.C.S./ † 1666 IX 6 Embricae
388	Holthausen *299*	Wilhelm.	F.	Monast. Westph. 1594 IV 12/1617 IV 15/19 IV 15/37 VII 31 Sigen. F.C.T./ † 1652 X 22 ...
389	Holtick *6*	Anton.	P.	Cosfeld. 1703 III 24/20 X 20/22 X 21/33 VIII 15 Meppen. C.S.F./ † Confluente 1769 XII 1
390	Holtmann *215*	Nicolaus	P.	Ahusens. 1614 XII ../37 IX 19 Monast. Westph./ 39 IX 20/52 IX 1 Monast. Westph. F.C.S./ † 1699 I 15 Monast. Westph.
391	Holtmeyer *36*	Conrad.	P.	Monast. Westph. 1711 IV 23/29 X 17/31 X 18/45 II 2 Prof. 4 vot. Hildes./ † 1758 X 29 in castris Wernsgruna in Saxonia

392	Holtrup *91v*	Henric.	P.	Monast. Westph. 1602 XI 10/25 VIII 4 Herbipoli/ 27 VIII 5/43 V 31 Dusseldorp. F.C.S./ † 1660 II 23 ...
393	Holweg *9*	Anton.		ex Courl dioec. Colon. 1742 VI 13/64 X 17/66 X 18
394	Holtz *5*	Adam.	P.	Paderb. 1684 VII 2/2709 V 18/11 V 19/22 VIII 15 Osnabr. Prof. 4 vot./ † 1739 I 22 Magnowardien
395	Holtzapffel *1*	Albert.	P.	Monast. Westph. 1583 in martio/1605 X 5 Monast./1607 X 9/28 III 1 Monast./† 1669 X 1 Monast. Eiffliae
396	Holtzklau *35v*	Christoph.	(P.)	Sigenens.1697 I 4/1717 V 15/19 V 16/32 VIII 15 ... / † Confluentia 1758 XII 27
397	Hoene *71*	Godefried.	P.	Lunens. 1641 XI 10/63 X 21/65 X 22/78 VIII 15 Osnabr. Prof. 4 vot./ † Cosfeld. 1720 IX 18
398	Höner *97*	Henric.		... 1743 V 1/65 IV 27/67 IV 28
399	Hontum *1v*	Arnold	P.	Monast. Westph. 1610 VII 12/27 X 15 Monast./ 29 X 18/48 V 3 Monast. Westph. Prof. 4 vot./ † Paderborn. [um 1662/64 als TP. Rector].
400	Horn *267*	Simon		Werlens. ducat. Westph. 1614 II ../39 VIII 2/41 VIII 3/† Hadamar. 1654 X 14
401	Hörster *63*	Franc.	P.	Werdena ad Ruram 1712 XII 17/30 X 16/32 X 17/46 II 2 Dusseldorp./ † Dusseldorp. 1747 V 10
402	Horstman *16*	Bernard.	P.	Gerden. dioec. Paderb. 1603 VIII 15/27 VI 2 Colon./37 IV 22 dimissus
403	Hosius *18*	Bernard.	P.	Monast. Westph. 1690 VII 25/1708 V 25/10 V 24/23 VIII 15 Monast. Westph. Prof. 4 vot./ † 1729 VI 1 Embricae
404	Hosius *128*	Jacob.	P.	Monast. Westph. 1704 VIII 8/21 X 22/23 X 23/37 VIII 15 Monast. Westph./ † Geist 1768 V 3
405	Hosius *215v*	Nicolaus	P.	Monast. Westph. 1701 II 10/21 X 22/23 X 23/37 II 2 Prof. 4 vot. Meppen
406	Hosius *259v*	Raban	P.	Monast. Westph. 1692 X ../1710 VI 7/12 VI 8/ † 1724 VIII 19 Monast. Westph.
407	Hoeter *17*	Bernard.	P.	Monast. Westph. 1659 XII 25/71 X 11/73 X 12/ 86 II 2 Monast. Westph. Prof. 4 vot./ † 1727 VIII 6 Geista
408	Hoveman *74*	Gerard.		Watersloe dioec. Monast. 1737 IV 10/58 III 20/ 60 III 21/dimissus Hildesii 1763
409	Hoverden *63*	Frideric.		Warburg. 1716 I 31/33 X 20/35 X 21/ † Büren 1743 II 9
410	Huybrechts *18*	Bernard.	P.	Gesecens. 1670 VI 22/91 V 30/93 V 31/1705 VIII 15 Prof. 4 vot. .../ † 1707 II 1 Osnabrugi
411	Huybrechts *48*	Dominic.		Gesekens. 1673 II ../93 VIII 6/95 VIII 7/ † 1699 XII 31 Hildesii

412	Huybrechts *61*	Franc.	P.	Gesecens. 1671 IX 13/91 V 30/93 V 31/1705 VIII 15 Prof. 4 vot./ † Paderborn. 1735 XI 30
413	Huybrechts *277*	Theodor.	P.	Burena 1680 II 28/99 VI 5/1701 VI 6/13 VIII 15 Geist Prof. 4 vot./ † Büren 1733 X 12
414	Hüffer *17*	Balthasar		Stromberg. dioec. Monast. 1646 X 12/66 VII 26/ 68 VII 27/ † Monast. Eiffliae 1669 IX 23
415	Huge *16v*	Bernard.	P.	Monast. Westph. 1625 III 14/44 VIII 30/46 VIII 31/59 VII 6 Hildes. Prof. 4 vot./ † 1675 VII 10 Paderborn.
416	Hülsbusch *194v*	Melchior		Ludinghaus. dioec. Monast. 1637 V 1/57 VII 14/ 59 VII 20/ † 1661 VIII 15 Monast. Westph.
417	Hulsbusch *276*	Theodor.		... 1636 IX ../61 XI 8/63 XI 9/ † 1671 XI 30 Paderborn.
418	Hülsman *33*	Caspar.	P.	Warendorp. Westph. 1631 III 13/55 IX 3/57 IX 4/ 71 II 2 Monast. Westph. Prof. 4 vot./ † 1711 II 15 Monast. Westph.
419	Hülsman *33v*	Christoph.	(F.)	Ritberg. 1637 .../62 X 10/64 X 12/73 II 2 Hildes. F.C.T./ † 1679 ... Paderborn.
420	Hulsman *139*	Johannes	(F.)	Ritberg. 1642 XII 25/66 VII 26/68 VII 27/77 II 2 Monast. Westph. F.C.T./† 1691 VIII 7 Paderb.
421	Hulso *1*	Albert.	P.	Monast. Westph. 1583 VIII 10/1601 X 13 Monst./ 03 x 12/23 I 16 Mogunt./† 1632 VI 9 Osnabr.
422	Hummelius *259*	Rudolph.	P.	Fredens. e. dioec. Monast. 1587 II 2/1606 X 4 Monast./08 X 4/26 III 1 Monast. Prof. 4 vot./ † Monast. 1657 I 25
423	Hundt *8*	August.		Olpens. 1729 III 3/47 X 22/49 X 23/† 1750 IV 4 Treviri in novitiatu
424	Hund *259v*	Rotger.		Olpens. 1711 XI 21/31 X 23/33 X 24/ in Indiis ab 1742
425	Hungrighausen *232v*	Philipp.	P.	Sigenens. 1690 II 7/1709 V 17/11 V 19/† 1721 VIII 10 Hadamar.
426	Hunold *61v*	Franc.	P.	Sigenens. ~ 1681 IV 1/1709 V 1/11 V 19/ 24 VIII 15 Prof. 4 vot Confluent./ † Treviris in novitiatu 1746 IX 12
427	Hunold *276v*	Theodor.		Pickelsheim dioec. Paderb. 1672./92 VII 30/ 94 VII 31/ dimissus 1701...
428	Huseman *109*	Hieronymus	P.	...1618 XII 20/41 XII 24/43 XII 25/55 VI 20 Monst. Westph. F.C.S/† 1694 VI 17 Geist.
429	Huester *18*	Bernard.	(F.)	ex Sterver (?) Monast. dioec. 1670 II ../95 X 6/97 X 7/1707 II 2 F.C.T. Marcoduri/† 1730 X 22 Monast. Westph.
430	Husius *141*	Johannes	P.	Castrop Marchia Brandenburg. 1654 IX 15/82 X 24/84 X 25/96 VIII 15 Geist. F.C.S./† 1702 IV 7 Monast. Westph.
431	Huxholt *4*	Andreas	P.	Lipstadiens. 1673 .../91 V 30/93 V 30/1707 VI 5 Meppenae F.C.S/ † Halterani 1717 VII 8

I

432	Ibers *195*	Martin.	(F.)	ex Bettmersen dioec.Paderb. 1665 .../92 II 18/ 94 II 19/1702 VIII 15 F.C.T./ † 1729 IV 26 Paderb.
433	Ikinck *32*	Conrad.	P.	Gescher dioec. Monast. 1607 XII ../24 XI 7 Monast. adm./26 XI 8/43 V 31 Paderb. Prof. 4 vot./ † 1680 IV 7 Osnabrugi
434	Immendorff *5*	Albert.	P.	Benthemens. 1686 IV 8/1704 V 26/05 V 27/18 VIII 15 Treviris Prof. 4 vot./ † (getilgt !)
435	Immendorff *35*	Carol.	P.	Hasselunens. 1692 X 25/1712 V 3/14 V 4/26 VIII 15 Meppen./ † 1752 V 30 Colon.
436	Imminghaus *135v*	Johannes	(F.)	Attendorn. 1603 III ../30 I 22/32 I 25/46 IX 29 Colon. F.C.T./ † Colon. 1652 VIII 20
437	Isaac *92v*	Henric.	P.	Monast. Westph. 1634 XI 11/55 VII 23/-/70 VIII 15 Osnabr. Prof. 4 vot./ † 1690 X 15 Osnabr.
438	Isfordinck *111*	Herman.	P.	Bilefeld. 1705 VIII 15/26 X 17/28 X 18/42 II 2 Dusseldorp. Prof. 4 vot.
439	Ising *64*	Frideric.		ex Drewer in Angaria 1729 II 23/48 X 20/50 X 21/ † 1751 V 3 Treviri in novitiatu

J

440	Jacobi *70v*	Georg.	P.	Paderborn. 1639 V 22/58 IX 11/60 IX 25/71 II 2 Aquisgr. F.C.S./ † 1675 IV 27 Hildesii
441	Jansen *19v*	Bernard.	F.	ex Geist dioec.Monast. 1726 XII 20/52 II 1/ † Juliaci 1761 IX 24
442	Jansen *110*	Herman.	P.	Lingens. 1648 IX 28/67 VII 22/69 VII 24/82 XII 8 Prof. 4 vot. Monast.Westph./ † 1698 IX 17 Monast. Westph.
443	Joanningh *175*	Jodocus	P.	Ravensperg. 1611 X 15/28 X 13/30 X 14/49 VIII 1 Treviris F.C.S./ † 1697 III .. Paderb.
444	Jöne *276*	Theodeor.	P.	ex Selen (?) dioec. Monast. 1649 I 28/69 VIII 30/ 71 VIII 31/87 II 2 Sigen. Prof.4 vot./ † 1721 VIII 14 Geistae, missio 10 annorum
445	Jonsthövel *277*	Theodor.	F.	ex Ahlen dioec.Monast. 1695 I 16/1723 IX 28/ 25 IX 29/35 II 2 Bonnae F.C.T./ † 1762 IX 27 Geist.
446	Jörgens *19*	Bernard.		ex Rinckerath dioec.Monast. 1692 III 23/1719 XII 16/21 XII 17/ † 1729 II 30 Monast. Westph.
447	Jungblut *35v*	Caspar	P.	ex Schmalenberg Ducat. Westph. 1703 III 21/26 X 17/28 X 18/37 II 2 Osnabr. Prof.4 vot./ † 1764 I 13 Dusseldorp
448	Jungebluth *6*	Arnold.	P.	ex Ransdorff 1703 XI 8/21 X 22/23 X 23/ † Rambsdorffii 1732 III 29
449	Jungeblodt *142v*	Johannes	P.	Borckens. dioec. Monast. 1684 I 26/1707 V 7/ 09 V 8/21 VIII 15 Osnabr.Prof.4 vot./ † Monast.Westph. 1747 IV 13

450	Kayser *8v*	Anton.	P.	ex Alberslohe dioec.Monast. 1738 III 22/53 X 20/55 X 21/71 VIII 15 Prof. 4 vot.
451	Kayser *145v*	Johannes	P.	Albersloh dioec.Monast.1727 III 24/44 X 19/46 X 20/60 VIII 15 Prof. 4 vot. Dusseldorp./ † Telgeti 1762 X 24
452	Kalkofen *193*	Matthias	P.	Warsteniens.dioec.Colon. 1593 V ../1612 II 6/14 II 6/34 VII 2 Colon. Prof. 4 vot./ † 1658 XII 15 Marcoduri
453	Callenberg *34v*	Caspar.	P.	ex Castrup in Marchio 1678 .../96 V 2/98 V 3/ 1711 VIII 15 Monast.Westph. Prof.4 vot./ † Cosfeld. 1742 X 11
454	Callenberg *37*	Christoph.		Essendiens. 1732 X 3/50 X 18/52 X 19/ † 1759 VIII 3 Essen.
455	Callenberg *72*	Godefrid.	P.	ex Castrup in Marchia 1672 II ../93 VIII 6/95 VIII 7/1709 VIII 15 Bonnae Prof.4 vot./ † 1750 IV 22 Osnabrugi
456	Camen *61*	Franc.	P.	Boichold. 1686 IX 4/1701 VI 21/03 VI 22/20 VIII 15 Paderb.Prof.4 vot./ † Hildes.1752 VII 21
457	Kannegießer *110*	Herman.	P.	Monast.Westph. 1671 .../90 VI 25/92 VI 26/ † 1700 I 30 Monast.Westph.
458	Kappenstein *61*	Franc.	P.	Sigenens. 1668 III 15/88 V 14/90 V 15/1702 VIII 15 Geist. Prof. 4 vot./ † 1727 XII 20 ...
459	Kasman *175*	Joachim.	P.	Warburg. dioec. Paderb. 1606 IX ../27 VI 2/29 VI 3/43 V 31 F.C.S. Colon./ † 1643 XII 25 Colon.
460	Cattenius *223*	Otto	P.	Buchold. dioec. Monast. 1583 VI 6/1601 IX 20/ 03 IX 21/20 X 8 Novesii Prof. 4 vot./ † 1635 V 3 Monast.
461	Kelderman *276v*	Theodor.		Monast. Westph. 1650 VI 4/69 VIII 30/71 VIII 31/ † 1679 ... Monast. Westph.
462	Keller *195*	Mathias	P.	Monast. Westph. 1668 I ../87 V 12/89 V13/1701 VIII 15 Geist. Prof. 4 vot./ † Monast.Westph. 1720 III 12
463	Kellerhoven *62v*	Franc.	P.	Bilefeld. 1700 VII 29/25 I 31/27 II 1/40 11 2 Prof. 4 vot. Dusseldorp./ † 1763 III 23 Bonnae confessar. Electoralis Colon.
464	Kellerman *109*	Herman.	(F.)	Nottelens. dioec. Monast. 1613 .../32 X 15/34 X 21/48 V 3 Monast. Westph. F.C.T./ † 1669 II 13 Monast. Westph.
465	Kemper *61*	Franc.	P.	Monast. Westph. 1681 II 17/98 V 31/1700 VI 1/ 14 VIII 15 Osnabr. Prof. 4 vot./ † 1738 V 7 Meppen.
466	Kemper *110*	Herman.	P.	Stadtlohn. Westph. 1647 II 6/71 VIII 21/73 VIII 22/88 II 2 Paderb. Prof. 4 vot./ Apostata, rediit † Geista 1715 V 28

467	Kerckhoff *301v*	Wilhelm.	F.	Borckens. dioec. Monast. 1718 V 10/43 XI 12/45 XI 13/54 II 2 Hildes. F.C.T./ † Cosfeld. 1769 VIII 19
468	Kerssenbrock *6v*	Anton.	P.	ex Vreden dioec. Monast. 1710 X 18/29 X 17/31 X 18/44 III 25 Hildes. Prof. 4 vot./ † ...
469	Kesting *133*	Johannes	(F.)	Turpensis e dioec. Paderb. 1580 II ../1600 XII 10/ 02 XI 11/14 IX 21 Colon. F.C.T./ † 1646 I 30 Colon.
470	Ketteler *33v*	Caspar.	P.	Saltzkottens. dioec. Paderb. 1650 VII 26/71 IX 2/ 73 IX 3/86 II 2 Paderborn. Prof. 4 vot./ † 1702 XII 15 Falckenhagen
471	Ketteler *71v*	Goswin.	P.	Saltzkottens. dioec. Paderb. 1654 III ../73 XII 1/ 75 XII II/88 11 2 Bonn. Prof 4 vot./ † 1707 IV 23 Monast. Westph.
472	Ketteler *267*	Stephan.	P.	Saltzkottens 1637 VI 9/57 IX 21/59 IX 22/72 VIII 15 Prof. 4 vot. Osnabr./ † 1705 IV 8 Geist.
473	Ketteler *276v*	Theodor.	(F.)	prope Monast. Westph. 1685 ca FSM/81 X 30/83 X 31/92 II 2 Marcoduri F.C.T./ † Monast. Westph. 1711 IX 15
474	Chebery *19*	Bernard.	P.	Monast. Westph. 1705 XII 10/25 X 18/27 XII 12/ 42 II 2 Marcoduri Prof. 4 vot./ † 1752 IX 19 Osnabr.
475	Kirberin *19*	Bernard.	(P.)	Bucholdiae 1702 XI 15/22 X 20/24 X 21/38 II 2 Cosfeld. Prof. 4 vot./ † Paderb. 1765 V 26
476	Kirberin *55*	Ernest.	P.	Boucholdiae 1700 VII 7/19 X 26/21 X 27/35 II 2 Monast.Westph. Prof.4 vot./ † 1745 VI 29 Altenar
477	Kirberin *128v*	Ignatius	P.	Monast. Westph.1718 IV 1/35 X 17/37 X 18/51 VIII 15 Haffnia Prof. 4 vot.
478	Kleicamp *239*	Petrus	P.	Cosfeld. 1592 VI ../1609 X 12/11 X 16/ F.C.S. .../ † Monasterii ...
479	Klein *19v*	Bernard.	F.	ex Rocel dioec. et territ. Monast. 1747 X 10/72 III 18
480	Kleinen *35r*	Conrad	P.	Neuhusens. dioec. Paderb. 1704 XI 21/23 X 20/ 25 IX 21/38 II 2 Buren. Prof.4 vot./ † 1762 X 23 in missione Lugdae
481	Clemens *241*	Petrus	(F.)	ex Drolshagen 1646 circa s.Joannis/75 IV 27/77 V 14/85 VIII 15 F.C.T. Monast. Westph./ † 1708 ... Monast.Westph.
482	Klimburg *241v*	Petrus	(F.)	Dulmaniens. 1674 IX 17/1700 IV 10/02 IV 11/10 VIII 15 Paderb. F.C.T./ † Osnabr. 1730 VIII 25
483	Klingenbiell *110*	Herman.	P.	Rudens. 1636 XII 27/59 IX 27/61 X 26/73 II 2 Monast. Westph. F.C.S./ † 1676 VIII 30 Marcoduri
484	Klingenbiel *175 und 125 (!)*	Jodocus	(F.)	Rudens. 1635 .../59 V 2/61 V 3/73 II 2 Osnabr. F.C.T./ † 1678 VIII 24 Osnabrugi
485	Klocken *111*	Herman.	(F.)	Borgentric.dioec.Paderb. 1692 X 25/1721 XII 7/ 23 XII 8/35 II 2 Osnabr. F.C.T./ † Buren.1769 II 19

486	Kloedt *73v*	Gerard.	F.	ex Westkirchen dioec. Monast. 1705 V 29/33 VII 13/35 VII 14/43 VIII 15 F.C.T./ † Cosfeld.1769 VI 2
487	Kloppenburgh *139*	Johann.	P.	Lichtenaw. dioec. Paderb. 1643 I 2/63 X 21/65 X 22/78 II 2 Prof. 4 vot. .../ † 1696 XI 13 Paderb.
488	Kloppenburg *184v*	Lambert.	F.	ex Loningen dioec.Monast. 1710 III 10/37 X 5/39 X 6/48 II 2 F.C.T. ...
489	Closterman *196*	Melchior		ex Albersloe dioec.Monast. 1690 III 20/1716 IV 10/18 IV 11 dimissus Hildesii
490	Klumper *110*	Herman.	P.	Cosfeld. 1657 in 40a/75 XI 23/77 XI 24/88 VIII 15 Geist F.C.S./ † 1713 VI 9 Stockholmiae in Suecia
491	Clute *19*	Bernard.	(P.)	Vechtens. dioec. Monast. 1708 IV 17/26 X 17/28 X 18/ 42 II 2 Osnabr. Prof.4 vot.
492	Knelius *109*	Henning.	(P.)	Grevenstein in Angaria 1604 III ../25 IV 15 Colon./27 IV 16/43 V 31 Treviris Prof. 4 vot./ † ...
493	Knipschild *98*	Henric.		... /1751 IX 1/70 X 23/72 X 24
494	Koch *7v*	Anton.	F.	in Statlohen dioec. Paderb. (!) 1714 VI 10/41 X 2/43 X 3/52 II 2 Meppen F.C.T.
495	Koch *17v*	Burchard.	P.	Paderb. 1653 IV 15 circiter/72 X 2/74 X 3/87 VIII 15 Geist F.C.S./ † 1702 V 30 Monast. Westph.
496	Koch *55*	Ernest.	P.	Martis Montanus 1701 XI 1/21 X 22/23 X 23/37 II 2 Monast.Westph./ † Paderb. 1773 VI 24
497	Koch *128v*	Ignatius	P.	Neuhusan. dioec.Paderb. 1712 VIII 2/29 X 17/31 X 18/43 VIII 15 F.C.S. Geist/ † Monast. Westph. 1761 VII 21
498	Koch *145v*	Joh.Anton.	F.	Stromberg. 1721 X 14/44 IV 4/46 IV 5/54 VIII 15 Monast. Westph. F.C.T.
499	Koch *176v*	Joseph.	F.	Lipspringens. dioec. Paderb. 1698 VIII 10/1731 X 4/33 X 5/42 II 2 F.C.T. Monast.Westph.
500	Koch *197v*	Maurit.	F.	ex Stadtberg dioec. Colon. 1731 IV 28/62 IX 3/ 63 IX 4/73 II 2 F.C.T. Buren.
501	Kohlschein *178v*	Joseph.		Warburg. dioec.et territ. Paderb. 1751 X 27/69 X 21/71 X 22
502	Collart *142*	Johannes	P.	Essendiens. 1681 XII 25/1700 VI 23/02 VI 24/15 II 2 Sigen. Prof. 4 vot./ † 1744 XII 26 Geist
503	Cöller *177v*	Joseph.	P.	Ovenhausen terit.Corbejense 1722 X 25/47 X 22/ 49 X 23/63 II 2 Paderb. Prof. 4 vot./ † 1767 I 23 Halteren
504	Köning *175*	Jodocus		Attendorn Surlandia dioec. Colon. 1642 IX ../ 62 X 10/64 X 12/ † 1666 III 11 Meppen
505	Consbruch *61*	Florentin.	P.	Cosfeld 1688 III 14/1705 V 2/07 V 3/21 II 2 Paderb. Prof. 4 vot./ † in Indiis ...
506	Consbruch *60*	Frideric.	P.	Bilefeld. 1666 XI 11/81 XII 9/83 XII 10/99 II 2 Osnabr. Prof. 4 vot.

507	Consbruch *95*	Henric.	P.	Rittberg. 1695 XII 20/1715 V 20/17 V 21/ † 1729 X 3 Warendorp.
508	Contzen *6*	Arnold.	P.	Neuhusan. dioec. Paderb. 1705 IX 7/23 X 20/25 X 21/39 II 2 Hildes. Prof. 4 vot./ † Monast.Westph. 1741 VIII 23
509	Coopius *139*	Johannes	P.	Lingens. 1643 XII ../63 X 21/65 X 22/78 II 2 Meppen Prof. 4 vot./ † 1691 II 20 Hildes.
510	Coppers *71v*	Gerard.	P.	Cosfeld. 1660 II ../78 XII 21/80 XII 22/91 VIII 15 Geist F.C.S./ † Bremae 1708 VIII 25
511	Cördingh *137*	Johannes	P.	Monast.Westph. 1628 XI 2/47 IX 17/49 IX 21/62 VIII 1 Trevir.Prof. 4 vot./ † 1668 VII 6 Monast. Westph.
512	Cording *276*	Theodor.	P.	Monast.Westph.1652 VI 15/70 IX 5/72 IX 8/85 VIII 15 Paderb. Prof. 4 vot./ † Monast.Westph. 1720 V 6
513	Cörler *69*	Godefrid.	P.	Monast. Westph. .../ † Embricae 1653 II .. (identisch mit)
513a	Cörler *70v*	Godefrid.	P.	Monast. Westph. 1600 IV 4/17 XI 17/19 XI 18/37 VI 29 Prof. 4 vot. .../ † 1653 ... Embricae
514	Cörler *275v*	Theodor.	P.	Monast.Westph. 1613 VI 28/36 X 24/38 X 25/51 II 2 Paderb. F.C.S./ † Geist 1680 ...
515	Corman *175v*	Joseph.	P.	Affelen in Angaria 1660 I 21/79 X 21/81 X 22/94 II 2 Osnabr. Prof.4 vot./ † 1695 ... Monast. Westph.
516	Corman *184*	Lucas	P.	Cosfeld. 1697 VII 29/1718 V 16/20 V 17/32 VIII 15 Geist Prof. 4 vot./ † Rector 1761 VIII 11 Paderbornae
517	Korten *139v*	Johannes		Havekesbeck dioec. Monast. 1640 XI 20/67 XI 2/ 69 XI 3/ dimissus 1683
518	Cortenbusch *91*	Henric.	P.	Monast.Westph. 1582 VIII 10/1601 IX 22 Monast./ 03 IX 21/23 III 25 Colon.Prof. 4 vot./ † 1648 III 6 Xantis
519	Costerus *8*	Aloysius	P.	Olpens. 1730 III 8/50 X 18/52 X 19/66 II 2 Prof. 4 vot. Treviri in collegiatu
520	Kösters *6v*	Anton.	(P.)	Sögelens. dioec.Monast.1704 .../24 X 19/26 X 20/40 II 2 Dusseldorp. Prof. 4 vot./ † Monast. Westph. 1755 VIII 16
521	Cösters *35*	Caspar.		Soegel dioec. Monast. 1697 I 16/1714 V 18/16 V 19/ † 1718 V 2 Osnabrugi
522	Costerus *33v*	Christoph.	(F.)	Monast.Westph. 1643 IV ../67 III 13/69 III 17/77 VIII 15 Monast.Westph. F.C.T./ 1684 ... Monast. dimissus
523	Costeri *63*	Franc.		Paderb. 1716 VI 17/33 X 20/ † Treviris in novitiatu
524	Costeri *128v*	Ignatius	P.	Paderb. 1717 XI 10/33 X 20/35 X 21/51 II 2 Paderb. Prof. 4 vot.

525	Costerus *141*	Johannes	(P.)	Paderb. 1657 IX 8/81 X 15/83 X 16/92 II 2 Prof. 4 vot. Hildes./ † Hadamar ...
526	Cöster *184*	Ludovic	(F.)	Balve Surlandia 1662 VIII 10/84 VII 15/86 VII 16/95 VIII 15 F.C.T. Noves./ † ...
527	Cotenius *291*	Victor	(P.)	Paderb. 1604 XII 25/27 IV 22/29 IV 24/41 IX 29 Treviris Prof. 4 vot./ † 1679 XII 6 Hildes.
528	Kothe *65*	Frideric.		Paderb. 1746 III 10/63 X 19/65 X 20/ † Noves. 1769 VI 2
529	Cötting *93v*	Henric.		ex Lüdinghausen Monast. dioec. 1664 I 5/81 X 30/83 XI 1/ † Hildes. 1691 VII 28
530	Cöttingh *135v*	Johannes	P.	Billerbecc. dioec. Monast. 1611 XII 25/28 IX 23/ 30 IX 24/46 IX 29 Sigen. F.C.S./ † Sigena 1664 VIII 8
531	Cramer *96v*	Henric.	P.	Paderb 1726 VIII 11/44 X 19/46 X 20/60 II 2 Paderb. Prof. 4 vot.
532	Cramer *177v*	Joseph.	P.	Paderb. 1737 II 12/55 X 27/57 X 28/71 II 2 Prof. 4 vot. Osnabr.
533	Crampe *142v*	Johannes	(F.)	Paderb. 1671 .../1701 X 20/03 X 21/12 II 2 F.C.T./ † Paderb. 1737 VI 12
534	Krechting *55*	Engelbert.	(F.)	Schöppingens. 1679 XII ../1704 IX 7/06 IX 8/15 II 2 F.C.T. Cosfeld./ † 1728 XI 23 Cosfeld.
535	Cremer *126v*	Ignatius	P.	Anholdiens. 1652 II 5/76 X 10/78 X 11/87 II 2 Meppen F.C.S./ † 1737 IX 16 Düsseldorf
536	Cremering *19v*	Bernard.	P.	Meppen dioec.et territ. Monast. 1753 IV 12/72 X 20
537	Krengel *177*	Joseph.	P.	ex Netphen territ.Sigenensi 1719 I 25/36 X 22/38 X 23/ † Hadamar 1742 VII 18
538	Krengel *301v*	Wilhelm.	P.	Sigenens. 1711 VI 18/31 X 23/33 X 24/46 II 2 Meppen. Prof. 4 vot./ † 1773 VIII 26 Embricae
539	Crispen *276v*	Theodor.	P.	Werlens. 1656 IX 15/75 XI 3/77 XI 4/87 II .. F.C.S./ † ...
540	Crispen *300v*	Wilhelm.	P.	Werlens. 1645 .../80 X 2/82 X 3/90 II 2 Paderb. Prof. 4 vot./ † 1718 III 17 ...
541	Crivet *98*	Henric.	F.	Buren dioec. et terr. Paderb. 1746 I 4/72 III 18
542	Kröger *61v*	Franc.	P.	Istrup. dioec. Paderb. 1685 VII 2/1707 V 7/09 V 8/23 II 2 Meppen. Prof 4 vot./ † Cosfeld. 1743 VIII 1
543	Krutman *54v*	Everard.	(F.)	Hammonens. 1626 II 2/61 XI 8/63 XI 11/72 II 2 Meppen F.C.T./ † 1673 ... Meppen.
544	Kuhlman *61*	Frideric.	P.	Monast. Westph. 1684 IX 23/1702 V 21/04 V 22/ 18 II 2 Monast. Westph. (F.C.S.)/ † 1744 IV 28
545	Culman *267*	Stephan.	(F.)	ex Nottelens. dioec. Monast. 1638 .../62 IX 20/64 IX 21/73 II 2 Trevir. F.C.T./ † 1673 X 13 Treviri
546	Kuestrich *96*	Henric.	P.	Sigenens. 1711 XI 13/29 X 17/31 X 19/ † in Indiis

L

547	Lageman *125*	Jacob.	(P.)	Monast. Westph. 1623 III 13/41 XI 20/43 XII 8/59 VI 6 Dusseldorp. F.C.S./ † 1686 VII 1 Dusseldorp.
548	Lamberti *139*	Johannes	(F.)	Monast. Westph. 1644 XI ../ 65 III 30/67 III 31 Colon./75 VIII 15 Dusseld. F.C.T./ † 1707 XI 30 Geista
549	Lampen *140*	Johannes	(F.)	Brilonens. 1641 XI 11/71 VI 17/73 VI 18/81 VIII 15 Hildes. F.C.T./ † ...
550	Lancelottus *(=Witlon!)109*	Herman.		Monast. Westph. 1599 X ../1615 X 3 Monast./17 X 17/ † 1629 I 22 Monast.
551	Landwer *140*	Johannes	P.	dioec. Monast. Westph. 1650 IV 5/70 IX 5/72 IX 8/85 II 2 Paderb. Prof. 4 vot./ † 1700 IV 21 Patakini in Ungaria
552	Langencamp *232*	Philipp.	P.	Monast. Westph. 1611 XII 11/28 III 4/30 V 5/48 V 3 Paderb. Prof. 4 vot./ † 1669 XI 25 Mon. W.
553	Lanzig *277*	Theodor.		Rheinens. 1684 VI 20/1703 IV 28/05 IV 29/ † 1709 III 28 Monast. Westph.
554	Laufkötter *60*	Frideric.		Widenbrug. dioec. Osnabrug. 1609 .../29 VII 15/ 32 VI 24/35 III 17 Colon.dimissus est
555	Laurentz *133v*	Johannes	P.	Horstmar. dioec. Monast. 1599 .../1615 VII 25/17 VII 26/37 VI 29 Confluent./ † 1670 IX(10) Osnabrugi
556	Ley *129v*	Jaocob.	P.	Werlensis 1740 X 24/60 X 20/62 X 21/ dimissus Burena 1772 XI 16
557	Lemmer *259v*	Rudolph.		Monast. Westph. 1692 VIII 20/1720 III 6/22 III 7/36 VIII 15 Büren/ apostata
558	Lemmerholtz *71v*	Georg.		Paderborn. 1658 V 2/77 VI 24/79 VI 25/ † 1684 ... Hildesii
559	Lenfert *111v*	Herman.	F.	Cosfeld. 1704 XI 13/31 IX 27/33 IX 18/42 II 2 Osnabr. F.C.T./ † 1749 ... Hildesii
560	Lenferdinck *91v*	Henric.		Monast. Westph. .../91 V 30/93 V 31/1707 II 4 Paderb. Prof. 4 vot./ † ...
561	Lennep *32*	Christian.	P.	Monast. Westph. 1586 XII 11/1605 X 5 Monast. adm./07 X 9/26 III 1 Monast. Prof. 4 vot./ † 1642 sub anni finem Monast. Westph.
562	Leonard *64*	Frideric.	P.	Arensbergh 1728 IX 28/47 X 22/ adscriptus obiit in Pensilvania Provincia Anglica
563	Leseman *140v*	Johannes	(F.)	Paderborn. 1648 XII ../76 XI 15/78 XI 16/87 II 2 F.C.T. Osnabr./ † 1700 I 20 Osnabr.
564	Lesman *63*	Franc.	P.	Huxar. dioec. Corbeyens. 1714 IV 18/32 X 20/34 X 21/48 II 2 Osnabr. Prof. 4 vot.
565	Leuerwaldt *61v*	Ferdinand.	P.	Buricens. in Angaria 1683 II 10/1707 V 7/09 V 8/ - / † Marcoduri 1722 II 13
566	Leverman *63v*	Franc.	P.	... dioec. Monast. 1717 IV 7/37 X 21/39 X 22/53 II 2 Hildes. Prof. 4 vot./ † 1765 III 8 rector Hildesii

567	Leine *7*	Anton.		ex Stockum in Angaria 1712 II 2/35 XI 3/ dimissus ob infirmitatem et postea mortuus
568	Limbeck *17v*	Bernard.	P.	Cosfeld. 1655 VII 4/74 IX 30/76 X 1/ † 1680 VI 9 Monast. Westph.
569	Limbeck *93v*	Henric.	P.	Cosfeld. 1661 X 6/80 X 24/82 X 25/96 II 2 Hildes. Prof. 4 vot./ † Cosfeld 1729 I 20
570	Limberg *277v*	Theodor.	P.	Stromberg. dioec. Monast. 1734 VII 20/51 X 21/ 53 X 22/68 II 2 Hilde. Prof. 4 vot.
571	Limbrück *72v*	Godefrid.	F.	Wernens. 1682 V 6/1707 VII 15/09 VII 16/1717 VIII 15 Monast. Westph. F.C.T./ † 1731 VII 6 Hildes.
572	Linck *65*	Frideric.		ex Damme dioec. Monast. 1744 .../64 X 17/66 X 18
573	Lindenbaum *195v*	Michael	(F.)	ex Aldenberg dioec. Monast. 1668 IX ../95 X 6/ 97 X 7/1706 II 2 Monast. Westph. F.C.T/ † ...
574	Linnenbrink *8v*	Ambrosius	P.	Paderborn. 1733 IX 3/52 X 21/54 X 22/ Büren 68 II 2 Prof. 4 vot.
575	Lintel *19v*	Bernard.	P.	Emsdetten dioec. Monast. 1727 V 4/45 X 19/47 X 20/1760 II 2 Monast. Westph.
576	Lintel *197v*	Melchior	P.	Embsdetten dioec. Monast. 1736 X 27/56 X 23/ 58 X 24/72 II 2 Monast. Westph. Prof. 4 vot.
577	Lipper *61v*	Ferdinand.	P.	Monast. Westph. 1694 III 12/13 V 12/15 V 13/27 VIII 15 Monast.Westph. Prof. 4 vot./ † Monast. Westph. 1733 VI 12
578	Lipper *231*	Paulus	(P.)	Monast. Westph. 1697 III 12/1714 V 18/16 V 19/ 30 VIII 15 Paderb. Prof 4 vot./ † Monast. Westph. 1757 IV 30 (ders. S.5 als Antonius L., später verbessert in Paulus !)
579	de Lippia *17v*	Bernhard		ex Vinsebeck Paderb. .../1674 X 2/ † 1675 III in noviciatu
580	de Lippia *267*	Simon	P.	ex Vinsbeck dioec. Paderb. 1615 ca Michaelis/ 30 VIII 7/32 VIII 15/49 VIII 1 Paderb. Prof. 4 vot./ † Hadamar 1685 ...
581	Lise *6v*	Augustin.	P.	Olpens. ducat. Westph. 1707 .../25 X 18/27 X 19/ † Ronewinckel 1736 VII 21
582	Liese *64v*	Franc.	P.	Olpens. 1735 IV 30/50 X 18/52 XI 31/68 VIII 15 Paderb. Prof. 4 vot.
583	Löckener *64v*	Franc.	F.	ex Altengeseke dioec.Colon. 1731 V 15/54 V 22/ 56 V 23/64 VIII 15 F.C.T. Marcoduri
584	Löckener *97*	Henric.	F.	Altengeseke dioec.Colon. 1725 XI 25/49 IV 27/ 51 IV 28/59 VIII 15 F.C.T. Geist.
585	Lohey *140v*	Johannes	(F.)	Warendorp. 1649 XI 11/76 XI 15/78 XI 16/87 II 2 Confluent. F.C.T./ † 1710 VIII 3 Cosfeld.
586	Lohman *195v*	Martin.	P.	Beverungens. 1672 XI 9/93 VIII 6/95 VIII 7/ 1709 VIII 15 Prof. 4 vot. Monast. Westph./ † Monast. Westph. 1734 I 7

587	Loyer *140v*	Johannes	P.	Monast.Westph. 1654 V 1/77 IX 6/79 IX 8/88 II 2 Hildes. F.C.S./ † 1699 III 29 Falkenhagen
588	Loisman *3*	Arnold.	P.	Monast.Westph.1648 X 21/66 IX 4/68 IX 5/96 II 2 Geistae Prof. 4 vot./ dimissus Osnabr. 1683/ readmissus 1685/ † Hildes. 1702 X 19
588a	Loisman *4*	Arnold.	P.	Monast.Westph. 1684 IX 7(!)/85 I 22 sec.vice/87 I 28/96 II 2 Geistae Prof. 4 vot./ † 1702 X 19 Hildes
589	Löper *16v*	Bernard.	P.	Paderb. 1609 IV 19/29 IX 11/31 X 14/49 VIII 1 Monast. Westph./ † 1670 V 29 Paderborn.
590	Löseken *259*	Raban.	P.	dioec. Paderb. 1627. aestate/63 IV 7/65 IV 8/dimissus 1670 VI 26
591	Ludovici *72*	Georg.		Braculens.1664 IX 4/82 X 17/84 X 18/98 II 2 Cosfeld. Prof. 4 vot./ † 1724 I 18 Recklinghusae
592	Ludovici *177v*	Joseph.	P.	Paderb. 1726 III 19/43 X 21/45 X 22/59 VIII 15 Paderb. Prof. 4 vot.
593	van Luhnen *301v*	Wilhelm	P.	Cosfeld. dioec.Monast. 1724 X 28/41 X 21/43 X 22/58 II 2 Osnabr. Prof. 4 vot.
594	Luleff *19v*	Bernard.	F.	Meppen dioec.Monast. 1733 X 6/56 VIII 31/58 VIII 1/67 II 2 Colon. F.C.T.
595	Lüningh *16v*	Bernard.		Borckens. dioec.Monast. 1637 .../56 VIII 14/ † 1656 ... in novitiatu
596	Lüning *96*	Henric.	P.	ex Borcken dioec. Monast. 1711 XII ../29 X 17/ 31 X 18/45 II 2 Bonnae Prof. 4 vot./ † Bambergae 1772 IV 3
597	Lüring *96*	Henric.	F.	Niehemens. dioec.Paderb. 1704 VI 1/33 VII 13/ 35 VII 14/43 VIII 15 Buren. F.C.T./ † Büren 1764 IV 8
598	Lürkenius *61v*	Franc.		Paderb. 1688 III 19/1707 V 7/09 V 8/ † 1710 VIII 3 Monast. Westph.
599	Lürken *65*	Franc.		Paderanus 1750 IV 2/67 X 20/69 X 21
600	Lürkenius *139*	Johannes	P.	Paderb. 1644 XI 11/65 VII 7/67 VII 9/79 VIII 15 Paderb. Prof. 4 vot./ † 1708 IX 13 Paderb.
601	Luterman *240v*	Petrus		Monast.Westph. 1647 XI ../66 IX 4/68 IX 5/ † 1678 ... Monast.Westph.
602	Lütgers *136r*	Johannes	(F.)	Monast.Westph. 1611 X 28/40 IX 26/42 IX 27/51 VII 31 Colon. F.C.T./ † 1673 VII 16 Colon.
603	Lüticke *72v*	Gerlacus	F.	Olpens. dioec. Colon. 1705 X 18/33 VII 13/35 VII 19/43 VIII 15 F.C.T. Büren
604	Lutringhausen *193v*	Michael	P.	Bevergern. dioec. Monast. 1606 VII 30/27 IX 12/ 29 IX 14/48 V 3 Sigenae Prof. 4 vot./ † 1650 X 1 Marcoduri

M

605	Maekel *137v*	Johannes	(F.)	Meschedens. Westph. 1631 III ../54 VIII 29/56 IX 8/65 VIII 15 Paderb. F.C.T./ † 1685 I 13 Paderborn.
606	Maas *146v*	Johannes	F.	ex Bredenborn dioec.Paderb. 1728 III 9/54 V 25/56 V 26/64 VIII 15 Paderb.F.C.T.
607	Maeß *136*	Johannes		Affelen ex Angaria Westph. 1614 .../34 XII 16/ ...
608	Maggen *126v*	Jacob.	(F.)	ex Estinghausen 1650 VI ../75 XI 4/77 XI 10/86 II 2 Paderb. F.C.T./ † 1701 I 4 Paderborn.
609	Magk *112*	Herman.	P.	Monast. Westph. 1732 XI 2/50 X 18/52 X 19/ - / † Ludinghusii 1765 II 7
610	Marquerdinck *92*	Henric.		Monast. Westph. 1610 VII ../28 V 12/30 V 26 Monast./ † 1642 V 27 Colon.
611	Martels *4*	Alexander	P.	ex Dancker prope Meppena 1676 IV 8/94 V 26/96 V 27/1709 VIII 15 Hildes. Prof.4 vot./ † 1725 IV 11 Paderbornae
612	Martini *135*	Johannes	(F.)	Sendenhorst dioec. Monast. 1606 II ../27 X 28/29 .../40 VIII 5 Confluent. F.C.T. † 1679 XII 18 Hildes.
613	Martini *232v*	Philipp.		Brilon. dioec. Colon. 1745 XI 15/65 X 22/67 X 23
614	Mathis *7*	Anton.	P.	Nottelens. dioec. Monast. 1718 IV 24/36 X 22/38 X 23/52 II 2 Monast. Westph.
615	Mattenklodt *183*	Laurent.	P.	Gesekens. dioec. Colon. 1589 XI 29/1615 VII 25 Paderb./17 VII 17/35 II 2 Monast. Westph./ † 1664 X 14 Paderborn.
616	Meyer *8*	Alexander	P.	Paderborn. 1730 XI 26/49 X 20/51 X 21/ † Gestae 1761 IV 15
617	Meyer *7v*	Anton.	P.	Gesecens. dioec. Colon. 1726 V 25/43 X 21/45 X 23/59 VIII 15 Monast. Westph. Prof.4 vot.
618	Meyer *111*	Herman.	P.	Monast. Westph. 1679 III 24/96 V 2/98 V 3/1712 VIII 15 Geist. Prof. 4 vot./ † 1738 IV 3 Bremae
619	Meyer *232*	Philipp.		Lubbecens. dioec. Mindens. 1641 VII 18/60 X 5/62 X 6/ † 1664 III 13 Colon.
620	Meyer *267v*	Stephan.	F.	Paderborn. 1714 IV 26/35 VII 1/37 VII 2/46 VIII 15 Hildes./ † 1762 III 26 Treviris in novitiatu
621	Meinartz *16*	Bernard.	P.	Monast. Westph. 1596 IV 5/1613 X 18 Monast. adm. NB Qui hoc et plures scripsit/ 1615 X 18/35 V 17 Colon. F.C.S/ † 1642 X 1 Colon./ scriptor min. r.i.p.
622	Meinertz *70*	Gerard.	P.	Coesfeld. dioec. Monast. 1614 XII 16/39 IX 14/41 X 15/51 VII 31 Coesfeld. Prof. 4 vot./ † 1674 IV 28 Coesfeld.
623	Meisen *17v*	Bartholomaeus		ex Boxen prope Corbeia 1649 .../76 X 1/78 V 7/ dimissus 1680

624	Melchers *96*	Henric.	P.	Warendorp. 1708 I 22/25 X 18/27 X 19/41 II 2 Monast. Westph. Prof. 4 vot./ † 1758 X 23 Monast.
625	Menckhausen *19*	Bernard.	(F.)	Niehemens. dioec. Paderb. 1689 XII 25/1718 IV 26/20 IV 27/28 VIII 15 Hildes. F.C.T./ † Hildes. 1742 VIII 27
626	Mennen *17*	Balthasar	P.	Paderborn. 1642 IV 9/61 XI 15/63 XI 18/75 II 2 Geist F.C.S./ † 1694 III 24 Hildes.
627	Mennen *64v*	Franc.	P.	Breidenborns. dioec. Paderb. 1732 II 27/52 X 21/ 54 X 22/68 II 2 Monast. Westph. Prof. 4 vot.
628	Menne *96*	Henric.	P.	Herste dioec. Paderb.1713 IV ../31 X 23/33 X 24/ 47 II 2 Meppen Prof. 4 vot.
629	Mense *139*	Johannes	P.	Werlens. 1642 III ../63 X 21/65 X 22/77 II 2 Geist F.C.S./ † 1714 III 19 Burenae
630	Mensing *143*	Johannes	P.	Monast. Westph. 1701 III 6/19 X 26/21 X 27/34 VIII 15 Monast. Westph. Prof. 4 vot.
631	Mertens *125*	Jacob.	P.	Tilfens. prope Sigen. 1638 II 7/58 IX 11/60 IX 26/73 II 2 Paderb. Prof. 4 vot./ † 1696 VI 11 Bonn.
632	Mertens *135*	Johannes	(F.)	Hiltrop. dioec. Monast. 1606 VII ../27 VII 5/29 VII 6/40 VIII 15 Embricae F.C.T./ † 1673 IV 12 Monast. Westph.
633	Mesman *141v*	Johannes		Burens. 1659 .../92 II 18/94 II 19/ dimissus 1695 V 31
634	Messingh *134*	Johannes		Sendens. dioec. Monast. 1599 .../1617 XI 6/19 XI 7/ † 1631 XI 30 Hildes.
635	Middelhoff *135v*	Johannes		Lahr dioec. Monast. 1612 XI 11/28 X 2/30 X 3/ dimissus Treviris 1635 ...
636	Middendorf *19v*	Bernard.	F.	in Riesenbeck dioec. Monast. 1701 VI ../37 X 5/ 39 X 6/48 II 2 Hildes. F.C.T.
637	Middendorf *19v*	Bernard.	P.	Vechtae dioec. Monast. 1723 II 15/41 X 21/ profectus ad Indos 1754
638	Middendorf *55*	Elbert.	P.	Warendorp. 1718 XI 14/36 X 22/38 X 22/52 II 2 Paderb. Prof. 4 vot.
639	Middendorf *128*	Ignatius		Warendorf 1707 X 12/25 X 18/27 X 19/41 II 2 Meppen.
640	Middendorff *147*	Johannes		ex Widenbruck dioec. Osnabr. 1743 II 17/63 X 19/65 X 20
641	Middendorf *183*	Lubert.	P.	Ravensperg. 1607 I 16/31 IV 12/33 IV 13/ - / † Colon. 1648 V 24
642	Middendorf *196v*	Matthias	P.	Warendorp. 1713 VII ../29 X 17/31 X 18/45 VIII 15 Prof. 4 vot. Osnabr.
643	Miesen *137*	Johannes		Sigenens. 1627 II ../47 IV 30 Colon./49 IV 1/ † 1651 XII 23 Embricae
644	Mittelhoff *136v*	Johannes	P.	Monast. Westph. 1613 XI 12/38 IX 4/40 IX 5/53 VI 22 Monast.Westph. Prof.4 vot./ † 1663 X 7 Sigena

645	Mitterhoff *70*	Georg.		Affelen in Angaria .../1639 V 17/41 .../ † 1647 III 6 Mediolani
646	Modersohn *92*	Henric.	P.	major, Monast. Westph. 1609 X 4/29 XI 9/31 XI 1/ † Bonn. 1639 XI 23
647	Modersohn *91v*	Henric.	P.	minor, Monast. Westph. 1610 VI ../27 IX 26/29 IX 29/44 VIII 4 Monast.Westph. F.C.S./ † 1677 IX 28 Monast. Westph.
648	Modersohn *92v*	Henric.		Monast. Westph. 1631 VI 22/53 VIII 29/ dimissus Treviri 1655 ...
649	Modersohn *92v*	Henric.	P.	Monast. Westph. 1637 II 26/55 VII 23/57 VII 25/70 VIII 15 Monast. Westph. Prof 4 vot./ † 1674 X 11 Colon
650	Modersohn *175*	Jodocus	P.	Monast. Westph. 1619 VII 24/41 V 4/43 V 5/55 VI 8 F.C.S./ † 1673 III 3 Warburg.
651	Modersohn *91*	Joh.Henric.	P.	Wolbeccens. dioec. Monast. 1597 X ../1615 VII 20/17 VII 26/35 II 2 Treviri Prof. 4 vot./ † 1636 V 20 Treviri
652	Modersohn *232*	Philipp.	P.	Monast. Westph. 1597 XI 11/1616 X 14/18 X 15/-/ † 1643 I 6 Monast. Westph.
653	Modersohn *275v*	Theodor.		Monast. Westph. 1611 X ../28 V 12/30 V 26/-/ † 1653 ... Monast. Westph.
654	Moll *184*	Lucas	P.	Monast. Westph. 1669 II 7/89 XI 19/91 XI 20/1704 II 2 Paderb. Prof. 4 vot./ † Monast. Westph. 1716 III 19
655	Moll *275*	Thomas	P.	Monast. Westph. 1596 IV 20/1614 X 30/16 XI 1/35 II 2 Colon. F.C.S/ † 1655 XII 23 Meppen.
656	Mollerus *33v*	Carol. Gerard.		Aschenbeck dioec. Monast. 1645 IV 10/66 VI 12/68 VI 13/ † Monast. Westph. 1671 VIII 30
657	Mölner *95*	Henric.	P.	Cosfeld. 1696 VI 20/1714 V 18/16 V 19/28 VIII 15 Cosfeld. Prof. 4 vot./ † Monast. Westph. 1744 X 13
658	Monheim *300*	Winimar	P.	Arnsberg. 1637 III 7/54 VIII 29/56 VIII 30/70 II 2 Paderb. Prof 4 vot./ † 1716 IV 8 Paderborn.
659	Mück *146*	Johannes	F.	Amelsburen dioec. Monast. 1726 X 6/49 IV 2/51 IV 3/59 VIII 15 F.C.T. Hildes.
660	Mullencamp *54r*	Everhard		Monast. ex Albersloe 1647 circiter/74 IX 30/76 X 1/86 II 2 Monast. Eiffl./ † 1714 I 31 Hildes.
661	Müllers *35*	Caspar.	P.	dioec. Paderb. 1691 XII 21/1711 V 9/13 V 10/25 VIII 15 Prof. 4 vot. .../ † 1745 I 3 Paderb.
662	Müller *63*	Franc.	F.	ex Sunninghausen dioec. Monast. 1708 III 23/36 IV 21/ † Monast. Westph. 1738 I 4
663	Müller *184*	Lambert.	(F.)	Monast. Westph. 1657 V ../80 VII 4/82 VII 5/90 VIII 15 F.C.T. Monast. Westph./ † Monast. ...
664	Mumpro *96r*	Henric.	P.	Delbruggens. 1727 I 17/45 X 19/47 X 20/61 II 2 Büren Prof. 4 vot./ † Büren 1767 VIII 22
665	Münch *55*	Everard.		Cosfeld. 1670 VIII 10/1701 X 29/03 X 30/ † 1712 II 2 Meppen.

666	Münch *61*	Frideric.		Ritberg. 1683 I 1/1701 VI 10/03 VI 11/15 II 2 Confluent. Prof. 4 vot. † Paderb. 1751 III 28
667	Münch *184r*	Ludovic.	P.	Rittbergens. 1722 V 3/40 X 17/42 X 18/56 II 2 Monast. Westph. Prof. 4 vot.
668	Münnich *18*	Bernard.		Cosfeld. 1670 VIII 10/1701 X 29/03 X 30/ † Meppen. 1712 II 2 (identisch mit Nr. 665 ?)
668	Münsterman *62*	Franc.		Monast. Westph. 1702 IX 11/19 X 26/21 X 27/ † 1723 I 30 Monast. Westph.
670	Münsterman *62*	Frideric.	P.	Monast. Westph. 1695 IX/1714 V 18/16 V 19/29 II 2 Osnabr. Prof. 4 vot./ † Cosfeld. 1769 III 29
671	Mues *196r*	Michael	P.	Anröchte dioec.Colon., Mag. Phil.,1723 IV 28/42 X 21/44 X 22/58 II 2 Paderb. Prof. 4 vot./ † 1758 X 8 Falckenhagen
672	Musaeus *3*	Andreas	(F.)	Widenbrug. 1643 VIII 24/67 III 5/69 III 10/78 II 2 Dusseldorp. F.C.T./ † 1717 V 16 Hildes.

N

673	Nagel *17*	Baptista	P.	Rittpergens. 1649 VIII 4/69 VIII 30/71 VIII 31/ 81 VIII 15 F.C.S. Geist/ † 1686 II 14 Cosfeld.
674	Nagel *35v*	Clamerus	P.	Ritbergens. 1708 X 1/25 X 18/27 X 19/42 II 2 Hildes. Prof. 4 vot.
675	Nagell *55*	Ernest.		Ritbergens. 1668 .../87 V 17/89 V 18/ dimissus
676	Nagell *183v*	Lucas	P.	Warendorp. 1638 IV 14/56 VIII 14/58 VIII 15/71 VIII 15 Monast. Westph. Prof. 4 vot./ Pr.W. Sassenberg 1668 X 14/ † 1711 V 23 Monast. Westph.
677	Nahmen *35*	Christoph.	(F.)	Winnenberg dioec. Paderb. 1683 XII ../1713 IV 15/ 15 IV 16/23 VIII 15 Meppen F.C.T./ † Paderborn. ...
678	Neuhaus *18*	Bernard.	P.	Rheinens. 1680 X 18/1700 VI 21/02 VI 24/15 VIII 15 Prof.4 vot. Hildes./ † 1759 I 9 Monast.Westph.
679	Neuhaus *19v*	Bernard.	F.	ex Varle dioec. Monast. 1723 VII 25/51 II 1/53 II 2/61 II 2 Burena F.C.T.
680	Newheuser *127v*	Jacob.	P.	.../1705 XI 25/07 XI 26/17 II 2 Prof. 4 vot. .../ † 1719 III 2 Paderb.
681	Neukirch *65*	Ferdinand.	P.	Paderb. 1740 VI 1/57 X 22/59 X 23/73 VIII 15 Paderb. Prof. 4 vot.
682	Neukirch *178*	Joseph.	P.	Paderborn. 1741 VIII 22/59 X 20/61 X 22
683	Neumann *142v*	Johannes		Monast. Westph. 1675 VI 2/1702 VIII 7/04 VIII 8/1709 dimissus Geistae
684	Nicolai *16v*	Bernard.	(F.)	Nortwalt dioec. Monast. 1600 (mensis nescit)/ 31 V 1/33 V 15/46 IX 29 Dusseldorp. F.C.T./ † 1669 II 4 Novesii

685	Niebecker *142*	Johannes	(F.)	Brilonens. 1673 V 1/1701 III 12/03 III 13 Hildes. F.C.T./ † Hildes. 1742 XI 19
686	Niderstadt *126v*	Jodocus		Mendens. 1657 IX ../74 X 12/76 X 13/ † 1680 II 23 Hildesii
687	Niedieck *112*	Herman.		... 1743 XI 5/63 X 19/65 X 20
688	Nießman *137*	Johannes	(F.)	Dioec. Monast.Westph. Rusticator 1620 XII ../47 IX 17/49 IX 18/58 IX 8 Monast. Westph. F.C.T./ † 1680 XI 6 Geist.
689	Ninnecker *72v*	Georg.	P.	Warendorf 1717 VIII 23/35 X 17/37 X 18/51 II 2 Paderb. Prof. 4 vot.
690	Nottbeck *8*	Anton.	(F.)	Strombergae Westph. dioec. Monast. 1723 IV 14/ 48 IV 14/50 IV 15/58 VIII 15 Osnabr. F.C.T.
691	Notteler *194v*	Maurit.	P.	Paderb. 1644 I ../64 IV 28/66 IV 29/78 II 2 F.C.S. Geist/ † 1707 XI 13 Paderborn.
692	Nünningh *109*	Herman.	P.	Monast. Westph. 1589 VII 1/1607 X 13/09 X 18/ ... Prof. 4 vot./ † 1629 V 17 Paderborn.
693	Nünninck *138v*	Johannes	P.	Monast. Westph. 1641 VIII ../61 XI 16/63 XI 18/ 75 II 2 Geist F.C.S./ † ...

O

694	Oberrecht *111*	Herman.	P.	Cosfeld. 1671 IX 24/91 V 30/93 V 31/1705 VIII 15 Prof. 4 vot./ † Paderb. 1713 XI 27
695	Oderwald *196v*	Martin.	F.	Reisenbeck territ. Paderb. 1713 VI 28/36 X 6/38 X 7/47 II 2 F.C.T. Paderborn.
696	Oding *277*	Theodor.	P.	Ahusens. 1684 I 2/1704 V 26/06 V 27/ † Geist 1715 IX 19
697	Oer *32v*	Conrad.	P.	Ahusens. dioec. Monast. 1616 IV ../37 IX 19 Monast. adm./39 IX 21/51 VII 31 Aquisgr. F.C.S./ † 1681 II 12 Hildesii
698	Oer *259*	Reiner	P.	Ahusens. dioec. Monast. 1611 XI 28/28 IX 23/30 IX 24/ † Neapoli 1647 sub media Junij
699	Ojenhausen *134v*	Joh. Christoph.	P.	ex Eicholtz dioec. Paderb. 1601 X 29/23 IX 12/ 25 IX 13/40 VIII 15 Monast. Westph. F.C.S./ † 1641 III .. Monast. Westph.
700	Oienhausen *267*	Simon	P.	ex Eicholtz dioec. Paderb. 1616 V 1/30 VIII 7/32 VIII 15 (F.C.S.)/ † 1646 XII 22 Novesii
701	Olffers *300*	Wilhelm.	P.	Monast. Westph. 1636 X ../54 VII 14/56 VII 15/ † 1666 VIII 14 Geist.
702	Oligman *193v*	Martin.		Monast. Westph. ... / † Monast. 1631 XI 15
703	Olmer *146*	Johannes	P.	Bewerungen dioec. Paderb. 1729 IV 2/50 X 20/ 52 X 21/66 II 2 Cosfeld. Prof. 4 vot.
704	Olmerloe *92v*	Henric.	P.	Monast. Westph. 1639 III 13/59 IX 26/61 IX 27/74 II 2 Paderb. Prof. 4 vot./ † 1685 IV 2 Dusseldorp.

705	Olmerloe *127*	Ignatius		Monast. Westph. 1680 XII ../96 V 2/98 V 3/ † 1699 I 30 Geist.
706	de l'Ombre *7*	Anton.	P.	ex Freckenhorst dioec. Monast. 1720 VII 20/40 X 17/42 X 18/ † 1750 II 18 Monast. Westph.
707	Öntgens *95v*	Henric.	(F.)	Ludinghausen dioec. Monast. 1692 X 7/1719 XII 16/21 XII 17/31 II 2 F.C.T. Monast. Westph./ Apostata 1734, accepit dimissionem 1735 XI 21
708	Ostendorff *1*	Albert.	P.	Osterwicens. 1588 (diem nescit)/ 1609 X 12/11 X 16/29 II 25 Osnabr. F.C.S./ † 1640 VIII 15 Monast. Eifliae
709	Ostendorff *55*	Ernest.	P.	Wolbeccens. dioec. Monast. 1697 XII 10/1718 V 16/20 V 17/32 VIII 15 Bonnae Prof. 4 vot.
710	Oistendorff *64*	Ferdinand.	P.	Wolbeck dioec. Monast. 1730 II 2/48 X 20/50 X 29/64 II 2 Monast. Westph. Prof. 4 vot.
711	Ostendorff *232*	Philipp.	P.	Telgetan. dioec. Monast. Westph. 1637 IX ../ 59 IX 27/61 IX 26/74 II 2 Cosfeld. Prof. 4 vot./ † Osnabrugi 1715 IX 9
712	Osterman *16*	Bernard.		Monast. Westph. 1610 in Nov./28 V 12 Monast. adm./30 V 6/ † 1638 IX 2 Monast. Eiffliae
713	Oesterman *17v*	Bernard.	P.	Monast. Westph. 1659 XI 21/79 V 2/81 V 3/94 VIII 15 Paderb. Prof. 4 vot./ † 1699 I 30 Monast. Westph.
714	Osterman *95*	Henric.	P.	Monast. Westph. 1691 III 30/1709 V 18/11 V 19/ 24 VIII 15 Paderb. Prof. 4 vot./ † Treviri 1768 III 19
715	Osthaus *19*	Bernard.	(F.)	Monast. Westph. 1693 IX 1/1715 X 23/17 X 24/ 30 II 2 Cosfeld. F.C.T./ † ...
716	Osthauß *95*	Henric.	(F.)	Monast. Westph. 1680 XII 21/1704 IX 7/06 IX 8/ 15 II 2 Dusseld. F.C.T./ † Paderb. 1742 VI 5
717	Osthoff *96v*	Henric.	(F.)	ex Kirchlind 1720 III 17/47 II 11/49 II 12/57 VIII 17 F.C.T. Aquisgr.
718	Ostman *2*	Andreas		Widenbrugens. e dioec. Osnabr. 1611 II 2/30 IX 13/32 IX 14/ † 1632 XII 26 Treviri
719	Ottens *97*	Henric.	P.	Stukenbrock dioec. Paderb. 1735 I 2/54 X 21/56 X 22/ † Paderb. 1767 X 8
720	Otto *19*	Bernard.	P.	Warendorp. 1698 VIII 25/1717 V 15/19 V 26/ † Warendorp 1732 II 1
721	Otterstädt *69v*	Godefrid.	P.	Monast. Westph. 1601 .../17 XI 14 Monast.adm./ 19 XI 15/37 VI 29 Monast. Prof. 4 vot./ † 1680 XI 26 Colon.
722	Otterstedt *175*	Joachim.	P.	Monast. Westph. 1613 XII 31/36 X 24/38 X 25/ 51 II 2 Paderb. F.C.S./ † 1683 ... Steinfurt.
723	Otterstedt *301*	Wilhelm.	(F.)	ex Nehem in Angaria 1669 VI 9/95 VII 10/97 X 11/1708 VIII 15 F.C.T. Monast. Westph./ † Geist 1721 V 8

724	Parensen *182v*	Kilian.		Beverungen dioec. Paderb. 1673 XI ../96 V 2/98 V 3/ † 1700 ... Hildes.
725	Pauli *63*	Franc.	(P.)	Lügdens. dioec. Paderb. 1716 II 15/34 X 17/36 X 18/50 II 20 Osnabr. Prof. 4 vot./ † 1758 VI 8 Bremae
726	Pavenstedt *61v*	Franc.	P.	Paderborn. .../1704 V 26/06 V 27/20 II 25 Aquisgr Prof. 4 vot./ † 1726 II 24 Geista
727	Peiffer *64*	Franc.	P.	Sigenens. 1725 X 30/43 X 21/45 X 22/59 II 2 Haffnia Prof. 4 vot.
728	Peiffer *72v*	Gerlacus	P.	Sigena dioec. Nogunt. 1717 XII 22/37 X 21/39 X 22/53 II 2 Juliaci Prof. 4 vot.
729	Peiffer *111*	Herman.	P.	Sigen. 1707 VI ../26 X 17/28 X 18/42 II 2 Dusseldorp. Prof. 4 vot./ † 1765 XII 28
730	Peiffer *177*	Joseph.		Sigenens. 1718 .../38 X 20/40 X 21/ dimissus Juliaci 1745 V 26
731	Philipson *60*	Frideric.		Bilefeld. 1664 XI 16/82 X 17/84 X 20/dimissus Hildes. 1690
732	Pictorius *35v*	Christoph.	(P.)	Monast. Westph. 1703 IX 6/19 X 16/22 I 25/37 II 2 Dusseldorp. Prof. 4 vot./ † Monast. Westph. 1755 IX 14
733	Pininck *140v*	Johannes	P.	Cosfeld. 1653 X 3/74 IX 30/76 X 1/84 II 2 Geist F.C.S/ † 1722 VIII 21 Monast. Westph.
734	Plettenberg *39v*	Casimir		ex Bruchausen in Angaria 1676 XI ../95 IV 17/97 IV 18/ dimissus 1704
735	Plettenberg *110*	Herman.	P.	Saltzkottens. 1656 XI ../75 XI 3/77 XI 4/91 II 19 Monast. Westph. Prof. 4 vot./ † 1700 XII 20 Paderborn.
736	Plettenberg *111v*	Herman.	(P.)	ex Saltzkotten 1710 IV 8/34 X 20/36 X 21/54 II 2 Haffnia Prof. 4 vot.
737	Plettenberg *110*	Hunold.	P.	Delbrugens. dioec. Paderb. 1632 V 20/59 IX 26/ 61 X 26/73 VIII 15 Prof. 4 vot. .../ † Fridericopoli 1680 VI 10
738	Plöecker *54*	Ernest.	P.	Ludens. dioec. Paderb. 1623 VI ../49 VI 29/51 VII 2/63 VIII 15 Embricae F.C.T./ † 1693 III 4 Hildesii
739	Plügge *142v*	Johannes	(F.)	Telget. 1678 VIII 10/1702 VIII 7/04 VIII 8/12 VIII 15 Hildes. F.C.T./ † Büren 1737 V 14
740	Poelman *267*	Samuel	P.	Hallenbergens. 1594 IX ../1613 X 2/15 X 4/35 II 2 Treviris F.C.S./ † 1653 XII 18 Colon.
741	Poeth *55*	Ernest.	P.	Alst dioec. Monast. 1700 VIII 15/19 X 26/21 X 27/34 II 2 Hildes. Prof. 4 vot./ † 1745 XI 8 Fridericopoli
742	Pontanus *69v*	Gerhard.	P.	Paderborn. 1597 IX ../21 II 18 Paderb. adm./ 23 .../37 VI 29 Monast. F.C.S./ † 1645 IV 14 Monast. Westph.

743	Pottgießer *6v*	Albert.	P.	Borcken dioec. Monast. 1711 I 28/30 X 16/32 X 17/46 II 2 Monast. Westph. Prof. 4 vot./ † 1750 XI 3 Monast. Westph.
744	Prange *8v*	Anton.	(F.)	ex Werle dioec. Colon. 1733 V 13/53 X 20/55 X 21/69 II 2 Cosfeld. Prof. 4 vot.
745	Prange *32v*	Conrad.		Arnspergens. ex Angaria .../1630 VIII 19/32 VIII 20/ † 1642 VI 1 Coloniae
746	Prangen *32*	Conrad.	P.	Neuhaus dioec. Paderb. 1593 IV ../1611 XII 22 Paderb. adm./13 XII 25/29 ... Essend. F.C.S./ † 1631 IX 20 Verdae
747	Preckwin *91*	Henric.	P.	Monast.Westph. 1571 III 7/97 VII 14 Mogunt./99 VII 14 Trevir./1612 XI 28 Monast. F.C.S./ † ...
748	Preckwin *133*	Johannes	P.	... / † 1642 X 15 Novesii
749	Prüssen *111*	Herbold.	P.	Saltzkottens. 1703 I 3/21 X 22/23 X 23/37 II 2 Buren. Prof. 4 vot./ † Hildes. 1762 II 26
750	Püning *277v*	Theodor.	P.	Alberskirchen dioec.Monast 1741 XI 14/60 X 20/ 62 X 21
751	Pütz *135*	Johannes	P.	Werdens. ex Marchia 1605 VIII 24/25 IV 15/27 IV 16/ † Colon. 1632 XII 24

Q

752	Quinckenius *133v*	Johannes	P.	Schmall(en)berg dioec. Colon. 1591 IX 29/1612 V 2 Colon./14 V 8/36 XII 23 Dusseldorp. F.C.S./ † 1647 III 16 Dusseldorp.
753	Quindt *242*	Petrus		Meppen. 1689 III 30/1711 X 31/13 XI 1/ † Marcoduri 1730 II 1

R

754	Radhoff *109*	Herman.	(F.)	Wattenschenens. Westph. .../1638 I 18/40 I 19/51 II 2 Colon. F.C.T./ † ...
755	Raesfeld *175v*	Joachim	P.	Monast. Westph. 1648 X ../69 VIII 30/71 VIII 31/ 83 XII 8 F.C.S./ † Coesfelt 1695 ...
756	Rasfelt *183*	Lambert.	P.	Monast. Westph. 1609 IV ../26 VII 27 Mogunt./ 28 VII 31/46 IX 29 Monast. Westph. Prof. 4 vot./ † 1653 X 17 Monast. Westph.
757	Rasfelt *134*	Johannes	P.	Monast. Westph. 1604 I 17/21 X 15/23 X 17/37 VI 29 Treviri F.C.S./ † 1659 ...
758	Rasfelt *275*	Tilman.	P.	Bucholdiae dioec. Monast. 1599 IX ../19 III 19/ 21 III 21/ † 1636 V 14 Tuschenbrock missione Colon. obiit peste
759	Rave *97*	Henric.	P.	ex Oistinghausen dioec. Colon. 1732 VI 10/56 X 23/58 X 24/68 II 2 Paderb. Prof. 4 vot.
760	Reck *275v*	Theodor.	P.	Monast. Westph. 1608 III 6/27 IX 12/29 IX 14/43 V 31 Sigen. F.C.S./ † 1664 VI 23 Hildes.

761	Reen *61v*	Franc.	P.	Gesecens. 1690 .../1712 VI 15/14 VI 16/26 VIII 15 in America/ † in India occidetur
762	Reen *130*	Ignatius		Gesecens. Archidioec. et territ. Colon. 1752 III 19/71 X 21
763	Rehlard *267v*	Stephan.		Delbrugens. dioec. Paderb. 1746 XII 15/66 X 20/ 68 X 21
764	Rehorst *110v*	Hunold.	P.	Telget. 1650 I 1/78 II 1/80 II 2/88 VIII 15 F.C.S./ † 1690 I 1 Paderb.
765	Reick *35*	Christian.	P.	Monast. Westph. 1699 VIII ../21 X 22/23 X 23/36 II 2 Cosfeld. Prof. 4 vot./ † Monast. Westph. 1768 V 1
766	Reinardt *244*	Petrus		ex Weißenberg dioec. et territ. Colon. 1745 III 25/67 X 20/69 X 21/ † Buren. 1773 IV 29
767	Reineke *38*	Conrad.	F.	Niehemens. dioec. Paderb. 1742 XII 8/65 IV 27/ 67 IV 28
768	Reinecke *97*	Henric.	F.	ex Niehem dioec. Paderb. 1727 XI 6/55 X 13/57 X 14/66 II 2 F.C.T. Paderb.
769	Remmen *135v*	Johannes	P.	Monast. Westph. 1597 IX ../1628 III 4/30 III 10/ 44 VIII 24 F.C.S./ † 1666 IX 6 Monast. Westph.
770	Rempen *141*	Johannes	(P.)	Paderborn. 1662 V 29/80 X 11/82 X 25/96 VIII 15 Monast. Westph. Prof. 4 vot./1704 dimissus Hildes., transiit ad PP Benedictinos, ab illis apostatavit ab ordine et fide
771	Rendelman *54v*	Ewald.	(F.)	Aschenberg dioec. Monast. 1631 V ../57 VII 14/ 59 VII 15/67 VIII 15 Monast. Westph. F.C.T./ † 1678 IX 22 Monast. Westph.
772	Renfert *111*	Herman.		ex Westerholt 1667 .../96 IX 15/98 V 3/1709 VII 12 dimissus
773	Rense *97*	Henric.	F.	Rheinens. dioec. Monast. 1740 I 12/63 II 18/65 II 19/73 VIII 15 Büren
774	Reuter *61*	Franc.	(F.)	Hertens. 1661 IV 8/87 IX 2/89 IX 3/98 II 2 Monast. Westph. F.C.T./ † 1727 X 11 Geist
775	Reuter *69v*	Georg.	P.	Vorden. dioec. Paderb. 1604 IV 18/27 IV 22/29 IV 24 Osnabr./43 V 31 Aquisgr. F.C.S./ † 1664 V. 15 Hildes.
776	Rexinck *91v*	Henric.	P.	Ahusens. dioec. Monast. 1606 XI 1/26 VIII 1/28 VIII 10/46 IX 29 Paderb. Prof. 4 vot./ † 1669 IX 29 Monast. Westph.
777	Ribbers *97*	Henric.	P.	Monast. Westph. 1727 IX 29/47 X 22/49 X 23/63 II 2 Geist Prof. 4 vot.
778	Riccius *5v*	Arnold.		Northorn. 1696 .../1715 V 20/17 V 21/ dimissus 1727
779	Richters *60*	Ferdinand.		Callenhart dioec. Colon. 1663 V 1/83 X 31/85 XI 1/ † 1695 V II Colon.
780	Richters *93*	Henric.	P.	Monast. Westph. 1650 V 27/69 VIII 30/71 VIII 31/83 VIII 15 F.C.S. Geist/ † 1715 VII 20 Geist

781	Rickman *18*	Bernard.	(F.)	Clarholtan. 1666 IV ../99 I 16/1701 I 17/09 II 2 Monast. Westph. F.C.T./ † 1725 III 28 Bonnae
782	Riemenschneider *71v*	Georg.	(F.)	Rudens. in Angaria 1652 VII ../79 XI 5/81 XI 6/ 92 II 2 Monast. Eiffliae F.C.T./ † 1714 VII 19 Hildes.
783	Rinaldi *63*	Franc.	P.	Bilefeldiens. 1715 X 4/34 X 17/36 X 18/50 II 2 Paderb. Prof. 4 vot./ obiit rector Cosfeldiae 1764 III 20
784	Ringelius *134*	Johannes		Monast. Westph. 1594 IV ../1617 IV 3 Colon./19 IV 4/ † Monast. Westph. 1634 XI 4
785	Riesen *74*	Georg.		Paderborn. 1749 II 20/69 X 21/71 X 22
786	Risken *109*	Herman.		Steilens. ex Essend. comit. .../1638 I 18/dimissus ex novitiatu
787	Riesse *61*	Franc.	P.	Arensberg. 1676 VIII 15/95 IX 13/97 IX 14/1710 VIII 15 Monast. Westph. Prof. 4 vot./ † Cosfeld. 1733 I 26
788	Rissen *17v*	Bernard.	P.	Paderborn. 1652 VII 14 circ./72 X 2/74 X 3/83 II 2 Geist F.C.S./ † 1699 X 21 Villanova in Catalonia
789	Rissen *33v*	Caspar.	P.	ex Surlandia 1647 III 11/67 VIII 23/69 VIII 24/ 79 II 2 Geist F.C.S./ † Geist 1723 VII 25
790	Rissen *61v*	Ferdinand.	P.	Paderborn. 1694 III 9/1712 V 3/14 V 4/27 VIII 15 Colon. Prof. 4 vot./ † Treviri in novitiatu 1772 IV 20
791	Rissen *69v*	Georg.		Paderborn. 1601 IV ../23 VII 11/25 VII 20/37 VI 29 Monast. Westph. .../ † 1676 I 23 in novitiatu Treviri
792	Rissen *96v*	Henric.	P.	Cosfeld. 1717 I 18/34 X 17/36 X 19/56 II 2 Hildes. Prof. 4 vot.
793	Rissen *195*	Martin.	P.	Paderborn. ex urbe 1656 XI 1/74 X 2/76 X 3/89 VIII 25 Prof. 4 vot. Paderb./ † 1703 IX 3 Paderbornae
794	Rissen *194*	Meinolph.	P.	Turpens. dioec. Paderb. 1622 .../43 IV 27/45 V 1/ 58 IX 8 Monast. Westph. Prof. 4 vot./ † 1679 ... Monast. Westph.
795	Rissen *215v*	Nicolaus	P.	Paderborn 1728 IV 26/45 X 19/47 X 20/61 VIII 15 Prof 4 vot. Paderborn.
796	Robers *72v*	Gerard.	(F.)	Dulmaniens. dioec. Monast. 1684 VIII 10/1714 III 28/16 III 29/24 VIII 15 F.C.T. Paderb./ † Paderborn. 1755 II 9
797	Robers *141*	Johannes	P.	Monast. Westph. 1666 X 28/85 X 19/87 X 20/ 1701 II 2 Monast. Westph. Prof. 4 vot./ † 1702 III 14 Monast. Westph.
798	Roberti *1v*	Albert.		Havekesbecens. e dioec. Monast. 1604 in maio/ 22 V 23/24 XI 1/ † Colon. 1 13

799	Roberti *7*	Anton	P.	Arnsbergens. 1717 II 2/35 X 17/37 X 18/ – / † Hildes. 1746 XII 12
800	Roeckelose *138v*	Johannes	P.	Monast. Westph. 1637 XI 21/55 XI 17/57 XI 18/ 71 II 2 Cosfeld. F.C.S./ † 1688 IX 7 Meppen.
801	Rödder *94*	Franc.		Paderan. 1730 IV 14/48 X 20/ † 1751 III 18 Treviri in novitiatu
802	Röing *6*	Adam.	P.	Ruthenae 1700 circa Pentecostes/22 X 20/24 X 21/38 II 2 Hildes. Prof. 4 vot.
803	Roingh *35*	Caspar.	P.	Ruthena dioec. Colon. 1688 IX 25/1709 V 18/11 V 19/23 VIII 15 Dusseldorp. Prof. 4 vot./ † Paderborn. 1742 V 16
804	Roing *61v*	Franc.	P.	Ruthen. 1687 II 14/1706 VI 21/08 VI 22/20 VIII 15 Geist Prof. 4 vot./ † 1729 XI 29 Monast. Westph.
805	Roland *64v*	Frideric.	P.	Paderan. 1736 III 5/53 X 20/55 X 21/69 VIII 15 Paderb. Prof. 4 vot.
806	Römer *7v*	Albert.	P.	Monast. 1725 III 19/42 X 21/44 X 22/58 VIII 15 Monast. Westph. Prof. 4 vot.
807	Römer *61*	Franc.		Monast. Westph. 1682 IV 2/1702 V 21/ † Colon. 1703 VII 26 novitiatus
808	Römer *241v*	Petrus	P.	Monast. Westph. 1680 VII 25/1700 VI 23/02 VI 24/13 VIII 15 Geist F.C.S./ † Hildes. 1749 I 19
809	Rose *33v*	Caspar.	P.	Heimesen dioec. Paderb. 1651 VI 1/70 VIII 27/ 72 VIII 28/ † 1684 VIII 1 Geista
810	Rose *63*	Franc.	P.	Stelens. territ. Essend. 1714 IX 8/32 X 20/34 X 21/48 II 2 Dusseldorp. Prof. 4 vot.
811	Rose *70*	Godefrid.	P.	Monast. Westph. 1605 XI 3/26 V 25/28 VI 18/46 IX 29 Monast. Westph./ † 1655 V 22 Paderb.
812	Rose *91v*	Henric.	P.	Monast. Westph. 1602 VIII 2/23 IX 7/25 IX 8/43 V 31 Colon. Prof. 4 vot./ † 1648 III 13 Colon.
813	Rösell *183v*	Lucas	(F.)	Sandebecc. dioec. Paderb. 1628 VII ../51 VII 28/ 53 VII 29/62 VIII 15 Monast. Westph. F.C.T./ † Paderb. 1677 II 15
814	Rosenbaum *17*	Bernard.		Dulmaniens. 1644 VII ../64 VII 24/66 VII 26/ † 1670 VI 19 Monast. Westph.
815	Rosengarten *136v*	Johann.	(F.)	Alberslohens. dioec. Monast. 1617 II 2/37 IX 19 Colon./39 IX 21/51 VII 31 Bonnae F.C.T./ † Hadamar 1683 ...
816	Roscamp *94v*	Henric.		Cosfeld. 1674 III ../96 V 2/98 V 3/ † 1703 XII 24 Monast. Westph.
817	Rotermund *110*	Herman.		Brackelens. dioec. Paderb. 1656 IX ../77 VIII 12/ 79 VIII 13/ † 1686 III 13 Cosfeld.
818	Rothausen *16*	Bernard.		Horstmar. dioec. Monast. 1598 VIII 15/1620 XII 31/23 I 1 dimissus
819	Rothausen *91*	Henric.	P.	Horstmar. dioec. Monast. 1570 VII 27/88 XI 23 Paderb./90 XI 25 Herbipoli/1616 X 9 Paderb. Prof. 4 vot./ † 1632 III 11 Treviri

820	Rotthoff	*141*	Johannes	(F.)	Widenbrug. 1655 .../81 VIII 28/83 VIII 29/92 II 2 Paderb. F.C.T./ † 1717 IX 9 Burena
821	Rottman	*16v*	Bernard.	P.	Lingens. 1615 .../39 IX 14/41 IX 15/51 II 2 Monast. Westph./ † 1664 VIII 14 Embricae
822	Rotman	*231*	Paulus	P.	Monast. Westph. 1595 V ../1613 X 18 Monast./15 X 18/36 II 2 Trevir. F.C.S./ † 1636 V 6 Treviri obiit peste
823	Rovaeus	*60*	Franc.	P.	Haselunens. 1617 X 6/37 IX 19 Monast. Westph./ 41 .../52 IX 8 Meppen. Prof. 4 vot./ † 1669 VII 24 Paderb.
824	Roye	*18*	Bernard.		Metelens. 1663 II 15/83 XI 14/ † 1684 V 21 in novitiatu
825	Roye	*142v*	Johannes		Cosfeld. 1686 VI 24/1704 V 26/ † 1705 VIII 7 Trevir. in novitiatu
826	Roye	*184v*	Lucas	F.	Cosfeld. 1699 VIII 10/1724 VIII 14/26 VIII 15/ † 1726 IX 4 Paderb.
827	Roye	*300v*	Wenceslaus		Metelens. dioec. Monast. 1661 XII 26/80 X 24/ 82 X 25/ † 1692 IX 2 Monast. Westph.
828	Rudolphi	*61*	Franc.	P.	Hirschberg in Angaria 1664 VI ../85 IX 22/87 IX 23/ 1701 II 2 Hildes. Prof. 4 vot./ † Cosfeld. 1720 IX 5
829	Rüsche	*137*	Johannes	(F.)	Dulmaniens. 1620 II 21/45 VII 20/47 VII 25/57 V 27 Monast. Westph. F.C.T./ † 1680 I 6 Coesfeld
830	Rüting	*6*	Anton	P.	Paderb.-Neuhusio 1701 VI 10/19 X 26/21 X 27/ 35 II 2 Büren Prof. 4 vot./ † Burena 1767 XII 26

S

830a	Sack	*60*	Friederic.	P.	Schuttorpiens. 1669 V 6/88 V 23/90 V 24/1702 VIII 15 Geist. Prof. 4 vot./ † 1747 III 21 Geist
831	Salice	*18*	Bernard.	P.	Sigenens. 1666 VI 29/86 V 7/88 V 8/1700 VIII 15 Geist Prof. 4 vot./ † Hamburg 1722 VIII 2
832	Salice	*19r*	Bernard.	P.	Sigenens. 1712 II 26/30 X 16/32 X 17/46 II 2 Dusseldorp. Prof. 4 vot./ † Hadamaria 1769 VI 15
833	Sambergh	*109*	Herman.	P.	Schoppingens. 1632 XII 14/51 VII 28/53 VII 29/ 67 VIII 15 Osnabr. Prof.4vot./ † 1708 VI I Osnabrugi
834	Sander	*291*	Vincent.	(F.)	Dorstens. 1670 X 4/93 XI 8/95 XI 10/1704 II 2 Hildes. F.C.T./ † Colon. 1758 VI 20
835	Sanders	*71*	Georg.	(F.)	Merlsheim dioec. Paderb. 1639 VI ../66 X 14/68 X 15/7 II 2 Paderb. F.C.T./ † 1718 X 31 Falkenhagen
836	Sanderus	*133v*	Johannes	P.	Lichtenaw. dioec. Paderb. 1596 XII 24/1614 XI 13/16 XI 13/37 VII 2 Sanctis F.C.S./ † 1674 IV 23 Geistae

837	Sassaeus *31*	Paulus	P.	Essendiens. 1666 XI 11/80 X 14/82 X 25/96 II 2 Sigen. Prof. 4 vot./ † 1704 I 7 Monast.Westph.
838	Sauer *127*	Ignatius	P.	Paderborn. 1668 III 3/87 V 17/89 V 18/1701 VIII 15 Geist Prof. 4 vot./ † Paderb. 1743 II 7
839	Saur *175v*	Joseph.	P.	Wevelsburg dioec. Paderb. 1674.../94 V 26/96 V 27/1708 VIII 15 Prof. 4 vot. Paderb./ † Hafnia 1734 IV 13
840	Sauren *92*	Henric.	(F.)	Saltzkotten dioec. Paderb. 1608 circa pascha/ 31 X 2/33 X 3/46 IX 29 Trevir. F.C.T./ † 1668 I 16 Treviri in novitiatu
841	Schackmar *19v*	Benedict.	P.	Monast. Westph. 1723 VII 28/41 X 21/43 X 22/ 57 II 2 Monast. Westph. Prof.4 vot./ † Monast. Westph. 1758 I 21
842	Schackmar *63v*	Ferdinand.	P.	Monast. Westph. 1721 XII 22/38 X 20/40 X 21/ 55 II 2 Hildes. Prof. 4 vot.
843	Schackmar *64*	Franc.Xav.	P.	Monast. Westph. 1726 VI 14/43 X 21/45 x 22/ 59 IX 8 Meppen. Prof. 4 vot./ † Hildes.1768 IX 18
844	Schäffer *63v*	Franc.	F.	Paderborn. 1705 II 3/40 XI 18/42 XI 19/51 II 2 Burena F.C.T.
845	Schaten *215*	Nicolaus	P.	ex Heeck dioec. Monast. 1608 I 6/28 VII 21/30 VII 31/48 V 3 Prof. 4 vot. Monast. Westph./ † 1676... Paderbornae
846	Schaumburg *184*	Ludolph.	P.	Recklinghusan. 1675 V 13/95 IV 17/97 IV 18/ 1709 VII 15 Paderb. Prof. 4 vot./ † Monast. Westph. 1755 VIII 17
847	Schedelich *71*	Georg	P.	Wolbecc. Monast. Westph. 1651 II 19/70 IX 8/72 IX 5/85 II 2 Monast. Westph. Prof. 4 vot./ † 1713 VIII 10 Monast. Westph.
848	Scheffer *19*	Bernard.	P.	Monast. Westph. 1704 VIII 8/21 X 22/23 X 23/37 VIII 15 Embricae Prof. 4 vot./ † 1740 I 18 Marcoduri
849	Scheiffers *97*	Henric.	F.	Nieheim dioec. Paderb. 1725 XI 27/51 II 1/53 II 2/61 II 2 F.C.T. Osnabr./ † Monast. Westph. 1769 III 15
850	Schelver *54*	Ernest.	P.	Monast. Westph. 1594 VI 1/1615 VI 3/17 .../35 II 2 Monast. Prof. 4 vot./ † 1669 X .. Monast. Westph.
851	Schenking *36*	Carol.	P.	Delbrugens. dioec. Paderb. 1718 I 31/36 X 22/38 X 23/52 II 2 Osnabr. Prof. 4 vot./ † Büren 1758 VI 7
852	Schertz *97*	Henric.	P.	Paderborn. 1738 XII 21/56 X 23/58 X 24/72 II 2 Hildes. Prof. 4 vot.
853	Schlebrügge *18*	Bernard.	P.	Monast. Westph. 1682 VII 24/99 VI 5/1716 II 2 Osnabr. Prof. 4 vot./ † 1745 VII 26 Monast. Westph.

854	Schlicht *135v*	Johannes	(P.)	Nienberge dioec. Monast. 1609 II 28/27 IX 26/29 IX 27/43 VI 31 F.C.S. Marcoduri/ † 1682 VII 18 Monast. Eifliae
855	Schlitzweg *73*	Georg.	P.	Horstmar. dioec. Monast. 1691 III 25/1710 VI 7/ 12 VI 8/ - / † 1726 X 8 Monast. Westph.
856	Schlitzweg *142v*	Johannes	P.	Horstmar. 1687 XI 3/1705 V 2/07 V 3/ - / † Colon. 1718 VII 17
857	Schmal *34*	Carol.		Monast. Westph. 1665 XII 27/83 IV 8/85 IV 9/ † Geista ...
858	Schmal *276*	Theodor.	(P.)	ex Marchia Mont. 1634 II ../54 IV 4/56 IV 5/69 VIII 15 Juliaci Prof. 4 vot./ † 1711 IX 22 Aquisgrani
859	Schmecking *4v*	Adam.	(F.)	... 1672 .../1702 X 4/04 X 6/ - /12 II 2 Monast. Westph. F.C.T./ † 1725 IV 17 Monast.
860	Schmidt *32*	Caspar.	P.	Monast. Westph. 1603 III 30/23 IX 7/25 IX 8/44 VIII 24 Monast. F.C.S./ † 1659 IX 17 Embricae
861	Schmidt *54v*	Engelbert.	(P.)	Steinheim dioec. Paderb. 1643 XI ../66 X 14/68 X 17/81 II 2 Sigena Prof. 4 vot./ † ...
862	Schmidt *64v*	Franc.Xav.		Olpens. dioec. Colon. 1735 IV 3/52 X 21/54 X 22/ † 1762 XII 14 Colon.
863	Schmidt *97*	Henric.	F.	ex Weiberg dioec. Paderb. 1739 I 13/65 IV 27/67 X 28
864	S(ch)mising *17*	Bernard.	P.	Harkottens. dioec. Monast. 1644 XI ../63 IX 3/65 IX 4/77 VIII 15 Osnabr. Prof. 4 vot./ † 1681 VIII 10 Osnabr.
865	Schmitman *61*	Franc.	P.	Menden dioec. Colon. 1656 III 6/74 X 2/76 X 3/ 89 VIII 15 Paderb. Prof. 4 vot./ † 1693 VI 16 Hildes.
866	Schmitman *241*	Petrus	P.	Mendens. Archidioec. Colon. 1666 .../83 X 31/84 XI 1/99 VIII 15 Paderb. Prof. 4 vot./ † ...
867	Schmitz *18*	Bernard.	(F.)	Monast. Westph. 1662 XI 23/87 IX 7/89 IX 8/98 II 2 Paderb. F.C.T./ † Hildes. 1707 IX 21
868	Schmitz *72v*	Georg.	P.	Falckenhagen 1719 IV 30/39 X 19/41 X 20/obiit in provincia novi Regio Collegio Santa Fé anno circa 1763
869	Schmitz *71v*	Gerard.	P.	Vredens. 1658 VII 5/78 XII 21/80 XII 22/94 II 2 Sigen. Prof. 4 vot./ † 1712 X 3 Rensburgi in osequ. pestis
870	Schmitz *143*	Johannes	(F.)	Ahusens. dioec. Monast. 1694 VI 24/1714 II 28/ 16 III 1/24 VIII 15 F.C.T./ † 1729 V 5 Hildes.
871	Schmitz *276v*	Theodor.	P.	dioec. Monast. 1663 II 14/83 XI 14/85 XI 15/96 VIII 15 F.C.S./ † Monast. Westph. 1718 VI 6
872	Schnitger *17r*	Bernard.	(F.)	Attelens. dioec. Paderb. 1646 III 29/71 IX 15/73 X 15/82 XII 8 Paderb. F.C.T./ † 1699 II 23 Paderborn.
873	Schöler *97*	Henric.	P.	Monast. Westph. 1730 VII 27/49 X 20/51 X 21/ † 1761 II 19 Monast. Westph.

874	Schöler *142v*	Johannes	P.	Werlens. 1681 V 20/1701 VI 10/03 VI 11/12 VIII 15 Geist F.C.S./ † 1744 I 23 Cosfeld
875	Scholl *60*	Frideric.	P.	Meppens. 1645 VII 26/67 XI 2/69 XI 3/80 II 2 Geist. F.C.S./ † Geist 1728 XII 6
876	Scholz (-tt) *2v*	Albert.	(F.)	Lahr Monast. 1637 XI 24/66 VI 12/68 VI 15/76 VIII 15 Sigena F.C.T./ † Osnab. ..IV 6
877	de Schönenbeck *197v*	Maurit.		Monast. Westph. 1741 X 11/59 XII 31/62 I 1/ † Monast.Westph. 1764 III 8
878	Schönenberg *35*	Conrad	F.	Paderborn. 1683 II 9/1715 X 23/17 X 24/26 II 2 Paderb. F.C.T./ † Hildes. 1758 IX 27
879	Schönenfeld *147v*	Johannes		S. Gertrudis prope Essend. terr. Essend. 1746 VIII 28/73 III 10
880	Schönerus *135v*	Johannes	P.	Füchtrop 1611 VIII ../29 IX 19/31 IX 21/48 V 3 Treviris Prof. 4 vot./ † 1692 VII .. Paderb.
881	Schöning *138v*	Johannes	P.	Monast. Westph. 1645 III 8/61 XI 16/63 XI 18/78 VIII 15 Paderb. Prof. 4 vot./ Hildes. 1693 IX 19
882	Schonlaw *33v*	Christian.		... 1649 IX 25/65 X 17/67 X 18/ † Monast. Westph. 1671 VI 14
883	Schräder *178*	Joseph.	P.	Monast. Westph. 1739 V 13/57 X 22/59 X 23/73 II 2 Prof. 4 vot. Osnabr.
884	Schreiber *94*	Henric.	P.	Monast. Wstph. 1668 .../85 X 19/87 X 20/1701 VIII 15 Paderb. Prof. 4 vot./ † Monast. Westph. 1754 XII 15
885	Schreiber *97*	Henric.	F.	Wernens. dioec. Monast. 1722 IV 8/52 II 1/54 II 2/62 II 2 F.C.T. Paderb.
886	Schreiber *137*	Johannes		Sigenens. 1617 .../ 44 IV 7/46 IV 8/55 VI 20 Sigen. F.C.T. (?)/ † Geist 1670 I 21
887	Schröder *178*	Joseph.		Kleinenberg. dioec. et terr. Paderb. 1752 III 31/71 X 24
888	Schückingh *91v*	Heidenreich	P.	Darfeld dioec. Monast. 1603 IX ../27 IX 12/29 IX 14/ † 1638 VII 28 Monast. Westph.
889	Schückingh *134*	Johannes	P.	Darfeld, dioec. Monast.1596 V 27/1617 IV 15/19 IV 15/37 VI 29 Colon. Prof. 4 vot./ † 1660 XI 18 Dusseldorp.
890	Schulenberg *63*	Ferd.	P.	Paderborn. 1709 X 8/28 X 18/30 X 19/44 III 24 Hildes.(F.C.S.)/ † Hildes. 1771 XI 1
891	Schulenberg *110*	Hildebrand.	P.	... 1647 VII 16/66 X 14/68 X 17/81 II 2 Monast. Westph. Prof. 4 vot./ † Paderb. 1709 I 3
892	Schulte *36*	Caspar.	P.	ex Severinghausen in Angaria Archiducatu Colon. 1718 IV ../37 X 21/39 X 22/53 II 2 Osnabr. Prof. 4 vot.
893	Schulte *38*	Caspar.	F.	ex Hegensdorff dioec. Paderb. 1743 XI 7/68 IV 30/70 V 1
894	Schulte *95v*	Henric.	P.	Mesum. dioec. Monast. 1704 III 9/23 X 2/25 X 21/39 II 2 Hildes. Prof. 4 vot./ † Hildes. in missione 1746 V 22

895	Schulte *183v*	Lambert.	P	Lingens. 1643 IV 22/64 V 1/66 V 2/78 II 2 Prof. 4 vot./ † 1695 I 10 Coesfeld.
896	Schulte *197*	Martin.	F.	in Beckem dioec. Monast. 1716 XII 6/45 VI 20/ † 1745 I 4 Treviri in novitiatu
897	Schulte *142v*	Johannes	P.	ex Bentlage prope Rheine 1681 XII 11/1701 VI 10/03 VI 11/15 VIII 15 Prof. 4 vot. Geist./ † 1745 I 26 Cosfeld.
898	Schulte *177v*	Joseph.	F.	ex Eickhoff dioec. Paderb. 1732 IX 19/55 VII 16/ 57 VII 17/65 VIII 15 F.C.T. Paderb.
899	Schulten *18*	Bernard.	P.	ex Eickhoff ioec. Paderb. 1690 XII 25/1709 V 18/11 V 19/25 VIII 15 Prof. 4 vot./ † 1752 IX 8 Geist.
900	Schultes *17*	Bertram.	P.	Menden ex Angaria 1643 .../63 VII 23/65 VII 25/ 74 II 2 Dusseldorp. F.C.S./ † 1683 ... Osnabr.
901	Schultingh *142*	Johannes	(F.)	Monast. Westph. 1676 .../99 V 8/1701 V 9/09 VIII 15 Marcoduri F.C.T./ † 1717 IV 24 Monast. Westph.
902	Schultz *18*	Bernard.	(F.)	Ippenburens domin. Lingens. 1673 .../96 IX 15/ 98 IX 27/1707 II 2 Cosfeld. F.C.T./ † 1714 V 25 Dusseldorp.
903	Schultz *300v*	Wenceslaus	(F.)	Ippenburens. dioec. Monast. 1661 VIII 15/84 II 28/86 III 1/96 VIII 15 Paderb. F.C.T.
904	Schultze *61v*	Franc.	P.	Stromberg. 1692 III ../1711 V 9/13 V 10/25 VIII 15 Cosfeld. Prof. 4 vot./ † Osnabr. 1736 II 1
905	Schumacher *93*	Henric.	P.	Monast. Westph. 1655 IX 17/74 IX 30/76 X 6/89 II 2 Osnabr. Prof. 4 vot./ † ...
906	Schürmann *178*	Joseph.	P.	Warendorp. dioec. Monast. 1739 V 3/57 X 22/59 X 23/73 II 2 Hildes. Prof. 4 vot.
907	Schüth *197v*	Meinolph.	F.	Steinhusan. dioec. Paderb. 1739 IV 12/67 V 27/ 69 V 28
908	Schuto *36*	Caspar.	P.	Paderb. 1710 IX 17/30 X 16/32 X 17/45 II 2 Prof. 4 vot./ † Monast. Westph. 1756 IX 7
909	Schütte *3*	Adrian.	P.	Vechtens. Monast. dioec. 1649 IX 24/66 VI 12/68 VI 13/ - / † Geistae 1681 XII 28
910	Schütte *17*	(Bern.?) Henric.		... infra 1647/67 VIII 22/69 VIII 23/ † Meppen 1679 ...
910a	Schütte *93*	Henric.		Vredens. 1647 VII 29/67 VIII 22/69 VIII 23/ † 1679 ... Meppen.
911	Schweck *16v*	Bernard	P.	Monast. Westph. 1634 XI 24/52 VII 7/54 VII 9/ 68 II 2 Hildes. Prof. 4 vot./ † 1701 XI 20 Hildes.
912	Schweling *63v*	Ferdinand.	P.	Monast. Westph. 1719 XII 21/36 X 22/38 X 23/ 53 II 2 Confluent. Prof. 4 vot.
913	Schwerbrock *94v*	Henric.	P.	Telgetan. 1671 V 6/90 V 25/92 V 26/1704 VIII 15 Prof. 4 vot./ † 1728 IX 17 Cosfeld.
914	Schwerbrock *96*	Henric.	P.	Telgetan. dioec. Monast. 1705 XII 28/24 X 19/26 X 20/ † 1737 I 16 Paderb.

915	Serries *142*	Johannes	P.	Meppen 1681 IV 7/99 VI 5/1701 VI 6/14 VIII 15 Prof.4 vot. Geist/ † 1726 II 5 Osnabr.
916	Sibin *232v*	Philipp.	(P.)	Neuhusan. in comitat.Benthem. 1678 .../97 V 10/ 99 V 11/1712 II 2 Osanbr. Prof. 4 vot./ † 1759 XI 30 Macai in provincia Japonica
917	Siebenbürger *184*	Laurent.		Neuhusan. Paderborn. 1696 III ../1714 V 18/ Novitius dimissus
918	Sieckmann *275v*	Theodor.		Ahlens. dioec. Monast. 1600 I ../36 XI 12/38 XI 13/ dimissus Dusseldorp. 1648
919	Simonis *19*	Bernard.	F.	ex Steinheim dioec. Paderborn. .../1730 IX 28/32 IX 29/42 II 2 Paderb. F.C.T./ † Hildes. 1754 X 4
920	Simons *144v*	Johannes	(F.)	Steinheim dioec. Paderb. 1692 XII 31/1727 XI 10/29 XI 11/38 II 2 F.C.T. Paderb./ † Paderb. 1754 I 18
921	Synnigen *137v*	Johannes	P.	Ahusens. Westph. 1634 II 5/54 VII 14/56 VII 15/ 66 VIII 15 Geist F.C.S./ † 1688 IV 29 Monast. Westph.
922	Siverdes *35*	Caspar.		Dringenberg. 1695 X ../1716 V 18/18 V 19/ † 1725 X 3 Hildes.
923	Siverdes *178*	Joseph.	P.	Dringenberg. dioec. Monast. (!) 1737 III 18/56 X 23/58 X 24/72 II 2 Osnabr. Prof. 4 vot.
924	Sydinck *54v*	Engelbert.	P.	Ervetens. 1640 I ../61 XI 15/63 XI 17/76 II 2 Osnabr. Prof. 4 vot./ † 1701 II 8 Coesfeld.
925	Soester *19*	Bernard.	(F.)	ex Clarholz ditione Rhedens. 1694 XI 21/1717 X 20/19 X 21/28 II 2 Geist F.C.T./ † 1751 XII 31 Osnabr.
926	Sohn *175*	Joseph.		Monast. Westph. .../1630 IX 13/32 IX 14/ † 1647 V 31 Ensishemii
927	Sohn *276*	Theodor.	P.	Monast. Westph. 1632 VIII 4/52 VII 7 Monast./ 54 VII 9/67 VIII 15 Osnabr. Prof. 4 vot./ † Paderborn. 1678 ...
928	Soist *34*	Conrad.	P.	Brackel dioec. Monast. forte Paderb. (!) 1664 I ../ 86 VI 26/88 VI 17/98 VIII 15 Geistae F.C.S./ dimissus 1705 Burena
929	Sonnenberg *71v*	Godfrid.	(F.)	Monast. Westph. 1644 III ../70 XI 2/72 XI 13/81 II 2 Paderb. F.C.T./ † 1703 VIII 31 Paderb.
930	Spancke *19v*	Bernard.	P.	Paderborn. 1724 I 13/41 X 21/43 X 22/57 II 2 Osnabr. Prof.4 vot.
931	Spancke *111*	Herman.		ex Nienbeck dioec. Paderb. 1706 IX 16/25 X 18/ † 1728 XII 15 novitiatus in Nienbeck
932	Spangemacher *37*	Clemens	P.	Cosfeld. 1731 III 7/51 X 18/53 X 19/67 II 2 Paderb. Prof. 4 vot.
933	Spiegel *299*	Wolrad.	P.	e dioec. Paderb. 1591 .../1610 IX 8/12 IX 8/20 VI 21 Treviris/ 1632 dimissus
934	Spoede *93v*	Henric.	P.	Ahusan. 1654 VII 15/77 IX 6/79 IX 8/88 II 2 Bonnae F.C.S./ dimissus Geist 1705

935	Sprick *9*	Anton.	F.	Paderborn. 1736 IX 29/62 X 24/dimissus Novesii 1772 X 2
936	Stadtman *97*	Henric.	F.	Wernens. dioec. Monast. 1719 .../48 XI 17/50 XI 18/59 II 2 F.C.T./† Paderb. 1761 VI 1
937	Stael *16*	Bernard.	P.	Monast.Westph. 1606 VIII 5/25 III 10 Colon. adm./27 III 12/44 VIII 24 Monast. Westph. Prof. 4 vot./ † 1668 I 27 Hildes.
938	Stael *136v*	Johannes	P.	Monast. Westph. 1619 I 4/39 IX 14/41 IX 15/54 IX 8 Paderb. Prof. 4 vot./ † 1664 I 4 Monast. Westph.
939	Staell *194*	Michael	P.	Monast. Westph. 1626 X ../48 IV 27/50 IV 28/62 VIII 15 Monast. Westph. F.C.S./ † 1688 ... Monast. Westph.
940	Stechman *18*	Bernard.	P.	Paderborn. 1688 XII 4/1704 V 26/06 V 27/ † Bremae 1721 IV 10
941	Stegeman *5*	Anton.	P.	Paderborn. 1694 XI 25/1712 V 3/14 V 4/29 II 2 Monast. Westph. Prof. 4 vot./ † 1763 XII 1 Monast. Westph.
942	Stegman *127v*	Ignatius	(P.)	Paderborn. 1693 .../1710 VI 7/12 VI 8/27 II 2 Prof. 4 vot.
943	Stegman *142v*	Johannes	P.	Paderb. 1679 III 25/1701 VI 10/03 VI 11/12 VIII 15 Hildes. Prof. 4 vot./ † 1727 IX 12 Geist.
944	Steinhausen *142*	Johannes	P.	Paderborn. 1681 VIII 13/98 V 31/1700 VI 1/14 VIII 15 Hildes. Prof. 4 vot./ † Treviri in novitiatu 1755 VII 3
945	Steinhorst *18*	Bernard.	P.	Monast. Westph. 1675 VII ../94 V 26/96 V 27/ 1708 VIII 15 Paderb. Prof. 4 vot./ † 1729 IX 12
946	Steinsiek *110*	Herman.	P.	Herfordiens. 1648 XII 6/68 X 16/70 X 18/83 II 8 Prof. 4 vot. Paderb./ † Colon. 1732 ...
947	Steinsieck *139v*	Johannes	P.	Herfordiens. 1645 VIII 2/66 X 14/68 X 17/81 II 2 Monast. Westph. Prof. 4 vot./ † 1699 III 8 Monast.
948	Stelderen *18*	Bernard.	P.	Reinens. dioec. Monast. 1676 VI 25/96 V 2/98 V 3/1710 VIII 15 Hildes. Prof. 4 vot./ † 1714 VIII 17 Cosfeld.
949	Steveninck *109*	Hieronymus		Monast. Westph. 1610 XI 2/27 X 15/29 X 18/ † 1635 XII 24 Monast. Westph.
950	Stieben *242*	Petrus	(F.)	Paderborn. 1675 VII 11/1711 VII 30/13 VII 31/ 21 VIII 15 F.C.T. Paderb./ † Paderb. 1738 II 21
951	Stiven *112*	Herman.	F.	Wörderfeld dioec. Paderb. territ. Lippiens. 1747 II 8/73 III 10
952	Stockenbrandt *141*	Johann.	P.	Werdens. 1656 IX 7/80 X 17/82 X 24/92 VIII 15 Geist. F.C.S./ † 1718 XI 22 Cosfeld.
953	Stolten *196v*	Meinolph.	P.	ex Ahden dioec. Paderb. 1718 II 6/39 X 19/41 X 20/55 II 2 Prof. 4 vot. Fridericia
954	Stordeur *9*	Anton.	P.	Monast. Westph. 1742 II 16/62 X 23/64 X 24

955	Strotbroich *1*	Albert.	P.	Rocksellens. dioec. Monast. 1592 in februario/ 1614 VII 13 Colon./16 VI 31/35 II 2 Trevir./ † Monast. Westph. 1666 IX 19
956	Strack *70*	Gerard.		Stockum in Westph. .../1639 V 17/41 .../ † 1644 I 18 Monast. Westph.
957	Stracke *73v*	Georg.	F.	prope Olpena Archiduc. Colon. 1702 XI 11/27 V 31/29 VI 1/36 VIII 15 Embricae F.C.T./ † Bonnae 1735 VII 8
958	Strickelinck *143*	Johann.	P.	Halterens. 1692 IX 17/1715 V 20/17 V 21/29 VIII 15 Monast. Westph./ † 1764 IV 24 Osnabr.
959	Strohe *4v*	Adolph.	P.	Essendiens. 1681 VIII 15/1702 V 21/04 V 22/16 VIII 15 Geist. Prof. 4 vot./ † Geist 1742 IX 16
960	Struchtrup *144v*	Johannes	P.	Waterslohens. dioec. Monast. 1711 IX 21/30 X 16/32 X 17/46 II 2 Büren Prof. 4 vot.
961	Strunck *195v*	Michael	P.	Paderb. 1677 XI 1/95 IV 17/97 IV 18/1711 II 2 Monast.Westph. Prof. 4 vot./ † Wilbasen dioec. Paderb. 1736 XII 4
962	Struns *8v*	Alois.	P.	Delbrugens. dioec. Paderb. 1738 X 20/58 X 28/ 60 X 29
963	Stukenbrock *128v*	Ignat.	P.	Paderb. 1725 IX 14/43 X 21/45 X 22/59 II 2 Monast. Westph./ † Monast. Westph. 1766 IV 14
964	Stutzenberg *180v*	Laurent.		Paderb. 1647 VIII 10/67 VIII 22/69 VIII 24/ † 1671 IX 14 Marcoduri
965	Stüve *195v*	Martin.	P.	Rheinens. 1682 XII 24/1703 IV 28/05 IV 29/17 VIII 15 Geist. Prof. 4 vot./ † Monast.Westph. 1756 XII 25
966	Stüver *38*	Conrad.		ex Haaren dioec. Paderb. 1744 XII 10/65 X 14/67 X 15
967	Sudholt *71*	Georg.	P.	Delbrug. dioec. Paderb. 1641 .../62 X 10/64 X 12/77 II 2 Paderb. Prof. 4 vot./ † 1680 III 13 Paderb.
968	Sülinck *72*	Georg.		Cosfeld. 1676 XI ../95 IV 17/97 IV 18/ † 1711 ... Osnabrugi
969	Sutbeck *7*	Anton.	F.	ex Lohn dioec. Monast. 1716 X 4/38 IV 30/40 IV 31/ † Geist 1741 XI 2

T

970	Tecklenburg *34v*	Caspar.	P.	Widenbrug. 1685 X ../1706 VI 21/08 VI 22/1720 VIII 15 Geist. Prof. 4 vot./ † Geista 1745 X 24
971	Tecklenburg *16v*	Bernard.		Lingens. 1618 .../40 IX 26/42 IX 27/51 VII 31 Monast. Westph./ † 1655 ... Monast.Westpf.
972	Tecklenburg *110*	Herman.	P.	Widenbrug. 1639 XI 20/57 VII 14/59 VII 20/ † 1671 I 7 Embricae
973	Tecklenborgh *215*	Nicolaus		Ippenburen. 1608 III ../30 IX 28/32 I X 29/ † ...

974	Tegeder *1v*	Arnold		Wolbecc. e dioec. Monast. 1613 X 28/28 X 18/30 .../ dimissus 1634 Treviris in 4oma
975	Temming *19v*	Bernard.	P.	Grevoniensis dioec. Monast. 1735 XII 4/55 X 27/ 57 X 28/71 II 2 Geist.
976	Tendaßel *19*	Bernard.	P.	Cosfeld. 1698 IX 18/1716 V 18/18 V 19/32 II 2 Meppen Prof. 4 vot./ † Glückstadt 1758 XII 6
977	Terbeck *6*	Anton.	P.	Cosfeld. 1705 I 17/22 X 20/24 X 21/38 II 2 Monast. Westph. Prof. 4 vot./ † 1758 XII 6 Warendorpii
978	Teves *34*	Conrad.	(F.)	Paderborn. 1662 VIII 10/84 X 27/86 X 28/ 1691 dimissus Monasterii
979	Theben *8*	Anton.	F.	ex Borcken dioec. Monast. 1721 VI 19/49 VIII 18/51 VIII 19/60 II 2 Monast. Westph. F.C.T.
980	Theising *145*	Johannes	P.	Engenden (?) dioec. Monast. 1714 I 24/36 X 22/ 38 X 23/52 II 2 Meppen Prof. 4 vot.
981	Theodori *34*	Conrad.	P.	Sandebeccens. 1666 I 10/88 V 17/90 V 18/1702 VIII 15 in castris ante Landavium/ † Geista ...
982	Thier *135v*	Johannes	P.	Monast. Westph. 1609 VI ../29 IX 20/31 IX 21/46 IX 29 Monast. Westph. Prof. 4 vot./ † 1671 XII 9 Osnabrugi
983	Thier *232*	Philipp.	P.	Monast. Westph. 1600 .../19 X 17/21 X 18/40 VIII 15 Colon. Prof. 4 vot./ † 1677 ... Monast. Westph.
984	Thomas *93v*	Henric.	(F.)	Fürstenberg dioec. Paderb. 1647 circiter/74 IX 25/76 IX 26/85 II 2 Paderb. F.C.T./ † 1713 III 27 Paderborn.
985	Thomnienhauß *94v*	Henric.	P.	Monast. Westph. 1679 V 19/97 V 10/99 V 11/ 1712 VIII 15 Paderb. Prof. 4 vot./ † 1717 VII 13 Coesfeld.
986	Thonhausen *232v*	Philipp.		Buchold. dioec. Monast. 1675 V 16/95 IV 17/97 IV 18/ † 1699 VI 5 Paderborn. (?)
987	Thorbeck *71v*	Gerard.	P.	Monast. Westph. 1653 VI ../71 VIII 21/73 VIII 22/87 VIII 15 Osnabr. Prof. 4 vot./ † 1693 II 19 in Bohemia prope Egram
988	Thorborgh *3v*	Alexander		Monast. Westpf. 1661 IV ../85 III 6/87 III 7/ dimissus 1688
989	Thorhorst *135*	Johannes		Monast. Westph. 1606 V ../27 IX 12/29 IX 14/ † Colon. 1636 VI 24
990	Thorhove *134*	Johannes	(P.)	Monast. Westph. 1598 V ../1616 X 14/18 XI 6/ 39 XI 21 Sigena Prof. 4 vot./ † Cosfeld. 1676 XII 23
991	Thorwesten *175*	Jodocus	P.	Neuhaus dioec. Paderb. 1575 X 20/99 III 28/1601 III 25/24 XI 4 Paderb. F.C.S./ † 1658 V 20 Paderborn.
992	Tilbeck *93*	Henric.	(F.)	Haverbeck (!) 1642 II 20/67 XI 2/69 XI 3/78 II 2 F.C.T./ † Cosfeld. 1692 II 24

993	Timan *73*	Gerard.	F.	ex Bilderbeck, pistor 1703 VI 3/21 IX 11/23 IX 12/32 II 2 Hildes. F.C.T./ † 1748 VIII 17 Paderborn.
994	Timmerscheidt *141v*	Johann.	P.	Monast. Westph. 1670 .../90 VI 25/92 VI 26/1704 VIII 15 F.C.S./ † 1724 V 13 Meppen.
995	Töllen *5*	Anton.	P.	Paderborn. 1693 VIII 10/1711 V 9/13 V 10/26 VIII 15 Buren. Prof. 4 vot./ † Monast. Westph. 1755 XII 25
996	Töllen *71*	Georg.	P.	Borgentrick dioec. Paderb. 1644 II 9/65 X 17/68 X 18/81 II 2 Monast. Westph. Prof. 4 vot./ † 1712 VI 7 Paderborn.
997	Tonneman *34v*	Christoph.	(P.)	Huxariens. 1679 VIII 12/99 VI 5/1701 VI 6/13 VIII 15 Prof. 4 vot. .../ † Paderb. 1731 IX 11
998	Tonneman *35*	Christoph.		ex Warburg .../1712 V 3/14 V 4/ dimissus
999	Tönneman *291*	Vitus	P.	Corbejens. 1659 X 8/77 XII 1/79 XII 3/93 II 2 Monast. Westph./ † 1740 III 15 Viennae
1000	Torbeck *93*	Henric.		Monast. Westph. 1649 II 25/68 IX 15/70 IX 16/ † 1678 VIII 23 Colon.
1001	Torborgh *110*	Herman.	P.	Monast. Westph. 1652 X 5/70 IX 5/72 IX 8/ - / † Geist 1685 V 21
1002	Trierman *275v*	Theodor	P.	Monast. Westph. 1605 .../29 IX 19/31 IX 21/46 IX 29 F.C.S./ † 1660 IX 29 Hildes.
1003	Tüninck *19*	Bernard.		ex Mauritii prope Monast. Westph. 1698 IX 2/ 1728 IX 20/ † 1729 V 9 in novitiatu
1004	Tünnemeier *267v*	Stephan.		Delbrugens. dioec. Paderb. 1722 III 8/42 XI 12/ 44 XI 13/ dimissus Colon. 1746

U

1005	Überwasser *65v*	Ferdinand		Meppen dioec. Monast. 1752 VIII 13/70 X 23/72 X 24
1006	Uding *110*	Herman.	(F.)	Monast. Westph. 1649 II 14/75 V 28/77 V 29/87 II 2 Noves. F.C.T./ † 1725 IV 21 Monast. Westph.
1007	Ullerus *62v*	Ferdinand.	P.	Ostbeveren dioec. Monast. 1706 XI 27/23 X 20/ 25 X 21/40 II 2 Paderb. F.C.S./ † Horstmar in missione 1743 III 5
1008	Unkraut *62v*	Anton.	P.	Paderborn. 1731 VIII 13/49 X 20/51 X 21/65 II 2 Geist Prof. 4 vot./ † Geistae 1770 VII 14
1009	Uphaus *93*	Henric.	P.	Monast. Westph. 1648 II 16/69 VIII 30/71 VIII 31/83 VIII 15 F.C.S./ dimissus 1695 XI 15
1010	Uphausen *91*	Henric.	P.	Hopsten. dioec. Monast. 1570 IX ../92 X 8 Monast./ 94 X 9 Mogunt./1618 XI 25 Monast. Prof. 4 vot./ † 1626 X 12 Widenbrugi
1011	Urbans *65*	Ferdinand.	P.	Roesbecken dioec. Paderb. 1738 VIII 6/68 X 28/ 60 X 29

V

1012	Vaget *136*	Johannes		Brilonens. 1613 .../30 X 2/32 X 3/ dimissus
1013	Varenholtz *36*	Conrad.	F.	Lipstadii 1713 II ../42 XI 12/44 XI 13/53 II 2 Monast. Westph.
1014	Velde *135v*	Johannes	P.	Dulmen. dioec. Monast. 1610 VI 7/28 IX 23/30 IX 24/48 V 3 Sigen. Prof. 4 vot./ † 1656 X 22 Cosfeld.
1015	Velthaus *2*	Alexander	(P.)	Warendorp. e dioec. Monast. 1611 XI 2/29 IX 20/ 31 X 1/49 VIII 1 Hildes. Prof. 4 vot./ † Cosfeldia 1660 XII 13
1016	Veltman *175*	Jodocus	P.	Rheinens. dioec. Monast. 1643 X 28/64 V 1/66 V 3/ † 1676 VIII 31 Monast. Westph.
1017	Vesteringk *134v*	Johannes	P.	Ahusens. dioec. Monast. 1603 IX ../23 IX 7/25 IX 8/43 V 31 Colon. (Prof. 4 vot.)/ † 1665 IX 12 Marcoduri
1018	Vetten *54v*	Elmerhaus	P.	Steinheim patria in dioec. Paderb. 1651 VII ../74 X 2/76 X 3/ † Paderb. 1681 VI 26
1019	Vinck *32*	Caspar		ex Hilver comit.Ravensperg. 1611 III ../27 X 11/ 29 X 12/1639 Paderb. dimissus
1020	Vierfus *62*	Franc.	P.	ex Boke dioec. Paderb. 1702 .../20 X 20/22 X 21/ 36 II 2 Confluent./ † Hildes. 1759 VII 6
1021	Vissing *4*	Arnold.	P.	ex Castrup in Marchie 1673 XI ../97 V 10/99 V 11/1709 VIII 15 Hildes. Prof. 4 vot./ †1758 VII 15 Geistae
1022	Vissingh *34*	Carol.	(F.)	Castrup. Marchio 1666 IX 28/91 V 28/93 V 29/ 1701 VIII 15 Cosfeld. F.C.T./ † 1704 I 5 Hildes.
1023	Vissing *72v*	Goswin.	P.	Castropiens. 1681 V 20/1703 IV 28/05 IV 29/17 IX 12 Cosfeld. Prof. 4 vot./ † Geistae ...
1024	Vogelius *176v*	Joseph.	P.	Paderb. 1714 I 9/32 XI 15/34 XI 16/48 II 2 Monast. Westph. Prof. 4 vot.
1025	Vogelius *242v*	Petrus	P.	Paderb. 1717 XII 18/35 X 17/37 X 18/ dimissus Amstelrodami 1751
1026	Volbier *4v*	Arnold.		Schöppingens. 1682 .../1701 VI 10/03 VII 11/ † 1707 IX 5 Osnabrugi
1027	Vollbier *18*	Bernard.		Schoppingens. 1683 XII 10/1703 IV 28/05 IV 29/ † 1706 XI 27 Geist.
1028	Volmar *93*	Henric.	(F.)	Ettelens. dioec. Paderb. 1640 .../62 IV II/64 IV 13/73 VIII 15 Monast. Westph. F.C.T./ † 1705 XII 27 Geista
1029	Volmari *225*	Otto	P.	Widenbrugens. dioec. Osnabr. 1630 I 6/55 IV 30/ 57 V 27/68 II 2 Embricae F.C.S./ † ...
1030	Völsen *38*	Conrad.	F.	ex Böckendorff dioec. et territ. Paderb. 1743 I 30 72 III 18

1031	Vondey *144v*	Johannes		Godelheim dioec. Paderb. 1713 VII 2/32 X 20/34 X 21/34 XI 24 dimissus Trevir. ex novitiatu
1032	Vormann *8v*	Albert.	F.	in Havixbeck dioec. Colon. (!) 1730 IV 27/57 VII 9/59 VII 10/ † Hildes. 1761 I 16
1033	Vosla *32v*	Conrad.		Warsteins. 1620 .../40 IX ../ † 1644 VIII 3 Colon.

W

1034	Wagener *184v*	Laurent.	P.	prope Olpe ex Angaria dioec. Colon 1716 V ../33 X 20/35 X 21/49 VIII 15 Confluent. Prof. 4 vot.
1035	Wasing *300v*	Walter	(F.)	Paderb. 1655 II 2/78 XII 16/80 XII 17/90 III 5 Meppen. F.C.T./ † 1733 IX 6 Paderborn.
1036	Wasmodt *140v*	Johannes	P.	Borgentricens. dioec. Paderb. 1660 XI 30/79 XI 5/81 XI 7/95 II 2 Prof. 4 vot. Osnabr./ † Geist 1737 VII 16
1037	Wasmuth *63*	Franc.	P.	Paderb. 1713 II 6/30 X 16/32 X 17/49 VIII 31 Arensberg. F.C.S.
1038	Wasserfort *300v*	Wilhelm.	(F.)	Vredens. dioec. Monast. 1661 IV ../86 VII 16/88 VII 17/96 VIII 15 Treviris F.C.T./ † ...
1039	Wasserman *6v*	Adam	F.	ex Hegensdorff dioec. Paderb. .../1730 IX 28/32 IX 29/ dimissus Paderbornae 1736 IX 28
1040	Wattendorf *35v*	Caspar.		ex Wetteringen 1691 XI 8/1717 X 20/ dimissus ex novitiatu 1718 X 19
1041	Weber *135*	Johannes	F.	Nottelens. dioec. Monast. 1595 .../1625 VII 24/27 VII 31/40 VIII 15 Monast. Westph. F.C.T./ † Monast. Westph. 1642 XI ..
1042	Weddeman *142v*	Johannes	P.	Medebach in Surlandia 1682 .../1702 V 21/04 V 22/15 VIII 15 Paderb. Prof. 4 vot./ † 1726 III 27 Friedericia
1043	Weddern *4*	Albert.	P.	Metelens. dioec. Monast. 1666 VIII 15/85 XI 19/ 87 XI 20/1701 VIII 15 Paderb. Prof. 4 vot./ † 1702 I 2 Friburg in Brisgovia
1044	Wedemhove *60*	Ferdinand.	P.	Monast. Westph. 1679 III 4/98 V 31/1700 VI 1/ 12 VIII 15 Geist Prof. 4 vot./ † 1713 V 13 Hildes.
1045	Weffering *146v*	Johannes	F.	Borckumens. dioec. Monast. 1729 .../58 X 28/60 X 29/69 II 2 Monast. Westph. F.C.T.
1046	Wegener *143*	Johannes		Fürstenberg. 1699 III 18/1716 V 4/18 V 5/32 VIII 15 Paderb. Prof. 4 Vot./ † Paderb. 1767 VIII 14
1047	Weichman *48*	Dominic.	P.	Paderborn. 1686 X 4/1704 V 26/06 V 27/20 V 12 Geist Prof. 4 vot./ † 1749 X 17 Geist.
1048	Weyland *129*	Ignatius	F.	Iserlohen dioec. nullius 1731 IV 15/54 XI 4/56 XI 5/65 II 2 F.C.T. Bonnae
1049	Weimers *175v*	Jodocus	P.	dioec. Paderb. 1642 VII 18/65 VI 7/67 VI 9/78 VIII 15 Geist Prof. 4 vot./ † 1704 XII 15 Hildes.

1050	Weizman *19v*	Bernard.	P.	Sassenberg. dioec. Monast. 1734 IV 24/53 X 20/ 55 X 21/69 II 2 Osnabr. Prof. 4 vot.
1051	Welterman *300v*	Wilhelm.	P.	Paderb. 1661 IX 8/77 XII 1/79 XII 3/92 II 2 Essendiens. F.C.S./ † 1729 IX 21 Osnabr.
1052	Wendt *2v*	Adolph.	P.	Monast. Westph. 1638 VII 25/57 VII 14/59 VII 20/69 - 3 annis/70 Meppenae - Geistae F.C.S./ † 1674 II 10 Monast. Westph.
1053	Wenemari *71*	Gerard.	P.	Vredens. 1651 IV ../68 IX 15/70 IX 16/84 VIII 15 Paderb. Prof. 4 vot./ † 1708 VIII 16 Paderb.
1054	Wening *70v*	Gerhard.	P.	Cosfeld. 1636 XI 22/56 VIII 14/58 VIII 15/71 II 2 Paderb. Prof. 4 vot./ † 1690 IV 3 Cosfeld.
1055	Wenneker *7v*	Aloys.	P.	Paderborn. 1727 III 18/44 X 19/46 X 22/60 VIII 15 Prof. 4 vot. Hildes.
1056	Wenneker *8*	Anton.	P.	Paderborn. 1728 IV 14/46 X 17/48 X 18/62 II 2 Monast. Westph. Prof. 4 vot.
1057	Wenecker *64v*	Franc.		Paderan. 1732 VI 2/50 X 18/52 XI 13/ † 1752 XII 4 Essen
1058	Wenner *91v*	Henric.	P.	Lunens. in Marchia 1605 X ../23 X 11/25 X 12/ † 1637 X.. in missione Oberenstein
1059	Wenner *141v*	Johannes		Camen Marchia 1666 .../90 VII 3/ dimissus ex novitiatu
1060	Wenning	Johannes	(F.)	Meppen. 1683 VI 24/1711 X 31/13 XI 1/22 II 2 F.C.T. Paderb./ † Buren. 1734 X 6
1061	Wentrop *140v*	Johannes		Hiltrop. Monast. Westph. 1648 I ../74 IX 30/76 X 1/84 II 2 F.C.T./ † 1694 III 26 Geist.
1062	Wernekinck *2v*	Adolph.	P.	Monast. Westph. 1645 V 17/62 IX 20/64 IX 21/ 78 VIII 15 Monast. Westph. Prof. 4 vot./ † 1691 II 28 Coloniae
1063	Werneking *144v*	Johannes	P.	ex Daal dioec. Monast. 1710 IX ../31 X 23/33 X 24/47 II 2 Cosfeld Prof. 4 vot./ † Paderb. 1767 V 17
1064	Wernekingh *291*	Victor		1613 .../ 30 VIII 19/32 VIII 20/ dimissus 1639 VI 18 Novesii
1065	Wernicke *5*	Albert.	P.	Monast. 1695 IV 10/1713 V 12/15 V 13/28 VIII 15 Dusseldorp. Prof. 4 vot./ † Werne 1754 VI 8
1066	Wernike *19*	Bernard.		Monast. Westph. 1705 V 16/23 X 20/25 X 21/ † Burena 1735 VI 3
1067	Wernike *54v*	Everard.	P.	Monast. Westph. 1652 III 11/71 VIII 21/73 VIII 22/85 II 2 Geist. F.C.S./ † 1715 VII 1 Osnabr.
1068	Wernike *62*	Franc.	P.	Monast. Westph. 1702 IX 15/20 X 20/22 X 21/ Burenae 1731 II 2 Prof. 4 vot.
1069	Werntzen *96*	Henric.	P.	Geseke Archiduc. Colon. 1704 II 17/29 X 17/31 X 18/41 II 2 Arensberg. Prof. 4 vot./ † 1743 XII 29 Swerini
1070	Wesselingk *110v*	Herman.	P.	Warburg. 1671 VII 6/89 XI 25/91 XI 26/1704 VIII 15 Prof. 4 vot./ † 1725 VII 25 Colon.

1071	Wesseling *111*	Herman.		Cosfeld. 1680 XII 26/1700 VI 23/02 VI 24/ † 1709 ... Hildes.
1072	Wessels *144v*	Johannes	P.	Delbrug. 1711 X 18/31 X 23/33 X 24/47 II 2 Paderb. Prof. 4 vot.
1073	Westerholt *183*	Ludovic. a	(P.)	Altz (!) dioec. Monast. 1627 VII 25/48 IX 24/51 I 1/66 II 2 Trevir. Prof. 4 vot./ † Paderb. 1669 VII 26
1074	Westhaus *137v*	Johannes	P.	Monast. Westph. 1636 III 8/54 VII 14/56 VII 15/ 69 VIII 15 Monast. Westph. Prof. 4 vot./ † 1726 X 15 ...
1075	Westhoff *277v*	Theodor.	F.	ex Östinghausen dioec. Colon. 1715 I 29/43 XI 12/45 XI 13/54 II 2 Buren. F.C.T./ † Paderb. 1771 VI 23
1076	Westick *2*	Adrian.	P.	Werlens. .../1638 X 10/40 X 11/51 VII 31 Aquisgr. F.C.S./ † 1677 V 17 Paderborn.
1077	Westphalen *6*	Anton.		Paderborn. 1699 X 29/20 X 20/22 X 21/ † Hildes. 1725 VII 30
1078	Wevers *2v*	Abraham	(F.)	Monast. Westph. 1642 X 13/66 VI 12/68 VI 13/ 76 VIII 15 F.C.T./ † 1730 II 22 Paderborn.
1079	Wicheringh *138*	Johannes		Coesfeld. Westph. 1632 II ../57 IX 21/59 IX 28/ † 1666 VII 31 Meppen.
1080	Wichman *55*	Edmund.	P.	Lichtenawia dioec. Paderb. 1728 XII 14/47 X 22/ 49 X 23/63 II 2 Paderb./ † Fridericopoli 1769 III 7
1081	Wichmingh *69v*	Gerard.		Horstmar. dioec. Monast. 1604 .../26 VIII 1/28 VIII 10/ † 1634 IV 5 Colon.
1082	Wickede *70*	Gerard.	P.	Werlens. 1614 in Januario/ 30 IX 28/32 IX 29/49 VIII 1 Monast. Westph. Prof. 4 vot./ † 1683 ... Cosfeld.
1083	Wickede *126*	Jacob.	P.	Unna in Marchia 1648 IX ../68 IX 15/70 IX 16/ 81 II 2 Geist. F.C.S./ † 1713 I 2 Falkenhagen
1084	Wickerman *17v*	Bernard.	(F.)	Telgetan. 1665 XI 10/81 X 30/83 XI 31/92 II 2 Monast. Westph. F.C.T./ † 1692 XII 16 Hildes.
1085	Widbusch *36*	Cornelius	F.	ex Nienberge dioec. Monast. .../1737 IV 20/39 IV 21/ † Büren 1743 V 25
1086	Wigand *176*	Joseph.	P.	Steinheim dioec. Paderb. 1696 I 5/1714 V 18/16 V 19/29 II 2 Dusseldorp. Prof. 4 vot./ † 1739 XI 29 Paderborn.
1087	Wilde *34v*	Caspar.	P.	Freren domin. Lingen 1672 VIII 26/93 VIII 6/95 VIII 7/1705 VIII 15 F.C.S./ † 1708 IV 8 Cosfeld.
1088	Wilhelmi *62*	Franc.		Borgentricens. dioec. Paderb. 1699 I 12/18 V 16/ 20 V 17/ † 1728 IV 26 Paderb.
1089	Wille *3*	Alexander	P.	Meppens. 1647 XII 14/66 IX 4/68 IX 5/81 II 2 Paderb. Prof. 4 vot./ † Monast. Westph. 1707 X 8
1090	Wille *4v*	Alexander		Meppens. 1677 X 12/97 V 17/ † Treviri 1699 I 7

1091	Wille *5*	Andreas	P.	(Meppens.) 1688 XII 16/1707 V 7/09 V 8/22 II 2 Meppena Prof. 4 vot./ † Monast. Westph. 1733 II 20
1092	Wille *111*	Heribert.		Meppens. 1685 X 25/1704 V 26/06 V 27/ † 1707 XI 21 Meppen.
1093	Wille *301*	Wilhelm.		Meppens. 1672 X 28/94 V 26/96 X 27/ † 1699 III 20 Meppen.
1094	Willemin *128*	Ignatius		Ritberg. 1706 XII 21/25 X 18/27 X 19/41 II 2 Monast. Westph.
1095	Willinck *138v*	Johannes	P.	Westph. 1640 IV ../61 XI 16/63 XI 18/76 II 2 Meppen Prof. 4 vot./ † 1706 X 12 Cosfeld.
1096	Wineke *34v*	Christian.		ex Lünscheid in Marchio 1671 .../95 XI 30/96 XII 1/1706 II 2/ dimissus 1710 Monast.Eifflia
1097	Winckelman *109*	Herman.	(F.)	Lettens. dioec. Monast. 1623 .../52 X 19/54 X 20/ 64 II 2 Osnabr. F.C.T./ † 1679 XI 9 Colon.
1098	Winkelman *137v*	Johannes		Lettens. prope Coesfeld. 1630 .../53 III 28/55 III 27/ dimissus
1099	Winoltz *60*	Frideric.	P.	Warsteniens. dioec. Colon. 1606 VIII 4/26 VIII 7/ 28 VIII 10/43 V 3 Colon. F.C.S./ † 1663 V 13 Juliaci
1100	Winthoff *72*	Georg		Cosfeld. 1652 .../85 I 22/87 I 23/ † 1689 IX 11 Confluente
1101	Wipperman *55*	Everard.		ex Altenheerse dioec. Paderb. 1678 VIII ../96 V 2/98 .../ † 1700 VI 8 Meppen. magister
1102	Wipperman *267*	Simon	P.	Widenbrug. dioec. Osnabr. 1582 VIII 23/1604 IV 3 Colon./06 IV 3/21 I 6 Paderb. F.C.S./ † 1629 IV 25 ...
1103	Wirman *139*	Johannes	(F.)	Lingens. 1644 III 24/65 VI 5/67 VI 6/75 VIII 15 F.C.T. Monast. Westph./ † 1694 IX 22 Lipstadt.
1104	Wischman *232v*	Philipp.	P.	Paderborn. 1729 XII 14/47 X 22/49 X 23/63 II 2 Hildes. Prof. 4 vot.
1105	Wisse *136*	Johannes	P.	Attendorn. 1611 II 2/31 IX 13/33 IX 14/49 VIII 1 Monast. Westph. Prof. 4 vot./ † 1682 I 3 Paderb.
1106	Wiesman *110*	Hermann.		Monast. Westph. 1643 feria sec. Pentecostes/ 62 IX 20/64 .../ † 1666 XI 24 Hildes.
1107	Witfelt *16*	Bernard.	P.	Monast. Westph. 1605 VII 17/26 VI 24 Herbipoli/ 46 IX 29 Embricae/ - / † 1696 VI 25 Embricae
1108	Witfelt *16v*	Bernard.	P.	Cosfeld. 1635 VI 28/53 VIII 28/55 VIII 29/68 VIII 15 Hildes. (Prof. 4 vot.)/ † 1686 ...Colon.
1109	Witfelt *133v*	Johannes	P.	Cosfeld. dioec. Monast. 1596 VI 24/1612 XII 10 Monast./14 .../34 ... Monast. Westph./ † 1634 XI 11 Monast.
1110	Witfelt *239*	Petrus	P.	Cosfeld. dioec. Monast. 1588 X 21/1607 III 27/ 09 III 29/26 X 28 Monast. Westph. Prof. 4 vot./ † 1657 IV 17 Monst. Westph.
1111	Wittler *33*	Christian.		Amelburens. Monast. dioec. 1621 IV ../47 VII 30/ 49 VII 31/ † 1656 IV 15 Meppen.

1112	Witte *110v*	Herman.		Gesekens. 1669 XI 10/88 V 17/90 V 18/ † 1695 X ... Treviris in collegio
1113	Witteler *177v*	Joseph.	P.	Cosfeld. 1726 VII 1/44 X 19/46 X 20/66 II 2 Osnabr. Prof. 4 vot.
1114	Wittover *134*	Johannes		Nienberge dioec. Monast. 1599 IX ../21 I 6/23 I 6/ † Sigena 1636 VIII 2
1115	Witwach *109*	Herman.	(P.)	Sigenens. 1628 VI ../48 IV 22/50 IV 24/64 II 2 Dusseldorp. Prof. 4 vot./ † 1693 IV 22 Colon.
1116	Wöler *60*	Franc.	P.	Monast. Westph. 1673 V 27/91 V 30/93 V 31/ 1707 VIII 15 Paderb. Prof. 4 vot./ † Geist. 1733 I 13
1117	Wöler *94*	Henric.	P.	Monast. Westph. 1670 XI 8/89 XI 19/91 XI 20/ 1705 II 2 Monast. Westph. Prof. 4 vot./ † 1724 IX 18 Monast. Westph.
1118	Wolffkott *72*	Gerard.	(F.)	Recklinghusan. 1662 .../92 XII 17/94 XII 18/ 1703 II 2 Osnabr. F.C.T./ † 1713 V 18 Osnabr.
1119	Wortman *301v*	Wilhelm.	F.	ex Nöttlen dioec. Monast. 1713 I 17/40 XI 12/42 XI 13/51 II 2 .../ † 1752 X 11 Hildes.
1120	Woestman *134*	Johannes		Aldenberg. dioec. Monast. 1594 .../1618 VII 14/ 20 VII 15/ † 1627 mense oct. in superiore provincia missus
1121	Wulffers *111*	Hermann.	P.	Monast. Westph. 1687 XI 10/1705 V 2/07 V 3/20 II 25 Hildes. Prof. 4 vot./ † 1727 X 25 Embricae
1122	Wülffert *300*	Werner		Sendenhorst dioec. Monast. 1649 V ../67 VIII 22/ 69 VIII 24/ † 1673 VIII 4 Treviri
1123	Wülner *69v*	Gerard.	P.	Monast. Westph. 1598 VIII ../1621 X 25/23 X 17/ † 1635 X 20 Monast. Eiffliae

Z

1124	Zahn *143*	Johannes	P.	ex Unna in Marchia 1690 I 10/1710 VI 7/12 VI 8/ 25 VIII 15 Cosfeld. Prof. 4 vot./ † Monast. Westph. 1726 XI 5
1125	Zerssen *93*	Henric.		Mella in Surlandia 1648 VIII ../69 VIII 30/71 VIII 31 .../ † 1682 IV 13 Paderborn.
1126	Zinnengießer *110v*	Herman.	P.	Buchold. 1667 I 1/88 V 23/90 V 24/1702 VIII 15 Prof. 4 vot. Paderborn./ † Hamburg. 1710 ...
1127	Zuhorn *6v*	Anton.	P.	Warendorpii 1713 X 6/30 X 16/32 X 17/47 II 2 Swerin Prof. 4 vot./ † ...
1128	Zuhorn *144*	Johannes	P.	Warendorp. 1707 V 3/24 X 19/26 X 20/40 VIII 15 Embricae Prof. 4 vot./ † Embricae 1741 III 3
1129	Zumbülte *137v*	Johannes	(F.)	Nottelens. 1630 IV 8/52 VI 8/54 VI 9/62 VIII 15 Paderb. C.F.T./ † 1679 IX 10 Treviris in novitiatu
1130	zum Kley *17*	Bernard.	P.	Monast. Westph. 1646 V 10/64 VII 24/66 VII 26/ 79 VIII 15 Geist/ † 1709 II 13 Cosfeldia

1131	Zumkley *35*	Caspar.	F.	Uldens. prope Geist. 1684 VIII ../1709 IV 15/11 IV 16/19 VIII 15 Geist F.C.T./ † Monast. Westph. 1736 VI 28
1132	Zumkley *36v*	Caspar.	P.	Monast. Westph. 1732 X 28/49 X 20/51 X 21/66 II 2 Monast. Westph. Prof. 4 vot.
1133	Zumkley *301*	Wilhelm.	(F.)	Olde dioec. Monast. 1687 I 27/1710 V 3/12 V 5/20 VIII 15 F.C.T. Meppen.
1134	Zumsande *17*	Bernard.	P.	Bevergern dioec. Monast. 1643 XII 5/63 X 21/65 X 22/78 VIII 15 Hildes. Prof. 4 vot./ † 1703 VIII 4 Cosfeld.
1135	zum Sande *276v*	Theodor.	(F.)	Nordwold. dioec. Monast. 1650 V 20/76 V 6/78 V 7/86 VIII 15 Monast. Westph. F.C.T./ † 1719 III 25 Monast. Westph.
1136	zum Venne *92v*	Henric.	P.	Bevergern. dioec. Monast. 1636 VII 25/58 IX 13/60 IX 26/73 VIII 15 Geist/ † 1679 III 1 Osnabr.
1137	Zumziel *19*	Bernard.	P.	ex Westkirchen dioec. Monast. 1707 II 13/25 X 18/... in Indiis/ † Geist 1772 II 25
1138	Zurhofen *34v*	Christoph.	P.	Wolbeccens. 1679 I 12/98 V 31/1700 VI 1/12 VIII 15 Bonnae Prof. 4 vot./ † 1738 III 18 Monast. Westph.
1139	Zurhorst *71*	Gerard.	(P.)	Monast. Westph. 1646 V 1/68 X 23/70 X 24/79 II 2 Sigenae F.C.S./ † 1694 ...Hildes.
1140	Zureick *176v*	Joseph.	P.	... 1711 XI 7/30 X 16/32 X 17/45 II 2 Monast. Westph. Prof. 4 vot./ † 1745 IX 2 Monast.
1141	Zurmühlen *5*	Anton.	P.	ex Saltzkotten 1692 III 16/1712 V 3/14 V 4/26 VIII 15 Büren. Prof. 4 vot./ † Geistae 1747 VIII 24
1142	Zurmühlen *6*	Anton.	P.	Warendorpii 1702 VIII 22/19 X 26/21 X 27 Hamburgi 1736 II 2 Prof. 4 vot./ † Hamburg. 1751 IV 9
1143	Zurmühlen *18*	Bernard.	P.	Warendorp. 1686 I 28/1706 I 21/08 I 22/20 VIII 15 in Hispania Prof. 4 vot./ † in Indiis
1144	Zurmühlen *61v*	Friederic.	P.	Warendorp. 1688 IX 16/1706 VI 21/08 VI 22/22 II 2 Hildes. Prof. 4 vot./ † Monast. Westph. 1729 XI 16
1145	Zurmühlen *61v*	Friederic. (Christian.)	P.	Warendorp. 1689 IX 29/1709 V 18/23 VIII 15 Dusseldorp. Prof.4 vot./ † Monast. Westph. 1733 I 3
1146	Zurmühlen *128*	Jacob.	P.	Monast. Westph. 1707 VIII 26/24 X 19/26 X 20/41 II 2 Cosfeld./ † Geist 1772 XII 30
1147	Zurmühlen *175v*	Jodocus	P.	Monast. Westph. 1672 XI 3/92 VII 30/94 VII 31/1707 VIII 15 Geist. Prof. 4 vot./ † Geist 1742 X 8
1148	Zurmühlen *176*	Joseph.	P.	Saltzkottens. 1695 V 31/1713 V 12/15 V 13/28 VIII 15 Geist Prof. 4 vot./ † 1745 IV 13 Osnabr.
1149	Zurmühlen *242*	Petrus	P.	Monast. Westph. 1705 IX 2/22 X 20/23 X 21/39 II 2 Haffnia Prof. 4 vot./ † Haffnia 1743 I 18

1150	Zurmühlen *232*	Philipp.	P.	Paderborn. 1696 .../ 1715 V 20/17 V 21/29 VIII 15 Geist Prof. 4 vot./ † Geist 1766 XI 21
1151	Zurstrassen *135v*	Johannes	P.	Widenbruggens. dioec. Osnabrug. 1610 V 13/28 V 12/30 V 26/48 V 3 Monast. Westph. Prof. 4 vot./ † 1679 IX 2 Osnabr.
1152	zur Widen *139v*	Johannes		Rheinens. dioec. Monast. 1648 XI 11/68 IX 15/ 70 IX 10/ † 1679 IX 8 Monast. Westph.

Anhang

Angehörige der Niederrheinischen Ordensprovinz aus angrenzenden Gebieten

A

1	Abbing *54v*	Eduard.		Zutphaniens. 1640 V 22/-/ 1659 IV 23 dimissus. ex novitiatu
2	Asman *145v*	Johannes	P.	Damme dioec. Osnabr. 1722 VI ../39 X 19/41 X 20/55 VIII 15 Paderb. Prof. 4 vot.
3	Aubry *35*	Christian.		Osnabrug. 1699 VI 13/1717 V 15/19 V 16/ † 1726 XII 6 Büren
4	Averdunck *133v*	Johannes	P.	Colon. 1595 IV 11/1614 III 22 Colon./16 III 25 Colon./25 X 26 F.C.S. Colon./ † Colon. 1652 XII 8

B

5	Bartelt *146v*	Johannes	(F.)	Oesede dioec. Osnabr. 1733 III 25/55 VII 16/57 VII 17/63 VIII 15 Monast. Westph. F.C.T.
6	Behnen *91v*	Henric.	P.	Embricae 1609 XI ../27 XI 5/29 XI 11/36 ... Dusseldorp. F.C.S./ † Dusseldorp.1636 VI 7
7	Bidenbaren *36*	Caspar.		ex Neuenkirchen dioec. Osnabr. 1712 .../32 X 20/ 34 X 21/ † Büren 1743 II 9
8	Blankenfort *3*	Anton.		Osnabrug. 1650 XII ../69 VIII 30/71 VIII 31/ † 1678 VII 29 Monast. Westph.
9	Blankenfort *136v*	Johannes	P.	Osnabrug.1619 XI 11/38 IX 4/40 IX 5/53 VI 22 Monast. Westph. † 1688 XI 15 Osnabr.
10	Boickhorst *60*	Franc.	P.	Osnabrug. 1655 X 18/76 X 10/78 X 11/91 II 2 Paderb. Prof. 4 vot./ † 1721 X 17 Geist.
11	Bolandt *134*	Johannes	P.	Trajectens. ad Mosam 1591 VI 24/1616 III 30/ 18 III 31/35 II 2 F.C.S. Embricae/ † Treviri ... IX 16
12	Bolte *37*	Christian.		Gesmold dioec. Osnabr. 1731 XI 25/49 X 20/51 X 21/ † 161760 VII 25 Monast. Westph.
13	Booke *302*	Wilhelm.		Hildes. 1748 III 29/67 X 20/69 X 21
14	Brandt *17*	Balduin	P.	Melle dioec. Osnabr. 1643 I 6/66 IX 4/68 IX 5/80 II 2 F.C.S. Geistae/ † 1705 V 10 Hildes.
15	Brickweide *111v*	Herman.	P.	Osnabrug. 1712 .../33 X 20/35 X 21/45 VIII 15 Prof. 4 vot. Monast. Westph.
16	Broickmann *95*	Henric.	(F.)	Osnabrug. 1674 VI 18/1707 XII 13/09 XII 14/38 II 2 F.C.T. Osnabr.
17	Brüneman *147*	Johannes		Borgloh dioec. et territ Osnabr. 1751 IX 1/72 X 20
18	Bruns *33v*	Caspar.	P.	Hildes. 1699 IX 16/1718 V 16/20 V 17/33 II 2 Osnabr. Prof. 4 vot./ † Warendorp. 1736 IV 3

19	Büning *195*	Marcellus	P.	Zutphen 1662 V 25/83 V 11/85 V 12/94 VIII 15 Geist F.C.S./ † Hadamar 1695 ...
20	Buschman *2*	Adolph.	P.	Colon. 1612 VI 8/31 IV 12/33 IV 13/49 VIII 1 Sigena Prof. 4 vot./ † 1662 V 16 Confluente
21	Buschman *239v*	Petrus	P.	Colon. 1604 I ../22 IX 11 Molsheim/ † 1648 ... Clagenfurti Austria cui adscriptus

C = K

D

22	Dorfmüller *176v*	Joseph.		Osnabrug. 1701 I 22/21 X 22/ † 1725 XII 28
23	Dorth *3*	Aloys.	P.	Zutphaniens. 1651 I 29/73 VII 10/75 VII 11/ † 1686 XII .. prope Embricae
24	Drachter *61v*	Ferdinand.	P.	Rhenobercens. 1691 III 12/1709 V 18/11 V 19/22 IX 22 Geist Prof. 4 vot./ † 1728 XI 8 Novesii
25	Driller *7v*	Andreas	P.	Osnabrug. 1723 XII 5/44 X 19/46 X 20/ † 1758 V 24 Bremae
26	Droste *177v*	Jodocus	P.	Bonnens. 1732 II 21/49 X 20/65 VIII 15 Trevir. Prof. 4 vot.

E

27	Eilerman *267v*	Stephan.	F.	Bersenbrück 1697 V 1/1719 I 7/21 I 8/29 II 2 Trevir. C.F.T./ † Dusseldorp.1756 X 11
28	Elverfeld *178*	Joseph.		Aquisgranens. dioec. Leodiens. 1745 V 25/67 X 20/69 X 21
29	Elverich *91*	Henric.	P.	Embricae 1582 IV 12/1602 X 5 Embric./04 X 5/ 18 XI 25 Monast. F.C.S./ † 1636 II 27 Colon.
30	Elvers *70*	Georg.	P.	Osnabrug. 1611 XII 21/29 IX 20/31 IX 21/46 IX 29 Confluent. Prof. 4 vot./ † 1673 VII 8 Hildes.
31	Erpenbeck *9v*	Anton.		ex Glandorff dioec. et territ. Osnabr. 1751 III 26/ 68 X 22/70 X 23
32	Euler *125*	Jacob.	(F.)	Aldensaliens. 1592 VII 22/1616 VII 29 Mogunt./ 18 .../29 VIII 15 Colon. F.C.T./ † 1661 IV 6 Marcoduri
33	Evens *243*	Petrus		Embden. 1740 III 7/59 XII 31/ † Ravenstein 1763 II 22

F

34	Fabritius *125*	Jacob.	P.	Brevordiens. 1601 10 ../19 XII 15 Embricae/21 XII 16/ † 1636 IV 14 Embricae
35	Flöcker *135*	Johannes	P.	Hildes. 1611 IV ../27 X 18/29 X 21/ † Dusseldorp. 1642 X 8

36	Flöcker *175v*	Joseph.	P.	Lintz. 1682 XII 26/1701 VI 10/03 VI 11/15 VIII 15 Prof. 4 vot. Trevir./ † Treviri 1754 XII 8
37	Forsheim *6*	Arnold.	P.	Xantis 1712 XII 20/ ... / † Ravenstein 1748 V 15
38	Fuistinck *72v*	Gerard.	F.	in Damme dioec. Osnabr. 1678 IX 10/1703 IV 28/05 IV 29/14 VIII 15 Paderb. F.C.T./ † 1736 V 2 Trevir. in novitiatu.

G

39	Glandorff *111*	Herman.	P.	Osnabrug. 1687 IX 28/1708 V 23/10 V 24/ ... in India/ † (nescitur annus et dies)
40	Grabbe *129*	Ignatius.	P.	Hamburg. 1728 VIII 1/50 X 18/52 X 19/ ... († Dringenberg 1775 VI 7)
41	Grupello *177*	Joseph.	P.	Dusseldorp. 1715 I 17/35 X 21/49 II 2 Prof. 4 vot./ † Gottleuba in Saxonia 1758 XI 5

H

42	Hardinghaus *175v*	Jodocus	(F.)	Haste dioec. Osnabr. 1679 XI 11/1707 X 8/09 X 9/18 II 2 F.C.T. Paderb./ † Nihemii 1743 XI 26
43	Hasius *275*	Theodor.	P.	Embricae 1592 II 4/1616 VI 1 Colon./18 VI 2/35 II 2 F.C.S. Colon./ † Colon. 1663 VI 14
44	Havichorst *8v*	Aloys.	P.	in Neustadt dioec. Osnabr. 1737 IX 4/57 X 22/59 X 23/73 II 2 Monast. Westph. Prof. 4 vot.
45	Heerde *110v*	Herman.	P.	Osnabrug. 1666 III 25/85 X 19/87 X 20/1701 VIII 15 Prof. 4 vot. .../ † 1726 IV 22 Paderb.
46	Helmessen *194*	Maurit.	P.	ex Itzum dioec. Hildes. 1649 VII 24/73 XII 23/ 75 XII 24/84 II 2 Aquisgr. Prof. 4 vot./ † Geist 1689
47	Hengstebeck *59v*	Everhard.	P.	Colon. 1725 I 19/ ... / † Bremae 1772 V 20 reversus ex India
48	Henseler *184*	Ludovic.		Iburgens. 1686 IX 19/1703 VI 23/05 VI 24/21 II 2 Osnabr./ † Osnabr. 1728 XII 20
49	Henseler *5v*	Sixtus	P.	(durchstrichen: Alexander !) Iburgens. 1698 X 25/1716 V 18/18 V 19/32 II 2 Coesfeld. .../ † Swerini 1759 II 25
50	Hesselmeyer *276v*	Sixtus	P.	Osnabrug. 1686 V 22/1702 V 21/04 V 22/19 VIII 15 Prof. 4 vot. Geist./ † 1758 VI 5 Monast. Westph.
51	Hilterman *61v*	Ferdinand.	P.	Osnabrug. 1680 II 2/99 VI 3/1701 VI 6/13 VIII 15 Meppen./ † 1721 IX 10 Fridericopoli
52	Hoffman *141v*	Johannes	(F.)	ex Hage dioec. Osnabr. 1667 I 17/94 VI 6/96 VI 7/1705 VIII 15 F.C.T./ † 1736 XI 15 Burena
53	Holstein *69v*	Gerhard.	P.	Otmarsen in Twentia 1598 .../1618 XII 12/20 XII 13/ † Embricae 1635 XI 25

54	Holtman *6v*	Anton.	P.	Osnabrug. 1715 VIII 10/33 X 20/35 X 21/49 II 2 Paderb. Prof. 4 vot.
55	Holtman *7*	Arnold.	P.	Osnabrug. 1717 IX 17/35 X 17/37 X 18/51 II 2 Meppen.
56	Holtman *64v*	Ferdinand.		Osnabrug. 1720 XII 28/37 X 21/39 X 22/ † 1739 XI 3 Osnabrugi
57	Hosson *64v*	Ferdinand.		Bonnens. 1732 X 5/50 X 18/52 XI 13/ dimissus Burena 1760 III 21
58	Hoya *36v*	Caspar.		Damme dioec. Osnabr. 1729 IV 8/47 X 22/49 X 23/ † 1751 III 26 Hildes.
59	Huiskenius *91v*	Henric.	P.	Aldensaliens. 1604 .../25 III 10 Colon./27 X 12/43 V 31 Colon. Prof. 4 vot./ † 1646 IX 20 Dusseldorp.

I

60	Inwall *94v*	Henric.	F.	Lage dioec. Osnabr. 1669 I ../96 IX 15/98 IX 16/ 1707 II 2 Aquisgr. F.C.T./ † 1718 XI 14 Treviri in collegio

C und K

61	Kamp *112*	Herman.	F.	Rulle dioec. Monast. (!) 1729 III 6/52 II 1/54 II 2/ 62 II 2 F.C.T./ Paderb.
62	Kamphausen *2v*	Albert.		Aldensal. 1626 XII 31/56 X 13/58 X 14/ dimissus Colon. 1661 IV 26
63	Kamps *95v*	Henric.	P.	Osnabrug. 1704 .../22 X 20/24 X 21/38 II 2 Monast. Westph. Prof. 4 vot./ † Osnabr. 1766 I 18
64	Cattman *197v*	Mathias.	F.	Welingholthausen dioec. Osnabr. 1737 I 2/61 VII 30/63 VII 31
65	Kelcker *145*	Johannes	F.	Glandorff dioec. Osnabr. 1705 VI 5/35 VII 1/37 VII 2/45 VIII 15 F.C.T. Geist./ † 1750 II 5 Geist.
66	Kemper *111*	Herman.	(F.)	Wellingholthausen dioec. Osnabr. 1683 V 12/ 1710 V 3/12 V 4/20 VIII 15 F.C.T. Monast. Westph./ † 1734 XI 4 Niehemii
67	Klerff *138*	Johannes	P.	Esens Frisiae Orientalis 1639 VI 2/57 VII 14/59 VII 20/72 VIII 15 Trevir. Prof. 4 vot./ † 1700 XI 27 Monast. Westph.
68	de Clevorn *38*	Christoph.	P.	Osnabrug. 1739 XII 10/62 X 23/64 X 24
69	Knuist *176v*	Joseph.	F.	ex OsterCapellen dioec. Osnabr. 1703 IX 14/28 IX 20/30 IX 21/39 II 2 Romae F.C.T.
70	Corfey *175v*	Joseph.	P.	Hildes. 1671 XI ../91 V 30/93 V 31/1703 VIII 15 F.C.S./ † 1725 IX 27 Osnabr.
71	Krafft *72v*	Georg.	(P.)	Dammens. dioec. Osnabr. 1697 XI 1/1715 V 20/ 17 V 21/31 VII 22 Geista Prof. 4 vot./ † Geista 1771 V 23

72	Krafft *184*	Ludovic.	P.	Dammens. 1698 IX 16/1718 V 16/20 V 17/35 II 2 Geist. Prof. 4 vot./ † Geist 1757 VIII 30
73	Crone *64*	Franc.		Osnabr. 1727 XII 2/45 IX 19/47 IX 20/ † Geist 1773 II 10
74	Kühneman *38*	Carol.	P.	ex Cappelen dioec. Osnabr. 1739 VI 25/63 X 19/ 65 X 20

L

75	Lansingh *69*	Gerhard.	P.	Embricae 1599 XII 25/1616 X 20/18 X 21/43 V 31 Paderb. Prof. 4 vot./ † 1672 V 19 Novesii
76	Lemmen *111v*	Hyacinth.	P.	Dusseldorp.1719 XII 9/37 X 21/39 X 22/ † Dusseldorp.1751 VI 3
77	Linck *62v*	Frideric.	P.	Dammens. dioec. Osnabrug. 1706 II 2/25 X 18/ 27 X 19/41 II 2 Osnabrug. Prof. 4 vot./ † 1752 XI 19 Hildes.
78	Lindeman *146v*	Johannes	P.	Nienkerkens. dioec. Osnabrug. 1734 II 6/55 X 27/57 X 28/67 VIII 15 Osnabr. Prof. 4 vot.
79	Lingen *17v*	Burchard.	P.	Swollens. 1662 I 8/80 V 20/82 V 21/95 II 2 Colon. Prof. 4 vot./ † Colon. 1713 II 20
80	Liste *96*	Henric.	F.	OsterCapell dioec. Osnabrug. 1705 IX 16/29 VII 28/31 VII 29/ 39 VIII 15 Monast. Westph. F.C.T.
81	Liste *97*	Henric. *Wilhelm.*	F.	OsterCapel dioec. Osnabr. 1733 II 8/59 IV 28/61 IV 29/69 VIII C.F.T. Osnabrugi

M

82	Marquerinck *54v*	Ernest.	P.	Borckeloens. 1654 IX 27/75 X 29/77 X 30/ - / † Ravenstein 1715 VIII 9
83	Mensinck *232*	Philipp.		Daventriens. 1637 quadragesim./59 IX 26/61 X 16/ † ...
84	Merle *35*	Christoph.	P.	Wetzlar. 1690 3 ../1710 VI 7/12 VI 8/ † Fridericopoli 1737 V 30
85	Middelkamp *64v*	Franc.		Osnabrug. 1732 II 6/52 X 21/54 X 22/ † Paderb. 1759 VII 8
86	Möseler *54*	Engelbert.	P.	Osnabrug. 1603 IV 22/31 XII 1/33 XII 8/1645 dimissus
87	Münch *134v*	Johannes		Colon. 1599 IV ../1621 VII 9/23 VII 31/44 VIII 24 Confluent./ † 1658 XII 15 Monast.

N

88	Nemhart *18v*	Balduin.	P.	Hildesiens. 1683 .../99 VI 5/1701 VI 6/09 II 2 Monast. Westph./ † 1750 I 16 Osnabrugi
89	Nemhart *60*	Franc.	P.	Hildes. 1665 V 16/81 X 17/83 X 21/ - / † 1698 IX 27 Goae

89a	Nemhart *17v*	Franc.	P.	(durchstrichen Bernard. !) 1665 V 5/81 X 19/83 X 20/ † 1698 ...
90	Nesselrath *193*	Michael	P.	Marcoduri 1573 VI 29/94 VI 25 Colon./96 VII 2 Trevir./ ... F.C.S./ † 1629 VI 2 Treviri
91	Neukirchen *4v*	Andreas	P.	Quakenburgens. 1682 I 6/1700 VI 23/02 VI 24/12 VIII 15 F.C.S. Geistae/ † Oldenburg 1727 XII 27
92	Nickel *69*	Goswin	P.	Juliacens. 1584 .../1604 IV 3 Colon. adm./06 IV 3/24 V 19 Aquisgr. Prof. 4 vot./ † 1664 VII 31 Romae Generalis
93	Nierman *96v*	Henric.	F.	Ösede dioec. Osnabr. 1722 VII 1/44 XI 9/46 XI 10/55 II 2 Hildes. F.C.T./ dimissus Osnabrugi 1759

O

94	Oncken *2*	Albert.	P.	Embden. 1628 V ../47 IV 30 Colon./49 V 1/62 VIII 15 Monast. Westph. Prof. 4 vot./ † 1685 IX 23 Hildes.
95	Orsett *277*	Theobald.	P.	Bremae ... /1704 .../ † Düren 1743 II 2

P

96	Pekeskamp *135*	Johannes		Dammens. dioec. Osnabr. 1601 XII ../27 IX 24/ 29 IX 29/ † 1731 II 3 Confluente
97	Pelerin *299*	Wilhelm.	P.	Aldensiens. 1605 III 24/23 XI 2 Monast./25 11 4/48 V 3 Aquisgr. Prof. 3 vot./ † 1657 XII 28 Embricae
98	Pickartz *72v*	Godefrid.	P.	Dusseldorp. 1684 IV 1/1702 V 2/04 V 22/17 VIII 15 Dusseld. Prof. 4 vot./ † 1748 XI 15 Dusseldorp.
99	Pickartz *195v*	Michael	P.	Dusseldorp. 1684 XII 24/1702 V 21/04 V 22/17 VIII 15 Prof. 4 vot. † Dusseldorp.1723 VI 10
100	Pluren *275*	Theodor.	P.	Resens. 1599 V ../1616 IV 27 Colon./ † Colon. 1640 III 7
101	Pötgen *184*	Levin.	P.	Bentheim dioec. Monast. 1730 X 20/48 X 20/50 X 21/ † Burena 1758 VIII 31

R

102	Rapicani *6*	Alexander	P.	Bremens. 1702 XI 30/24 X 19/26 X 20 debuit eodem die fuisse in India/ † in reditu ex India in mare 1769
103	Romel *72v*	Gerard.	F.	ex Borckeloe dioec. Monast. 1705 XII 8/31 X 18/ 33 IX 24/42 II 2 Monast. Westph. F.C.T./ † Geist 1755 X 18
104	Ruhen *96v*	Henric.	P.	ex Borsum dioec. Hildes. 1718 VII ../36 X 22/38 X 29/profectus in Indiis 1749/ obiit in Indiis, occisus a Barbaris

S

105	Schedelich *4v*	Albert.	P.	Osnabrug. 1685 VII 17/1703 IV 28/05 IV 29/18 VIII 15 Geist Prof. 4 vot./ † 1723 IV 17 Hildes.
106	Scheiffarth *194v*	Maximilian.	P.	Colon. 1646 X 13/65 V 23/67 V 24/81 VIII 15 Juliaci Prof. 4 vot./ † Bremae 1703 IX 27
107	Schelver *301*	Werner	P.	Osnabrug. 1697 III 13/1715 V 20/17 V 21/30 VII 15 Monast. Westph. Prof. 4 vot./ † 1768 III 5 Geist.
108	Schlaeff *141*	Johannes	P.	Osnabrug. 1664 V 25/81 X 30/83 XI 1/99 VIII 15 Prof. 4 vot. .../ † 1710 ... Monast. Westph.
109	Schneider *65v*	Franc.	F.	Osnabrug. dioec. et territ. 1752 XI 25/71 X 21
110	Schrieck *54*	Engelbert.		Resens. 1636 IV 9/54 VII 14/ † 1655 VI .. Trevir. in novitiatu
111	Schütte *138*	Johannes	P.	Osnabrug. 1634 IX 29/55 VII 23/57 VII 25/69 VIII 15 Monast. Westph. F.C.S./ † 1674 XII 18 Monast. Westph.
112	Sehling *143v*	Johannes	(F.)	Gesmold dioec. Osnabr. 1685 VIII 9/1717 X 20/19 X 21/28 II 2 C.F.T. Monast. Westph. / † 1739 II 17 Monast. Westph.
113	Sehliger *96*	Henric.		Osnabr. 1715 .../33 X 20/35 X 21/ † Burena 1743 II 19
114	Sentrup *7*	Anton.	P.	Hamburg. 1721 VIII 21/38 X 20/40 X 21/55 II 2 Holmia Prof. 4 vot./ † Dusseldorp. 1764 II 11
115	Settorf *94*	Henric.	P.	Fürstenaw. 1667 II 20/85 IX 16/87 VII 22 Trevir./99 VIII 15 Geist. F.C.S./ † 1727 IX 13 Hildes.
116	Sevenstern *33*	Caspar.	P.	Groningens. 1627 IX 27/47 IX 17/49 IX 18/63 VIII 15 Hildes./ † 1680 V 23 Hildes.
117	Synderam *277v*	Theobald.		Osnabrug. 1752 IV 26/71 X 21
118	Söckeland *65v*	Franc.	F.	Wellingholthausen dioec. Osnabr. 1745 XI 21/72 XI 18
119	Splinter *125*	Ignatius.	P.	Clivens. .../1640 XI 10/ - / † 1690 I 3 Hadamar.
120	Steinman *1v*	Albert.		Lubecens. .../1627 X 18/ † 1628 VII 20 Embricae
121	Stockhoff *111*	Herman.	(F.)	ex Glandorff dioec. Osnabr. 1685 VII ../1713 V 15/15 IV 16/23 VIII 15 F.C.T. Hildes./ † 1727 III 30 Hildes.
122	Storck *232*	Philipp.		Iburgens. dioec. Osnabr. .../1628 XI 1/30 XI 2/1633 XI 4 Coloniae dimissus
123	Stroitman *144*	Johannes		Osnabrug. 1699 VI 9/1726 IX 7/28 IX 8/ † Monast. Westph. 1732
124	Stuve *84*	Everhard.	P.	Hagen dioec. Osnabr. 1595 V 14/1621 IV 3/23 IV 4/35 II 2 Embricae/ † 1647 II 19 Embricae

T

125	Termeer *62v*	Franc.	P.	Osnabrug. 1706 XII 2/24 X 19/26 X 20/40 II 2 Hildes./ † Hildes. 1762 VI 2
126	Theben *300*	Wilhelm.	P.	Brevordiens. 1638 I 21/59 IX 27/61 X 26/73 II 2 Meppen. F.C.S./ † 1674 ...Dusseldorf
127	Till *69*	Gerhard.	P.	Oldensaliens. 1588 XI 25/1604 IX 27/06 IX 29/24 VII 31 Trevir. F.C.S./ † 1651 VII .. Embricae

V

128	Vaertman *35*	Caspar.		Glandorp. dioec. Osnabr. 1693 VI 21/1714 V 18/ 16 V 19/ † 1729 III 20 Burenae
129	Vogel *61v*	Frideric.	P.	Iburgens. 1678 IV 11/98 V 31/1700 VI 1/12 VIII 15 Insulis Flandriae/ † 1714 II 4 Moguntiae
130	Vogelsang *133*	Johannes	(F.)	Glandorf dioec. Osnabr. 1583 .../1603 XI 11/05 .../17 XI 1 Monast. Westph. F.C.T./ † 1649 VI 4 Monast. Westph.
131	Vogt *225*	Otto		Osnabrug. (dies ignoratur)/ 1630 IX 26/32 IX 27/ † 1634 IX .. Monast. Westph.
132	Völckers *72v*	Gerard.		ex Menslage dioec. Osnabr. 1690 IV 15/1710 VI 7/ dimissus
133	Voltlage *19v*	Bernard.	P.	Osnabrug. 1712 II 26/30 X 16/32 X 17/47 II 2 Osnabr. Prof. 4 vot.

W

134	Wamen *145*	Johannes	F.	Gesmold. dioec. Osnabr. 1710 .../35 VII 1/ † 1736 V 21 in novitiatu
135	Wanderpoell *275v*	Theodor.	P.	Osnabrug. 1714 VIII 24/37 X 12/ † Hildes. 1753 ...
136	Warmoldi *1v*	Abel.	P.	Groninga Frisus 1609 X 5/27 IX 26 Monast. adm./29 IX 29/46 IX 29 Aquisgr. F.C.S./ † 1665 I 30 Meppen.
137	Warmoldi *109*	Hieronymus	P.	Gröningen. Friso 1607 VI 8/24 XI 7/26 XI 8/43 V 31 Embricae Prof. 4 vot./ † 1661 VIII 22 Placentia
138	Weerhar *110v*	Herman.	(P.)	ex Damm 1668 X 7/88 V 14/90 V 15/1702 VIII 15 Prof. 4 vot. Geist./ † 1706 IX 8 Cortracii in Flandria
139	Werne *134v*	Johannes	(F.)	Weingarten in Suevia 1602 VI ../24 V 19 Confluent./26 V 21/43 V 31 F.C.T./ † 1662 X .. Dusseldorp.
140	Werne *259*	Rudolph.	P.	Ravensburg e Marchio 1603 VI ../20 IX 26 Fulda/22 IX 29/ † 1638 X 26 Meppen.

141	Wichman *242*	Petrus	P.	Achtum dioec. Hildes. 1705 XI 2/22 X 20/ - / † Hildes. 43 XII 25
142	Wille *73*	Gregor.	P.	Glückstadiens. 1693 X 7/1713 V 12/15 V 13/ 1730 ... in India Prof. 4 vot.
143	Willemin *35v*	Carol.	P.	Osnabrug. 1699 X 17/18 V 15/20 V 17/33 II 2 Confluent. Prof. 4 vot./ † Monast. Westph. 1758 VIII 18
144	Willemin *225*	Otto	P.	Osnabrug. 1697 IV 1/1716 V 18/18 V 19/30 VIII 15 Bonnae Prof. 4 vot./ † 1752 X Dusseldorp.
145	Wilthelm *63v*	Franc.	(P.)	Colon. 1715 IV 18/34 X 11/36 X 12/49 II 2 Colon. Prof. 4 vot.
146	Winandt *4v*	Adolph.	P.	Osnabrug. 1682 II 18/1701 VI 10/03 VII 11/15 VIII 15 Sigena. Prof. 4 vot./ † 1750 XII 3 Geista
147	Wintzeler *60*	Frideric.	P.	Hildes. 1654 VII 27/73 VII 11/85 II 2 Geist F.C.S./ † 1726 VIII 16 Hildes.
148	Wisseling *72v*	Georg.	P.	Hamburg. 1695 X 3/1713 V 12/15 V 13/23 VIII 15 Cosfeld. Prof. 4 vot./ † Trevir. in novitiatu 1769 IV 30
149	Wördeman *136*	Johannes		Wildeshusens. 1612 .../30 IX 26/32 IX 27/ † ...

Trägerinnen und Träger des Herforder Damenstiftsordens

von Thorsten Heese

Als im Jahre 1982 durch einen glücklichen Zufall ein Original des Herforder Damenstiftsordens für das damalige Städtische Museum Herford, das heutige Daniel-Pöppelmann-Haus, ersteigert werden konnte,[1] erwachte das Interesse an diesem Abzeichen, dessen Aussehen bis dahin nur durch Schrift- bzw. Bildquellen überliefert war. Trotz dieses Fundes erfolgte die Erforschung des Ordens jedoch zunächst nur in Ansätzen und blieb lange lückenhaft. Erst im vergangenen Jahr konnte zusammenhängend die facettenreichen Geschichte von seiner Stiftung durch die Herforder Äbtissin Johanna Charlotte von Brandenburg-Schwedt im Jahre 1729 bis zu seinem Untergang infolge der Säkularisation der Herforder Stifte zu Beginn des 19. Jahrhunderts aufgezeigt werden.[2]

Ergänzend zu dieser Veröffentlichung soll nun der Personenkreis der Stiftsdamen und Kapitelherren vorgestellt werden, die als Angehörige der Stiftsgemeinschaft des Herforder Hochstifts für fürstliche und gräfliche Adelstöchter sowie des Stifts auf dem Berge für Damen des niederen Adels das Privileg genossen, den Herforder Damenstiftsorden tragen zu dürfen. Den Stiftsdamen wurde das Abzeichen bei der Aufnahme in das jeweilige Stift verliehen und zeichnete sie im Innen- wie im Außenverhältnis als Angehörige der Stiftsgemeinschaft aus. Den vier Kapitelherren des Hochstifts wurde erst seit 1766 das Tragen des Ordens gestattet, und zwar durch die letzte Herforder Äbtissin, Friederike Charlotte Leopoldine Louise von Brandenburg-Schwedt.[3]

Da kein offizielles Verzeichnis der Ordensträgerinnen und -träger existiert, war es zur Erstellung einer solchen Liste nötig, aus unterschiedlichen Quellen den Kreis der Stiftsangehörigen zu rekonstruieren, die dafür in Betracht kommen. Da sich im Herforder Fall die „Ordensgemeinschaft" mit der „Stiftsgemeinschaft" deckt, kann das vorliegende Verzeichnis nicht nur alle Ordensträgerinnen- und -träger liefern, sondern für die Zeit von 1729 bis zur Säkularisation gleichzeitig auch als Verzeichnis aller Stiftsdamen fungieren, das bis heute ebenfalls nicht vollständig vorliegt.

Allgemeine Hinweise:

Die Daten zu Geburt (*), Tod (†) und Heirat entstammen in der Regel:
Freytag von Löringhoven, Frank Baron von (Hg.): Europäische Stammtafeln. Stammtafeln zur Geschichte der europäischen Staaten, 4 Bde., Marburg [2]1975; *Schwennicke,* Detlev (Hg.): Europäische Stammtafeln. Stammtafeln zur Geschichte der europäischen Staaten. Neue Folge, 14 Bde., Marburg 1980-1991.

---

[1] *Steinhäuser*, [Hans]: Der Orden der Abtei Herford MEMINISSE ET IMITARI; in: Der Remensnider 3, 1982, S. 71.

[2] *Heese*, Thorsten: Mit Schulterband und Schleife „... zum Lustre Unsers Stifts...". Ehre, Eitelkeiten und Intrigen im Zeichen des Herforder Damenstiftsordens, in: Historisches Jahrbuch für den Kreis Herford 2, 1994, S. 65-100.

[3] Vgl. ausführlich ebd.

Folgende Abkürzungen zu Quellen- und Literaturangaben bedeuten:
Akt.: Akten; **FAH**: Fürstabtei Herford; **GRuStHb**: Genealogisch-schematisches Reichs- und Staatshandbuch; **GStAM**: Geheimes Staatsarchiv Merseburg; **HJB**: Herforder Jahrbuch; **KDKM**: Kriegs- und Domänenkammer Minden; **Klaproth**: GStAM, Rep. 34, Nr. 98a 3, zit. nach: Historische Nachrichten von dem Kayserlichen Freyweltlichen Stift zu Hervorden insbesondere von der Wahl der Abtissinnen und Coadjutricinnen und der Concurrenz des regierenden Hauses dabey. ex Actis Archivi Secreti regii zusammengetragen v[on] C[hristian] A[ugust] L[udwig] *Klaproth*, Berlin den 30. Nov[ember] 1790, in: Jahresberichte des Historischen Vereins für die Grafschaft Ravensberg 22, 1908, S. 90-113; **MadB**: Stift St. Mariae auf dem Berge; **MRReg**: Minden-Ravensberg, Regierung; **NDB**: Neue Deutsche Biographie; **Recke**: Geschichte der Herren von der Recke, 1878; **Schmidt**: *Schmidt*, Walther: Prinzeß Henriette Amalie von Anhalt=Dessau, die Begründerin der Fürstlichen Amalienstiftung in Dessau (1720-1793). Ein Lebensbild aus der Zeit des Rokoko, Dessau 1937; **StAM**: Staatsarchiv Münster; **Storch**: [*Storch*, Carl Ludewig]: Chronica, Oder: Kurtzgefasste Nachrichten von der Stadt Herford, Im Westphaelischen Creise gelegen; Nebst Einem Verzeichnis der Hochfuerstl[ichen] Aebtissinnen daselbst, Bielefeld ^{6}1748; **Urk.**: Urkunden

A. KANONISSEN DES HOCHSTIFTS

1) Unter der Regierung der Äbtissin Johanna Charlotte[4] *aufgenommen*:

***Johanna Charlotte*, Markgräfin von Brandenburg-Schwedt**
* 06.04.1682
15.01.1699 Heirat mit Philipp Wilhelm Markgraf von Brandenburg-Schwedt [09.05.1669-19.12.1711]
04.02.1729 Postulation (StAM, FAH, Akt., Nr. 1114)
01.07.1729 Ankunft in Herford (GStAM, Rep. 36, Nr. 171)
23.07.1729 beteiligt an erster Ordensverleihung (StAM, FAH, Akt. Nr. 292)
12.09.1729 Kaiserliche Konfirmation (StAM, FAH, Urk., Nr. 1732)
10.10.1729 Inthronisation (StAM, FAH, Akt., Nr. 1115)
† 31.03.1750
Abb. 1

Prinzessin *Eleonore Margarethe (o. Magdalene)*, Landgräfin von Hessen-Homburg
* 23.09.1679
28.11.1716 Revers über Belehnung (StAM, FAH, Urk., Nr. 1701)
26.04.1721 Wahl zur Dechantin (StAM, FAH, Akt., Nr. 267)
05.08.1733 Possession und Investitur als Dechantin (StAM, FAH, Akt., Nr. 267)
† 24.12.1763 (StAM, FAH, Akt., Nr. 267)
Abb. 2

4 Regierungszeit: 1729-1750

Abb. 1: *Johanna Charlotte* von Brandenburg-Schweedt.
Vgl. Hist. Jb. f.d. Kreis Herford 2, 1994, S. 94, Verz. 2, C. 1-5.)

Gräfin *Albertina Elisabeth*, Erb-Truchsessin und Reichsgräfin zu Wal(d)burg/Preußen
* 08.10.1697
23.07.1729 Investitur; nicht anwesend (StAM, FAH, Akt., Nr. 292)

Prinzessin *Marie Amalie* von Nassau-Dietz
23.07.1729 Investitur; nicht anwesend (StAM, FAH, Akt., Nr. 292)
1729 Küsterin (Klaproth, S. 101)
† 1771

Prinzessin *Sophie Dorothea Maria* von Preußen
* 25.01.1719
22.08.1729 Investitur; nicht anwesend (StAM, FAH, Akt., Nr. 292)
13.10.1729 Wahl zur Koadjutorin (StAM, FAH, Akt., Nr. 233)
30.10.1729, Berlin; Revers an das Kapitel (StAM, FAH, Akt., Nr. 233)
1732 Kaiserliche Konfirmation der Wahl (Klaproth, S. 98)
1734 Resignation: 10.11.1734 Heirat mit Friedrich Wilhelm Markgraf von Brandenburg-Schwedt [* 27.12.1700; † 04.03.1771] (Storch, S. 87)
†13.11.1765

Prinzessin *Friederike Wilhelmine* von Ostfriesland
* 04.10.1695
15.10.1729 Investitur; anwesend (StAM, FAH, Akt., Nr. 292)
† 29.07.1750

Prinzessin *Wilhelmine Auguste*, Herzogin von Holstein-Norburg
15.10.1729 Investitur; nicht anwesend (StAM, FAH, Akt., Nr. 292)

Gräfin *Henriette Louise Wilhelmine* von der Lippe-Biesterfeld
* 26.01.1711
15.10.1729 Investitur; anwesend (StAM, FAH, Akt., Nr. 292)
27.01.1729 Heirat mit Johann Karl Graf von Solms-Baruth [* 19.01.1702; † 03.08.1735]
† 28.09.1752

Prinzessin *Anna Amalie* von Preußen
* 09.11.1723
22.05.1734 Belehnung (GStAM, Rep. 34, Nr. 98a 3)
26.05.1734 Wahl zur Koadjutorin (StAM, FAH, Akt., Nr. 257)
1737 Kaiserliche Konfirmation der Wahl (Klaproth, S. 98)
1744 Koadjutorin in Quedlinburg (NDB, Bd. 1, S. 301)
1745 Resignation (StAM, FAH, Akt., Nr. 257)
1755 Äbtissin in Quedlinburg (NDB, Bd. 1, S. 301)
† 30.03.1787

Abb. 2: *Eleonore Margarethe* von Hessen-Homburg.
(vgl. Hist. Jb. f.d. Kreis Herford 2, 1994, S. 94, Verz. 2, C.8.)

Prinzessin *Louise Friderique* von Württemberg-Stuttgart
* 03.02.1722
03.02.1735 Investitur (Storch, S. 88)
02.03.1746 Heirat mit Friedrich Herzog von Mecklenburg-Schwerin [* 09.11.1717; † 24.04.1785]
† 02.08.1791

Prinzessin *Anna* von Schleswig-Holstein
18.07.1735 Investitur; nicht anwesend (StAM, FAH, Akt., Nr. 292)
wahrsch. **Anna**, Tochter des Herzogs Christian August von Holstein-Gottorp
* 03.02.1709
08.11.1742 Heirat mit Herzog Wilhelm von Sachsen-Gotha [*12.03.1701; † 31.05.1771]
† 02.02.1758

Gräfin *Sophie Helena* von Reichenbach
25.01.1738 Investitur; nicht anwesend (StAM, FAH, Akt., Nr. 292)
1751 letzte Erwähnung als Stiftsdame (GRuStHb 1751, S.100)
vor Ende 1752 Tod o. Resignation

Gräfin *Sophie Charlotte*, Reichsgräfin von Solms-Tecklenburg
15.09.1738 Investitur (GRuStHb 1751, S. 100)
1787 letzte Erwähnung als Stiftsdame (GRuStHb 1787, S. 71)
vor Ende 1789 Tod o. Resignation

Prinzessin *Henriette Amalie* von Anhalt-Dessau
* 07.12.1720
30.04.1742 Investitur (GRuStHb 1751, S. 100)
02.02.1764 Wahl zur Dechantin (StAM, FAH, Akt., Nr. 267)
03.02.1764 Konfirmation durch die Äbtissin (StAM, FAH, Urk., Nr. 1721)
04.02.1764 Possession (StAM, FAH, Akt., Nr. 267)
07.12.1779 Wahl zur Koadjutorin (StAM, FAH, Akt., Nr. 255)
18.03.1782 Kaiserliche Konfirmation der Wahl (Schmidt, S. 37)
† 05.12.1793
Abb. 3

Prinzessin *Theresia Natalia*, Herzogin zu Braunschweig-Lüneburg
* 04.06.1728
07.08.1743 Investitur (GRuStHb 1751, S. 100)
1767 letzte Erwähnung als Stiftsdame (GRuStHb 1767, S. 82)
1767 Äbtissin von Gandersheim; Resignation in Herford
† 26.05.1778

Prinzessin *Henriette Katharina Agnesa* von Anhalt-Dessau
* 05.06.1744
07.01.1745 Investitur (GRuStHb 1751, S. 100)

Abb. 3: *Henriette Amalie* von Anhalt-Dessau.
(vgl. Hist. Jb. f.d. Kreis Herford 2, 1994, S. 94f., Verz. 2, C.6, 7, 9 u. 10.)

1779 Resignation: 18.10.1779 Heirat mit Johann Justus Freiherr von Loen [* 1736; † 17.05.1803 zu Brandenburg auf der Reise; Herr auf Cappeln in Tecklenburg, vormals zu Göfsfeld]
† 15.12.1799 in Dessau

Prinzessin *Hedwig Sophie Auguste,* Herzogin von Schleswig-Holstein-Gottorp, Pröbstin zu Quedlinburg
* 09.10.1705
28.05.1745 Investitur (GRuStHb 1751, S. 100)
29.05.1745 Wahl zur Koadjutorin (StAM, FAH, Akt., Nr. 257)
1748 Kaiserliche Konfirmation der Wahl (Klaproth, S. 99)
31.03.1750 Sukzession als Äbtissin (GRuStHb 1751, S. 100)
08.09.1752 Inthronisation/Wahlkapitulation (GStAM, Rep. 34, Nr. 98a 3)
† 13.10.1764
Abb. 4

Prinzessin *Friederike Charlotte Leopoldine Louise,* Markgräfin von Brandenburg-Schwedt
* 18.08.1745
22.11.1745 Investitur (GRuStHb 1751, S. 100)
07.03.1755 Wahl zur Koadjutorin (StAM, FAH, Akt., Nr. 253)
22.03.1755, Berlin; Revers an das Kapitel (StAM, FAH, Akt., Nr. 253)
04.07.1755 Kaiserliche Konfirmation der Wahl
13.10.1764 Sukzession als Äbtissin (GRuStHb 1765, S. 145)
16.06.1766 Inthronisation/Wahlkapitulation (StAM, FAH, Akt., Nr. 1119; GStAM, Rep. 34, Nr. 98a 3)
† 23.01.1808
Abb. 5

Prinzessin *Amalia* von Mecklenburg-Schwerin
* 08.03.1732
25.07.1746 Investitur (StAM, FAH, Akt., Nr. 292)
† 24.09.1775

Gräfin *Friderique Charlotta Antonia Amalia,* Burg- und Reichsgräfin von Dohna
17.04.1749 Investitur; nicht anwesend (StAM, FAH, Akt., Nr. 292)
1755 Resignation (StAM, FAH, Akt. Nr. 1020, Bl. 22)

2) Unter der Regierung der Äbtissin Hedwig Sophie Auguste[5] aufgenommen:

Prinzessin *Augusta Maria (o. Maximiliana)* von Stolberg-Gedern
* 28.11.1702
18.02.1742 des Heil. Röm. Reichs Fürstin

[5] Regierungszeit: 1750-1764

Abb. 4: *Hedwig Sophie Auguste* von Schleswig-Holstein-Gottorp.
(vgl. Hist. Jb. f.d. Kreis Herford 2, 1994, S. 95, Verz. 2, C.11.)

19.11.1750 Investitur; nicht anwesend (StAM, FAH, Akt., Nr. 292)
† 03.07.1768

Prinzessin *Sophie Charlotte Ernestine* von Anhalt-Bernburg-Hoym-Schaumburg
(Patenkind der Äbtissin Hedwig Sophie Auguste; HJB 9, 1968, S. 72)
* 03.04.1743
28.07.1751 Investitur; nicht anwesend (StAM, FAH, Akt., Nr. 292)
1760 Resignation: 1760 Heirat mit Wolfgang Ernst II. Fürst von Isenburg-Birstein [* 17.11.1735; † 03.02.1803] (StAM, FAH, Akt., Nr. 1020, Bl. 33)
† 05.10.1781

Reichsgräfin *Charlotte Wilhelmine Isabella* von Lynar
* 20.07.1748
18.09.1755 Investitur; nicht anwesend (Sukzessorin der Gräfin Friderique Charlotta Antonia Amalia, Burg- und Reichsgräfin von Dohna; StAM, FAH, Akt., Nr. 292 u. Nr. 1020, Bl. 22)
1765 Resignation: 23.01.1765 Heirat mit Friedrich Leopold Graf von Wartensleben
† 17.11.1770

Reichsgräfin *Ferdinandine (o. Ferdinanda) Henriette Dorothea* zu Bentheim-Tecklenburg, Steinfurt, Limburg und Rheda
* 24.08.1737
17.05.1758 Investitur (StAM, FAH, Akt., Nr. 292)
1766 Resignation: 16.10.1766 Heirat mit Karl Ernst Kasimir Graf zur Lippe Biesterfeld [* 02.11.1735; † 19.11.1810]
† 23.04.1779

Gräfin *Sophie Charlotte* Reichsburggräfin und Gräfin von Dohna-Schlobitten
* 1740
20.06.1759 Investitur; anwesend (StAM, FAH, Akt., Nr. 292)
1759 Resignation: Heirat mit Carl Christian reg. Fürst von Solms-Hohensolms [† 1803] (StAM, FAH, Akt., Nr. 1020, Bl. 33)
† 1798

Reichsgräfin *Henriette Wilhelmine* von Schönaich-Carolath
* 05.01.1722
17.12.1759 Investitur; nicht anwesend (StAM, FAH, Akt., Nr. 292)
† 25.01.1781 auf Hermsdorf
(vgl. Sophie Wilhelmine von Carolath)

Prinzessin *Charlotte Wilhelmine* von Anhalt-Bernburg
* 25.08.1737
21.12.1759 Investitur; nicht anwesend (StAM, FAH, Akt. Nr. 292)
1760 Resignation: Heirat mit Christian Günther III. Fürst von Schwarzburg-Sondershausen [* 24.06.1736; † 14.10.1794] (StAM, FAH, Akt., Nr. 1020, Bl. 33)
† 26.04.1777

Abb. 5: *Friederike Charlotte Leopoldine Louise* von Brandenburg-Schwedt.
(vgl. Hist. Jb. f.d. Kreis Herford 2, 1994, S. 95, Verz. 2, C.15-18.)

Prinzessin *Christiane Sophie Albertina (o. Charlotte)* von Mecklenburg-Strelitz
* 06.12.1735
07.03.1760 Investitur (StAM, FAH, Akt., Nr. 292 u. Nr. 1020, Bl. 33)
† 31.08.1794

Prinzessin *Sophie Charlotte* von Mecklenburg-Strelitz, Schwester der Prinzessin Christiane Sophie Albertina
* 19.05.1744
07.03.1760 Investitur; nicht anwesend (StAM, FAH, Akt., Nr. 292)
08.09.1761 Resignation: Heirat mit Georg III. König von Grossbritannien [* 04.06.1738; † 29.01.1820] (StAM, FAH, Akt., Nr. 1020, Bl. 33)
† 17.11.1811

Prinzessin *Friderique Auguste Sophie* von Anhalt-Bernburg, 1793-1807 Administratorin u. Nutznießerin der Herrschaft Jever (1807 an Holland)
* 28.08.1744
07.03.1760 Investitur; nicht anwesend (StAM, FAH, Akt., Nr. 292)
1764 Resignation: 27.05.1764 Heirat mit Friedrich August von Anhalt-Zerbst [* 1734; † 03.03.1793] (StAM, FAH, Akt., Nr. 1020, Bl. 39)
† 12. April 1827

Prinzessin *Hedwig Henriette (Henrike)* von Nassau-Usingen
* 27.04.1714
02.09.1760 Investitur; nicht anwesend (StAM, FAH, Akt., Nr. 292)
† 17.04.1786

Prinzessin *(Wilhelmine) Henriette* von Nassau-Saarbrücken
* 18.11.1702
31.03.1761 Investitur; nicht anwesend (StAM, FAH, Akt., Nr. 292)
† 25.06.1769

Reichsgräfin *Beata Maximiliana Sophie* von Burghausen
* 1751
31.03.1761 Investitur (StAM, FAH, Akt., Nr. 1020, Bl. 33)
1773 Resignation: Heirat mit Heinrich Christian Graf von Reichenbach-Goschütz [† 1773]
1774 Heirat mit Hans Sigismund Graf v. Zedlitz auf Krazgau [†1777]
lebte 1811 noch als Witwe in Breslau (GRuStHb 1811)

Reichsgräfin *Maximiliana Ulrique Karoline* von Pückler
* 15.04.1750
31.03.1761 Investitur (StAM, FAH, Akt., Nr. 1020, Bl. 33)
1773 Resignation: 14.11.1773 Heirat mit Hans Carl Gottlieb Graf von Sandrazky und Sandraschütz auf Manze [* 16.01.1750; † 01.10.1803]
lebte 1811 noch als Witwe in Bankwitz (GRuStHb 1811)

Abb. 6: Unbekannte Stiftsdame.
(vgl. Hist. Jb. f.d. Kreis Herford, 2, 1994, S. 95, Verz. 2, C.13.)

Abb. 7: Unbekannte Stiftsdame.
(vgl. Hist. Jb. f.d. Kreis Herford, 2, 1994, S. 95, Verz. 2, C.14)

Gräfin *Leopoldine Henriette* von Hohenlohe-Öhringen
06.07.1763 Investitur (StAM, FAH, Akt., Nr. 1020, Bl. 39)
1766 letzte Erwähnung als Stiftsdame (GRuStHb 1766, S. 88)
vor Ende 1767 Tod o. Resignation

Gräfin *Leopoldine Antoinette* von Hohenlohe(-Öhringen) und Gleichen
06.07.1763 Investitur; nicht anwesend (StAM, FAH, Akt., Nr. 292)
1779 letzte Erwähnung als Stiftsdame (GRuStHb 1779, S. 83)
vor Ende 1780 Tod o. Resignation

Prinzessin *Hedwig Elisabeth Charlotte* von Schleswig-Holstein-Gottorp
* 22.03.1759
02.05.1764 Investitur (StAM, FAH, Akt., Nr. 1020, Bl. 39)
1774 Resignation: 07.07.1774 Heirat mit Karl XIII. von Schweden [* 07.10.1748; † 05.02.1818]
† 20.06.1818

Landgräfin *Ulrique Sophie Charlotte* von Hessen-Homburg
* 31.05.1726
02.05.1764 Investitur (StAM, FAH, Akt., Nr. 1020, Bl. 39)
† 10.12.1792

3) Unter der Regierung der Äbtissin Friederike Charlotte Leopoldine Louise[6] *aufgenommen:*

Prinzessin *Christine Charlotte* von Hessen-Kassel
* 11.02.1725
17.04.1765 Investitur (GRuStHb 1767, S. 81)
12.07.1766 Wahl zur Koadjutorin (StAM, FAH, Akt., Nr. 254)
† 04.06.1782

Gräfin *Julia Wilhelmine Elisabeth Eleonore* von Giannini
1766 (vor 16.06.) Investitur (StAM, FAH, Akt. Nr. 254)
1784 letzte Erwähnung als Stiftsdame (GRuStHb 1784, S. 70)
vor Ende 1785 Tod o. Resignation

Prinzessin *Julia (Juliane) Wilhelmine Louise Amalie Sophie* von Hessen-Philippsthal
* 08.06.1761
1766 (vor 14.05.) Investitur (StAM, FAH, Akt. Nr. 254)
1780 Resignation: 10.10.1780 Heirat mit Philipp Ernst II. Graf zu Schaumburg-Lippe [* 05.07.1723; † 13.02.1787]
† 09.11.1799

[6] Regierungszeit: 1764-1803/08

Gräfin *Christina Sophie Friderique Albertine* von Leiningen-Dachsburg(-Heidesheim)
* 16.01.1736
vor 1771 Investitur (GRuStHb 1771, S. 83)
† 02.10.1777

Gräfin *Johanna (o. Johannette o. Jeannette) Charlotte* von Hessen-Philippsthal-Barchfeldt
* 22.01.1730
02.06.1770 Investitur (StAM, FAH, Akt., Nr. 292)
05.04.1771 Küsterin (StAM, FAH, Urk., Nr. 1727)
† 23.10.1799

Gräfin *Henriette Charlotte Hermine* von der Lippe-Weißenfeld
* 23.07.1775
vor 1777 Investitur (GRuStHb 1777, S. 89)
† 15.10.1780

Prinzessin *Wilhelmine Henriette* von Nassau-Saarbrücken
* 27.10.1752
1777 (vor 16.10.) Investitur (StAM, FAH, Akt., Nr. 1020, Bl. 45)
1783 Resignation: 09.07.1783 Heirat mit Louis Armand Marquis de Soyecourt-Feuquière [* 29.08.1722; † 07.09.1790 in Paris; ehem. königl. franz. Feldmarschall]
† 21.09.1829

Prinzessin *Friderique Charlotte Albertine Catherina* von Schwarzburg-Sondershausen
* 02.08.1762
1777 (vor 21.08.) Investitur (StAM, FAH, Akt., Nr. 292)
1790 Resignation: 11.04.1790 Heirat mit Friedrich Christian Prinz von Schwarzburg-Sondershausen [ihr Vetter; * 14.05.1763; † 26.10.1791]
† 31.01.1801

***Caroline Augustine (o. Augusta) Albertine* von Schwarzburg-Sondershausen**
* 19.02.1769
1777 (vor 21.08.) Investitur (StAM, FAH, Akt., Nr. 292)
05.04 1802 Dechantin (StAM, FAH, Akt., Nr. 267)
07.04.1802 Konfirmation durch die Äbtissin (StAM, FAH, Akt., Nr. 1020, Bl. 47)
12.04.1802 Investitur (StAM, FAH, Akt., Nr. 1020, Bl. 47)
um 1802 Aufenthalt in Sondershausen (StAM, FAH, Akt., Nr. 1020, Bl. 47)
† 01.08.1819

Prinzessin *Albertine Wihelmine (Amalie)* von Schwarzburg-Sondershausen
* 05.04.1771
1777 (vor 21.08.) Investitur (StAM, FAH, Akt., Nr. 292)

18.03.1795 Heirat mit Friedrich Ferdinand August Herzog von Württemberg [* 22.10.1763; † 20.01.1834]
geschieden 1801
† 25.04.1829

Prinzessin *Sophie Wilhelmine* von Carolath
* 14.01.1764
vor 1782 Investitur (GRuStHb 1782, S. 80)
13.11.1792 Heirat mit Ernst Graf von Schönburg-Rodesburg [† 1825]
† 05.07.1795

***Auguste Maria Karoline* von Nassau-Weilburg**
(Stiftsdame zu Quedlingburg)
* 05. o. 06.02.1764 im Haag
09.05.1796 Wahl zur Dechantin (StAM, FAH, Akt., Nr. 267)
02.06.1796 Possession der Dekanei (StAM, FAH, Akt., Nr. 267)
30.05.1796 Wahl zur Koadjutorin (GStAM, Rep. 34, Nr. 98a 3)
† 20.01.1802

***Friederike Luise Dorothea Philippine* von Preußen**
* 24.05.1770
02.1793 Investitur (Klaproth, S. 104)
03.03.1794 Wahl zur Dechantin (StAM, FAH, Akt., Nr. 267)
24.05.1794 Wahl zur Koadjutorin (StAM, FAH, Akt., Nr. 256)
1796 Resignation: 17.03.1796 Heirat mit Fürst von Radziwill [* 13.06.1775; † 07.04.1853]
† 07.12.1836

Prinzessin *Auguste Amalie* von Nassau-Usingen
* 30.12.1778
16.04.1800 Prälatur zur Küsterin (StAM, FAH, Akt., Nr. 1020, Bl. 47)
30.04.1800 Possession (StAM, FAH, Akt., Nr. 1020, Bl. 47)
vor 1802 Dechantin (GRuStHb 1802, Tl. 2, S. 54)
Aufenthalt in Frankfurt/Main (StAM, FAH, Akt., Nr. 1020, Bl. 47)
1804 Resignation 02.08.1804; Heirat mit Ludwig Landgraf von Hessen-Homburg [* 29.08.1770; † 19.01.1839]
geschieden 1805
07.09.1807 Heirat mit Friedrich Wilhelm Graf von Bismarck [württembergischer Gesandter; * 28.07.1783; † 18.06.1860]
† 16.07.1846

Gräfin *Henriette Caroline Louise* von Werthern
3.12.1801 Belehnung (StAM, FAH, Akt., Nr. 1020, Bl. 47)
14.12.1801 Possession (StAM, FAH, Akt., Nr. 1020, Bl. 47)
1802 letzte Erwähnung als Stiftsdame (GRuStHb 1802, Tl. 2, S. 54)

B. KANONISSEN DES STIFTS AUF DEM BERGE

***Hedwig Maria* von der Recke**
22.08.1680 Präsentation und Possession (StAM, MadB, Akt., Nr. 164, S. 30 u. Nr. 312)
01.10.1699 Wahl zur Pröbstin (StAM, MadB, Akt., Nr. 4)
23.09.1721 Wahl zur Dechantin (StAM, MadB, Akt., Nr. 3)
23.07.1729 beteiligt an erster Ordensverleihung (StAM, FAH, Akt. Nr. 292)
† 12.03.1738 (StAM, MadB, Akt., Nr. 165, Bl. 230)

***Maria Dorothea* von Haren**
11.06.1695 Präbendierung (StAM, MadB, Urk., 1695 Juni 11)
15.02.1723 Pröpstin (StAM, MadB, Akt., Nr. 165, Bl. 146)
23.07.1729 beteiligt an erster Ordensverleihung (StAM, FAH, Akt. Nr. 292)
08.04.1738 Wahl zur Dechantin (StAM, MadB, Akt., Nr. 165, Bl. 230)
† 25.11.1768 (StAM, MadB, Akt., Nr. 167, Bl. 3)

***Eva Maria* von Beesten, zu Sögeln**
* 1661
20.06.1690 Stiftsdame (StAM, MadB, Akt., Nr. 4)
01.10.1699 Küsterin (StAM, MadB, Akt., Nr. 4)
23.07.1729 beteiligt an erster Ordensverleihung (StAM, FAH, Akt. Nr. 292)
† 14.01.1735 (StAM, MadB, Akt., Nr. 165)

***Lucia Sophia* von Vincke**
1700 Stiftsdame (StAM, MadB, Akt., Nr. 165)
23.07.1729 beteiligt an erster Ordensverleihung (StAM, FAH, Akt. Nr. 292)
† 19.07.1735 (StAM, MadB, Akt., Nr. 165, Bl.210)

***Friederica Charlotta* von Kniestedt**
1704 Aufschwörung (StAM, MadB, Akt., Nr. 26 u. 172)
23.07.1729 beteiligt an erster Ordensverleihung (StAM, FAH, Akt. Nr. 292)
1733 noch Stiftsdame (StAM, MadB, Akten, Nr. 165, Bl. 202)

***Sophia Dorothea Henriette* von Schenk zu Schweinsburg**
07.02.1720 Aufschwörung (StAM, MadB, Akt., Nr. 6)
23.07.1729 beteiligt an erster Ordensverleihung (StAM, FAH, Akt. Nr. 292)
† 01.03.1751 (StAM, MadB, Akt., Nr. 166, S. 250)

***Anna Sophia* von Beesten, zu Obernkamp**
*28.09.1695 Au*fschwörung (StAM, MadB, Akt., Nr. 6)
1728 Seniorissa (StAM, MadB, Akt., Nr. 165, Bl. 175)
23.07.1729 beteiligt an erster Ordensverleihung (StAM, FAH, Akt. Nr. 292)
† 03.11.1752 (StAM, MadB, Akt., Nr. 166)

***Charlotte Albertine* von Schele (Scheelen), zu Schelenburg und Obernfelde**
20.09.1724 Aufschwörung (StAM, MadB, Akt., Nr. 165)
23.07.1729 beteiligt an erster Ordensverleihung (StAM, FAH, Akt. Nr. 292)
22.04.1738 Wahl zur Pröbstin (StAM, MadB, Akt., Nr. 165, Bl. 231)
† 26.06.1777 (StAM, MadB, Akt., Nr. 167, S. 176)

(Die ersten acht Stiftberger Damen sind entsprechend ihrem Rang bei der ersten Ordensverleihung am 23.07.1729 geordnet; vgl. StAM, FAH, Akt. Nr. 292)

***Maria Theresia* von Bar, zu Bruch**
1706 Aufnahme (StAM, MadB, Akt., Nr. 172)
20.10.1711 Aufschwörung (StAM, MadB, Akt., Nr. 314)
vor 1740 Präbendierung (StAM, MadB, Akt., Nr. 166)

***NN.* von Haren**
Nichte der Maria Dorothea von Haren
08.1721 Stiftsdame (StAM, MadB, Akt., Nr. 165)
1733 noch Stiftsdame (StAM, MadB, Akt., Nr. 165, Bl. 202)

***Christina Anna Louise* von dem Bussche, zu Hünnefeld**
26.11.1721 Aufschwörung (StAM, MadB, Akt., Nr. 142)
1733 Stiftsdame (StAM, MadB, Akt., Nr. 165, Bl. 202)
09.08.1779 Todesanzeige (StAM, MadB, Akt., Nr. 167, S. 22)

***Sophie Dorothea* von Haren, zu Hopen**
18.11.1728 Aufschwörung (StAM, MadB, Akt., Nr. 148)
05.09.1777 Wahl zur Pröbstin (StAM, MadB, Akt., Nr. 4)
04.12.1778 noch Pröpstin (StAM, MadB, Akt., Nr. 3)
1787 Tod o. Resignation

***Anna Wilhelmina Elisabeth* von dem Bussche, zu Haddenhausen**
20.09.1731 Aufschwörung (StAM, MadB, Akt., Nr. 278)
22.08.1735 noch Stiftsdame (StAM, MadB, Akt., Nr. 284)

***NN.* von Beesten**
1733 Stiftsdame (StAM, MadB, Akt., Nr. 165, Bl. 202)

***Maria Charlotte* von Canstein**
01.03.1734 Aufschwörung (StAM, MadB, Akt., Nr. 6)
1738 Küsterin (StAM, MadB, Akt., Nr. 5 u. 165)
† 11.03.1751 (StAM, MadB, Akt., Nr. 5 u. 166)

***Hedwig Maria* von Quernheim**
* 1707
04.08.1735 Anzeige der Präbendierung (StAM, MadB, Akt., Nr. 153)
20.09.1735 Aufschwörung (StAM, MadB, Akt., Nr. 165, Bl. 212)
† 30.10.1787 (StAM, MadB, Akt., Nr. 6)

***Hedwig Agnes* von Mengersen, zu Helpede**
22.10.1735 Aufschwörung (StAM, MadB, Akt., Nr. 165, Bl. 212)
26.07.1745 noch Stiftsdame (StAM, MadB, Akt., Nr. 166, Bl. 141)

***Franzeline* von Cornberg, zu Lübbecke**
1737 Präbendierung (StAM, MadB, Akt., Nr. 165, Bl. 234)
28.08.1738 Aufschwörung (StAM, MadB, Akt., Nr. 6 u. 165, Bl. 236)
† 07.06.1750 (StAM, MadB, Akt., Nr. 166, Bl. 240)

***Sophie Charlotte Caroline Sybilla* von Rheden**
30.10.1738 Aufschwörung (StAM, MadB, Akt., Nr. 6)
04.07.1750 Resignation wegen Heirat (StAM, MadB, Akt., Nr. 166)

***NN.* von Münchhausen, zu Voldagsen**
vor 1740 Präbendierung (StAM, MadB, Akt., Nr. 166, Bl. 43)

***Friederica Amalia Caroline Hermine* von Carlowitz, zu Stolzenberg**
09.1741 Präbendierung (StAM, MadB, Akt., Nr. 166, S. 57)
27.09.1741 Aufschwörung (StAM, MadB, Akt., Nr. 6 u. 166)
† 03.10.1749 (StAM, MadB, Akt., Nr. 166, S. 222)

***Philippina Henrietta* von Wegern**
Schwester von Dorothea Sophia von Wegern
24.03.1750 Aufschwörung (StAM, MadB, Akt., Nr. 6)
22.04.1751 Provision als Küsterin (StAM, MadB, Akt., Nr. 166, Bl. 251)
03.01.1769 Wahl zur Dechantin (StAM, MadB, Akt., Nr. 3 u. 167)
† 17.04.1773 (StAM, MadB, Akt., Nr. 167, S. 92)

***Wilhelmine* von Schenck zu Obernkirchen**
vor 11.05.1751 Präbendierung (StAM, MadB, Akt., Nr. 166, S.251)

***Dorothea Christina Ernesta* von Seckendorf**
* 09.1730
22.09.1753 Aufschwörung (StAM, MadB, Akt., Nr. 6)
† 12.08.1786 (StAM, MadB, Akt., Nr. 6)

***Friederike Charlotte* von Tresckow**
22.09.1753 Aufschwörung (StAM, MadB, Akt., Nr. 166)
um 1805 wohnhaft in Pradekyn/Magdeburg (StAM, KDKM, Nr. 2752)

Johanna Wilhelmine Charlotte **von Seckendorf**
24.09.1754 Aufschwörung (StAM, MadB, Akt., Nr. 6)
1761 Resignation wegen Heirat (StAM, MadB, Akt., Nr. 6 u. 279)

Sophia Magdalena **von Maltzan**
1755 Stiftsdame (StAM, MadB, Akt., Nr. 6)
12.09.1756 Präsentation und Aufschwörung (StAM, MadB, Akt., Nr. 166)

Sophia Augusta **von Mandelsloe, zu Osterheld**
23.03.1756 Aufschwörung (StAM, MadB, Akt., Nr. 6 u. 166, S. 321)
24.04.1773 Küsterin (StAM, MadB, Akt., Nr. 167)
10.03.1783 noch Küsterin (StAM, MadB, Akt., Nr. 168)
1783/1784 Tod o. Resignation

Ernestine Louise **von der Malsburg**
28.06.1761 Präbendierung (StAM, MadB, Akt., Nr. 279)
06.01.1773 Wahl zur Dechantin (StAM, MadB, Akt., Nr. 167)
28.06.1778 Resignation wegen Heirat (StAM, MadB, Akt., Nr. 3)

NN. **von Waldner**
1766 Resignation wegen Heirat mit Carl Siegfried von Oberkirch (StAM, MadB, Akt.,Nr.6)

Dorothea Sophia **von Wegern**
1766 Providierung (StAM, MadB, Akt., Nr. 6)
14.03.1794 noch Stiftsdame (StAM, MadB, Akt., Nr. 4)
vor 1802 Tod o. Resignation (GStAM, Rep. 96 A, Nr. 58 Q, Bl. 27)

Friederika Louisa **von Waldner, zu Freundstein**
vor 26.11.1768 Stiftsdame (StAM, MadB, Akt., Nr. 167)
10.03.1783 noch Stiftsdame (StAM, MadB, Akt., Nr. 168, S. 19)
vor 1802 Tod o. Resignation (GStAM, Rep. 96 A, Nr. 58 Q, Bl. 27)

Albertine Amalie Justine **von der Recke, zu Offenberg**
1769 Resignation wegen Heirat mit Moritz von dem Brinck zu Bückeburg und Iggenhausen (Recke, S. 345)

Sophie Auguste Albertine **von Rohr**
04.05.1772 Präbendierung (StAM, MadB, Akt., Nr. 167)
10.08.1772 Aufschwörung (StAM, MadB, Akt., Nr. 167)
08.05.1791 Resignation wegen Verlobung mit N.N. von Gustedt

Elisabeth Christine Caroline **von der Groeben**
29.07.1776 Präbendierung (StAM, MadB, Akt., Nr. 167)
28.08.1776 Aufschwörung (StAM, MadB, Akt., Nr. 167)
04.12.1778 Wahl zur Dechantin (StAM, MadB, Akt., Nr. 3)
† 1799 (StAM, MadB, Akt., Nr. 3)

***Caroline Philippine* von Rathsamhausen, zu Ehenweyer**
* 12.12.1754
27.09.1776 Präbendierung (StAM, MadB, Akt., Nr. 167, S. 152)
06.05.1777 Aufschwörung (StAM, MadB, Akt., Nr. 167, S. 174)
20.04.1787 noch Stiftsdame (StAM, MadB, Akt., Nr. 4)
vor 1802 Tod o. Resignation (GStAM, Rep. 96 A, Nr. 58 Q, Bl. 27)

***Mauritia Sophia* von dem Brincke, zu Bückeburg, Riepen und Iggenhausen**
1779 Aufschwörung (StAM, MadB, Akt., Nr. 6)
08.10.1779 Provision (StAM, MadB, Akt., Nr. 6)
20.04.1787 Wahl zur Pröbstin (StAM, MadB, Akt., Nr. 4)
08.06.1789 Amtsantritt als Pröbstin (StAM, MadB, Akt., Nr. 168)
† 1794 (StAM, MadB, Akt., Nr. 4)

***Albertine Wilhelmine* von Strantz**
1779 Aufschwörung (StAM, MadB, Akt., Nr. 6)
08.10.1779 Provision (StAM, MadB, Akt., Nr. 6)
† 03.09.1789 (StAM, MadB, Akt., Nr. 168)

***Magdalene Charlotte Christine* von Bassewitz**
08.11.1780 Präbendierung (StAM, MadB, Akt., Nr. 167, S. 243)
05.05.1791 Resignation wegen Heirat mit Graf von Kallenberg (StAM, MadB, Akt., Nr. 168, S. 187)

***Carolina Wilhelmine* von Winzingerode**
17.10.1783 Präbendierung (StAM, MadB, Akt., Nr. 168, S. 32)
16.08.1784 Ernennung zur Küsterin (StAM, MadB, Urk., 1784 August 16)
20.09.1797 noch Küsterin (StAM, MadB, Akt., Nr. 168, S. 303)
vor 1803 Tod o. Resignation (GStAM, Rep. 96 A, Nr. 58 Q, Bl. 27)

***Justine Sophie Henriette Friederike* von Uslar**
30.01.1786 Provision (StAM, KDKM, Nr. 2752)
1787 Präbendierung (StAM, MadB, Akt., Nr. 6)
26.09.1789 Aufschwörung (StAM, MadB, Akt., Nr. 6)
16.10.1799 Wahl zur Pröbstin (StAM, MadB, Akt., Nr. 157)
1802 Dechantin (StAM, MadB, Akt., Nr. 2)
21.03.1808 noch Dechantin (StAM, MadB, Akt., Nr. 168, S. 482)

***Eleonora Charlotta* von Wolframsdorff**
12.07.1787 Provision (StAM, MadB, Akt., Nr. 7)
1791 Präbendierung (StAM, MadB, Akt., Nr. 7)
um 1805 wohnhaft in Leer/Ostfriesland (StAM, KDKM, Nr. 2752)

***Louise Charlotte Friederike* von Holle**
26.01.1789 Präbendierung (StAM, MadB, Akt., Nr. 6)
14.03.1794 Wahl zur Pröbstin (StAM, MadB, Akt., Nr. 4)
vor 22.11.1799 Tod o. Resignation (StAM, MadB, Akt., Nr. 4)

***Elisabeth Cäcilia Christina Magdalena Wilhelmina* von der Decken**
04.05.1789/1791 Präbendierung (StAM, MadB, Akt., Nr. 7)
13.04.1792 Aufschwörung (StAM, MadB, Akt., Nr. 168, S. 201)
1802/1803 Resignation (GStAM, Rep. 96 A, Nr. 58 Q, Bl. 27)

***Erdmutha Henrietta* von Zehmen**
21.04.1790 Präbendierung (StAM, MadB, Akt., Nr. 7)
24.06.1790 Provisionspatent (StAM, KDKM, Nr. 2752)
27.09.1790 Aufschwörung (StAM, MadB, Akt., Nr. 7)
um 1805 wohnhaft in Meißen (StAM, KDKM, Nr. 2752)

***Charlotte Caroline Antoinette Wilhelmine Louise* Senft von Pilsach**
26.06.1791 Präbendierung (StAM, MadB, Akt., Nr. 7)
15.06.1792 Aufschwörung (StAM, MadB, Akt., Nr. 7)
um 1805 wohnhaft in Dillenburg (StAM, KDKM, Nr. 2752)

***Charlotte Hedwig Philippine* von Rohr**
19.09.1791 Provisionspatent (StAM, KDKM, Nr. 2752)
20.09.1791 Präbendierung (StAM, MadB, Akt., Nr. 7)
19.06.1792 Aufschwörung (StAM, MadB, Akt., Nr. 7)
um 1805 wohnhaft in Münster (StAM, KDKM, Nr. 2752)

***Emilie* von Witzleben**
17.08.1797 Provision (StAM, KDKM, Nr. 2752)
19.09.1798 Aufnahme (StAM, KDKM, Nr. 2752)
um 1805 wohnhaft in Halberstadt (StAM, KDKM, Nr. 2752)

***Elisabeth Henriette Dorothea Caroline* von Münster**
21.01.1798 Provision (StAM, KDKM, Nr. 2752)
19.09.1798 Aufschwörung (StAM, KDKM, Nr. 2752)
22.11.1799 Wahl zur Pröbstin (StAM, MadB, Akt., Nr. 4)
23.11.1799 Konfirmation als Pröbstin (StAM, MadB, Akt., Nr. 280)
1803 noch Pröbstin (GStAM, Rep. 96 A, Nr. 58 Q, Bl. 27)

***Charlotte* von der Groeben**
18.10.1798 Provision (StAM, KDKM, Nr. 2752)
12.12.1798 Aufnahme (StAM, KDKM, Nr. 2752)
1805 wohnhaft in Krotoszin/Südpreußen (StAM, KDKM, Nr. 2752)

***Christine Sophie Caroline* von Bandemar**
25.11.1799 Provision (StAM, KDKM, Nr. 2752)
04.01.1800 Aufschwörung (StAM, KDKM, Nr. 2752)
1803 Küsterin (StAM, MadB, Akt., Nr. 2)
21.03.1808 noch Küsterin (StAM, MadB, Akt., Nr. 168, S. 462)

***Auguste Albertine* von Holleuffer**
25.04.1800 Provision (StAM, KDKM, Nr. 2752)
10.07.1800 Aufnahme (StAM, KDKM, Nr. 2752)
1805 wohnhaft in Dessau (StAM, KDKM, Nr. 2752)

***Emilie Christine* von Bodungen**
24.03.1803 Provision durch Kabinettsordre vom 18.03.1803 (StAM, KDKM, Nr. 2752)
23.12.1803 Aufnahme (StAM, KDKM, Nr. 2752)
1806 noch Stiftsdame (StAM, MRReg, 1375)

Bei folgenden Stiftsdamen ist aus unterschiedlichen Gründen fraglich, ob sie zum Kreis der Ordensträgerinnen zählen:

***Charlotte Juliane* von Löben** (?)
o.J.

***NN.* von der Malsburg** (?)
o.J.

***Juliana Wilhelmine* von Trotta** (?)
08.1730 4. Expektanz (StAM, MadB, Akt., Nr. 6)

***NN.* von Cornfeld, zu Auefeld** (?)
1738 Attest des Domkapitels zu Hildesheim (StAM, MadB, Akt., Nr. 165, Bl. 235)

***NN.* von Bornen** (?)
1740 Erste Bitten (StAM, MadB, Akt., Nr. 166, Bl. 49)

***Sophia Louise Juliana Hedwig* von Löw zu Steinfurt** (?)
21.01.1743 Expektanz (StAM, MadB, Akt., Nr. 166, Bl. 105)

***Louise Eleonore* von Dernbach** (?)
27.04.1753 Stammbaum (StAM, MadB, Akt., Nr. 166)
1754 Ahnentafel

***Catharina Charlotte* zur Heide** (?)
1774 Aufnahmeverhandlungen (StAM, MadB, Akt., Nr. 165, Bl. 156)

C. KAPITELHERREN DES HOCHSTIFTS

Während der Regierung der Äbtissin Friederike Charlotte Leopoldine Louises[7]

***NN.* von Beesten**
vor 1751 3. Kapitular-Präbende; Kammerjunker (GRuStHb 1751, S. 100)
1753 Hofmeister (GRuStHb 1753, S. 133)
1766/1767 Hofmarschall (GRuStHb 1767, S. 82)
1767 letzte Erwähnung als Hofmarschall (GRuStHb 1767, S. 82)
vor Ende 1771 Tod o. Resignation

***Dietrich Johann* von Hillensberg**
vor 1751 4. Kapitular-Präbende; Geheimer Rat (GRuStHb 1751, S. 100)
1787 letzte Erwähnung als Geheimer Rat (GRuStHb 1787, S. 71)
vor Ende 1789 Tod o. Resignation

***Paul Andreas* Freiherr von Schellersheim**
Königlich-preußischer geheimer Rat und Stiftshauptmann zu Quedlingburg
24. Juli 1755 2. Kapitular-Präbende; nicht anwesend (StAM, FAH, Akt., Nr. 292)
1781 letzte Erwähnung als 2. Kapitelherr (GRuStHb 1781, S. 80)
vor Ende 1782 Tod o. Resignation

***Friedrich Christian* von Rackmann**
vor 1767 1. Kapitular-Präbende; Primarius (GRuStHb 1767, S. 82)
1789 letzte Erwähnung als Primarius (GRuStHb 1789, S. 71)
vor Ende 1790 Tod o. Resignation

***Albert Christian Ernst* von Bergen**
1767/1771 3. Kapitular-Präbende; Hofmarschall (GRuStHb 1771, S. 83)
1777 letzte Erwähnung als Hofmarschall (GRuStHb 1777, S. 89)
vor Ende 1778 Tod o. Resignation

***Carl Ludwig* von Wrede**
Königlich-großbritannischer und königlich-braunschweigisch-lüneburgischer Obrist; kurhannoverischer Obrist; abteilicher Probst von Quernheim
06.02.1777 3. Kapitular-Präbende/Provision und Possession; Hofmarschall (StAM, FAH, Akt., Nr. 1020, Bl. 47; GRuStHb 1778, S. 89)
1803 noch 3. Kapitelherr (GStAM, Rep. 96 A, Nr. 58 Q, Bl. 30)

***Christian Ludwig* von Eller**
Königlich-preußischer Droste im Fürstentum Ostfriesland
16.08.1781 2. Kapitular-Präbende/Provision und Possession (StAM, FAH, Akt., Nr. 1020, Bl. 47)
1803 noch 2. Kapitelherr (GStAM, Rep. 96 A, Nr. 58 Q, Bl. 30)

[7] Wie Anm. 6

Friedrich Christian **Reichsfreiherr von dem Bongardt zum Münzhof**
Königlich-preußischer Rat und Hofmarschall; Erbschenk
1787/1789 Kapitelherr (GRuStHb 1789, S. 71)
1790 1. Kapitular-Präbende; Primarius (GRuStHb 1790, S. 71)
1796 Primarius u. Erbschenk (GRuStHb 1796, S. 119)
1801 Resignation der 1. Kapitular-Präbende (GRuStHb 1802, Tl. 2, S. 54)
1802 letzte Erwähnung als Erbschenk (GRuStHb 1802, Tl. 2, S. 54)

Caspar Heinrich **von Closter**
23.04.1789 4. Kapitular-Präbende/Provision und Possession (StAM, FAH, Akt., Nr. 1020, Bl. 47)
1803 noch 4. Kapitelherr (GStAM, Rep. 96 A, Nr. 58 Q, Bl. 30)

Ernst Friedrich Adolph **von Exterde**
Fürstlich-lippischer Drost
1797/1798 Erbjägermeister (GRuStHb 1798, Tl. 2, S. 176)
28.09.1801 1. Kapitular-Präbende/Investitur und Possession; Primarius (StAM, FAH, Akt., Nr. 1020, Bl. 47)
1803 noch Primarius (GStAM, Rep. 96 A, Nr. 58 Q, Bl. 30)

Der Werler Erbsälzer Leopold von Lilien (1770-1829)

von Michael Jolk

Als Leopold v. Lilien am 18. Mai 1770 in Werl das Licht der Welt erblickte, konnte noch niemand ahnen, daß er rege Kontakte zum Großherzog v. Hessen-Darmstadt und Verbindungen nach England bekommen würde. Nicht nur mit England unterhielt seine Familie Beziehungen, sondern auch mit Russland. Durch die zweite Eheschließung seiner Tochter erweiterte sich sein Verwandtenkreis um die russische Fürstenfamilie Wolkonsky.[1]

Herkunft und Jugendjahre

Caspar Leopold Anton Michael v. Lilien wurde am 18.Mai 1770 in Werl auf dem Lilien'schen Familienbesitz, „Bötel"[2] genannt, geboren. Er war das Dritte von insgesamt fünf Kindern des Franz Anton v. Lilien [31. Juli 1731 - 1. Juli 1780], der am 31. Dezember 1764 Maria Sophia v. Bendit [9. Juli 1739 - 27. November 1811] geheiratet hatte. Beide Familie gehörten dem Werler Patriziat der Erbsälzer an. Nur den Erbsälzern war es gestattet, Salz zu sieden und zu verkaufen. Dieses Salzsiederecht vererbte sich nur in der männlichen Linie.[3]
Die ersten Erfahrungen mit dem Tod machte Leopold im zarten Alter von zehn Jahren. Sechs Jahre nach dem frühen Tod seines Vaters Franz Anton immatrikulierte sich Leopold im Jahre 1786 an der Universität in Köln.[4] Die Kölner Universität war eine bevorzugte Ausbildungsstätte der Erbsälzersprößlinge. Ebenso die Universität Würzburg, auch dort ist Leopold 1796 in der Matrikel zu finden.[5]
Erst nach Leopolds Heirat 1798 tritt er quellenmäßig häufiger in Erscheinung. Dies wird auf die fast zehnjährigen Studien- und Wanderjahre zurückzuführen sein, denn bis zur Heirat sind nur wenige Hinweise auf ihn zu finden.

Beziehungen zu Münster

Maria Charlotte v. Aachen, get. 4. Juli 1779 zu Münster schloß mit Leopold v. Lilien den Ehebund am 2. Juni 1798. Die Hochzeit fand in der Münsteraner Pfarrei Überwas-

---

[1] Für Unterstützung und Beratung sei dem Leiter des Werler Stadtarchivs, Heinrich Josef Deisting, an dieser Stelle herzlich gedankt.

[2] Bötel bedeutet übersetzt „zum Stößel", „zum Schlägel". Vielleicht war in dem ehemaligen Burgmannenhaus eine Schmiede oder eine andere Institution, wo mit dem Meißel etwas abgeschlagen werden mußte. Freundliche Mitteilung von Prof. Dr. Paul Derks, Universität-GHS-Essen vom 20.11.1993.

[3] Grundlegendes zu den Erbsälzern: v. Klocke, Friedrich: Das Patriziatsproblem und die Werler Erbsälzer, Münster 1965.

[4] Stadtarchiv Werl, Nachlaß Preising, Akten 64. Zuvor besuchte Leopold das Werler Gymnasium, Quelle: Staatsarchiv Münster, Hzgt. Westfalen, Landesarchiv, Akten X Nr. 65 Bd. 3, fol. 17.

[5] Ebda. und vgl. Richtering, Helmut: Westfalens „Musensöhne". Die Teilnehmer der Erinnerungsfeste der Jahre 1819-1830, in: Beiträge zur westfälischen Familienforschung, Band 21, Münster 1963.

ser statt. Als Trauzeugen fungierten: Dominus Ewald v. Ellerts und Dominus Joseph v. Lilien [Bruder Leopolds].[6]
Charlottes Vater war der aus Uerdingen/Rheinland stammende Klemens August v. Aachen, der spätere münsterische Hauptmann [1756-1808].[7]
Charlottes Mutter war die Dichterin[8] Maria Johanna Catharina Erika Elisabeth genannt Jeanette v. Amboten [1755-1845].[9] Charlotte hatte noch einen Bruder Ewald, der 1817 in London durch Selbstmord endete. Mit ihm erlosch die Familie v. Aachen im Mannesstamm. Die Einzelheiten seines dramatischen Todes folgen in dem Abschnitt „Neues zu Ewald v. Aachen".
Die Eheleute Leopold und Charlotte v. Lilien waren in Werl sehr angesehen. Der preußische Reformschriftsteller Justus Gruner sah „in diesen engen und schmutzigen, von drohenden alten Mauern und finstern Häusern eingezwängten Ort"[10] Werl nur einen Lichtblick, indem er schrieb: „...Die Glieder dieser adelichen [Erbsälzer] Familien, die Beamten der hiesigen Gerichte, einige wohlhabende Kaufleute und mehrere Familien aus der Nachbarschaft, bilden den hiesigen geselligen Zirkel. Die Mannspersonen versammeln sich Abends gewöhnlich auf einem eben nicht brillantnen Billard, wo das Bedürfniss der Geselligkeit unter den Edelleuten und den Bürgern eine seltene Annäherung und Gemeinschaft hervorbringt, die Unterhaltung aber natürlich um so verschiedenartiger ist, als Werll in Hinsicht der Aufklärung sich nicht sehr rühmlich auszeichnet. Indess gibt es hier und da einige helle Köpfe, und ich fand an dem Freiherrn[11] Leopold von Lilien und seiner trefflichen Gattin eine Edelfamilie im wahrhaften Sinne des Wortes, Bildung des Geistes und Güte, Reinheit des Herzens, zeichneten Beide in gleichem und seltnem Grade aus...".[12] Gruner muß sehr beeindruckt gewesen sein, denn im weiteren Text nennt er sie „Edle, treffliche Menschen".
Die Schilderungen über das elende Aussehen der Stadt Werl am Anfang des 19. Jahrhunderts durch Gruner sind nicht von der Hand zu weisen. Zahlreiche Akten des Stadtarchivs spiegeln diese Tatsachen wider. Selbst der anerkannte Salinenspezialist Karl

---

6 Die ganzseitige Kirchenbucheintragung dieser Eheschließung ist auch im Werler Kirchenbuch St. Walburga zu finden. Freundliche Mitteilung von Stadtarchivar Heinrich Josef Deisting, Werl.

7 Einen kurzen Lebenslauf bringt: Zeigert, Dieter: Die münsterschen Truppen und ihre Übernahme in das preußische Heer 1802/1803, in: Westfälische Zeitschrift Band 141, Paderborn 1991, S. 227f.

8 Vgl. Casser, Paul: Die westfälischen Musenalmanache und poetische Taschenbücher, in: Westfälische Zeitschrift 85. Band, Münster 1928, hier S. 160.

9 Die Ehefrau des Oberpräsidenten Vincke war des öfteren bei ihr eingeladen. Vincke schrieb am 7.August 1815: „...ich hinterließ Eleonore bei großer Wäsche, abends war sie beim Tee bei Frau v.Aachen...", vgl. Graf v. Westphalen, Ludger: Die Tagebücher des Oberpräsidenten Ludwig Freiherrn Vincke 18131818, Münster 1980, S. 180.

10 Gruner, Justus: Meine Wallfahrt zur Ruhe und Hoffnung oder Schilderung des sittlichen und bürgerlichen Zustandes Westphalens am Ende des achtzehnten Jahrhunderts, Zweiter Theil, Frankfurt am Main 1803, S. 595.

11 Leopold wird des öfteren als Freiherr oder Baron angeredet, richtig ist jedoch, daß ihm dieser Titel nicht zustand. Der Werler Volksmund benennt auch heute noch Erbsälzerangehörige beispielsweise mit „Herr Baron", obwohl die heutigen Werler Erbsälzerfamilien v.Papen-Lohe und v.PapenKoeningen diesen Titel nie besaßen.

12 Gruner, wie Anm. 9, S. 594.

Leopold v. Lilien (1770-1829), Sälzeroberst, großherzogl. hess. Kammerherr.

Christian Langsdorf nennt die Werler Salzwerke „das elendste Salzwerk, welches mir noch zu Gesicht gekommen ist.“[13]
Doch Leopold lernte auch die „andere große Welt“ voller Prunk und Schönheit kennen.

Die Reise nach Darmstadt

Im Auftrag des adeligen Erbsälzerkollegiums zu Werl reiste Leopold v. Lilien im Jahre 1804 in die damalige für Werl zuständige Landeshauptstadt Darmstadt. Leopolds Reise war eminent wichtig, ging es doch um die Privilegien und Statuten der Erbsälzer. Diese sollten auch von dem seit 1802 über das Herzogtum Westfalen herrschenden neuen Landesherren Ludwig X., Landgraf zu Hessen-Darmstadt und Herzog von Westfalen und Engern bestätigt werden. Die Eisenbahn war noch nicht erfunden, so war der Reisende auf eine Kutsche, ein Pferd oder seine Füße angewiesen. Leopold hätte auch planmäßig fahrende Postkutschen in Anspruch nehmen können. In diesem Fall hätte er sich in jeder Poststation in ein Buch eintragen müssen und nach der Rangfolge dieser Eintragungen wäre ihm dann ein Platz in der Kutsche zugewiesen worden. Das nervenaufreibende Warten auf eine Mitfahrgelegenheit wie auch die Höheder Beförderungskosten führten mitunter schon vor Antritt einer Reise zu Schlägereien unter den Reisenden. Das Rauchen und die Mitnahme von Tieren war verboten. Diesen Unannehmlichkeiten wollte sich der Adelige keinesfalls aussetzen und zog eine Mietkutsche vor. Auf seine Anweisung wurde ein solches Gefährt am 1.Juni 1804 aus Hamm geholt. In Werl war offensichtlich keine dem Anlaß entsprechende Kutsche vorhanden. Am 3.Juni waren die Vorbereitungen abgeschlossen und die Reise konnte beginnen, zur damaligen Zeit immer noch ein Unternehmen mit einem ungewissen Ausgang. Leopold fuhr nicht allein, er wurde von einem persönlichen Diener in der Person eines namentlich nicht genannten Jägers seines entfernteren Verwandten Christoph Freiherr v. Lilien zu Borg und Lahr begleitet. Noch am selben Tag erreichten die Reisenden Unna. Am 4.Juni waren die Werler in Hagen. Nach einer Nachtruhe brachen sie am folgenden Tag in Hagen auf, um über Dillenburg, Wetzlar, Butzbach, Friedberg nach Frankfurt am Main zu gelangen. In Frankfurt angekommen, tauschten sie sogleich im Bankhaus der Gebrüder Bethmann die Coupons [=Wechsel] um, die sie der Reise mitführten. Aus Sicherheitsgründen hatten sie nur wenig Bargeld mitgenommen. Für Diebe waren die Coupons unbrauchbar. Da Leopold nicht viel Gepäck mitnehmen konnte, kaufte er sich für ein neues „Hofkleid“ in Frankfurt schwarzes Tuch für 60 Florin [Gulden]. Daß Leopold noch eine altertümliche Perücke trug, bezeugt der Haarbeutel, den er sich neben einem Stahl-Degen und Hut in der Main-Metropole kaufte. Am 8. Juni ging es weiter zum Ziel nach Darmstadt. Doch vorher nahmen die Reisenden noch eine Mahlzeit ein und der Wagen wurde gewaschen, weil er vom Straßenstaub sehr unansehnlich geworden war. Für eine „diplomatische“ Mission war schließlich das äußere Erscheinungsbild in der Landeshauptstadt eminent wichtig. Nach 6-tägiger Reise war das Ziel, die Landeshauptstadt, erreicht. Hier ließ Leopold zunächst 36 Visitenkarten drucken, ein damals unverzichtbares Mittel, um notwendige Besuchsgänge mit Hilfe des Dieners vorbereiten zu kön-

[13] Langsdorf, Karl Christian: Vollständige auf Theorie und Erfahrung gegründete Anleitung zur Salzwerkskunde, Altenburg 1784, S. 23.

nen. Hier fand er auch einen Schneider, der fähig war, aus dem mitgebrachten schwarzen Tuch den für den „Staatsbesuch“ unumgänglich notwendigen Hofanzug zu fertigen. Um die Mission zu einem glücklichen Ende zu bringen, war es für Leopold unerläßlich, daß er sich am Hofe des Fürsten von seiner besten Seite zeigte. Der 10.Juni war für Besuchsfahrten mit der Kutsche vorbehalten. Ab dem 14.Juni wird Leopold sich bei Hofe aufgehalten haben, denn an diesem Tage gab er einem Hof-Livreé [=Diener] ein passendes Trinkgeld. Am Tag darauf fuhr er mit der Kutsche des Oberhofmeisters v. Uttenrode zum Manöver. Da Leopold mit dem schwarzen Hofanzug nicht zu jeder Besprechung erscheinen konnte, ließ er sich am 22. Juni einen hoffähigen Anzug aus braunem Tuch nebst einer gestickten Weste anfertigen. Zum Manöver, diesmal mit der Kutsche des französischen Gesandten, fuhr er am 24.Juni. Der 11.Juli wird für Leopold v. Lilien dann ein sehr bedeutungsvoller freudiger Tag gewesen sein. Wahrscheinlich trug er einen seiner neuen Anzüge auf dem Maskenball. Entweder wurde dieser Anzug während des Balls lädiert, oder Leopold hatte nun gefallen daran gefunden, sich modisch auszustaffieren. Denn warum sollte er sich sonst 3 Tage später nochmals einen gestickten Hofanzug, nebst Weste und Beinkleidern [Hosen] machen lassen? Vielleicht hängt dieser neue Hofanzug auch mit der ihm am 23.Juli 1804 verliehenen hessischen Kammerherrenwürde zusammen. Das Kammerherrenpatent ist noch vorhanden[14], und im Staatsarchiv Darmstadt befindet sich das Konzept dieser Urkunde:
„Ludewig p., urkunden und bekennen hiermit, daß Wir auf untertänigstes Nachsuchen des Freyherrn Leopold von Lilien und in Erwägung der Uns von ihm angerühmten guten Eigenschaften Uns gnädigst bewogen gesehen, denselben zu Unserem Kammerherren, mit allen von dieser Charge abhängenden Prärogativen [=Vorrechte] zu ernennen. Wir verordnen demnach hiermit gnädigst, daß er von jedermann dafür erkannt werde. Urkundlich Unserer Eigenhändigen Unterschrift und beigedruckten geheimen Innsiegels. Darmstadt am 23. Julius 1804, höchste Unterschrift“.[15]

Leopold mußte für die Ausfertigung der Urkunde 150 Florin 45 Kreuzer bezahlen. Obwohl er danach den Kammerherrntitel führte, scheint er dieses Amt nicht versehen, sondern es eher ehrenhalber bekleidet zu haben. Eine Begründung für die Erhebung in den Hofrang ließ sich nicht finden. Doch spielten wohl Rücksichten des neuen Landesherrn auf die westfälischen Verhältnisse eine Rolle.
Am 1. August bezahlte Kammerherr v. Lilien für Verzehrung und Unterkunft vom 8. Juni bis zum 31. Juli 263 Florin. Für Frisieren und Rasieren des insgesamt fast dreimonatigen Aufenthalts zu Darmstadt zahlte Leopold allein 16 Florin 16 Kreuzer. Der 3. September wurde als Abreisetag bestimmt. Um möglicherweise noch andere Landschaften kennen zu lernen, wählte Leopold nicht denselben Weg zurück, sondern er zog eine, evtl. auch preiswertere, sicher aber romantische Rückreiseroute vor. Zunächst ging es mit der Kutsche nach „Castel“ [=BernkastelKues]. Dort bezahlte Leopold 33 Florin für 2 Plätze auf einer „Wasser-Diligence“ [=Eilpostwagen zu Wasser]. Dann ging es auf dem Rhein rasch stromabwärts über Boppard, Linz nach Bonn. In Bonn stiegen die Reisenden wieder in eine Kutsche und erreichten über Köln-Deutz Langenfeld. Schon

[14] Stadtarchiv Werl, Kleiner Bestand 30, Dep. Familie Kammer, Haus Borg, Urkunde 21.
[15] Hessisches Staatsarchiv Darmstadt, Abt. D 8, Fsz. 11/3.

während der Hinreise hatte Leopold Briefe an den jeweils nächsten Zielort geschrieben um sicherzustellen, ob in diesem Postpferde zum Wechsel vorhanden waren. Aus diesem Grunde nahm die Kutsche ab Langenfeld den Weg nach [Wuppertal-] Elberfeld auf. In der Residenzstadt Düsseldorf, die Leopold ursprünglich anvisiert hatte, waren zu diesem Zeitpunkt keine Pferde aufzutreiben! Von Elberfeld führte der Weg über Schwelm, Hagen und Unna in Richtung Heimat. Wieder daheim konnte Leopold v. Lilien dem Erbsälzerkollegium am 7. September Bericht erstatten. Aber auch während seiner ganzen Reise hatte er einen ständigen Briefwechsel mit dem Kollegium aufrecht erhalten. Die Reise verschlang insgesamt den beachtlichen Betrag von 1075 Reichstalern 9 Stübern und 8 Deut [=Pfennig]. Also demnach soviel wie umgerechnet acht herrschaftlich gestickte „Hofkleider". Noch nicht erwähnt wurden die früher alltäglichen Ausgaben, die bei einer Reise anfielen, z.B. Chaussee-, Pflaster- oder Brückengeld. Es war völlig unmöglich, mehrere Meilen zu reisen, ohne an einer Mautstation anhalten zu müssen. Über 15 Reichstaler zahlte v. Lilien allein an diesen Stationen. Um einem Postboten einen Brief mitzugeben, zahlte man das fällige Porto und ein „Schmiergeld". Das Wort ist hier nicht als Bestechungsgeld zu verstehen, sondern es hat mit dem Reisegefährt Kutsche zutun. Denn Kugellager hatten die Kutschen nicht, es rieb sich Holz auf Holz oder auf Eisen, das geschmiert werden mußte. „Wer gut schmiert, der fährt auch gut. Diese Wahrheit ist weniger von der Achse als vielmehr vom Postillione zu verstehen". Diesen Spruch prägte H.A.O. Reichard [1751-1828] in seinem 1801 in Berlin erschienenen Buch „Der Passagier auf der Reise in Deutschland...".[16] Wie recht er hatte!

Auch Leopold v. Lilien mußte mehrmals seinen Postillion „schmieren". Er zahlte ihm zusätzlich Geld und die Verzehrungskosten, wenn die angefahrene Pferdewechselstation keine Pferde mehr zur Verfügung hatte. In diesen Fällen wurde der Postillion angewiesen, eine in einem anderen Ort gelegene Station anzufahren, sonst hätte man durchaus tagelang auf neue Pferde warten müssen.

Leopolds Reise war von Erfolg gekrönt. In der Kollegialversammlung am 20. Juli 1805 wurde den Erbsälzern durch einen Regierungskommissar die Bestätigungsurkunde ihrer Privilegien des Landgrafen Ludwig X. feierlich bekanntgegeben. Für seine Bereitwilligkeit, die Reise unternommen zu haben, zahlte das Kollegium Leopold v. Lilien eine Entschädigung von 250 Reichstalern, und die 1806 erfolgte Wahl Leopolds zum Erbsälzerobersten dürfte ein weiterer Akt des Dankes für die erfolgreiche Reise gewesen sein.[17]

Der Titel des Sälzerobersten stellte keinen militärischer Rang dar, sondern bezeichnete den Vorsteher der Erbsälzer, der die Erbsälzerversammlungen leitete.

Dank an Ludwig von Hessen-Darmstadt

Für die freundliche Aufnahme bei Hofe bedankte sich Leopold in einem Brief an seinen Landesherrn. Um den Lesern das Zeitkolorit näher zu bringen und den diplomatischen

---

16 Reichard, Heinrich August Ottokar: Der Passagier auf der Reise in Deutschland und einigen Ländern..., - Ein Reisehandbuch für Jedermann, Berlin 1801.

17 Stadtarchiv Werl, Dep. Erbsälzerarchiv, Akten Sc VIII 11b, Belege 98-99. Leopold war auch in den nachfolgenden Jahren im Auftrage des Erbsälzerkollegiums auf Reisen.

Schreibstil, - den Leopold vollends beherrschte -, aufzuzeigen, folgt nun der Inhalt des Briefes:

„Durchlauchtigster Landgraf!
Gnädigster Fürst und Herr!

Die ausgezeichnete Huld und Gnade, welche Ew. Landgräfliche Durchlaucht bey meinem vorjährigen Aufenthalt in höchstdero Residenz mir zu erzeigen mildest geruhten, würde mich schon längst zu der unerläßlichen Pflicht aufgefordert haben, das mein Ehrfurchtvolles Dankgefühl, welches nie in meinem Herzen ersterben wird, Höchstunmittelbar an Tag zu legen, wenn nicht gerechte Besorgniß, durch die Äußerungen desselben Ew. Landgräfliche Durchlaucht kostbarem wichtigere Angelegenheiten gewidmete Zeit zu rauben, mich davon abgehalten hätte. In der beruhigenden Ueberzeugung, es könne und werde meines Gnädigsten Fürsten Wille nicht seyn, daß längere Zurückhaltung meiner Ehrfurchtvollen dankbaren Empfindungen drückenden Bürde mir würden, wage ich es indessen jetz, Ew. Landgräflichen Durchlaucht dieselben mit der Versicherung unterthänigst vorzutragen, daß in der Fortdauer höchstdero gegen mich gnädigst geäußerten huldvollen Gesinnung ein wesentlichen Theil meines Lebensglücks bestehen werde. Zugleich habe ich in meinem und meiner sämtlichen Genossen Namen mich erkühnt, einige unserer allgemein beliebten Landes-Produkte für die Allerhöchste Tafel an höchstdero Hofmarschall zu überschicken, denen ich aufträgliche die gehorsamste bitte beyfüge: Ew. Landgräfliche Durchlaucht möchten nicht auf den Werth der dargebrachten kleinen Gabe, sondern auf den redlich treuen Willen der Gaben Fürstväterlich herabzusehen, und so ihre Kühnheit mildest zu verzeihen geruhen.
Mich und meine Genossen zu Ew. landgräflichen Durchlaucht, der Durchlauchtigsten Frau Landgräfin und des ganzen Allerhöchsten Hauses fernerer Huld und Gnade aufs Ehrfurchtvollste empfehlend ersterbe ich in tiefster Ehrfurcht
Ew Landgräflichen Durchlaucht
Meines Gnädigsten Fürsten und Herrn

Werl, den 20ten Mays 1805

Unterthänigster Treugehorsamster
Leopold von Lilien mp“.[18]

Leopold mußte sich mit dem Landesherrn „gut Freund“ halten, denn als Sälzeroberst waren ihm die finanziellen und desolaten Zustände der Salinen durchaus bekannt. Nur mit durchzusetzenden Steuersenkungen konnte dem weiteren Verfall entgegengewirkt werden. 1812 schrieb er einen diesbezüglichen Brief an den Landesherrn.
Auch Leopolds Frau Charlotte v. Aachen half mit einem Brief, den Landesherrn gnädig zu stimmen und machte wertvolle Geschenke. Auch sie beherrschte die diplomatischen Gepflogenheiten:

[18] Hessisches Staatsarchiv Darmstadt, Abt. D 12, Fsz. 31/6.

„Aller Durchlauchtigster Großherzog !
Allergnädigster Herzog und Herr !

So sehr es mein innigster Wunsch war, Ew. Königlichen Hoheit schon längst schriftlich meine Verehrung und Dankbarkeit für die mir zu theil gewordene huldvolle aufnahme zu bezeigen, so habe ich es dennoch nicht gewagt, meinen gnädigsten Herrn zu einer Zeit, wo Geschäfte von allen seiten Ihn bestürmen, zu belästigen, doch jetzt bey Herannährung der allerhöchsten Namenstagen, konnte ich mir die Freude nicht versagen, vereint mit so vielen, auch meine Glückwünsche gehorsamst darzubringen.
Zugleich erlaube ich mir es Ew. Königlichen Hoheit hiebey eine Kleinigkeit darzubiethen, die für höchst dero Großen Kunstsinn vielleicht nicht ganz gleichgültig ist. Mit tiefer Verehrung bewunderte ich diesen sowohl in dem so Reichen trefflichen Museum, wie in dem für mich einzigen Theater, beides würde wohl nie zu dieser seltenen Vollkommenheit gediehen seyn, wenn nicht Ew. Königlichen Hoheit mit einem so hohen Kennerblick alles ordneten und leiteten. Das sollte mich nun allerdings nur noch schüchterner machen diese unbedeutenden Kleinigkeiten zu übersenden, aber von meinen Voreltern selbst in Rom gekauft, in Deutschland von einigen Kunstfreunden sehr geschätzt, und im Voraus überzeugt, mein Gnädigster Herr und Landesvater würde nachsichtsvoll und Gütig auf den besten Willen sehen, wage ich es mit vertrauensvollen Herzen sie Ew. Königlichen Hoheit darzubringen, unbeschreiblich würde meine Freude seyn, wenn allerhöchtdieselben sie huldreich aufzunehmen die Gnade haben wollten.
Mein Mann und unsre kleine Louise empfehlen sich zur höchsten Gnade und vereinen mit mir die Wünsche, die, wenn Zeitverhältnisse es erlaubten, wir so gerne persönlich mit aller Verehrung und Liebe dargebracht hätten.
In tiefster Ehrfurcht ersterbe ich
Ew. Königliche Hoheit

Werl den 20ten August 1813

Unterthänigste Treugehorsamste
Lotte von Lilien gebohrne von Aachen“.[19]

Das einzige Kind Luise

Wieder in einem formvollendeten Brief bittet Leopold seinen Landesherrn, eine Patenstelle zu übernehmen:
„Allerdurchlauchtigster Großherzog !
Allergnädigster Fürst und Herr !

Ew. Königliche Hoheit werden mildest verzeihen, daß ich beseelt von unbegränztem Vertrauen auf die Allerhöchste Huld mich erkühne, in Folge einer für mich unerwartet frohen Aussicht eine unterthänigste bitte vorzutragen, deren gnädige Erhöhrung für

---

[19] Ebda.

mich und alle Meinigen eine mir ersterbende beglückende Erinnerung mit dieser Erhöhung häuslicher Wohlfahrth vereinigen würde. Nach neun Jahren vergeblichen Sehnens glaubte ich schon zeitlebens verzichten zu müßen auf den süßen Vater-Namen, dem ich jetzt mit Dank und Vertrauen zur all lenkenden Führsehung freudig entgegenharre. Zur Vollendung meines Glücks wage ich es daher, mit der unterthänigsten Bitte einzukommen: Ew. Königl. Hoheit möchten, falls in dem Sehnlich erwarteten mir ein Knabe gebohren würde, Pathenstelle bey demselben zu übernehmen die allerhöchste Gnade haben; damit er einst in reifere Jahren, stolz auf den Namen seines hochverehrten Fürsten dem Dienste der allerdurchlauchtigsten Herrschaft und des Vaterlandes Kräfte, Gut und Leben dankbar zu widmen, um desto höher sich verpflichtet halte. In der Hoffnung gnädigster Gewährung meines ehrerbietigen Gesuchs, die zu nimmer erlöschendem Dankgefühl mich auffordern würde, ersterbe ich mit der tiefsten Ehrfurcht.
Ew. königlichen Hoheit
Meines allerdurchlauchtigsten Großherzogs

Werl d. 10ten Mays 1807

Allerunterthänigster Treugehorsamster
v. Lilien Kammerherr mp."[20]

Die Patenstelle nahm der Großherzog am 15. Mai an. Wie wichtig es Leopold war, einen Sohn zu bekommen, kann dem Brief entnommen werden. Wie eingangs erwähnt, vererbten sich die Salzsiederechte nur in der männlichen Linie. Leopold sah, daß seine Linie auszusterben drohte. Er hatte zwei Zwillingsschwestern und einen kinderlos verheirateten Bruder.
Jedoch wurde ihm „nur" eine Tochter geboren. Da der Großherzog die Patenstelle der am 28.Juni 1807 geborenen Tochter nicht vertrat, gelang es Leopold, die Frau des Großherzogs als Patin zu gewinnen. Die Tochter hieß Aloysia Maria Sophia Josepha, kurz genannt Luise.
Auch die Heirat seiner Tochter gab Leopold dem Großherzog brieflich bekannt:
„Allerdurchlauchtigster Großherzog !
Allergnädigster Fürst und Herr !

Die durch Ew. königliche Hoheit mir und den Meinigen stets zu Theil gewordene Huld und Gnade läßt mich auf gewogene Nachsicht hofen, wenn ich es wage, Allerhöchst denselben ehrfurchtvoll anzuzeigen: Daß die eheliche Verbindung zwischen dem Freyherrn von Herding und meiner Tochter Louise heute hier vollzogen worden sey. Indem ich nun die beyden neuvermählten und deren beyderseitige Familien mit mir zur fortdauernden Allerhöchsten Gnade und Gewogenheit, von welcher stets ein großer Theil deren Lebensglücks abhängen wird, ehrerbiethigst empfehle, ersterbe ich in tiefster Ehrfurcht
Ew Königlichen Hoheit!

---

[20] Ebda.

Godesberg bey Bonn d. 18. Juny 1825

unterthänigst gehorsamster
Fhr. v. Lilien".[21]

Im Jahre 1816 fiel das Herzogtum Westfalen an Preußen, somit war Großherzog Ludwig I. nicht mehr der Landesherr. In Leopolds Brief kommt dies nur in der Abschlußredewendung zum Ausdruck: unter „Ew Königlichen Hoheit" schrieb er sonst noch „Meines gnädigsten Fürsten bzw. Großherzogs und Herrn".

Luise v. Lilien heiratete in Godesberg Maximilian Joseph Claudius Freiherr v. Herding, * München 5. August 1802, Herr auf Hiltrup. Dieser hatte den Abbé Heinrich Hubert in Mannheim als Erzieher. Mit ihm war er 1812/15 in Straßburg und auf Studienreisen unterwegs. Freiherr v. Herding war königlich-bayerischer Kämmerer und großherzoglich-badischer Kammerherr. Nach der Heirat zog er mit Luise nach Mannheim. Hier war er Vize-Präsident des Mannheimer Kunstvereins, profilierte sich als Kunstsammler und war eifriges Mitglied der Harmoniegesellschaft gewesen. Seine Eltern waren Nicolaus Casimir Freiherr v. Herding und Josepha Ursula Maria Gräfin v. Saint-Martin.[22]

Doch die Ehe blieb kinderlos, und Luise wurde in ihr nicht glücklich. Nach 19 Jahren wurde sie durch den Papst geschieden. Freiherr v. Herding starb am 6. Oktober 1850 in Mannheim.[23]

Das zur Wiedervermählung erforderliche Scheidungsdokument[24] in italienischer Sprache hat sich erhalten:

„Ehrwürdigste und Hochwürdigste Herren!

Die Baronin Luisa, Tochter des verstorbenen Leopold Baron v. Lilien legt demütig dar, daß sie am 18. Juni 1825 im Angesicht der Kirche in Godesberg, einem Dorfe nahe Bonn in der preußischen Rheinprovinz die Ehe mit Maximilian Baron v. Herding von Mannheim, Großherzogtum Baden geschlossen hat. Die Ehe wurde jedoch nicht vollzogen, aus den Gründen, die Seiner Heiligkeit genannt wurden, daher erbittet sie einen Dispens von dieser nicht vollzogenen Ehe.

S. Heiligkeit geruht unter dem 11. August 1841, die Sache an die Oberste Inquisition zurückzuverweisen, die bei der Zusammenkunft am 5. Juni 1844 ihren Spruch zugunsten der Supplikantin fällte, den S. Heiligkeit bestätigte.

Auf Bitten der Antragstellerin wird folgendes Rescript ausgestellt: 4. Juni 1844: Die Zusammenkunft der Kardinäle der römischen und universalen Inquisition gegen das Verbrechen der Häresie hat unter Anhörung sogar des Gatten Baron Maximilian v. Herding den Dispens für die nicht vollzogene Ehe erteilt.

---

21 EBDA.

22 Für diese Nachrichten und weitere genealogische Angaben danke ich Herrn Lupold v. Lehsten, Institut zur Erforschung historischer Führungsschichten, Bensheim.

23 Eine Darstellung der Familie v. Herding mit Kurzbiographien: WALDECK, FLORIAN (Hrsg.): Alte Mannheimer Familien, Teil 6, Mannheim 1925, S. 94-105.

24 Stadtarchiv Werl, Dep. Erbsälzerarchiv, Akten Sc III 45a, Blatt 3. Für die Übersetzung der französischen bzw. italienischen Dokumente und die Herstellung der Regesten danke ich Frau Annegret Karsten M.A., Stadtarchiv Werl.

Bestätigung dieser Entscheidung durch Papst Gregor XVI. und ausdrücklicher Hinweis, daß nunmehr einer Wiederverheiratung der Bittstellerin nichts mehr im Wege steht. Unterzeichnet von Angelus Argent, Notar der Hl. röm. und apost. (?) Inquisition Bestätigung der Übereinstimmung von Kopie und Original
Mainz, den 26. März 1845,
[eigenhändig] unterzeichnet von Petrus Leopoldus Kaiser, Bischof von Mainz, eigenhändig unterzeichnet und gesiegelt. Ebenso wurde der Ehekontrakt zwischen dem durchlauchtigsten Fürsten Petrus Wolkonsky und der Baronesse Luisa v. Lilien dem Bischof zur Prüfung vorgelegt.
Unterzeichnet, Mainz, den 26. März 1845 von Petrus Leopoldus, Bischof von Mainz."

Die Scheidung durch den Papst hat Leopold v. Lilien nicht mehr erlebt, er starb in Mannheim am 30. November 1829. Leopold besaß seit 1827 in Mannheim eine Wohnung.[25]

Luise wird russische Fürstin

Die Eheschließung erfolgte am 17. September 1844 in der Kirche der russischen Gesandtschaft in Bern (Schweiz). Luise Freifrau v. Herding, geb. v. Lilien, heiratete Alexander Fürst Wolkonsky, Sohn des Nicetas Wolkonsky. Alexander war kaiserl.-russ. Gesandter in Neapel, Madrid und Dresden und bevollmächtigter Minister.[26] Die Heiratsurkunde nennt ihn „Prinz Alexander Wolkonsky, Konsul am Hof und Edelmann der Kammer, griechischkatholischer Konfession".[27] Geboren wurde er am 18. November 1811 in St. Petersburg.
Der Erzpriester Léon Katchenowsky segnete die Ehe ein. Bei der Feier waren anwesend Jacques Okunef und Irinée [Irenäus] Welikoslowinsky, Vorsteher der Kirche. Als Zeugen haben assistiert und unterzeichnet: der 1. Sekretär der Gesandtschaft, Konsul des Kollegiums, Armand, Sohn des Gustav v. Struve[28] und der 2. Sekretär der Gesandtschaft, Honorarkonsul Franois, Sohn des Franois Otchando. Die Kaiserliche Gesandtschaft Rußlands in der Schweiz bescheinigte die Rechtmäßigkeit der Unterschrift des Erzpiesters Léon Katchenowsky „Bern, den 14. Oktober 1844
[Siegel] der 1. Sekretär der Gesandtschaft, Konsul des Kollegiums A. de Struve".[29]
Da Wolkonsky im russ. Diplomatendienst stand, mußte er sich vom russischen Zaren/ Kaiser Nikolaus I. eine Heiratsgenehmigung erteilen lassen.

---

[25] Stadtarchiv Mannheim, Bestand Polizeipräsidium, Familienbogen v.Lilien. Demnach wohnte er in „M 1 Nr. 4". Herrn Teutsch vom Stadtarchiv Mannheim sind diese Angaben zu verdanken.

[26] Vgl. Anm. 22 und Fstn. Wolkonsky, E.G.: Das Geschlecht der Fürsten Wolkonsky, St. Petersburg 1900, S.722, 766.

[27] Stadtarchiv Werl, Dep. Erbsälzerarchiv, Akten Sc III 45a, Blatt 2.

[28] Johann Gustav v. Struve, *1763 Regensburg, +1828 Karlsruhe, trat in russ. Dienste, wurde Angestellter bei der russ. Gesandtschaft in Warschau, erster Gesandtschaftssekretär in München, Regensburg, Amsterdam, zuletzt russ. Staatsrat und Geschäftsträger am Baden'schen Hofe. Er verfaßte: Coup d'oeile sur l'état politique de l'Europe au commencement de l'année 1806.

[29] Stadtarchiv Werl, wie Anm. 27.

Diese Genehmigung empfing er am 24. August 1844 an seinem Dienstort Warschau. Die Genehmigung kam von „Peterhof“[30] und war an „Seine Hoheit den Marschall Prinz von Varsovie [Warschau]“ gerichtet, der Alexander von der Zustimmung des Zaren unterrichtete.
Die Ehe muß sehr glücklich für Luise gewesen sein, denn ihre Mutter schrieb im April 1845 in einem Brief an den damaligen Sälzerobersten Klemens Freiherr v. Lilien-Borg [1776-1852], daß ihre „...Tochter zum ersten mahle in Ihrem Leben glücklich [ist]“.[31]
Ihrem einzigen Kind schenkte die Mutter Charlotte v. Lilien, geb. v. Aachen, 20000 Gulden „in barem Gelde“ und Silberwerk, Leinwand und Mobilien im Werte von 10000 Gulden. Der abgebildete in Warschau geschriebene Brief ist von Luise geschrieben und zusammen mit Alexander Fürst Wolkonsky unterschrieben worden.[32]

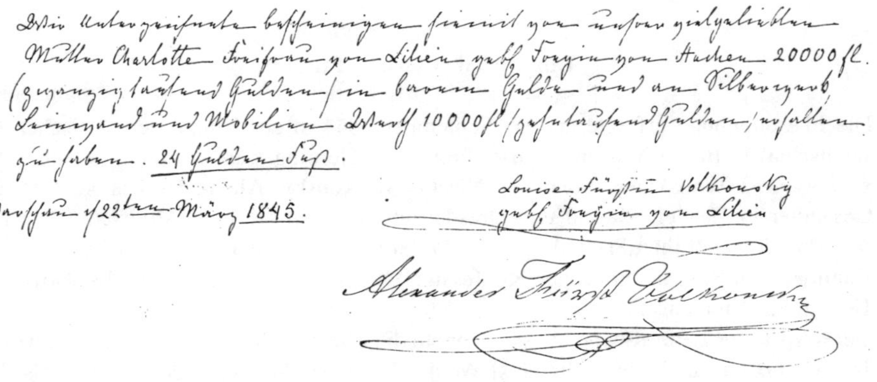
Die Unterzeichnete bescheinigen hiermit von unserer vielgeliebten Mutter Charlotte Freifrau von Lilien geb. Freyin von Aachen 20000 fl. (zwanzig tausend Gulden) in barem Gelde und an Silberwerk Leinwand und Mobilien Werth 10000 fl (zehntausend Gulden) erhalten zu haben. 24 Gulden Fuß.

Warschau d 22ten März 1845.

Louise Fürstin Volkonsky
geb. Freyin von Lilien

Alexander Fürst Volkonsky

Quittung des Ehepaares Luise und Alexander Fürst Wolkonsky für Charlotte v. Lilien.

Das Ehepaar hatte eine 1849 geborene Tochter Sinaide, die aber frühzeitig im Jahre 1853 verstorben ist. Weitere Kinder sind nicht ermittelt worden.[33]
Die aus dem kleinen westfälischen Städtchen Werl stammende Luise Fürstin Wolkonsky starb nach einem - mit einigen Schicksalsschlägen versehenen Leben - am 1. Februar 1871 in Rom. Sie hat vom europäischen Kontinent viel gesehen und ist in Rom auf dem Friedhof „Campo Verano“ bestattet worden. Ihr Mann Alexander folgte ihr im Tod am 2. April 1878, ebenfalls in Rom.

Da Luise die Salzsiederechte nicht erben konnte, soll nun noch darüber berichtet werden.
Was war damit geschehen?

---

[30] Hieß bis 1944 Petergof, dt. Peterhof, Vorort von St.Petersburg, war ein kaiserlich-russisches Lustschloß am Finnischen Meerbusen.
[31] Stadtarchiv Werl, wie Anm. 27, Blatt 5.
[32] Stadtarchiv Werl, wie Anm. 27, Blatt 4.
[33] Vgl. Anm. 22.

Leopold v. Lilien schloß am 24. Dezember 1822 einen Kaufvertrag[34] mit seinen entfernten Verwandten, den Brüdern Franz Kaspar und Franz Josef v. Lilien-Opherdicke. Der Kaufpreis betrug 10000 Reichstaler. „Der gegenwärtige Verkaufs- resp. Kaufcontract ist zwar fest und unabänderlich geschlossen, die wirkliche Vollziehung desselben ist aber bedingt durch den einstigen Tod des Herrn Verkäufers, das heißt so lange der Herr Kammerherr von Lilien lebt, ist und bleibt er Eigenthümer seines durch gegenwärtigen Contracts verkauften Salzwerks und benutzt es ausschließlich und allein zu seinem Vortheile nach der bisherigen Art."
Im Vertrag wurde natürlich nicht die Möglichkeit ausgeschlossen, daß ihm noch ein Sohn geboren werden könnte. Dann wäre der Vertrag für null und nichtig erklärt worden. Es gab nur noch einen Weg, die Salzwerke im Familienbesitz zu halten: seine Tochter hätte einen Werler Erbsälzer heiraten müssen! Dies tat sie nicht und mit Sinaide Fürstin Wolkonsky endete die Nachkommenschaft des Leopold v. Lilien.

Ewald v. Aachen

Ewald v. Aachen war der Bruder von Luises Mutter. Der 1787 in Münster geborene Ewald v. Aachen trat 1802 als Kadett in die Fürstbischöfliche-Münsterische Armee/2. Musketierkompanie im Infanterie-Regiment Nr.7 „v. Tönnemann" unter Führung seines Vaters Hauptmann v. Aachen ein. In dieser Kompanie war Ewald der einzige (!) Offiziersanwärter.[35] Über seinen Tod schreibt Kneschke: „Ewald v. A., Officier in der engl.-deutschen Legion, schloss 1816 zu London den Mannesstamm".[36] Diese Datierung ist nicht richtig, das beweist ein Brief, der erst jetzt entdeckt wurde. Er ist adressiert an Leopold v. Lilien, den Schwager des Ewald v. Aachen:
„London d[en] 3ten Juny 1817. Eingang d. 18ten Juny L[ilien].
Hochwohlgebohrener Herr, Ich bin beauftragt Eur. hochw. die traurige Nachricht mit zutheilen, das Captain Ewald von Aachen sich am 23ten May hier erschossen hat. Das er früher, wegen nicht erhaltung des Guelschen [=welfschen] Ordens seine Demision vom Hannoverschen Dienste ersucht und erhielt, werden Ew. Hw. wahrscheinlich schon wissen. Der Chevalier Ruspini, (Zahnarzt des Prinz Regenten), hat ihm auf eine seinem Rank passende Weise begraben lassen, und hat dessen Nachlass, und einige Mondierungs Stücke [=Uniformteile] und Bücher in Aufbewahrung genommen, bis er von Ew. Hw. Ordre erhalten wird wie damit zu verfahren [sei]. Ein sehr gutes Portrait des verstorbenen, einige Kleinigkeiten die er zum Geschenke für seine Schwestern soll bestimmt haben, wie auch seine Papiere wünscht der Chevalier auch abzusenden, wann Ew. Hw. gefälligst Ihre instruction daruber mittheilen werde. Mit der grossten Hochach-

[34] Staatsarchiv Münster, Salzplatzgericht Werl I, Nr.2.
[35] Hell, Klaus: Unteroffiziere und Gemeine der Fürstbischöflichen-Münsterischen Armee von 1775 bis zu ihrer Auflösung 1802, in: Beiträge zur westfälischen Familienforschung, Band 46 1988, Münster 1990, S. 228 und Zeigert, wie Anm. 7, S. 228.
[36] Kneschke, Ernst Heinrich: Neues allgemeines Deutsches AdelsLexicon, Band I, Leipzig 1929, S. 2.

tung habe ich die Ehre zu seyn Ew. hochwohlgebohren unterthaniger Diener [Unterschrift] Windam, Capt[ain], die Adresse des Chevaliers ist To Chevalier Ruspini, 20 Pall Mall, London.“[37]

Der erst 30jährige Ewald sah sich in seiner Ehre gekränkt, weil ihm der Orden nicht verliehen wurde. Hannover war in Personalunion bis 1837 mit dem Herrscher Großbritanniens verbunden. 1803 trat die hannoversche Armee nach England über, und von dort aus kämpfte sie als deutsch-englische Legion in Spanien und Portugal gegen Napoleon.[38] Ruspini schrieb an Leopold am 29. November 1817 aus London:
„*Ew. Exellenz, geneigte Zuschrift vom 23. Juni welche erst vor einigen Wochen bey meiner Zurückkunft hierselbst geworden, vermehrt meine innigste Theilnahme an dem Todt Ihres unglücklichen Schwagers Captain von Aachen, dessen gekränktes Ehrgefühl zu einem so tragischen Ende führte. Ich versichere Ihnen meine kräftigste Verwendung für seine gebeugte Familie und werde Ihre Disposition in hinsicht seines Nachlasses genau nachkommen. Von Herrn Grafen von Münster*[39] *wird mir die Anzeige rücksichtlich seiner Verwendung bey Sr. königlichen Hoheit dem Prinz-Regenten, daß ein Nachsuchen für die familie vergeblich, indem Ihr Herr Schwager zur Zeit seines hierseyns bereits die königlichen hannöverschen Dienste verlassen und sich demnach keine Verwendung für denselben hieselbst eigne.*[40] *Diese Anzeige thut mir um so mehr leid, da ich die beantwortung Ew. Ex. geneigte Zuschrift um einige Tage in der Hoffnung aufgeschoben, Ihnen ein besseres resultat melden zu können. Genehmigen Sie die Versuchung meiner besonderen hochachtung, mit welcher ich die Ehre habe zu seyn Ew Exellenz ergebener Diener B. Ruspini, Le Chevalier de l'esperon d'or*[41]*, London 29. Nov. 1817 20 Pall Mall.*“[42]

Erst am 6. Januar 1818 ging bei Leopold v. Lilien ein Brief des Chevaliers Ruspini ein. Er teilte mit, daß er Ewalds „Portrait von Robinson, deßen Mutter Portrait, Presente von deßen Schwester“ und „alle deßen Papiere wohl eingepackt“ habe. Sie wurden auf ein nach Hamburg auslaufendes Schiff geladen. Weiter verbürgte sich Ruspini dafür, daß das Paket in Hamburg vom Schiffskapitän zur Post gebracht wird. Chevalier Ruspini hat sicherlich einige Schwierigkeiten mit dem Nachlaß gehabt, davon zeugt die lange

---

37 Stadtarchiv Werl, Kleiner Bestand 30, Depositum der Familie Kammer zu Haus Borg, Nr. 30.

38 Taddey, Gerhard: Lexikon der deutschen Geschichte, 2.Aufl., Stuttgart 1983, S. 502.

39 Ernst Friedrich Herbert Graf v. Münster-Ledenburg (17661839). Er hatte großen Einfluß auf den kranken König und eigentlich wurde das Land von der deutschen Kanzlei unter Führung des Grafen v. Münster regiert.

40 Die englisch-deutsche Legion, der Ewald v. Aachen angehörte, wurde am 24.12.1815 aufgelöst. Die Offiziere erhielten 2 Monate vollen Sold und Halbsold für die Zukunft und konnten in der neuen hannoverschen Armee -die 1803 in der engl.dt. Legion aufging- wieder angestellt werden, was aber verhältnismäßig wenige wünschten.
Vgl. Allgemeine Realencyklopädie oder Conversationslexikon für alle Stände, 3.Aufl., Bd. 5, Regensburg (Manz) 1868, S. 234f und Bramisch: Geschichte der K. Deutschen Legion, 2 Bände, Hannover 1832-37.

41 Nur hier erfährt man, daß Ruspini Ritter des „Orden(s) vom Goldenen Sporn“ war, einem vom Papst gestifteten Militärorden.

42 Stadtarchiv Werl, wie Anm. 37, Nr. 3.

Der Kamin im Hause „Bötel“ des Leopold v. Lilien aus der Zeit um 1500 zeigt die Wappen der Eheleute Bertold Papen (rechts) und Maria Maes (links), die das Haus bis 1520 bewohnten.

Zeit, die bis zur Verschickung verstrich. Im Brief schrieb er „*Ich bin froh, daß ich diese Sache einmal von dem Hals los werde. Ich habe dabei viele Umstände gehabt und große Kosten dabei, da aber der seelige ein braver, aber fremder war, so glaubte ich es Pflicht zuthun [!], was ich gethan habe, London 26th Decbr. 1817, Sollten Sie einmal nach London kommen, so soll es mir sehr angenehm sein, Sie bei mir zu sehen. NB Ich wohne Nro. 20 Pall Mall.*"[43]

Leopold gab umgehend die Anweisung, das Paket an das Handelshaus Reimarus, Büsch & Co. in Hamburg befördern zu lassen. Da er in den nachfolgenden zwei Monaten keine Erwiderung seiner Direktive vernahm, schrieb er am 2. März 1818 einen weiteren Brief an Chevalier Ruspini und bat um Mitteilung, wann und mit welcher Gelegenheit die Sendung expediert würde.[44]

Es gibt keine aktenmäßig belegbare Aussage darüber, ob das Paket in Werl jemals eingetroffen ist. Es befinden sich auch keine Papiere des Ewald v. Aachen in den Werler Archiven. Man könnte spekulieren, daß der Inhalt des Pakets beim Handelshaus Reimarus, Büsch & Co. in Hamburg geblieben ist und dort zu Geld gemacht wurde. Das Handelshaus machte am 24. Dezember 1818 Bankrott.[45]

Jedoch gibt es vier Aktenstücke, die aus dem Nachlaß von Ewalds Bruder Levin stammen. Da die Nachrichten über die Familie v. Aachen in der einschlägigen Literatur recht dürftig sind, könnten die Dokumente für v. Aachen-Forscher wichtig sein! Die Regesten lauten:

– – Kriegsminister des Königreichs Westphalen teilt Louis d'Aachen mit, daß der König ihn unter dem 7. März 1808 zum Leutnant im 1. Linieninfanterie-Regiment ernannt hat. Cassel 8. März 1808.
(Druckformular nach französischem Muster).[46]

– – Kriegsminister des Königreichs Westphalen teilt Leutnant und Adjutant-Major Louis Fréderic d'Aachen im 5. LinieninfanterieRegiment mit, daß er die durch den Major seines Regiments erfolgte Ernennung zum Adjutant-Major gemäß Art. 94 des Dekrets vom 30. Dezember 1808 bestätigt hat. Cassel 15. März 1809. (Druckformular nach französischem Muster).[47]

– – General Damas[48]*, Militärkommandant und Conseiller d'Etat [Staatsrat] an Levin Achen, ehemaliger preußischer Offizier in Münster. Teilt Ernennung zum Leutnant in*

[43] Ebda., Nr. 14.
[44] Ebda., Nr. 7.
[45] Vgl. Anm. 37, Nr.3. Aufzeichnungen von Dr.Dietrich Kausche (+), Staatsarchivdirektor a.D. in Hamburg-Harburg, zuletzt wohnhaft in Werl.
[46] Stadtarchiv Werl, Kleiner Bestand 30, Depositum der Familie Kammer zu Haus Borg, Nr. 33.
[47] Ebda., Nr. 10.
[48] Louis Etienne Francois Damas, *1769 in Paris, trat in die Rheinarmee ein, nahm als Brigadegeneral an der Blockade von Mainz teil, zeichnete sich in Ägypten und Syrien aus, kehrte infolge von Mißhelligkeiten nach Frankreich zurück, blieb 5 Jahre untätig, wurde dann Militärkommandant des Herzogtums Berg, übergab 1814 Mainz an die Alliierten, und starb 1828 als Generalinspektor der Gendarmerie.

der Brigade der Infanterie des Großherzogtums Berg mit. Wirkung vom 1. November 1808, von diesem Tage an Gehalt nach seinem Dienstgrad. Düsseldorf 30. Oktober 1808, Siegel. (Vordruck).[49]

– – Capt. v. Düring unterzeichnet ein Zeugnis für Lieutnant von Achen vom 1. Infanterie-Regiment. Cassel 9. März 1809, Siegel. (Handschriftlich).[50]

Schluß

Leopold v. Lilien war die bedeutendste Persönlichkeit im ersten Viertel des 19.Jahrhunderts in Werl. Die vielseitigen Kontakte zum Ausland und die vielen Reisen, die er im Auftrage des Erbsälzerkollegiums durchführte, zeugen von einem Mann, der nicht nur an sich dachte, sondern zum Wohl der Erbsälzer und ihrer Familien tätig wurde. Das ehrenvolle Amt des Sälzerobersten bekleidete er 1806, 1808-1812, 1816-1818 und 1820-1822. Mit dem Jahr 1822 muß er gesundheitliche Probleme bekommen haben, denn er stellte sich nicht zur Wiederwahl. Wegen seiner gesundheitlichen Verhältnisse meinte er, dem ihm zugedachten Vertrauen nicht mehr entsprechen zu können.[51] Aus diesem Grunde schloß er auch den erwähnten Kaufvertrag über seine Salzwerke bereits am 24. Dezember 1822 ab. Leopold wollte seinen Anteil in besten Händen wissen.
Leopold v. Lilien ist höchstwahrscheinlich an seinem Sterbeort Mannheim nach dem 30. November 1829 beerdigt worden. Seine Frau Charlotte geb. v. Aachen lebte 1845 in Mainz, weiteres konnte noch nicht in Erfahrung gebracht werden.
Daß sich ihr Bruder Ewald v. Aachen in London selbst tötete, war bisher unbekannt, anscheinend ist der Brief im Werler Stadtarchiv das einzige Dokument, das uns Aufschlüsse über seinen spektakulären Tod geben konnte.
Mit dieser Publikation ist die Erforschung nicht abgeschlossen. Wir stehen erst am Anfang der facettenreichen Thematik rund um den Familienkreis des Leopold v. Lilien. Es sind noch einige Archivalien zu sichten, aus denen sich hoffentlich das gewonnene Bild weiter verdichten läßt. Jegliche Mitteilungen, auch scheinbar belanglose Details, sind dem Autor willkommen.

---

[49] Stadtarchiv Werl, wie Anm. 46, Nr. 31.
[50] Stadtarchiv Werl, wie Anm. 46, Nr. 8.
[51] Stadtarchiv Werl, Dep. Erbsälzerarchiv, Akten Sc 27 Nr. 26.

Stammtafelauszug

1. Sinaide **Fürstin Wolkonsky**, *1849, †1853.

2. Alexander **Fürst Wolkonsky**, *1811 St. Petersburg, †1878 Rom, ksl.-russ. Gesandter in Neapel, Madrid, Dresden und bevoll. Minister.
   ∞ 1844 Bern (Schweiz, Kirche der russ. Gesandtschaft).

3. Aloysia Maria Sophia Josepha genannt „Luise" **v. Lilien**, *1807 Werl, †1871 Rom, begr. „Campo Verano", St.Annen-Stifts-Dame, Patentochter der Großherzogin Luise v. Hessen-Darmstadt.
   I/∞ 1825 Maximilian Joseph Claudius **Frhr. v. Herding**, *1802 München, †1850 Mannheim, erzogen in Mannheim von Abbé Heinrich Hubert, kgl.-bayer. Kämmerer, ghz.-bad. Kammerherr, Vize-Präsident des Kunstvereins. Die Ehe wurde 1844 durch den Papst geschieden. Sohn des Nicolaus Casimir **Frhr. v. Herding** und der Josepha Ursula Maria **Gräfin v. Saint-Martin**. Weitere Tochter:
      Maria Magdalene **Freiin v.Herding**, *22.Juli 1789 Mannheim, †13.August 1859 Mannheim, 29.Juni 1808 Mannheim(?) Karl Theodor Friedr. **Fürst zu Isenburg**, *10.August 1778 Schwetzingen, †18.Juli 1823 Schwetzingen.
4. Nicetas **Fürst Wolkonsky**.

6. Caspar Leopold Anton Michael **v. Lilien**, *1770 Werl, †1829 Mannheim, Sälzeroberst, hess. Kammerherr, Erbsälzer zu Werl.
   ∞ 1798 Münster.

7. Charlotte **v. Aachen**, *1779 Münster, †..., Ehrendame des kgl.bayr. Theresien-Ordens.

12. Franz Anton **v. Lilien**, *1731 Werl, †1780 Werl, Erbsälzer zu Werl.
    ∞ 1764 Werl.
13. Maria Sophia Benedicta Albertine **v. Bendit**, *1739 Werl, †1811 Werl.
    Kinder:
    a) Antoinette, *5. Februar 1766 Werl, ledig †1844.
       Zwillingsschwester zu b)
    b) Christine, *5. Februar 1766 Werl, †14. März 1819 Münster, ∞ 22. Mai 1799 Werl, Kaspar Anton **v. Ellerts**, * 25. Februar 1761 Bonn, †1. November 1817 Münster, fstbfl.-münstr. Hauptmann, Sohn des Maximilian Anton **v. Ellerts** und der Johanna Luise **v. Amboten**.
       Sohn: Joseph Karl Anton **v. Ellerts**, *1. Januar 1802 Münster, †24. Oktober 1857 Berlin, kgl.-preuß. Geheimer Oberregierungsrat im Kultusministerium, ∞ 13. Juni 1839 Werl, Dorothea Klementine **v. Lilien**, *2. März 1807 Werl, †7. August 1877 Soest.

Sohn: Georg **v. Ellerts**, *21.Februar 1844 Dortmund, †7.Juli 1928 Hildesheim, II/∞ 15.Oktober 1878 Marie **Freiin v. Hertling**, *29.Oktober 1850 Darmstadt, †23.Mai 1916 Hildesheim, Tochter des Jakob **Frhr. v. Hertling** und der Antonie **v. Guaita**.

Tochter: Agnes **v. Ellerts**, *10.Juni 1881 Lüneburg, ∞ 19. Mai 1904 Stade, Clemens **Ritter v. Stumpf-Brentano**, *26.April 1876 Frankfurt/M., †9.Oktober1945 Bad Homburg.

(Nachkommenschaft bis heute)

c) Joseph, *29. Juni 1768 Werl, †14. Juli 1822 Werl, Sälzeroberst und Erbsälzer zu Werl, ∞ 11. Februar 1809 Werl, Marianne **Ley**, *3. Juni 1773 Werl, †4. Juli 1869 Werl. Die Ehe blieb kinderlos.

d) Leopold, s. oben.

e) Leopoldine, *1772, †1820, ∞ **Graf de Vaux**, †1829.

14. Klemens August **v. Aachen**, *1756 Uerdingen/Rheinland, †15. Juli 1808 Hameln, münster. Hauptmann, 1777[52].

15. Maria Johanna Catharina Erika Elisabeth genannt „Jeanette" **v. Amboten**, *1755, †1845, Dichterin und Schriftstellerin

Kinder:

a) Johanna, ∞ Ludwig **v. Lichtenberg**.

b) Ewald, *1787 Münster, Selbstmord 23. Mai 1817 London, zuletzt Hauptmann in der deutsch-englischen Legion.

c) Charlotte, s. oben.

d) Bernhardine, *5. März 1793 Münster, †17. März 1830 Eisenach, ∞ 30. Mai 1825 Erfurt, Friedrich Karl **Frhr. v. Schauroth**, *4. März 1790 Beulwitz, † 16. Oktober 1861 Rudolstadt, ghzgl.-sächs. Kammerherr und Major.

(Nachkommenschaft bis heute)

[52] Staatsarchiv Münster, Nachlaß Spießen, Bd. 1, S. 5., gibt 1778 als Heiratsjahr an!

Westfälisches Schrifttum

zusammengestellt von Bertram Haller

Alexander, Thomas: Carl Severing. Sozialdemokrat aus Westfalen mit preußischen Tugenden. Bielefeld: Westfalen-Verl., 1992.

Alles was Recht ist. Zur Geschichte des Gerichtswesens in Münster 793-1993. Hrsg.: Landgericht Münster. Münster: Regensberg, 1993 (Ausstellungskatalog).

Annette und das Geld. Die Droste, die Schriftstellerei, das Fürstenhäuschen; ein Lesebuch. Konstanz: Stadler, 1993.

Annette von Droste-Hülshoff 1797-1848. Wie sie lebte, wie sie war, was sie schrieb, hrsg. von Rainer A. Krewerth. - 2. Aufl. Münster: Aschendorff, 1993.

Annette von Droste-Hülshoff auf Schloß Meersburg. Die Lebensjahre am Bodensee im Spiegel ihrer Dichtung und Briefe, bearb. v. Walter Gödden. Meersburg: Turm-Verl., 1993.

Annette von Droste-Hülshoff und ihr Kreis. Aus den Beständen der Universitätsbibliothek Münster, hrsg. und kommentiert von Annelise Raub. - 2., verb. Aufl. Münster: Aschendorff, 1992. (Kostbarkeiten aus westfälischen Archiven und Bibliotheken 1).

Aufbruch in die Neue Welt: Auswanderer aus Bad Oeynhausen und Umgebung. Red.: Heinz Hohenbrink. Bad Oeynhausen: Volkshochschule, 1993.

Beckumer Stadtrechte und Bürgerlisten, bearb. von Siegfried Schmieder. Münster: Landschaftsverband Westfalen-Lippe, 1994. (Westfälische Quellen und Archivpublikationen 19).

Bochumer Straßennamen: Herkunft und Deutung. Red.: Stadt Bochum, Vermessungs- und Katasteramt. - Red.-Schluß: Nov. 1992, 1. Aufl. Bochum, 1993.

Bonney, Marianne: Wie alles sich zum Ganzen webt... . Kantor Walther Schmidt und sein Lebenswerk. Lemgo: Archivamt, 1992.

Clemens August Graf von Galen. Neue Forschungen zum Leben und Wirken des Bischofs von Münster, hrsg. von Joachim Kuropka. - 2. Aufl. Münster: Regensberg, 1993.

Davensberg - Burg und Flecken. Ein Lese- und Bilderbuch. Hrsg.: Heimat- und Verkehrsverein Davensberg. Red.: Wilhelm Henrichmann. Davensberg, 1993.

Diakonissenanstalt Salem-Köslin in Minden. Evangelische Stiftung 1868-1993, hrsg. von Hans-Ulrich Görler. Minden, 1993.

Die Dominikaner in Warburg 1281-1993, hrsg. von Burkard Runne. Warburg: Hermes, 1993. (Warburger Schriften 9).

350 Jahre Post in Münster. Vom Friedensreiter zur Satellitenkommunikation. Ausstellung im Stadtmuseum Münster, 15. Oktober 1993 bis 30. Januar 1994. Gesamtred.: Detlef Dreßler. Münster, 1993.

Eickenscheidt-Nienhausen. - 3. Aufl. Verl. d. Familiengeschichtl. Vereins zur Erforschung d. Geschichte d. Ehem. Stiftes Essen sowie d. Oberhöfe Eickenscheidt u. Nienhausen u. seiner Höfe u. Familien. Bd. 1-4.
1: Geschichtlicher Teil, neu bearb. von Ursula Budde-Irmer. - [ca. 1993].
2: 1. Teil des genealogischen Teils. - [ca. 1993].
3: 2. Teil des genealogischen Teils. - [ca. 1993].
4: Stammtafeln zum genealogischen Teil. - [ca. 1993].

Eickholt, Heinrich: Ostbevern im Weltkrieg. Ostbevern: Heimatverein Ostbevern, [ca. 1993].

Engelbert Kaempfer: Werk und Wirkung. Vorträge der Symposien in Lemgo (19.-22.9.1990) und in Tokyo (15.-18.12.1990), hrsg. von Detlef Haberland. Stuttgart: Steiner, 1993.

Farwick, Josef (Hrsg.): Die Protokolle des Gemeinderates der Gemeinde Herbern 1844-1874. Ascheberg, 1993.

Felix Fechenbach - ein Leben für die Freiheit, hrsg. von Dieter Heistermann. Warburg: Hermes, 1993.

Festkultur in Lippe. Beiträge zum öffentlichen Festwesen im 19. und 20. Jahrhundert, hrsg. von Kurt Dröge. Münster [u.a.]: Waxmann, 1994. (Beiträge zur Volkskultur in Nordwestdeutschland, 81).

Festschrift zum Sippentreffen, 12.6.1993, Hof Hartwig in Vellern. [Beckum], 1993.

Fleischhack, Ernst: Bibliographie Ferdinand Freiligrath 1829-1990. Bielefeld: Aisthesis-Verl., 1993.

350 Jahre Franziskanerkloster Wiedenbrück, hrsg. vom Franziskanerkloster Wiedenbrück. Werl: Dietrich-Coelde-Verl., 1994.

Fronemann, Walter: Vom Ravensberger Bauernsohn zum Pfarrer der bekennenden Kirche: eine Autobiographie, erzählt für die evangelischen Kirchengemeinden Borgholzhausen im Teutoburger Wald und Buer im Industrie-Revier, denen er nacheinander im Pfarramt gedient hat. [1992] (Gelsenkirchen-Buer: Neufang).

Ein Gegner Bismarcks. Dokumente zur Neuen Ära und zum preußischen Verfassungskonflikt aus dem Nachlaß des Abgeordneten Heinrich Beitzke (1798-1867), hrsg. u. eingel. von Horst Conrad. Münster: Landschaftsverband Westfalen-Lippe, 1994 (Westfälische Quellen und Archivpublikationen 18).

Geschichte der Stadt Beverungen. Hrsg. Schützenverein Beverungen von 1693 e.V. Bearb. von Ralf Günther. Paderborn: Bonifatius, 1993.

Geschichte von Stadt und Amt Medebach (Hochsauerland), hrsg. von Harm Klueting. Medebach: Stadt Medebach, 1994.

Gödden, Walter: Die andere Annette. Annette von Droste-Hülshoff als Briefschreiberin. 2., durchges. Aufl. Paderborn [u.a.]: Schöningh, 1992.

Gödden, Walter: Der Schwärmer. Die verschollene Lebensgeschichte des westfälischen Sturm-und-Drang-Dichters Anton Mathias Sprickmann. Paderborn [u.a.]: Schöningh, 1994.

Gohfeld 1993. Rückblicke, Erinnerungen, Dokumentationen. Festschrift für Gohfeld im Rahmen der 1000-Jahr-Feier in Löhne, hrsg. von der Arbeitsgemeinschaft der Gohfelder und Melberger Vereine. Löhne, 1993.

„Gott helpe!“ - „Gott lauhne!“: Bildstöcke, Kapellen, Kreuze. Symbole ländlicher Frömmigkeit in und um Handorf. Heimatverein Handorf e.V. [Red.: Dieter Harhues]. Handorf, [1993].

Gruber, Hubert: Friedrich Muckermann S.J. 1883-1946. Ein katholischer Publizist in der Auseinandersetzung mit dem Zeitgeist. Mainz: Matthias-Grünewald-Verl., 1993. (Veröffentlichungen der Kommission für Zeitgeschichte: Reihe B, Forschungen 61).

Günther, Ralf: Der Arnsberger Wald im Mittelalter. Forstgeschichte als Verfassungsgeschichte. Münster: Aschendorff, 1994 (Veröffentlichungen der Historischen Kommission für Westfalen 22,20).

Habel, Ekkehard: Eine Darstellung der Medebacher Kommunalpolitik seit 1945, unter besonderer Berücksichtigung der Geschichte des Ortsvereins Medebach der Sozialdemokratischen Partei Deutschlands. Medebach: SPD Ortsverein, 1994.

Hake, Bruno: 400 Jahre Heimatschutzverein Welda 1593-1993. Festschrift Jubiläumsschützenfest vom 16.-19. Juli 1993. Warburg, 1993.

Hauptziel Siegen. Eine Dokumentation über den Luftkrieg im Großraum Siegen. Bearb. v. Hans-Martin Flender. Siegen: Flender, 1994.

Heinrich Drake. Retrospektive zum 90. Geburtstag. Hrsg. von Sigrun Brunsiek. Detmold: Inst. für Lippische Landeskunde, 1993.

Heising, Johannes: Flakhelfer. Grevener Schüler im Zweiten Weltkrieg. Greven, 1992.

Helming, Antonia: Mutters Kriegstagebuch (1914-1923). Coesfeld: Helming, 1982 [erschienen] 1993.

Helming, Hermann: 100 Jahre Hermann Carl Helming 1892-1964. Erinnerungen. Coesfeld, 1992.

Hemann, Friedrich-Wilhelm: Das Rietberger Stadtbuch: Edition, Einleitung, Typologie. Ein Beitrag zur Erforschung von Klein- und Residenzstädten sowie zur Frage der Schriftlichkeit in frühneuzeitlichen Städten Westfalens. Warendorf: Fahlbusch, 1994 (Beiträge und Quellen zur Stadtgeschichte Niederdeutschlands 3).

Henningsen, Wiltrud: Als die LehrerInnen lehren lernten. Overberg und seine Normalschule. Münster, 1992.

Hexenverfolgung und Frauengeschichte. Beiträge aus der kommunalen Kulturarbeit, hrsg. von Regina Pramann. Bielefeld: Verl. für Regionalgeschichte, 1993.

Hopfen, Malz und Wasser. Bierbraukunst in Ostwestfalen-Lippe. Bielefeld: Westfalen-Verl., 1994.

John, Antonius: Idylle und Chaos. Ahlener Kindheitserinnerungen 1925-1933. Ahlen: Stadt Ahlen, Der Stadtdirektor, Kulturamt, 1992.

Josef Wirmer - ein Gegner Hitlers. Aufsätze und Dokumente, hrsg. von Museumsverein und Kulturforum Warburg... 2. Aufl. Warburg: Hermes, 1993.

Kania, Monika: In Anerkennung der Verdienste. Gedruckte Diplome zwischen 1850 und 1950 in Westfalen. Detmold: Landschaftsverband Westfalen-Lippe, Westfälisches Freilichtmuseum Detmold, 1994.

Kemper, Adolf: Von den Gründen der menschlichen Erkenntnis zum Urgrund des Seins. Die philosophischen Schriften des Münsterländer Arztes Johann Anton Brüning. Münster [u.a.]: Lit, 1992.

Killing, Anke: Friedrich Harkort. Münster: Landschaftsverband Westfalen-Lippe, Landesbildstelle Westfalen, 1993. (Westfalen im Bild: Reihe Persönlichkeiten aus Westfalen 9).

Die Kindergräber von Gütersloh. Schüler auf den Spuren jüdischer Zwangsarbeiterinnen. Eine Arbeit von Schülerinnen und Schülern der Anne-Frank-Schule. Gütersloh: Stadt Gütersloh, Amt für Presse- und Öffentlichkeitsarbeit, 1993.

Klein, Arnold: Katholisches Milieu und Nationalsozialismus. Der Kreis Olpe 1933-1939. Siegen: Höpner + Göttert, 1994. (Schriftenreihe des Kreises Olpe, 24).

Kirchhoff, Ingrid: Die Sammlung Diepenbrock: Findbuch zum Bestand im Stadtarchiv Bocholt. Bocholt: Stadt Bocholt, 1993. (Bocholter Quellen und Beiträge 5).

Klein, Peter: Familie und agrarisch-heimgewerbliche Verflechtung. Eine demographische Studie zu Spenge (Ravensberg) 1768-1868. Bielefeld, 1993.

Die Klosterbibliothek Gravenhorst. Katalog der Bibliothek des ehemaligen Zisterzienserinnenklosters Gravenhorst, bearb. v. Reinhard Feldmann... Münster: Universitäts- und Landesbibliothek, Münster, 1993. (Schriften der Universitäts- und Landesbibliothek Münster 10).

Knepper-Babilon, Ottilie: Das Gymnasium Petrinum in Brilon. Eine Untersuchung zu einem katholisch geprägten Gymnasium im ländlichen Raum 1858-1914. Bochum: Brockmeyer, 1994.

Köhler, Mathilde: Amalie von Gallitzin. Ein Leben zwischen Skandal und Legende. Paderborn [u.a.]: Schöningh, 1993.

Köster, Markus: Katholizismus und Parteien in Münster 1945-1953. Kontinuität und Wandel eines politischen Milieus. Münster: Ardey-Verl., 1993.

Kommunalarchiv Minden: Geschichte, Bestände, Sammlungen, hrsg. von Hans Nordsiek. Minden, 1993. (Veröffentlichungen des Kommunalarchivs Minden 1).

Kordwittenborg, Hans-Ulrich u. Ralf Nickel (Bearb.): Bibliographie zur Geschichte der sächsischen Franziskanerprovinzen. Bd. 1. Franziskaner in Westfalen. Werl: Dietrich-Coelde-Verl., 1994.

Kreuzenbeck, Johannes (erarb. u. hrsg.): Die apostolische Succession der Bischöfe im deutschen Sprachraum. Bd. 2. Bistum Münster 1650-1993. Ahlen, Westf.: Selbstverl., 1994.

Landwirtschaft im nördlichen Westfalen um 1800. Eine Untersuchung des Freiherrn vom Stein aus seiner Mindener Amtszeit, hrsg. v. Bernd-Wilhelm Linnemeier. Münster [u.a.]: Waxmann, 1994. (Beiträge zur Volkskultur in Nordwestdeutschland 84).

Lebenswege. Lippische Juden in Israel. Detmold: Ges. für Christl.-Jüd. Zsarb. in Lippe, 1993.

Liedtke, Hans: Zur Geschichte der Juden in Schwalenberg. Detmold: Ges. für Christl.-Jüd. Zsarb. in Lippe, 1993.

Linde, Roland: Chronik der Familie Linde aus Wingeshausen und Aue im Wittgensteiner Land. Horn-Bad Meinberg, 1993.

Mit Schimpf und Schande aus der Stadt, die ihnen Heimat war. Beiträge zur Geschichte der jüdischen Gemeinde Hagen, hrsg. v. Hermann Zabel. Hagen: Padligur, 1994. (Beiträge zur Förderung des christlich-jüdischen Dialogs 11).

Multhaupt, Hermann: Der Tod auf dem Weg nach Matoco. Szenen aus dem Leben des Pioniers, Missionars und Bischofs Wilhelm Finnemann. Paderborn: Bonifatius, 1992.

Nungesser, Michael: Walter Wellenstein 1898-1970. Berlin: Nicolai, 1988.

Otte, Anton: Die uralte Katharinenprozession am Sonntag nach Jakobi. Die „verschwundene" Glocke von Ascheberg [u.a.]. Heimatverein Ascheberg e.V. Ascheberg, [ca. 1994].

Ottolien, Wolfgang: Die „Zuspätgekommenen". Ländliche Unterschichten in Lippe vom 16. - 19. Jahrhundert in ihrer Verbindung mit der Gewerbeentwicklung des Raumes. Fallstudie: Gemarkung Leistrup-Meiersfeld. Detmold: Naturwiss. und Histor. Verein für das Land Lippe, 1993. (Sonderveröffentlichungen des Naturwissenschaftlichen und Historischen Vereins für das Land Lippe e.V. 39).

Petzmeyer, Heinrich: Sendenhorst. Geschichte einer Kleinstadt im Münsterland. Sendenhorst: Stadt, 1993.

Katholische Pfarrgemeinde St. Josef Gronau: 1943-1993. Gronau, [1993].

Festschrift der St.-Lambertus-Kirche zu Dolberg. Red.: Josef Kerkmann. 1993 (Ahlen: Senne).

Quellen und Studien zur Geschichte Vredens und seiner Umgebung. Bde. 1 u. 2. Vreden: Heimatverein, 1990 und 1994. (Beiträge des Heimatvereins Vredens zur Landes- und Volkskunde).

Familienchronik Rappaport - Bösch, zusammengestellt von Werner Rappaport u. Verena Bösch. Detmold, 1993.

Die Ratsverordnungen der Reichsstadt Dortmund 1596-1803 (Stadtarchiv Dortmund Bestand 2,02), bearb. von Katharina Tiemann. Dortmund, 1994. (Veröffentlichungen des Stadtarchivs Dortmund 10)

Rudigkeit, Siegfried: Moritz von Büren und die Übernahme der Herrschaft Büren durch die Jesuiten. Büren: Heimatverein Büren, 1993.

Salm-Horstmar, Philipp F. zu: Ein fürstliches Leben: mein Leben, meine Arbeit, meine Erkenntnisse. Dülmen: Laumann, 1994.

Dokumentation - die Namen der Straßen, Wege und Plätze in Salzkotten mit Erklärungen zur Orts- und Siedlungsgeschichte und zur Entwicklung des Straßennetzes, hrsg. von der Stadt Salzkotten. Paderborn: Bonifatius, 1994. (Beiträge zur Geschichte der Stadt Salzkotten 2).

Schäfer, Gerd: Arzt und früher Demokrat Dr. Friedrich Hilsmann 1808-1900, Ehrenbürger der Stadt Neheim. Neheim-Hüsten: Heimatbund Neheim-Hüsten, [1992].

Reininghaus, Wilfried: Friedrich Harkort, Kamp & Co. - die mechanische Werkstätte in Wetter und ihre Nachfolgefirmen (1789) 1819-1910. Inventar zum Bestand F 1. 2 Bde. Dortmund: Stiftung Westfälisches Wirtschaftsarchiv, 1993.

Reininghaus, Wilfried und Bernd P. Plaum: Die Handelskammer Münster und ihr Archiv 1854-1926. Inventar zum Bestand K 5. Dortmund: Stiftung Westfälisches Wirtschaftsarchiv, 1993. (Veröffentlichungen der Stiftung Westfälisches Wirtschaftsarchiv 19).

Reinhardt, Georg: Die politische und administrative Tätigkeit Vinckes in Westfalen. Mikrofiche-Ausg.: Egelsbach [u.a.]: Hänsel-Hohenhausen, 1988. 1 Mikrofiche: 24x. - Zugl.: Bern, Univ., Diss., 1920.

Richter, Philipp: Ein Bauernleben. Aus den autobiographischen Aufzeichnungen des westfälischen Bauern Philipp Richter (1815-1890), bearb. und hrsg. von Helmut Müller. - 2. erw. Aufl. Rheda-Wiedenbrück: Güth, 1991.

Riesenberger, Dieter: Der Paderborner Dompropst Paul Simon (1882-1946). Ein Beitrag zur Geschichte des Nationalsozialismus, der Ökumene und der Nachkriegsjahre in Paderborn. Paderborn: Bonifatius, 1992. (Zeitgeschichte im Erzbistum Paderborn 1).

Scheele, Annelene: Husten. Geschichte eines Dorfes im Drolshagener Land. Drolshagen, 1994. (Schriftenreihe des Heimatvereins für das Drolshagener Land 2).

Scherer, Wingolf: Stammfolge der fränkisch-westfälischen Familie Scherer, insbes. der sauerländischen Linie in Attendorn. 3. Aufl., Stand 1.5.1989. [Kaarst: Scherer], 1989.

Schmölders, Ralf: Personalbibliographie Anna Siemsen (1882-1951). Oer-Erkenschwick: Archiv der Arbeiterjugendbewegung, 1992.

Schütte, Reinhard: Die Schule in der Osterbauerschaft 1894 bis 1967. Ascheberg: Heimatverein, 1994.

Schulreform im Fürstbistum Münster im ausgehenden 18. Jahrhundert, hrsg. von Meinolf Peters. 1992 ([Ibbenbüren]: Ibbenbürener Vereinsdr.). (Beiträge zur Geschichte der Gemeinde Recke 3 = Jg. 1992).

Schwartz, Michael: Bernhard Bavink. Völkische Weltanschauung, Rassenhygiene, 'Vernichtung lebensunwerten Lebens'. Wissenschaftliches Gutachten im Auftrag der Stadt Bielefeld. Bielefeld: AJZ-Verl., 1993. (Bielefelder Beiträge zur Stadt- und Regionalgeschichte 13).
Seifen, Barbara: Die Baugeschichte des spätgotischen Kreuzherrenklosters Bentlage. Greven: Wessels, 1994. (Studien zur Bauforschung 17).

Senden so wie es früher war. Das Dorf in alten Bildern, von Hans-Dieter Kucharski u. Franz Waldmann. Senden, Waldmann, 1993.

750 Jahre Nordenfeldmark der Stadt Hamm am 1. Mai 1993. Ein Beitrag zur Heimatgeschichte, hrsg. von der CDU Hamm-Norden aus Anlaß des historischen Spazierganges der CDU Hamm-Norden am 16. Mai 1993. Von Bernard Droste, Maria Perrefort u. Herbert Sandhoff. Hamm, 1993.

Spaziergang durch Kinderhaus. Stadtteil-Impressionen. Von Walter Schröer u. Christian F. Görlich. Münster: Regensberg, 1993.

Spurensuche... . Handbuch zur Erkundung der Dortmunder Frauengeschichte im Mittelalter und heute. Hrsg. v. Frauengeschichtsgruppe Spinnennetz. Dortmund: Lessing, 1994.

Die Stadt- und Gilderechte der Stadt Warendorf, bearb. und hrsg. von Siegfried Schmieder. Warendorf: Archiv des Kreises Warendorf, 1993. (Warendorfer Geschichtsquellen 1).

Stöwer, Ulrike (Bearb.): Das Archiv des Vereins für Geschichte und Altertumskunde Westfalens, Abteilung Paderborn e.V. Die Urkunden bis zum Jahr 1500. Münster, Westf.: Aschendorff, 1994. (Inventare der nichtstaatlichen Archive Westfalens 14).

Stork, Heinrich: Ladbergen „Land un Lüe". Beiträge zur Geschichte des tausendjährigen Dorfes Ladbergen. [Ladbergen: Stork], 1992.

Studien und Quellen zur Geschichte von Stadt und Schloß Neuhaus. Hrsg. von Michael Pavlicic i.A. des Heimatvereins Schloß Neuhaus. Bd. 1, Schloß Neuhaus, 1994.

Thron und Altar? Quellen zur Genese der Rheinisch-Westfälischen Kirchenordnung (1817-1842). Red.: Jörg van Norden. 1993 (Bielefeld: Bechauf).

Die Urkunden des Klosters Gravenhorst, bearb. von Manfred Wolf. Münster: Aschendorff, 1994. (Veröffentlichungen der Historischen Kommission für Westfalen 37,5).

Ein uhralt, adelich und ritterlich Geschlechte. Zur Geschichte der Herner Adelsfamilie von Strünkede, bearb. von Gabriele Wand-Seyler. Mit einem Beitrag zur Schloßgeschichte von Alexander von Knorre. Herne: Koethers & Röttsches, 1992.

Viezens, Ilse: Suderlage - Bad Waldliesborn 1800-1950. Bad Waldliesborn, 1993.

Vollmer, Wilfried: DieAnfänge des Kirchspiels Dinker. Dinker, 1993.

Wagner, Peter: Leopold Zunz: Wir werden frei sein 1794-1886. Detmold: Ges. für Christl.-Jüd. Zsarb. in Lippe, 1994.

Wallgärtner, Gisela: Politik, Persönlichkeiten, Parteien in Everswinkel und Alverskirchen zwischen 1815 und 1975. Everswinkel: Gemeinde Everswinkel, 1993.

Westermann, Herbert: Westfälischer Reformator D. Johannes Westermann. [2. Aufl.] Dortmund: H. Westermann, 1992.

Ein Westfale in Amerika. Dokumentation der Auswanderung August Hölschers in Briefen 1834-1860, hrsg. von Christoph Pallaske. Siegen: Pallaske, 1992.

Westheider, Rolf: Versmold, eine Stadt auf dem Weg ins 20. Jahrhundert. Bielefeld: Verl. für Regionalgeschichte, 1994.

Bekanntes und Unbekanntes aus der Geschichte Westerkappelns, erzählt und zsgest. von Heinz Weyer. Westerkappeln: Kultur- und Heimatverein Westerkappeln, 1994. (Schriftenreihe der Gemeinde Westerkappeln 7).

Wiethüchter, Lothar: Aus der Geschichte der katholischen Kirchengemeinde St. Januarius Sprockhövel. [Sprockhövel], 1993.

Wandel einer Stadt. Bochum seit 1945; Daten - Fakten - Analysen; Dokumentation. Johannes Volker Wagner (Hrsg.). Bochum: Brockmeyer, 1993. (Veröffentlichung des Stadtarchivs Bochum).

Wessing, Michael: Die Sparrenburg. Vom Wehrbau zum Wahrzeichen. Bielefeld: Westfalen-Verl., 1994. (Schriften der Historischen Museen der Stadt Bielefeld Bd. 2: Sammlungsführer).

Westfälisches Klosterbuch. Lexikon der vor 1815 errichteten Stifte und Klöster von ihrer Gründung bis zur Aufhebung, hrsg. von Karl Hengst. 2 Bde. Münster: Aschendorff, 1992 u. 1994. (Veröffentlichungen der Historischen Kommission für Westfalen 44,2).

Zum Gedenken an Dr. Albrecht Beckel, Oberbürgermeister in Münster von Oktober 1964 bis Oktober 1972. Reden zum ersten Todestag am 21. Januar 1994, gehalten in einer Gedenkstunde im Festsaal des Rathauses. Hrsg.: Der Oberstadtdirektor der Stadt Münster, Dezernent für Öffentlichkeitsarbeit, Presse- und Informationsamt. Red.: Ute Kutschera. Münster, 1994.

Wilming, Wilhelm: Unsere Dörfer und ihre Familien. Die Bevölkerung von Graes und Wessum, 1662-1749-1806. Graes: Heimatverein [u.a.], 1993.

Willeke, Manfred: Erinnerungen aus dem Leben meiner Großmutter Theresia Rese geborene Wennemann. Lügde: Willeke, 1992.

Buchbesprechungen

Gertrud Naarmann, Chronik des Hofes und der Familie Hummert, Emsdetten, Lüdinghausen 1990, 406 S. u. viele Abb., als Manuskript vervielfältigt.

Die hier vorliegende Arbeit betrifft den Hof Hummert in Emsdetten, Bauerschaft Westum. Die früheste bekannte Schreibweise ‚Humbractinc' deutet auf eine Ableitung von dem Vornamen Humbert hin. Die heutige Schreibweise hat sich erst im 19. Jahrhundert durchgesetzt. Ältester Eigentümer war der Bischof von Münster als Landesherr, der den Hof an die Herren Strick zu Nienborg als Burgmannslehn ausgab, 1277 aber an die Johanniterkommende in Burgsteinfurt verkaufte. In deren Besitz blieb er bis zur Säkularisation, als er 1816 an die Grafen von Bentheim-Steinfurt gelangte. Die Ablösung der Lasten und Übergang zu freiem Eigentum vollzog sich bis um die Mitte des 19. Jahrhunderts. Es ist ein Hof von ca. 140 Morgen, auf dem Esch gelegen, gehört demnach zur frühesten Schicht bäuerlicher Besiedlung des Landes.

Die Verfasserin hat ihre Arbeit nach Hofes- und Familiengeschichte getrennt. Im ersten Teil werden alle Gebiete bäuerlichen Lebens und des Umfeldes behandelt, von der Vor- und Frühgeschichte bis zur Gegenwart, von der Landesorganisation zur Eigentumsordnung, über die Abgabepflichten bei Sterbefall und Gewinn, die ständigen Abgaben und kirchlichen Zehnten bis zu Hunde- und Maigelt, Hand- und Spanndiensten, außerordentlichen Schatzungen. Alle Angaben sind aus Urkunden und Akten genau belegt und erläutert, wie z. B. eine Urkunde des Klosters St. Aegidii von 1281 VII 8 als Foto vom Original, als Kopie der Abschrift im Westfälischen Urkundenbuch, als moderne Übertragung vom Lateinischen ins Deutsche und in Erläuterung des Urkundeninhalts (S. 90/92). Alles und jedes wird genauestens durch Fotos, Zeichnungen, Abschriften, Erläuterungen, Karten belegt. Hofgrundrisse, Hofanlage, Scheunen, Geräte, Äcker, Brunnen gezeichnet, Markenrechte dargetan. Die für Emsdetten typische Wannen- und Holzschuhmacherei und Weberei in ihren Verfahrensweisen deutlich gemacht. Maße, Gewichte, Münzen, Schriften, Abkürzungen erklärt, wirklich nichts wird vergessen.

In der Familiengeschichte wird auf die mögliche Verbindung zu den münsterischen Familien Humperdinck und von Detten hingewiesen. Es schließt sich die Hofesfolge seit etwa der Mitte des 17. Jahrhunderts an, die in elf Generationen bis zur Gegenwart führt. Sie weist keine Unterbrechung der Blutslinie und nur eine Vererbung in weiblicher Linie auf. Sie bewegt sich ebenfalls bis zur Gegenwart im Bauernstand und verwandten Berufen im engen Kreis um Emsdetten. Erst nach 1945 ergeben sich überörtliche verwandtschaftliche Beziehungen, und die von Lebenden abgefaßten Lebensbeschreibungen halten die ganze Fülle und Variabilität moderner Ausbildungs- und Berufsmöglichkeiten fest und lassen das Absterben älterer Berufe wie das Aufkommen ganz neuer erkennen.

Die Arbeit ist umfassend, der pädagogische Impetus bis in die Einzelheiten unverkennbar, und zu alledem ist sie zum überwiegenden Teil von einer leider noch während der Abfassung tödlich verunglückten Schwester der Verfasserin handschriftlich (!) kalligraphisch niedergeschrieben. Kein Wunsch bleibt offen.

Clemens Steinbicker

Helmut Börnemann, Spielbrink 1791 – 1991. Materialien zur Geschichte des Hofes und der Familie Spielbrink in Handorf. Festschrift zum Familientag am 23.11.1991 anläßlich des 200. Hochzeitstages der Ururgroßeltern Hermann Spielbrink und Gertrud Pieper, 88 S. brosch., als Typoscript vervielfältigt.

ders., Schmiemann 1792 – 1992. Materialien zur Geschichte des Hofes und der Familie Schmiemann in Greven, Bauerschaft Bockholt. Festschrift zum Familientag am 21.11.1992 anläßlich des 200. Hochzeitstages der Ururgroßeltern Melchior Vinhage und Clara Schiemann, 208 S., brosch., als Typoscript vervielfältigt.

Beide Arbeiten sind vom Verfasser nach demselben Muster abgefaßt. Bei der Familie Spielbrink beschränkt sich im ersten Teil die Darstellung auf die Geschichte des Hofes und der auf ihm sitzenden Familie. Sie beginnt um etwa 1500 nach den Akten der münsterischen Domkellnerei, seit 1656 zusätzlich der Angaben der Handorfer Kirchenbücher. Abheiratende werden zunächst – noch – nicht verfolgt. Es schließt sich eine Ahnenliste des Verfassers und seiner Geschwister an, innerhalb deren die Eheleute Spielbrink – Pieper die V. Abteilung bilden. Die Ahnen Börnemann sind bis zur 5. Ahnengeneration gebracht. Ihr Verbreitungsraum ist im wesentlichen das Münsterland von Wüllen im Westen (Sendfeld) bis Milte im Osten (Reckermann), Schöppingen im Norden (Deitert) und Hiltrup im Süden (Osthues). Einzige Ausnahme ist die aus dem Rheinland zugewanderte Müllerfamilie Steinwartz. Es folgen die Ahnen Spielbrink – Pieper, soweit sie bekannt sind, die sich eng im Raum Greven – Ost- und Westbevern bewegen, mit einem kleinen Anhang, den Vorfahren des Notars und Schreibers auf dem Hause Langen Henrich Moert aus Billerbeck.

Der Hauptteil der Arbeit betrifft die Gesamtnachkommenschaft der Eheleute Spielbrink – Pieper seit 1791. Zwar konnten wegen Kriegsverlusten der amtlichen Unterlagen des Amtes St. Mauritz und von Hofesakten nicht alle Linien verfolgt werden, wie z. B. Grabbe gent. Feldkamp in Gimbte, wobei sich der moderne Datenschutz als zusätzlich hinderlich erweist. Aber ab der 4. Generation, seit ca. 1885 ist die Nachkommenschaft in männlicher und weiblicher Linie bis auf den heutigen Tag mit genauen Lebensdaten und knappen Berufsangaben erfaßt. Bei den Lebenden hat sich der Verfasser um genaue Angaben bis zur Adresse und Telefonnummer bemüht. Die Landwirte sind beruflich noch immer in der Überzahl, daneben erscheint der ganze Kreis handwerklicher und Dienstleistungsberufe der Moderne. Das Eindringen ostvertriebener Deutscher und europäischer Zuwanderer hält sich noch in sehr engen Grenzen. Man kann die Nachkommenschaft noch als homogen münsterländisch charakterisieren.

Die zweite Arbeit ist nach gleichem Schema angelegt. Sie wiederholt die Ahnenliste Börnemann und baut auf ihr ab der 6. Generation die Ahnen Vinhage aus Nordwalde und Schmiemann aus Greven auf. Schmiemann (auch Schmedding, Schmemann) war ein Hof des Domkapitels zu Münster, dem Domdechanten zugeteilt und dem ‚officium infirmorum' dem Krankenamt zu dienen bestimmt. Dem Ausgangszeitpunkt für die Erfassung der Nachkommenschaft 1792 waren Kettenehen vorausgegangen, und es folgten ihr auch weitere, was zu verwirrenden Verwandtschaftsverhältnissen und Familiennamen führte. Der einheiratende Johann Theodor Vinhage (1758 –1828) hatte aus erster

Ehe mit der Hoferbin Clara Schiemann (1759 – 1796) nur eine Tochter Maria (1793 – 1855), die aus zwei Ehen mit Heinrich Börnemann (1780 – 1826) und Franz Flothkötter (1793 – 1852) Kinder hatte. Die Kinder der ersten Ehe wurden Börnemann genannt, obwohl sie den Hofesnamen Schmiemann hätten erhalten müssen, die Kinder zweiter Ehe wurden Schmiemann genannt, obwohl sie nach preußischem Namensrecht Flothkötter hätten heißen müssen. Vinhage hatte überdies aus zweiter Ehe mit Gertrud Focke (1765 – 1812) weitere 5 Kinder, die naturgemäß ebenfalls Schmiemann hießen. Die Nachkommen dieser 5 Kinder hat der Verf. nur über 5 Generationen verfolgt. Eine Fortsetzung wird für 1997 versprochen. Die gegenwärtige Fassung bezieht sich also weitgehend nur auf die Nachkommen der Erbtochter aus erster Ehe. Immerhin beläuft sich ihre Zahl auf ca. 1230 Personen, die Erweiterung soll ihre Zahl auf rund 2500 Personen bringen.

Auch hier dominiert noch der bäuerliche Stand und die Verankerung der Familie im Münsterland. Bemerkenswert sind eine Reihe namhafter Gastwirtsfamilien wie etwa in Coesfeld die „Klincke“ und der „Alte Kiff“, in Hiltrup das „Dicke Weib“. Die Nachkommenschaft reicht aber auch bis in akademische Berufe und hat sich örtlich verstreut bis in die USA und nach Australien. Die Auswanderer nach den Staaten verlieren vielfach rasch den Kontakt zur alten Heimat. Wegen der Fülle des familiengeschichtlichen Materials wird diese Sammlung bei ihrer Fortführung für weitere Familienkreise demographischen Wert erlangen.

Clemens Steinbicker

Alfred Schroer, Geschichte des Hofes Mormann, 17. - 20. Jahrhundert, Bauerschaft Westenfeld Nr. 165, Gemeinde Altenberge/Westfalen. Hamm 1991, 350 S. mit zahlreichen Abb., brosch., als Manuskript vervielfältigt

Das Werk ist unterteilt in die Hofesgeschichte seit 1714 und die Familiengeschichte, die etwa um 1650 ansetzt und sich auf die Kirchenbücher und Seelenstandslisten seit 1700 stützt. Verfasser stellt zunächst die Hofesgeschichte in den historischen Zusammenhang von Landes- und Grundherrschaft des vor 1821 Althaushove oder -kotten genannten Gutes, das aber im 17. Jahrhundert auch unter dem Namen Vinhagen im Besitz münsterischer Bürger war und über den Amtsdrosten von Wolbeck, Burchard von Merveldt, 1714 an das münsterische Domkapitel als Grundherrn gelangte. Da die Hove schatzfrei war, ist ihre Geschichte nicht leicht zu erschließen. Der Zukunft harrt hier sicher noch einige Forschungsarbeit. Es zeigt sich, daß der Hofesname bei kleinem Grundbesitz längst nicht so fest verwurzelt und dauerhaft war wie bei größeren und älteren Erben und manchmal, entgegen der Regel, der Hofesname dem Familiennamen des Aufsitzers wich.

Die Hofesgeschichte hat der Verf. nach den Generationen der Bewohner unter intensiver Beisteuer von Urkundenwiedergaben aus den Beständen u. a. des Katasteramtes Steinfurt, der Protokolle der Domkellnerei und des Territorialarchivs Rheina-Wolbeck im Staatsarchiv in Münster, der Straßenbauabteilung des Landschaftsverbandes und des eigenen Hofarchivs, also in ausgedehnter Umschau dargestellt. Von besonderem Interesse sind dabei die Vorgänge und Auswirkungen des Baus der gegenwärtigen Bundesstraße 54 auf den Hofbestand und der Bericht des gegenwärtigen Hofbesitzers Joseph Mormann über die Entwicklung des Hofes im 20. Jahrhundert und seiner Erfolge insbesondere in der Schweinezucht. Aus dem ursprünglichen Kotten hat sich durch zähe Arbeit und stete Vermehrung des Grundbesitzes ein mittlerer Bauernhof entwickelt.

Auch in der Darstellung der Familiengeschäfte hält sich der Verf. an die Generationsfolge in 10 Generationen. Genaue Lebensdaten bietet er erst seit der 4. Generation meist nur mit Jahreszahlen. Abgehende Kinder werden zunächst nicht verfolgt. Es überleben allerdings nur sehr wenige, so in der 4. Gen. 2 Kinder, in der 5. Gen. nur der Hoferbe, in der 6. Gen. 3 Kinder. Erst in der 7. Gen. seit 1896 werden 10 Kinder geboren, von denen 9 eine Ehe schließen. Erst von dieser Generation an werden ausführliche Lebensberichte von den betreffenden Familienangehörigen selbst oder nächsten Verwandten gegeben, die ein lebendiges Bild vermitteln und daher auch allgemeineres Interesse verdienen. Sie betreffen die Familien Watermann, Schröer, Lenfort, Schenuit, Lülf und Mormann und sind mit zahlreichen Wiedergaben von Familienfotos und Totenzetteln aufgelockert, die aber teilweise, vor allem, wenn sie von Farbfotos gewonnen sind, an Erkennbarkeit zu wünschen übrig lassen. Wohl jeder Angehörige der Sippengemeinschaft ist hier bildlich festgehalten. Lebensraum der Nachkommenschaft ist noch heute überwiegend das Münsterland.

Seit 1743 befindet sich der Hof Mormann in direkter männlicher Erbfolge im Besitz, seit 1821 im Eigentum der Familie Mormann. Sie kann daher im Juni 1993 das Jubiläum „250 Jahre Hof Mormann“ festlich begehen.

Clemens Steinbicker

Oscar Rahmann, Rahmann aus dem Hause Krüllmann – Stammforschung einer Münsterländer Großfamilie, Erkrath 1990, 344 S. und 14 S. Abb. teilw. in Farbe, brosch.

Der Verfasser behandelt in seiner umfangreichen Schrift die Stammfolge seiner direkten Vorfahren auf dem Kotten Krüllmann im Kirchspiel Sassenberg und dem Erbe Rahmann im Kirchspiel Greffen. Nach kurzer Einleitung über den Lebens- und Siedlungsraum seiner Ahnen bietet er die Hofes- und Familiengeschichte in einem Guß in Form von ‚Lebensbildern' der Hofesinhaber. Krüllmann stellt sich als ein um 1500 gebildeter Markkotten in der Bauerschaft Dackmar des Kirchspiels Sassenberg dar, dessen Geschichte er durch 5 Generationen von ca. 1530 bis 1670 verfolgt. Grundherr war das Kloster Marienfeld bei Harsewinkel, seine Größe anfangs etwa 13 Morgen, um 1650 ca. 50 Morgen. Für Einzelheiten bezieht sich der Verf. auf einen Sonderteil „Der Hof und seine Flurentwicklung“, der aber in diesem Band nicht aufzufinden ist.

Auch der Hof Rahmann war dem Kloster Marienfeld eigenhörig, dessen Geschicke im wesentlichen seit der Übernahme durch einen Greffener Dorfkötter aus der Familie Krüllmann um 1650 verfolgt werden. Der Hof war ein Vollerbe von ca. 130 Morgen Größe, das aber seit mindestens 50 Jahren „wüst" gelegen hatte und vom Nachbarhof Strothmann mitbewirtschaftet worden war. Seine Geschichte wird durch 9 Generationen bis zur Gegenwart dargeboten, wobei im 18. Jahrhundert durch Heinrich Strothmann und im 19. Jahrhundert durch Bernhard Eggersmann unter Erhaltung der Blutslinie wie des Namens neue Familien auf den Hof kommen. Ein weiterer Abschnitt behandelt die Nachkommen eines nach Warendorf übergesiedelten Zweiges ab der 8. Gesamtgeneration. Die Hauptlinie der Ahnen wird sehr eingehend, Nebenlinien kürzer, zur Gegenwart immer knapper dargestellt. Dem Verf. liegt daran, ein möglichst eingehendes Bild der Lebensverhältnisse seiner Vorfahren zu zeichnen. Da diese anfangs einfache Bauern und Dorfbewohner sind und über den Soldatenstand in handwerkliche bürgerliche Berufe übergehen, ist die verfügbare Quellenmasse recht bescheiden. Umso höher ist zu bewerten, was der Verf. aus den wenigen knappen Schatzungslisten, Erbprotokollen, Gewinn- und Sterbefällen herauszuholen versteht, zumal die Kirchenbücher von Greffen erst 1693 beginnen und auch im 18. Jahrhundert große Lücken aufweisen. Der sorgfältige Vergleich mit der Lage anderer Höfe, des Auf und Ab der Abgaben im Lauf der Jahrzehnte gestattet ihm grundsätzliche Schlußfolgerungen zur wechselvollen Entwicklung des münsterländischen Bauerntums, die durchaus exemplarischen Charakter haben. Er deutet die Einwirkungen von Kriegshandlungen und Seuchen in den Jahren 1553, 1582 (Pest), 1587 bis 1648 nahezu siebzigjähriger Kriegszustand. Der Kotten Krüllmann blieb bis 1616 wegen seiner abgelegenen Lage unberührt, während der Hof Rahmann schon vor 1600 wüst fiel. K. konnte um 1630 sogar noch Darlehen geben, was er dem Grundherrn zu verheimlichen suchte. Erst in den folgenden Jahren sank der Vermögensstand und 1666 noch mußte die Klosterverwaltung auf fällige Abgaben verzichten.

Während es den Bauern schlecht geht, kommen der nach Greffen abgewanderte Friedrich Krüllmann gent. Mühlenfriedrich (1585 - um 1667) und sein Sohn Johann (um 1620 - 1706) zu nicht unbeträchtlichem Wohlstand. Anfangs ohne Grundbesitz kann er Grundstücke aus dem Rahmannshof 1643 erwerben und den kinderlosen Diener des Klosters Marienfeld, Johann Becker, beerben. Sein Sohn Johann Krüllmann brachte es in einem langen Leben und Wirken als Brauer und Wirt in Greffen zu einem Vermögen bei seinem Tode 1706 von 6 735 Rtl. und konnte zwei Söhne nach Münster auf die Schule schicken. Der Verf. versteht es durch sorgfältige Überlegungen, die persönlichen Schicksale der Familie einzubetten in die Geschehnisse der lokalen Umwelt wie der Landesgeschichte. Er bietet eine eingehende Übersicht über die „gewissen" wie die „ungewissen" Gefälle bei Auffahrten und Hofübergaben, bei Todesfällen und Freilassungen, die weit über einfache genealogische Zusammenstellungen hinausgehen. Wenn man auch nicht jeder zu sehr aus modernen Ansichten hervorgehenden Wertung folgen mag, so bleibt das Ganze doch von großem Eindruck, etwa wie Abt Rulle (1703 - 13) seine Eigenbehörigen persönlich vorlädt, um aus ihnen genauere Auskünfte über ihre Vermögensverhältnisse herauszuholen zwecks besserer Besteuerung, um die Bauschulden seiner Vorgänger abzutragen und Mittel für neue Bauvorhaben zu gewinnen. Die Mühen und Plagen bäuerlichen Lebens, die äußerst langsame Überwindung von Kriegsfolgen werden deutlich gemacht.

Der Text wird durch wörtliche Passagen aus den Quellen, teils in Abschrift, teils in Kopien, die nicht immer gut zu entziffern sind, aufgelockert. Es sind Ortskarten und -pläne von Greffen und Warendorf, Lagepläne der verschiedenen Hofanlagen, eine Stammfolgenübersicht, Namen- und Ortsregister, Quellen- und Literaturverzeichnis, ein Glossar, Wappen und eigene Vorarbeiten beigefügt, so daß kein Wunsch offen bleibt. Hervorzuheben ist auch die gute Qualität des abschließenden Bildteils, der auf ein neues Verfahren schließen läßt.

Die Benutzung dieser Arbeit kann jedem mit Hofgeschichte befaßten Forscher als Muster weitgehender Auswertung vorhandener Quellen aller Art bis zu Brüchtenregistern (!) nur warm empfohlen werden.

Clemens Steinbìcker

Georg Ketteler, Die Catharinen-Bruderschaft an St. Lamberti in Münster von 1330. – Geschichte – Statuten – Daten der Mitglieder seit 1500.
Anhang: Géza Jászai, Der ehemalige Catharinen-Altar in St. Lamberti. Münster Verlag Regensberg 1993, 269 Seiten 5 Abbildungen, 35 DM
Zu beziehen durch Verfasser: 48149 Münster, Redigerstr. 32.

Bruderschaften religiösen Charakters hat es in Münster mindestens seit dem 14. Jahrhundert gegeben. Die Zahl der Mitglieder war in der Regel begrenzt. Ihre Aufgabe bestand in Gebetsverbrüderung, jährlichem Gottesdienst mit anschließendem gemeinsamem Mahl und der Sorge für die Armen und ein würdiges Begräbnis der Mitglieder. Ihre Zahl war schon seit der Reformation und der Wiedertäuferzeit im Rückgang begriffen. Ein großer Einschnitt erfolgte um die Mitte des 18. Jahrhunderts, als sich das gesellschaftliche Leben aus kirchlichem Rahmen löste und in Vereinen und Clubs neue gesellschaftliche Formen entwickelte. Nach dem Ende der napoleonischen Ära setzte eine gewisse Neuordnung und Wiederbelebung der Bruderschaften ein. Um 1900 bestanden noch 12 Bruderschaften, derzeit blühen noch fünf Bruderschaften.

Die Catharinen-Bruderschaft wurde 1330 vom Pfarrer der St. Lambertikirche und zwei Vikaren derselben Kirche gegründet. Über die Anfänge haben sich kaum Nachrichten erhalten. Im Besitz der Bruderschaft befinden sich ein Schwarzes Buch von 1615 und ein Rotes Buch von 1783. Im älteren Schwarzen Buch wurden Namen und Lebensdaten der Geistlichen seit ca. 1520, der Laien und ihrer Frauen seit etwa 1490 aufgezeichnet. Da die Zusammenstellung um 1615 erfolgte, kann sie für die Vorzeit kaum vollständig gewesen sein. Im Spätmittelalter blühend, zeigen die Lücken in der Aufnahme neuer Mitglieder von 1754 bis 1766 und von 1786 bis 1816 den Niedergang der Bruderschaft an, jedoch erlosch sie nie ganz. Erst im 19. Jahrhundert belebte sie sich. Frauen wurden seitdem nicht mehr als Schwestern gesondert aufgenommen. Die Zahl der Brüder schwankte. Ketteler hat für 1616 mit 78 Brüdern einen Spitzenstand festgestellt. Seit der Mitte des 19. Jahrhunderts ist die Höchstzahl auf 18 Mitglieder (6 geistliche und 12 weltliche) begrenzt. Die Ergänzung erfolgt durch Kooptation.

Ketteler beschreibt dann den Besitz der Bruderschaft, ihre Gebräuche und ihr Vermögen, die Mitgliederentwicklung und ständische Zusammensetzung, ihre Ämter und gibt den Wortlaut der Statuten in moderner Fassung wieder. Die Bruderschaft besaß einen eigenen Altar in der Lambertikirche, eine Catharinen-Statue mit Kronen und auch eine Catharinen-Glocke. Der Altar wurde um 1840 abgeräumt. Jászai ist die Bestimmung seiner Reste als Werk Gerhard Gröningers zu danken.

Den Hauptteil der Schrift bilden die Listen der Mitglieder der Bruderschaft für die Zeit bis 1801, aufgeteilt nach Klerikern (G. L.), weltlichen Brüdern (W. L.) und Schwestern (S. L.). Seit dem 19. Jahrhundert wurden sie in einer Liste zusammengefaßt. Sie sind für den Genealogen naturgemäß von besonderem Interesse und der Bearbeiter der Listen hat große Mühe darauf verwandt, kleine Biographien der Mitglieder mit Quellenangaben zusammenzustellen. Hierin ist er bislang unübertroffen und seine Arbeit kann für die führenden Familien der münsterischen Beamtenschaft und des Bürgertums in Zukunft als bequemes Nachschlagewerk dienen. Er hat in seiner Arbeit auf viele literarische Quellen und Publikationen, aber ebenso auf zahlreiche archivalische Unterlagen in staatlichen, städtischen und privaten Archiven und Sammlungen zurückgegriffen und die gewonnenen Daten mit größter Akribie verglichen und zusammengestellt. Geringe Lücken, etwa Christoffer Kemner, (W. L. 67), Hermann Lausmann (G. L. 275), wohl Loismann, Joh. Bernh. Strickling (W. L. 342), wohl aus Haltern, Ignaz Franz Maerle (W. L. 346), vermutlich aus Dülmen, Hartzfeld, Dr. (W. L. 386), wohl Hatzfeld, hätten vermutlich geschlossen werden können.

Die benutzten Quellen sind bei jeder Person angegeben, aber auch listenmäßig nach gedruckten und ungedruckten Unterlagen zusammengefaßt, die Angaben aus den Listen selbst durch Fettdruck hervorgehoben. Ein Personenregister fehlt ebensowenig wie eine Liste der benutzten Abkürzungen. Es bleibt für den bequemen Zugang kein Wunsch offen.

Clemens Steinbicker

Liselotte Folkerts, Münster – Nicht immer war es Liebe auf den ersten Blick. Münster und das Münsterland in Stimmen und Bildern durch Jahrhunderte. Dülmen (Laumann-Verlag) 1992, 352 Seiten, zahlreiche, teils farbige Abbildungen, 58 DM.

Die Verfasserin hat mit viel Liebe und großer Mühe bekannte und unbekannte Zeugnisse und Urteile über Münster und seine Bewohner zusammengestellt, teils liebevollen oder zumindest freundlichen, teils aber auch durchaus kritischen Charakters. Im Untertitel weist sie darauf hin, daß Fremden und Zugezogenen nicht selten ein abweisendes Gesicht gezeigt und das Heimischwerden nicht leicht gemacht werde, daß manche Münster überhaupt keinen zweiten Blick gegönnt, sondern seinen Staub alsbald von ihren Füssen geschüttelt haben und weitergezogen sind. Gerade jetzt, da das 1200jährige Stadtjubiläum die Aufmerksamkeit der „Großen Welt“ intensiver als für gewöhnlich auf unsere Stadt gezogen hat, ist nicht zu überlesen, daß manche Berichte über die Feiern und Ausstellungen aus diesem Anlaß von einem gewissen spöttisch-herablassenden Unterton getragen sind, welche die Stadt für zu konservativ, dem gerade herrschenden Zeitgeist nicht gerade auf der Spur sind und die Stadt daher insgesamt für wenig beachtenswert halten. Wir alten Münsteraner werden das mit Fassung zu tragen wissen und uns daran halten, daß allzu grosse Liebe von allen Seiten der Stadt auch nicht zuträglich wäre.

Manche der zusammengebrachten Äusserungen verraten eine nur ganz flüchtige Begegnung, stecken voller Irrtümer und Flüchtigkeiten, zeugen von Unwissenheit, gehen über Gemeinplätze kaum hinaus, geben kritiklos Angelesenes und Gehörtes wieder, suchen für schon gefasste Vorurteile nur eine Bestätigung. Zur Gegenwart hin werden die von der Verfasserin gewählten Zeitabschnitte kürzer und immer eingehender behandelt, und wenn die Zeit eigenen Erlebens erreicht wird, auch wärmer und anrührender. Viele Teilaspekte des Lebens in Münster sind getroffen. Ein abschließendes Gesamtbild ergibt sich aber wohl noch nicht, kann sich im Grunde auch nicht ergeben, da die Berichte nicht nach Plan entstanden, sondern dem Zufall zu verdanken sind.

Als Stimmungsbilder erscheinen mir als die farbigsten für die münsterische Landschaft der Beitrag Adolf v. Hatzfelds (S. 189 ff), für das Leben des Adels der Bericht Udo v. Alvenslebens von 1937 über einen Ball im Erbdrostenhof (S. 214 ff), für das bürgerliche Leben der Bericht des preuß. Generals v. Fransecky von 1837 über den „Krawall" (S. 126 ff), und von Josef Winkler über die Pfändung des Bischofs im Kulturkampf von 1875 (S. 153 ff).

Wenn überhaupt ein Aspekt vermißt wird, dann der, daß für die Jagd, die im Leben des Adels wie des Bürgers und besonders des Bauern eine so hervorragende Rolle gespielt hat, sich kein Beitrag gefunden hat. In dem langen Gedicht des päpstlichen Nuntius Chigi über Münster und seine Bürger zur Zeit des Friedenskongresses am Ende des 30jährigen Krieges, über den ewigen Regen und die Tracht der Frauen hätte man wohl eine Abbildung der Felke, des damals üblichen Haubenmantels, gewünscht, von dem m. W. eine Zeichnung existiert.

Besonders hervorzuheben ist, daß die Verfasserin zu jedem Originalbeitrag eine sorgfältig unterrichtende Ein- bzw. Überleitung gibt, die zum zeitgeschichtlichen Verständnis sehr zuträglich sind. Überdies hat sie zur Illustration alles nur erdenkliche und wünschenswerte Material beschafft, das allzu bekannte und gängige möglichst verschmäht, statt dessen unbekanntes, auch sehr modernes, vielfach aus Privatbesitz kommendes, ans Licht geholt und mit Recht die oft viel prägnanteren Zeichnungen und Stiche einer Photographie vorgezogen. Eingehende Kurzbiographien der Autoren, Register, Quellen- und Künstlerverzeichnisse fehlen nicht.

Wer immer sein Herz an Münster gehängt hat, seine Familien und Bürger kennt, sollte dieses Buch lesen und besitzen.

Clemens Steinbicker

Jürgen Kloosterhuis, Bauern, Bürger und Soldaten. Quellen zur Sozialisation des Militärsystems im preußischen Westfalen 1713-1803. 2 Bde. Münster: Selbstverlag des NW Staatsarchivs Münster 1992 (Veröffentlichungen der Staatlichen Archive des Landes Nordrhein-Westfalen, Reihe C: Quellen und Forschungen aus den staatlichen Archiven, Bde. 29 und 30).

Das Militär galt immer als bedeutender Eckpfeiler im Bau des preußischen Staates. Doch an einer genauen Beschreibung und angemessenen Bewertung der zu diesem Urteil führenden Fakten hat es, zumindest für die westlichen Gebiete Preußens, bisher gefehlt. Auf die im Zusammenhang mit der Entstehung des preußischen Militärsystems und seinen Auswirkungen auf Soldaten und Bevölkerung sich ergebenden Fragestellungen gibt die hier anzuzeigende Veröffentlichung von Jürgen Kloosterhuis ausführliche Antworten. Dazu sind insgesamt 433 Quellen aus staatlichen, kommunalen, kirchlichen und privaten Archiven, aus Bibliotheken und aus der Literatur zusammengestellt worden, die, nach Sachgebieten geordnet, deutlich werden lassen, welche Rolle Militärsystem und Soldaten im preußischen Westfalen tatsächlich gespielt haben.

Zeitlich sind die Quellen auf das knappe Jahrhundert vom Beginn der Regierung Friedrich Wilhelms I. und dem Ende des Alten Reiches beschränkt. In geographischer Hinsicht konzentrieren sie sich auf die Grafschaften Mark und Ravensberg und das Fürstentum Minden. Die übrigen preußischen Territorien in Westfalen und am Niederrhein – Tecklenburg, Lingen, Kleve, Moers und Geldern – werden nur am Rande berücksichtigt.

Der Quellensammlung ist eine Einführung in das Militärsystem im preußischen Westfalen vorangestellt, die dessen Grundzüge darlegt und durch beigefügte Karten und Grafiken besonders anschaulich macht.

Die Quellen selbst geben Auskunft zur Entwicklung des Kantonsystems, zu den im preußischen Westfalen stationierten Regimentern, zum Regimentsersatz, zur Anwerbung von Rekruten, zum Militärdienst von Mannschaften und Offizieren, zur Militärdienst-Verweigerung und ihren Konsequenzen, zum Sozialmilieu des Militärs sowie zum Dienstbetrieb in den Garnisonen. Drei Gedichte zum Militär- und Soldatenleben und 51 Abbildungen runden die Quellensammlung ab. Insgesamt gesehen bietet sie eine erstaunliche Fülle an Material für eine differenziertere Betrachtung preußischen Soldatentums und Militärwesens des 18. Jahrhunderts in Westfalen.

Der zweite Band des Gesamtwerks enthält alle in den im ersten Band aufgeführten Quellen vorkommenden fast 29 000 Personennamen. Es handelt sich jedoch nicht um einen einfachen Index der Personennamen, sondern um den Abdruck der bei der Auswertung der Quellen angelegten Datensätze für die in den Quellen vorkommenden Personen. Die Datensätze enthalten zwar außer Familien- und Vornamen und den Verweis auf die jeweilige Quelle noch weitere Angaben zu den einzelnen Personen, jedoch konnten aus Platzgründen nicht alle in den Quellen enthaltenen Informationen zu den Personen wiedergegeben werden. Insbesondere die als Listen vorliegenden Quellen – Stammrollen, Offiziers- und Sonderlisten und das Kirchenbuch des Füsilierregiments Nr. 41 für die Zeit 1741-1774 (Quelle Nr. 130) – enthalten zusätzliche Personal-

Informationen, die bei den diese Quellen verwahrenden Archiven (Staatsarchiv Münster und Landeskirchliches Archiv Bielefeld) erfragt werden können. Übrigens besteht der Abdruck der Personen-Datensätze aus zwei Teilen. Der erste Teil umfaßt die Liste der in den Stammrollen, Offiziers- und Sonderlisten enthaltenen Namen, in die zusätzlich der Personenindex zu den Regesten der Quellensammlung integriert wurde. In einer zweiten Liste sind die in dem o. a. Regimentskirchenbuch vorkommenden Personennamen aufgeführt.

Wie aus einer Bemerkung zu dem unter Quelle Nr. 130 aufgeführten Kirchenbuch des Füsilierregiments Nr. 41 für die Zeit 1741-1774 hervorgeht, existieren im Landeskirchlichen Archiv Bielefeld noch zwei weitere Kirchenbücher dieses Regiments, und zwar aus den Jahren 1775-1799 und 1800-1808. Da die Familienforschung gerade bei den dem Soldatenstande zugehörigen Personen wegen häufiger Ortswechsel besonders erschwert ist, wäre bei der Erstellung und dem Abdruck der personenbezogenen Datensätze für das älteste Kirchenbuch dieses Regiments aus Sicht des Genealogen eine gleichartige Erschließung auch der zwei weiteren Kirchenbücher dieses Regiments wünschenswert gewesen.

Hans Brandhorst

Margret Nolte, Der Reichshofrat Johannes (von) Crane, der „pacificator" in den Friedensverhandlungen zu Münster und Osnabrück 1643-1648, und seine Brüder Petrus und Henricus, bedeutende Söhne der kurkölnischen Stadt Geseke in Westfalen, Geseke 1992 (Schriftenreihe des Vereins für Heimatkunde Geseke e.V. Nr. 7), 141 S., DM 25.

Im Mittelpunkt des Buches steht ein Westfale, der an herausgehobener Stelle an den Friedensverhandlungen beteilgt war, die 1648 mit dem Westfälischen Frieden den 30jährigen Krieg beenden sollten: der Reichshofrat Johannes Krane, Sohn eines gleichnamigen Küsters in Geseke. Dieser stammte von den angesehenen Bürener Familien Krane und Mattenkoldt ab, die Mutter kam dagegen aus Geseke aus der Familie Beßken, die zwar mit führenden Familien der Stadt versippt war, aber selbst erst im 17. Jahrhundert politisch faßbar wird; genauere verwandtschaftliche Beziehungen lassen sich wegen der Wiederkehr immer derselben Vornamen nicht mehr eindeutig nachvollziehen.

Ende des 16. Jahrhunderts geboren, trat Johann Krane nach dem Besuch der Stiftsschule in Geseke und des Jesuitengymnasiums in Paderborn und nach dem Jurastudium 1626 in den Dienst der katholischen Äbtissin von Essen, deren Ansprüche gegen das protestantische Stift er am Kaiserhof vertrat. Auf Empfehlung des Paderborner Weihbischofs Pelcking, einem Vorkämpfer der Gegenreformation, wurde er 1628 als Agent des Kurfürsten von Köln nach Wien entsandt. 1633 wurde er zum Mitglied des Reichshofrates berufen. In dieser Funktion war er kaiserlicher Gesandter auf mehreren Kongressen, insbesondere 1636-51 bei den Friedensverhandlungen in Köln, Münster-Osnabrück und Nürnberg. 1652 wurde Krane für seine Verdienste geadelt zum Hofpfalzgrafen ernannt. Er starb 1672 in Wien.

Die Autorin widmet sich neben Abstammung und Karriere Kranes vor allem seiner Familie und seinen Nachfahren. Wo immer es möglich ist, kommen ausführlich Quellen zu Wort. Wiederholt wird dabei die Korrespondenz mit Franz Wilhelm von Wartenberg, dem Bischof von Osnabrück und einem der Anführer der konservativ-katholischen Gruppierung bei den Friedensverhandlungen, herangezogen, mit dem Krane in engem Kontakt gestanden zu haben scheint. Vor allem bei genealogischen und persönlichen Beziehungen wartet die Autorin mit einer oft verwirrenden Fülle von Detailinformationen auf. Ausführliche Erläuterungen sind dem historischen Rahmen und zeitgenössischen Institutionen gewidmet.

Mit dem Lebenslauf Johannes Kranes verwoben sind die Biographien seiner Brüder Heinrich, seit 1633 als Nachfolger Johanns Agent des Kölner Kurfürsten am Kaiserhof (S. 5, 10, 13, 16, 30f., 53f., 57-59, 115), und Petrus, zunächst Rektor des Augustinerinnen-Stiftes Nazareth in Störmede, dann Propst des Augustiner-Chorherren-Stifts Hördt in der Rheinpfalz und schließlich Pfarrer in Oberöwisheim bei Bruchsal (S. 5, 10, 16, 31-33, 59-62, 71-73). Trotz aller Querverbindungen wäre eine deutliche Absetzung der drei Biographien voneinander wünschenswert, zumal auf einen Index verzichtet ist.

Bezüglich Kranes diplomatischen Verdiensten verweist die Autorin summarisch auf die Aktenüberlieferung, die teilweise noch der Edition bedarf, vor allem was die Akten der kaiserlichen Gesandtschaft in Osnabrück betrifft, der Krane angehörte. Ein Blick auf Werdegang, Förderer und Freunde legt jedoch nahe, Krane, der als gewandter Jurist galt, den konservativen Kreisen um Franz Wilhelm von Wartenberg zuzurechnen.

Ergänzt wird die Darstellung durch zahlreiche Abbildungen sowie durch einen Anhang von mehreren Quellenabdrucken in verkleinertem Faksimile.

Gunnar Teske

Die Urkunden des Klosters Gravenhorst, bearb. v. Manfred Wolf. Münster: Aschendorff 1994 (Veröffentlichungen der Historischen Kommission für Westfalen XXXVII, Band 5). DM 110,–.

Das Kloster Gravenhorst wurde 1256 durch den Ritter Konrad von Brochterbeck gegründet. Es gehörte zu einer Reihe von Zisterzienserinnenklöstern, die im 13. Jahrhundert in der Diözese Osnabrück im Machtbereich der Grafen von Tecklenburg entstanden. 1400 traten die Tecklenburger ihre Rechte am Kloster an die Bischöfe von Münster ab, die 1667/68 auch die Diözesanrechte erwarben. 1808 wurde das Kloster, das sich zu einem Versorgungsinstitut für die Töchter des landsässigen Adels entwickelt hatte, durch die großherzoglich bergische Regierung aufgehoben.

Die urkundliche Überlieferung des Klosters, die in diesem Band enthalten ist, umfaßt diejenigen Originalurkunden und Urkundenabschriften, die sich heute im NW Staatsarchiv in Münster befinden. Nicht berücksichtigt wurde der im Pfarrarchiv Gravenhorst befindliche Restbestand, zu dem immerhin ein abschriftlich überliefertes Güterverzeichnis des 13. Jahrhunderts gehört.

Zu sämtlichen hier aufgenommenen Urkunden sind Vollregesten erstellt worden, die den wesentlichen Rechtsinhalt wiedergeben. Zusätzlich sind die ältesten Urkunden bis 1350 vollständig abgedruckt, wodurch eine deutliche Verbesserung des Textstandes gegenüber den bisher gültigen Urkundenbüchern erreicht werden konnte.

Die rund 580 mustergültig erarbeiteten Urkundentexte und -regesten aus den Jahren 1255 bis 1793 geben Einblick in das wirtschaftliche und religiöse Leben von Kloster und Konvent Gravenhorst, vermitteln aber auch Informationen von allgemeinerem Interesse, so Nr. 116 zu 1322 Getreideverkauf von Klöstern, Nr. 151 zu 1370 Verkauf einer Burgstätte zu Hörstel, Nr. 168 zu 1400 Abtretung eines Teils der Grafschaft Tecklenburg an Münster, Nr. 415 zu 1629 Aufnahme einer Behinderten in das Kloster etc.

Namen- und Sachindices erschließen den Band, der nicht nur grundlegendes Material für die Geschichte des Klosters Gravenhorst, sondern auch des Tecklenburger Landes enthält.

Münster — Wolfgang Bockhorst

Archive im Kreis Herford. Im Auftrage des Arbeitskreises Archive im Kreisheimatverein Herford e.V. herausgegeben von Christoph Laue, Bielefeld: Verlag für Regionalgeschichte 1993 (=Herforder Forschungen Bd. 9), 244 Seiten, 10,– DM.

Nach der im Jahre 1992 erschienenen Bibliographie des Kreises Herford legt der Kreisheimatverein mit dem hier vorzustellenden Archivhandbuch ein weiteres wichtiges Hilfsmittel für die orts- und regionalgeschichtliche Forschung vor. Es wurde von Mitgliedern des „Arbeitskreises Archive“ erarbeitet, in dem sich Archivarinnen und Archivare der Kommunen des Kreises Herford und überregionaler Archive zusammengeschlossen haben. Das Ergebnis ihrer Arbeit ist ein umfassender Überblick über die Bestände nicht nur der kommunalen, kirchlichen und privaten Archive des Kreises selbst, sondern – und das ist als besonders erfreulich zu werten – auch der wichtigsten überregionalen Staats- und Kirchenarchive; so findet man hier auch Hinweise auf einschlägige Bestände in den Nordrhein-Westfälischen Staatsarchiven Detmold, Düsseldorf und Münster, im Westfälischen Archivamt (Münster), im Westfälischen Wirtschaftsarchiv (Dortmund), im Geheimen Staatsarchiv Preußischer Kulturbesitz (Berlin), im Bundesarchiv (Koblenz) und im Landeskirchlichen Archiv der Evangelischen Kirche von Westfalen (Bielefeld). Nach einführenden Hinweisen auf Aufgaben und Bedeutung der Archive sowie die Benutzungsbedingungen und einer Verwaltungsgeschichte des Kreises Herford (S. 15-25) folgen in den einzelnen Überblicksartikeln die entsprechenden Informationen zu Bünde, Enger, Herford, Hiddenhausen, Kirchlengern, Löhne, Rödinghausen, Spenge und Vlotho mit den Stadt- bzw. Gemeinde- und Kirchenarchiven sowie den Archiven der ehemaligen Rittergüter: Nach allgemeinen Angaben wie Anschriften, Öffnungszeiten und Ansprechpartnern sowie einem Überblick über die Besonderheiten der territorialen und verwaltungsmäßigen Entwicklung des jeweiligen Ortes werden die Kurzübersichten vorgestellt, denen sich eine ausführliche Beschreibung der Bestände anschließt; sie enthält jeweils den Bestandsnamen, Laufzeit, Umfang, Findmittel, Gliederung und Inhalte. Weiterführende Hinweise auf Standardwerke der Ortsgeschichte und Abbildungen von Dokumenten aus den vorgestellten Archiven runden das Werk ab, das durch ein Register der erwähnten Gemeinden, Bauerschaften, Rittergüter, Ämter bzw. Ortsteile gut erschlossen ist. Jeder, der im Kreis Herford geschichtliche Forschungen durchführt, wird diese Publikation äußerst dankbar begrüßen. Es wäre sehr zu wünschen, wenn sich die im Vorwort ausgesprochene Hoffnung realisierte, daß dieses Handbuch eine Pilotfunktion auch für andere Kreise in Westfalen übernähme!

Münster — Dieter Veldtrup

In memoriam Dr. August Schröder

Wenige Wochen nach seinem 85. Geburtstag, den er noch im Kreise zahlreicher Gratulanten beging, verstarb Landesarchivar a.D. Dr. August Schröder am 19. Juni 1993.

August Schröder wurde am 8. Mai 1908 in Hollenstede bei Fürstenau (Reg.-Bez. Osnabrück) als Sohn des Volksschullehrers Franz Schröder und seiner Ehefrau Maria geb. Schade geboren. Nach dem Besuch der Rektoratschule in Fürstenau und des Humanistischen Gymnasiums in Meppen, beabsichtigte er, Theologie zu studieren und bezog dieserhalb für zwei Semester die Universität in Innsbruck, wechselte von dort nach Münster, wohin er nach einem Semester an der Sorbonne in Paris (1931) wieder zurückkehrte. Die Schwierigkeiten, sein Studium zu finanzieren, zwangen ihn zu mancherlei Nebenverdiensten, die ihn auch an die lokale Heimatforschung und Abfassung heimatgeschichtlicher Beiträge heranführte. Schließlich unterbrach er sein Studium im Jahr 1934 für ein halbes Jahr.

Schon zu Anfang seiner universitären Ausbildung hatte sich das Interesse Schröders von der Theologie dem Studium der Philologie (Latein und Französisch), der Geschichte und insbesondere der westfälischen Landesgeschichte zugewandt. Glückliches Auffinden von Resten der Bibliotheken Overbergs und Fürstenbergs veranlaßten ihn, sich eingehender in einer Dissertation mit diesen für die Geistesgeschichte Westfalens bedeutenden Männern zu befassen. Gefördert von seinem Doktorvater Prof. Dr. Anton Eitel, wurde er 1937 zum Dr. phil. promoviert. Noch im selben Jahr erhielt er eine Anstellung als „wissenschaftlicher Hilfsarbeiter" bei der Archivberatungsstelle der Provinz Westfalen, wo er zunächst an der Erschließung des Stadtarchivs Neheim und des damals noch in der Stadt Münster liegenden Archivs des Grafen von Merveldt zu Westerwinkel arbeitete. Im Januar 1941 wurde er zum Heeresdienst einberufen, kam an die russische Front und nach längerem Lazarettaufenthalt in Münster, den er auch zu archivischen Studien nutzte, wieder zum Einsatz. Im April 1946 geriet er in Mecklenburg in amerikanische Kriegsgefangenschaft, aus der er über Frankreich im Februar 1946 zurückkehrte, um sofort den Dienst bei der Archivberatungsstelle, – später in Westfälisches Archivamt umbenannt –, wiederaufzunehmen. Seine Tätigkeitsfelder waren vornehmlich die kommunalen und privaten Archive des Regierungsbezirkes Münster. Besonders setzte er sich für die Erschließung und Rettung des 1946 unter Wasser geratenen Stadtarchivs Rheine ein. Ebenso zog das Gemeindearchiv Metelen auch nach der Beendigung seiner Dienstzeit großen Nutzen aus seiner interessierten Zuwendung. Unter den Adelsarchiven profitierten – abgesehen vom Gräflich Merveldt'schen Archiv – insbesondere die Archive der Freiherren Droste zu Senden und von Oer zu Egelborg von seiner Arbeit.

Aufgrund seiner weiten genealogischen Kenntnisse übernahm er im Amt zudem die Beratung der Familienforscher und führte eingehende Recherchen auf entsprechende Anfragen durch. Über die Pensionierung hinaus (1973) blieb August Schröder, der ein reiches Wissen an Detailkenntnissen sein eigen nannte, infolge anhaltenden Personalmangels bis 1975 dem Westfälischen Archivamt durch Werkverträge verbunden.

Sein aufgeschlossener, unkomplizierter Charakter, sein freundliches Wesen und eine ganz unprätentiöse Art hielten ihn davon ab, sich als Forscher in den elfenbeinernen Turm der Wissenschaft zurückzuziehen. Er suchte den Kontakt zu den interessierten Laien der Familienforschung und der Heimatgeschichte, ließ sich davon beflügeln und genoß deren Anerkennung. Diese wurde ihm in reichlichem Maß zuteil. Anläßlich seines 70. Geburtstages ernannte ihn die *Westfälische Gesellschaft für Genealogie und Familienforschung* zu ihrem Ehrenvorsitzenden. Ihr gehörte er bereits kurz nach ihrer Gründung seit 1938 an. Kurz nach seiner Rückkehr aus der Gefangenschaft wurde er 1948 zu deren Geschäftsführer gewählt. Er übernahm gleichzeitig damit bis 1977 die Schriftleitung der *Beiträge zur Westfälischen Familienforschung*, zu denen er selbst zahlreiche Artikel beisteuerte, zuletzt das Bürgerbuch der Stadt Rheine, das als eigenständiger Band erschienen ist. Von 1974 - 1977 hatte er den Vorsitz der Gesellschaft inne, lenkte also fast 3 Jahrzehnte die Geschicke dieser westfälischen Vereinigung. Über die vielen, meist kleinen abgerundeten, aber stets auf eigene Quellenforschungen zurückgehenden Darstellungen zur Familien- und Lokalgeschichte ermöglicht eine Aufstellung seines bis 1974 erschienenen Schrifttums eine Vorstellung (Beitr. z. westf. Familienforschung Bd. 30 - 32). Sie bezeugen sein heimatgeschichtliches Engagement, das 1990 mit dem Bundesverdienstkreuz Erster Klasse ausgezeichnet wurde. Schon zuvor hatte ihn 1979 das Land Niedersachsen für seine Bemühungen um die Geschichte des Osnabrücker Nordlandes mit dem Niedersächsischen Verdienstkreuz am Bande geehrt. Seine Verbundenheit mit seiner Heimatstadt Fürstenau und seinem Wohnsitz Roxel gab sich in zahlreichen, auf sie beziehenden orts- und vereinsgeschichtlichen Forschungen zu erkennen. Die Stadt Fürstenau hat ihm dies mit der Verleihung der Ehrenbürgerschaft zu danken gewußt.

Mit August Schröder haben viele ähnlich Interessierte einen kenntnisreichen Partner verloren, der gern aus seinem Wissen mitteilte. Die Kolleginnen und Kollegen im Westfälischen Archivamt haben ihn wegen seines stets freundlichen Umgangs und bodenständigen Humors geschätzt.

Werner Frese

Mitteilungen der Geschäftsstelle

Jahreshauptversammlung in Werl am 8. Mai 1993

Zur Jahreshauptversammlung 1993 konnte Stadtdirektor Wilhelm Dirkmann in Sitzungssaal des Werler Rathauses 56 Mitglieder unserer Gesellschaft begrüßen. Nach der Eröffnung durch den Vorsitzenden gab der Geschäftsführer einen Überblick über das abgelaufene Berichtsjahr. Der Mitgliederstand lag am 30.4.1993 bei 626 (577 persönliche – darunter 5 Ehrenmitglieder –, 4 korrespondierende und 49 korporative Mitglieder); die Gesamtzahl hat sich somit bei 20 Abgängen (4 Todesfällen, 13 Austritten und 3 Ausschlüssen wegen rückständiger Beitragszahlungen) und 33 Neuzugängen (30 persönliche und 3 korporative Mitglieder) seit dem letzten Berichtsjahr um 13 erhöht. Die Geschäftsstelle hatte über 250 Briefe zu beantworten: 75% betrafen Anfragen von Auskunftssuchenden, 18% Personen, die an einer Mitgliedschaft interessiert waren, bei 7% handelte es sich um allgemeine Korrespondenz. Von den Auskunftsersuchen kamen 63% aus Deutschland und 36% aus dem Ausland; von diesen Anfragen stammten allein 62,5% aus Amerika und 17,5% aus Holland; der Rest verteilte sich auf Australien, Belgien, Brasilien, Frankreich, Kanada, Luxemburg, Österreich, Polen und Südafrika. – Der Schatzmeister stellte die Finanzlage, der Schriftführer die laufenden Publikationsvorhaben der Gesellschaft vor: Nachdem Anfang 1993 die Bände 49 und 50 für die Jahre 1991 und 1992 erschienen sind, soll 1994 als Doppelband 51/52 für die Jahre 1993/94 eine Zusammenstellung der Eigenhörigkeitslisten des Fürstbistums Münster publiziert werden. – Der Rechnungsprüfer gab den Prüfungsbericht ab und beantragte Entlastung des Vorstandes, die ohne Gegenstimmen bewilligt wurde. Für die anschließende Neuwahl des Vorstandes, dessen 3jährige Amtsperiode abgelaufen war, übernahm das Ehrenmitglied Dr. Bender den Vorsitz der Versammlung. Da sich der Vorstand insgesamt für eine weitere Amtszeit zur Wahl gestellt hatte, ließ Dr. Bender in cumulo abstimmen. Die Anwesenden bestätigten bei 3 Enthaltungen und ohne Gegenstimmen den Vorsitzenden, seinen Stellvertreter, den Geschäftsführer und den Schatzmeister in ihren Ämtern und billigten mit überwiegender Mehrheit die in cumulo erfolgende Abstimmung zur Wahl des engeren Vorstandes sowie des derzeit 5köpfigen Beisitzergremiums, das bei 2 Enthaltungen und ohne Gegenstimmen ebenfalls im Amt bestätigt wurde. Für den freien 6. Beisitzerposten wurde auf Vorschlag des Vorstandes die Leiterin des Stadtarchivs Lemgo, Frau Dr. Gisela Wilbertz, bei 2 Enthaltungen ohne Gegenstimmen gewählt. Der Vorstand umfaßt nun folgende Personen:

Vorsitzender:	Dr. Leopold Schütte, Münster;
Stellv. Vorsitzender:	Hans Jürgen Warnecke, Steinfurt;
Geschäftsführer:	Dr. Dieter Veldtrup, Münster
Schatzmeister:	Josef Häming, Münster;
Beisitzer:	Dr. Wolfgang Bockhorst, Münster (Schriftführer);
	Heinrich Josef Deisting, Werl;
	Dr. Werner Frese, Münster;
	Dr. Bertram Haller, Ottmarsbocholt;
	Dr. Klaus Scholz, Detmold;
	Dr. Gisela Wilbertz, Lemgo.

Nach Abschluß der Wahlhandlung gab Dr. Bender den Vorsitz an Dr. Schütte ab, der als Kassenprüfer in cumulo die Herren Frericks (Münster) und Grüning (Havixbeck) zur Wahl stellte; beide Herren wurden bei einer Enthaltung ohne Gegenstimmen gewählt.

Nachdem sich bereits auf der letzten Jahreshauptversammlung in Warendorf mit der „Werler Arbeitsgemeinschaft für Familienforschung" eine örtliche genealogische Gruppe den Mitgliedern unserer Gesellschaft vorgestellt hatte, berichtete in diesem Jahr Herr Riekenbrauck als Vorsitzender des „Roland zu Dortmund" über Geschichte, Ziele und Arbeitsweise seiner Vereinigung. Auf diese Weise sollen die Kontakte zu anderen in Westfalen tätigen genealogischen Gruppen intensiviert werden.

Den Festvortrag hielt Herr Warnecke über das Thema „Der Historiker Johann Dietrich von Steinen und die Herkunft seiner Familie". Steinen (1699-1759), evangelischer Pfarrer von Frömern bei Unna und Generalinspektor des Märkisch-lutherischen Kirchenministeriums, war Verfasser einer mehrbändigen Geschichte Westfalens und stammte, wie Warnecke wahrscheinlich machen konnte, von dem nahe der Werler Stadtgrenze zwischen Hemmerde und Brünninghausen gelegenen Schulzenhof Steinen.

Im Anschluß an die Jahreshauptversammlung führte der 1. Vorsitzende des Neuen Heimat- und Geschichtsvereins Werl, Konrektor a.D. Werner Kohn, die Mitglieder durch die Stadt. Der Tag klang mit einem Abendessen im Restaurant der Stadthalle aus.

Mitgliederbewegung

Stand am 1.1.1992:	554	persönliche Mitglieder
	46	korporative Mitglieder
	600	Gesamtmitglieder

In der Zeit vom 1.1.1992 bis 30.4.1993 waren zu vermerken:

Neumitglieder:	44	persönliche Mitglieder
Verstorbene	5	(Gustav Biermann, Krefeld; Alfons Lüke, Berlin; Gerhard Schroer, Hamm; Dr. Karl Schürmann, Münster; Albert Wrede, Warburg)
Kündigungen bzw. Streichungen wegen Nichtzahlung:	20	persönliche Mitglieder

Stand am 30.4.1993:	578	persönliche Mitglieder
	46	korporative Mitglieder
	624	Gesamtmitglieder

Mittwochsvorträge 1993/94:

03.02.1993:	Clemens Steinbicker: Die Familie Wenner in Lünen, Kamen, Lüdinghausen und Münster
03.03.1993:	Jörg Wunschhofer: Ebenbürtigkeit in bäuerlichen Heiratskreisen
09.06.1993:	Jürgen Kloosterhuis: Vom Comer See nach Gravenhorst. Genealogische Sammlung zur Familie Primavesi in Westfalen 18. bis 20. Jahrhundert
08.09.1993:	Clemens Steinbicker: Der Landschreiber Johannes Hobbeling (1573-1659), seine Familie und die von Münster zu Lindhövel
06.10.1993:	Hans Jürgen Warnecke: Schulte Böing in Derne bei Kamen. Zur Geschichte des Hofes und seiner Bewohner
03.11.1993:	Bernhard Feldmann: Die Grundherren der Höfe und Kotten in den einzelnen Ämtern des Hochstifts Münster (wegen Krankheit des Referenten ausgefallen)
01.12.1993:	Leopold Schütte: Schulten und Meyer und die Familienforschung in Westfalen
02.02.1994:	Hans Jürgen Warnecke: Die (v.) Limberg in der Grafschaft Lingen
02.03.1994:	Clemens Steinbicker: Die kurkölnische Kellner- und Richterfamilie (v.) Schaumberg im Vest Recklinghausen
06.04.1994:	Leopold Schütte: Familiennamen in Westfalen
04.05.1994:	Jörg Wunschhofer: Die Gografenfamilie Estinghausen